Niederschwelligkeit in der Sozialen Arbeit

Hemma Mayrhofer

Niederschwelligkeit in der Sozialen Arbeit

Funktionen und Formen aus soziologischer Perspektive

Hemma Mayrhofer
Wien, Österreich

Dissertation Universität Wien, Institut für Soziologie, 2012

ISBN 978-3-658-00192-6   ISBN 978-3-658-00193-3 (eBook)
DOI 10.1007/978-3-658-00193-3

Die Deutsche Nationalbibliothek verzeichnet diese Publikation in der Deutschen National-
bibliografie; detaillierte bibliografische Daten sind im Internet über http://dnb.d-nb.de
abrufbar.

Springer VS
© Springer Fachmedien Wiesbaden 2012

Gedruckt auf säurefreiem und chlorfrei gebleichtem Papier

Springer VS ist eine Marke von Springer DE. Springer DE ist Teil der Fachverlagsgruppe
Springer Science+Business Media
www.springer-vs.de

Inhaltsverzeichnis

1 Einleitung..9

   1.1 Themenbereich und Erkenntnisinteresse der Studie 11

   1.2 Zum Aufbau der Arbeit 14

TEIL A: THEORETISCHE RAHMUNG UND FORSCHUNGSSTAND .. 17

2 Zur gesellschaftlichen Konstitution von Hilfsbedürftigkeit und
   Helfen in Gestalt der Sozialen Arbeit.. 19

   2.1 Gesellschaftstheoretische Bestimmungen der Bezugsproblematik
       Sozialer Arbeit 21

       2.1.1 Soziale Inklusion und Exklusion: Zur Form der Berücksichtigung von
             Individuen in der funktional differenzierten Gesellschaft 21

       2.1.2 Soziale Adressierbarkeit als Voraussetzung für Inklusion 28

       2.1.3 Inklusions- und Exklusionsvollzug durch Organisationen 34

       2.1.4 Inklusionsprobleme und Exklusionsrisiken: Zum ungewissen
             Zusammenhang zwischen Exklusion und Hilfsbedürftigkeit 38

       2.1.5 Theoretische Ergänzungs- und Adaptierungsvorschläge des
             systemtheoretischen Begriffsduals Inklusion/Exklusion 42

   2.2 Formen und Funktionen Sozialer Arbeit in der
       Gegenwartsgesellschaft.. 47

       2.2.1 Soziale Arbeit als spezifisch unspezifische Form des Helfens 47

       2.2.2 Zur Organisationsförmigkeit Sozialer Arbeit....................................... 51

       2.2.3 Soziale Arbeit als gesellschaftliches Funktionssystem? – Die Tragödie der
             stellvertretenden Inklusion 53

       2.2.4 Niederschwellige Soziale Arbeit: (nahezu) ein Theorie- und
             Forschungsdesiderat 66

**3   Organisierte Sozialsysteme als zentrales Strukturmerkmal der
      Gegenwartsgesellschaft – und der Sozialen Arbeit 73**

3.1   Der Blick auf die Innenseite: Organisationen als emergente
      Sozialsysteme.. 74

      3.1.1   Entscheidungen als Grundoperation von Organisationen................................... 74
      3.1.2   Organisationsstrukturen als Entscheidungsprämissen:
              Entscheidungsprogramme, Kommunikationswege und Personal..................... 77
      3.1.3   Entscheiden unter Bedingungen hoher Entscheidungsunsicherheit 84

3.2   Organisationsumwelten: Zur "Rückkehr der Gesellschaft" in die
      Organisationsforschung 93

3.3   Sozialwissenschaftliche Wissensbestände zu Organisationen der
      Sozialen Arbeit bzw. Sozialen Hilfe 100

      3.3.1   Die soziale personenbezogene Dienstleistungsorganisation als
              Organisationstypus 103
      3.3.2   Zum problematischen Verhältnis von Organisation und Profession in der
              Sozialen Arbeit 109
      3.3.3   Organisationen der Sozialen Arbeit in Zeiten wohlfahrtsstaatlicher
              Umbrüche.. 119

**TEIL B: FUNKTIONEN UND FORMEN NIEDERSCHWELLIGER
         SOZIALER ARBEIT – EMPIRISCHE BEFUNDE 125**

4   Fragestellungen und Methodik der empirischen Studie..................... 127

4.1   Haupt- und Teilfragestellungen... 127

4.2   Forschungsstrategie und forschungsleitende Annahmen 128

4.3   Methodisches Vorgehen.. 133

4.4   Forschungsphasen 136

4.5   Sampling und Feldzugang... 139

4.6   Strategien der Qualitätssicherung 142

**5   Formen und Funktionen von Niederschwelligkeit im
      Gesamtzusammenhang Sozialer Arbeit 145**

5.1   Begriffsverwendungen und -klärungen.. 146

5.2   Funktionen niederschwelliger Sozialer Arbeit.............................. 151

5.3 Umsetzungsdimensionen von Niederschwelligkeit in der Sozialarbeitspraxis 159

   5.3.1   Zeitliche Dimensionen..160

   5.3.2   Räumliche Dimensionen..162

   5.3.3   Inhaltliche bzw. sachliche Dimensionen 166

   5.3.4   Soziale Dimensionen 170

5.4 Typen niederschwelliger Hilfsangebote und -maßnahmen 177

5.5 Zum Prozess der Fallkonstruktion: Die Herstellung von Adressabilität für das Hilfssystem 181

5.6 "Und dann schau ma amal weiter": Prekäre Übergänge zu höherschwelligen, rollenspezifisch(er)en Interaktionen.................... 191

5.7 Mind the Gap! – Strukturelle Anschlussoptionen zum höherschwelligen Angebots- und Maßnahmenspektrum 197

5.8 Zusammenfassung: Grundlegende Charakteristika des Feldes niederschwelliger Sozialer Arbeit.. 203

6   Die Organisation niederschwelliger Sozialer Arbeit................... 213

6.1 Erste Annäherungen an die Organisationslandschaft im niederschwelligen Sozialbereich.. 214

6.2 Varianten der Integration von Niederschwelligkeit in Organisationen 216

6.3 Organisationale Innenansichten 219

   6.3.1   Situative Flexibilität und ihre Tücken: Zur Gestalt und Handhabung von Entscheidungsprogrammen und -routinen 219

   6.3.2   Kommunikationswege: Omnipräsentes Team und oszillierende Hierarchie.....234

   6.3.3   Die MitarbeiterInnen der Organisation: Starke Referenz auf die ganze Person – mit Folgekosten 247

   6.3.4   Supervision: Entlastung und Joker der Organisation – oder doch ein Bumerang?..257

   6.3.5   Zwischen innen und außen: Die Trägerorganisation 261

6.4 Organisationsgrenzen und Umweltbeziehungen 265

   6.4.1   HilfsadressatInnen als Organisationsumwelt: Grenzziehung mittels Ambiguität 266

   6.4.2   Referenzsystem FördergeberInnen: Zwischen Umweltanpassung und Erschließung von Freiräumen..272

   6.4.3   Profession als organisationsexternes Referenzsystem? Zur Ungewissheit professioneller Wissensbestände und Repräsentation.......................279

6.5 Zusammenfassung: Ein erster Beschreibungsentwurf der Organisation niederschwelliger Sozialer Arbeit 283

TEIL C: THEORIE UND EMPIRIE IM GESPRÄCH.............................. 295

**7   Wechselseitige Konsultationen der theoretischen und
      empirischen Befunde** 297

    7.1   Inklusions- und Exklusionsarbeit in niederschwelliger
          Sozialer Arbeit 297

    7.2   Theoretische (Neu-)Verortungen niederschwelliger Sozialer
          Arbeit im Hilfssystem und in der Gesellschaft 302

    7.3   Organisations- und professionssoziologische Perspektiven auf
          die niederschwellige Bearbeitung von Hilfsbedürftigkeit................ 306

8   Schluss und Ausblick 313

Literaturverzeichnis 315

1 Einleitung

Soziale Arbeit stellt ein bedeutsames Praxisfeld und wesentliches Strukturmerkmal der Gegenwartgesellschaft dar, mit deren soziologischer Erforschung wichtige Einblicke in die gesellschaftliche Konstitution und Bearbeitung von Hilfsbedürftigkeit gewonnen werden können. Ein Teilbereich dieses Praxisfeldes, der sich selbst als niederschwellig versteht, fand bislang kaum soziologische Beachtung. Hier lässt sich gleichwohl ein neuralgischer Bereich des gesellschaftlichen Verständnisses von und Umgangs mit Hilfsbedürftigkeit vermuten, denn der Begriff Nieder- bzw. Niedrigschwelligkeit[1] referiert zumeist auf Möglichkeiten des Zugangs zu sozialer Hilfe. Allerdings wird höchst Uneinheitliches damit bezeichnet, Funktionen und Formen dieses komplexen Teilbereichs der Sozialen Arbeit zeigen sich in der sozialarbeiterischen Praxis alles andere als eindeutig.

Eine grobe Skizze zu *empirischen Ausprägungen niederschwelliger Hilfsmaßnahmen und -angebote* vermittelt erste Eindrücke der *Vielgestaltigkeit*: Wer sich diesem Praxisfeld annähert, wird häufig auf Hilfsangebote und -maßnahmen stoßen, die sich um Personen bemühen, deren soziale Lage sich alltagsweltlich als weit 'am Rand der Gesellschaft' liegend charakterisieren lässt: Personen mit schwerwiegenden Sucht- und Drogenproblematiken, die abstinenzorientierten Angeboten fern bleiben; obdach- bzw. wohnungslose Personen, an die herkömmliche Einrichtungen der Wohnungslosenhilfe zu hohe Anforderungen für die Inanspruchnahme stellen oder die dort als nicht tragbar betrachtet werden; teilweise auch Jugendliche mit sogenanntem sozial schwachen familiären Background, deren Chancen auf eine durchschnittliche Lebensführung und entsprechende gesellschaftliche Teilhabe als niedrig eingestuft werden können und die mitunter Lebensstile (z.B. im öffentlichen Raum) entwickeln, die von der Mehrheitsgesellschaft als deviant beschrieben werden.

Zugleich bezeichnen sich manchmal solche Hilfsangebote als niederschwellig, die anonym über moderne Informations- und Kommunikationstechnologien zur Verfügung gestellt werden und beispielsweise Online-Beratung für unter-

---

[1] Beide Begriffsausprägungen werden in der Praxis Sozialer Arbeit und darüber hinaus synonym verwendet. Im Folgenden findet vor allem der Ausdruck Niederschwelligkeit Verwendung, dies aber ebenfalls in einem synonymen Verständnis im Verhältnis zu Niedrigschwelligkeit.

schiedlichste Zielgruppen anbieten. Aber auch diverse Telefon-Helplines weisen sich mitunter als niederschwellig aus. Diese Angebote erscheinen – jedenfalls auf den ersten Blick – ganz anders konstituiert zu sein als die zuerst geschilderten. Daneben reklamieren häufig gemeinwesenorientierte Projekte das Merkmal der Niederschwelligkeit für sich, die wieder als von ganz anderer Gestalt wirken. Hinzu kommt eine Reihe von Maßnahmen und Angeboten im Spektrum der Sozialen Arbeit, die in einem spezifischen Aspekt auf Niederschwelligkeit verweisen, sich aber nicht generell als niederschwellig verstehen.

In der Ambiguität der Erscheinungsformen zeigt sich die *Metaphernförmigkeit* des Begriffs der Niederschwelligkeit. Die Erfolgsgeschichte dieser Metapher in der Sozialen Arbeit dürfte darin begründet liegen, dass sie Anschaulichkeit und Mehrdeutigkeit zugleich ermöglicht. Über Metaphern lassen sich komplexe und schwierig zu erfassende Phänomene bildhaft erschließen, wobei das Bild bekannten Erfahrungsmustern entlehnt und in einen anderen Bedeutungszusammenhang übertragen wird. Die Metapher suggeriert Klarheit, spricht aber nicht explizit aus, welche Bedeutung sie vergleichend zum Ausdruck bringt[2] – und damit eröffnet und reduziert sie Komplexität gleichermaßen und stellt so ideale Bedingungen für Anschlusskommunikation her: Man kann einerseits Bekanntheit unterstellen und muss andererseits präzisieren, erläutern und eingrenzen, findet aber auch günstige Umstände für Abänderungen, Erweiterungen und Umdeutungen vor.

Damit wären bereits die *Schwierigkeiten einer empirischen Erforschung* niederschwelliger Sozialer Arbeit angedeutet. Und möglicherweise erklären sich daraus auch teilweise die bislang spärlichen wissenschaftlichen Auseinandersetzungen zu diesem gesellschaftlichen Praxisfeld mit einem auf den Aspekt der Niederschwelligkeit fokussierenden Erkenntnis- und Theoriegenerierungsinteresse. Denn niederschwellige Soziale Arbeit lässt sich schwer eingrenzen, weist unklare Konturen und vielfältige Formen auf und scheint sich mitunter chamäleonartig zu wandeln. Die Metapher der Niederschwelligkeit bietet zwar für die Praxis aufgrund ihrer vorgeblichen Anschaulichkeit und realen Diffusität viele kommunikative Anschlussmöglichkeiten, für eine sozialwissenschaftliche Erforschung erwachsen daraus spezifische Herausforderungen: Es ist vorweg schwer bestimmbar, was denn nun erforscht wird, wo die Grenzen des Forschungsgegenstandes gezogen und inwieweit solche notwendigen Grenzziehungen im Laufe des Forschungsprozesses inhaltlich sinnhaft erschlossen werden können.

---

2   Dem Gebrauch von Metaphern ist allerdings weder in der Wissenschaft noch im Alltag zu
     entkommen, sie bestimmen sowohl wissenschaftliches wie auch alltagsweltliches Denken und
     Kommunizieren (vgl. Junge 2010b: 7; ders. 2010a).

1.1 Themenbereich und Erkenntnisinteresse der Studie

Die vorliegende empirische Studie ließ sich auf diese Unwägbarkeiten ein und machte die Beschaffenheit und gesellschaftlichen Funktionen niederschwelliger Sozialer Arbeit zu ihrem Forschungsgegenstand. Dem liegen unterschiedliche Veranlassungen zugrunde: Zu Beginn stand ein allgemeines Interesse an Organisationen der Sozialen Arbeit, die gegenwärtig keine bevorzugten Forschungsinhalte der Organisationssoziologie bilden (vgl. Kap. 3.3). Eine kurze Anmerkung bei Albert Scherr (2001) zum organisationssoziologisch besonders interessanten, empirisch aber weitgehend unerforschten Fall niederschwelligen Organisierens (vgl. auch Kap. 2.2.4 in dieser Studie) lenkte die Aufmerksamkeit auf diesen Teilbereich der Sozialen Arbeit – um dann eben alsbald festzustellen, dass mit Niederschwelligkeit höchst Uneindeutiges bezeichnet wird und Unterschiedliches gemeint ist.

Das Forschungsvorhaben wurde weiter angeregt durch Selbstbeobachtungen des Berufsfeldes der Sozialen Arbeit, denen zufolge der niederschwellige Bereich seit einigen Jahren vermehrt unter Druck gerät und eine Reduzierung niederschwelliger Angebote zugunsten hochschwelliger Maßnahmen zu befürchten ist. Um dazu fundierte sozialwissenschaftliche Untersuchungen durchführen zu können, braucht es jedoch zuvor systematisches Wissen darüber, was unter niederschwelliger Sozialer Arbeit zu verstehen ist, welche Formen und Funktionen sie aufweist und wie sie sich in den Gesamtzusammenhang der Sozialen Arbeit und in ihre gesellschaftliche Umwelt eingliedert. An diesem Punkt zeigt sich eine *unreflektierte Metaphernverwendung* – konkret der Niederschwelligkeit – bzw. mangelndes Bewusstsein über den metaphorischen Einsatz dieses Bildes als Hemmnis. Matthias Junge weist im Zusammenhang mit der Verwendung von Metaphern in der Soziologie darauf hin, "dass die Metapher unkontrollierte Konsequenzen mit sich bringt, wenn ihr Einsatz nicht mehr als metaphorischer präsent ist und kontrolliert wird" (Junge 2010a: 276). Man glaubt zu wissen, was man tut, sitzt aber einer vereinfachenden und zugleich diffusen Vorstellung von diesem Tun auf. So zeigt sich eine profunde Auseinandersetzung mit der Verwendung des metaphorischen Begriffs der Niederschwelligkeit in der Sozialen Arbeit und insbesondere damit, was dadurch umschrieben wird, als essenziell für das (Selbst-)Beobachtungsvermögen dieses Praxisfeldes.

Im Zentrum der vorliegenden Arbeit stehen *zwei verschiedene Perspektiven auf niederschwellige Soziale Arbeit* als bedeutsamem Praxisfeld in der Gegenwartsgesellschaft: Erstens galt es, dessen Charakteristika, Formen und Funktionen allgemein zu erschließen und zu analysieren. Die Studie strebte somit zunächst eine wissenschaftlich-empirische Bestimmung des Begriffs der Nieder-

schwelligkeit und das Erfassen seiner beobachtbaren Ausformungen und Arbeitsweisen im Sozialbereich an. Zweitens steht die dominante Form, in der
Soziale Arbeit generell und mit ihr auch niederschwellige Soziale Arbeit erbracht
wird, nämlich die Form der Organisation, im Mittelpunkt der gegenständlichen
Auseinandersetzung. Eine Zielsetzung der empirischen Untersuchung bildete die
Generierung von Wissen über Organisationen in der Sozialen Arbeit, im Speziellen über niederschwellig arbeitende Einrichtungen. Die empirische Studie soll
sowohl einen Beitrag zum Verständnis organisierter Sozialer Arbeit als auch
zum aktuellen sozialwissenschaftlichen Diskurs über soziale Inklusion und Exklusion leisten, in den die gegenwärtigen soziologischen Beschäftigungen mit
Sozialer Arbeit großteils eingebettet sind.

Der empirische Forschungsprozess wird gerahmt durch bestehende theoretische und empirische Wissensbestände der Soziologie bzw. der Sozialwissenschaften. Ein *Schwerpunkt der theoretischen Einbettung* liegt auf *systemtheoretischen Ansätzen Luhmannscher Prägung*, die aus folgenden drei Gründen besonderen Erkenntnisgewinn versprechen:

▪ Erstens resultiert der organisationsbezogene Aspekt des Forschungsinteresses aus einer systemtheoretischen Beobachtung organisierter Sozialer Arbeit. Wie Herbert Kalthoff (2008: 22f) ausführt, können Theorien Fragen
für die qualitative Forschung generieren, die es in der Folge empirisch zu
erschließen gilt. Aus systemtheoretischer Perspektive stellt sich bei der Beschäftigung mit organisierter Sozialer Arbeit die Frage, wie mit einem Systemtypus, der per se exklusiv ist, die Inklusion von Personen erreicht werden kann, welche häufig an den Teilnahmebedingungen von Organisationen
gescheitert sind (vgl. Scherr 2001). Der vorrangige theoretische Bezugspunkt der Studie findet sich somit bereits in der Entwicklung der empirischen Fragestellung angelegt.

▪ Zweitens liegen in dieser Theorietradition neben einer umfangreichen Beschäftigung mit Organisationen auch zu den anderen zentralen Themenbereichen der vorliegenden Arbeit theoretische Auseinandersetzungen im beachtlichen Ausmaß vor, und zwar insbesondere zu Fragen sozialer Inklusion
und Exklusion und zum Gesellschaftsbereich der Sozialen Arbeit. Dadurch
lässt sich die Verschränkung der drei Themenfelder (Soziale Arbeit, Organisation, soziale Inklusion/Exklusion) in der Empirie auch auf theoretischer
Ebene durch begrifflich überwiegend kompatible Theoriebestände gut abbilden.

- Und drittens eignen sich die eingesetzten empirischen Forschungsmethoden in besonderer Weise zur Kombination mit einer systemtheoretischen Rahmung. Wolfgang L. Schneider spricht von einer "Beziehung der Wahlverwandtschaft zwischen Systemtheorie und sinnverstehenden Methoden empirischer sozialwissenschaftlicher Forschung" (2008: 129). Insbesondere die methodologischen Vorstellungen der Objektiven Hermeneutik verhalten sich komplementär zum Kommunikationsbegriff der Systemtheorie. Und beide referieren auf die gleiche Sinnebene, nämlich auf subjektiven Intentionen sozial vorgelagerte Sinnstrukturen. Die Systemtheorie hält, so Schneider, Begriffe, Annahmen und Problemkonstruktionen bereit, "die geeignet sind, empirische Befunde von Sequenzanalysen in einen theoretischen Zusammenhang größerer Reichweite einzubetten" (ebd.: 159). Zugleich, so kann ergänzt werden, sind diese Begriffe und theoretischen Konzepte abstrakt genug, um die empirische Untersuchung nicht inhaltlich zu determinieren, sie bieten nützliche Beobachtungswerkzeuge, aber noch keine Beobachtungsergebnisse an.

Ergänzend zur systemtheoretischen Perspektive finden allerdings auch *akteurstheoretische Ansätze* Berücksichtigung,[3] weiters werden auf Ebene der Gesellschaftstheorien sowohl *differenzierungs- als auch ungleichheitstheoretische Konzepte* nutzbar gemacht.[4] Diese opportunistische Nutzung unterschiedlicher Theorieperspektiven bietet den Vorteil einer gegenstandsangemessenen und multiperspektivischen Einbettung der empirischen Befunde. Die Studie versteht sich dabei als theoretisch gut informierte qualitativ-empirische Arbeit (vgl. Kap. 4), die empirisch begründete Theoriegenerierung auf der Ebene *materieller Theorien mittlerer Reichweite* (vgl. Glaser/Strauss 2008: 38ff; Merton 1995: 6) anstrebte, während die Weiterentwicklung soziologischer Theorien auf abstrakter Ebene hier nicht direkt geleistet werden konnte und sollte. Es ist aber davon auszugehen, dass die generierten materiellen Theorien für letztere Zielsetzung

---

3   Für eine stark empirisch ausgerichtete wissenschaftliche Beobachtungsperspektive ist es manchmal praktikabler, von AkteurInnen auszugehen und ihnen Handlungsfähigkeit zu unterstellen, wiewohl sich solch eine Annahme unter einer streng auf soziale Systeme ausgerichteten Beobachtungsperspektive als soziale Komplexität reduzierender Zurechnungsartefakt in der Kommunikation dekonstruieren lässt. Damit wird allerdings kein Diskussionsbeitrag zur Debatte geleistet, ob eine akteurs- oder systemtheoretische Perspektive die soziologisch ergiebigere sein könnte. Beide Perspektiven entfalten m.E. je nach Erkenntnisinteresse und -gegenstand spezifische Vorteile, aber auch Einschränkungen. Insofern wird im Kontext der vorliegenden Studie opportunistisch auf beide Beobachtungsangebote zurückgegriffen.

4   Nach Schwinn (2004: 13) stellen System- und Handlungstheorien alternative methodologische Grundunterscheidungen dar, während Differenzierungstheorien und Theorien sozialer Ungleichheit auf der Ebene theoretischer Konzepte angesiedelt sind.

fruchtbar gemacht werden können (vgl. Kap. 7). Generell lässt sich das dieser Arbeit zugrunde liegende Verständnis des Verhältnisses von Theorie und Empirie in Anlehnung an Uwe Schimank als Bestreben verstehen,

> "Empirie und Theorie gleichsam miteinander ins Gespräch zu bringen: im wiederholten Wechselspiel empirische Befunde theoretisch aufzuschlüsseln und die theoretischen Konzepte und Modelle empirisch irritiert weiterzuentwickeln" (Schimank 2007: 242).

Die soziologische Erschließung eines noch wenig erforschten Feldes stellt eine attraktive Herausforderung dar, die zugleich nach qualitativ-interpretativen Forschungszugängen verlangt und entdeckenden Charakter hat (vgl. Kap. 4). In diesem Sinne sei zu einer Lesereise durch die Studie eingeladen, die hoffentlich die eine oder andere neue Entdeckung, inspirierende Beobachtung und perspektiverweiternde Erkenntnis zu eröffnen vermag.

1.2 Zum Aufbau der Arbeit

Die Studie gliedert sich in drei Teile: einen 'grundierenden' Teil (A) zu vorhandenen theoretischen und empirischen Befunden, einen zentralen empirischen Teil (B), der die detaillierten Forschungsergebnisse wiedergibt, und einen Theorie und Empirie zusammenführenden Teil (C).

Teil A stellt die *theoretischen Rahmungen* der Arbeit vor und erschließt den thematisch relevanten *Forschungsstand*. Er wurde zeitlich nach Teil B verfasst, um der Gefahr vorzubeugen, die empirischen Ergebnisse determinierend zu beeinflussen. Stattdessen sollten letztere die Auswahl der Ansätze bzw. Studien steuern, die angesichts der gewonnenen empirischen Ergebnisse als besonders relevant erscheinen. Die Unterteilung des Studienteils A entspricht den beiden oben skizzierten Perspektiven auf einerseits das Praxisfeld Sozialer Arbeit allgemein und andererseits die Organisationsförmigkeit dieses Feldes:

- *Kapitel 2* beschäftigt sich mit der gesellschaftlichen Konstitution von Hilfsbedürftigkeit und Helfen in Gestalt der Sozialen Arbeit. Zunächst wird die Bezugsproblematik Sozialer Arbeit, also Hilfsbedürftigkeit, anhand des systemtheoretischen Begriffsduals soziale Inklusion und Exklusion skizziert, diskutiert und um eine ungleichheitstheoretische Perspektive erweitert. Anschließend erfolgt eine Aufbereitung von vorrangig systemtheoretischen Abhandlungen zu Formen und Funktionen Sozialer Arbeit in der Gegenwartsgesellschaft allgemein und eine Spurensuche nach theoretisch und em-

pirisch gehaltvollen Auseinandersetzungen mit dem Aspekt der Niederschwelligkeit in diesem gesellschaftlichen Praxisfeld.

- *Kapitel 3* nimmt Organisationen als zentrales Strukturmerkmal der modernen Gesellschaft in den Blick und umreißt deren basale Strukturen und
Funktionsweisen mit einem speziellen Augenmerk auf organisationalem
Handeln und Entscheiden unter Bedingungen von Mehrdeutigkeit und Unsicherheit. Die vorrangig system-, aber auch akteurstheoretischen Zugänge
zu organisierten Sozialsystemen werden ergänzt durch neo-institutionalis-
tische Grundannahmen über die gesellschaftliche Einbettung von Organisationen. In einem dritten Kapitelteil werden ausgewählte sozialwissenschaftliche Wissensbestände zu Organisationen der Sozialen Arbeit erschlossen,
die im Kontext des gegenständlichen Themenfokus auf niederschwellige
Soziale Arbeit besonders relevant sein könnten.

Teil B fasst die *Ergebnisse der empirischen Studie zu niederschwelliger Sozialer
Arbeit* entlang der beiden ausgewiesenen Beobachtungsperspektiven auf erstens
das gesellschaftliche Praxisfeld der niederschwelligen Sozialen Arbeit und zweitens die organisationale Beschaffenheit dieses Feldes zusammen:

- *Kapitel 4* legt die methodologischen Grundlagen und das methodische Vorgehen der empirischen Studie offen.

- *Kapitel 5* untersucht nach einführenden Begriffspräzisierungen die Funktionen niederschwelliger Sozialer Arbeit sowohl innerhalb des Sozialbereichs
als auch im gesamtgesellschaftlichen Zusammenhang. Danach werden Rea-
lisierungsdimensionen von Niederschwelligkeit und Typen niederschwelliger Hilfsangebote und -maßnahmen differenziert, um darauf folgend die
Mikroebene der niederschwelligen Fallkonstruktion in den Blick zu nehmen. Mit den Chancen und Risiken des Übergangs zu höherschwelligen Interaktionen bzw. zum ebensolchen Angebots- und Maßnahmenspektrum
steht abschließend die Einbindung dieses sozialarbeiterischen Teilbereichs
in das Gesamtsystem der Sozialen Arbeit im Zentrum.

- *Kapitel 6* nähert sich der Organisationsförmigkeit niederschwelliger Sozialer Arbeit zunächst durch eine Beschreibung allgemeiner Strukturmerkmale
der Organisationslandschaft im niederschwelligen Bereich und der Integra-
tionsmöglichkeiten von Niederschwelligkeit in Organisationen an. Anschließend erfolgt eine Detailanalyse niederschwelligen Organisierens entlang der drei Strukturierungsformen von Entscheidungszusammenhängen,
nämlich Entscheidungsprogrammen, Kommunikationswegen und Personal.
Der besonderen Bedeutung supervisorischer Beratungssettings im Sozialbe-

reich wird in einem eigenen Unterkapitel Rechnung getragen, bevor über die häufig anzutreffende Einbindung niederschwelliger Einrichtungen in Trägerorganisationen eine Überleitung zu organisationalen Umweltbeziehungen erfolgt. Diese werden anhand von drei besonders relevanten organisationalen Referenzsystemen erschlossen: anhand der HilfsadressatInnen, der FördergeberInnen und der Frage nach professionellen Handlungsbezügen in der niederschwelligen Sozialen Arbeit.

Im abschließenden *Teil C* sollen die vorgestellten *theoretischen und empirischen Befunde* näher miteinander verknüpft werden:

- *Kapitel 7* diskutiert ausgewählte Aspekte der gewonnenen empirischen Befunde unter Einbezug der skizzierten theoretischen Rahmungen. Der Fokus liegt zunächst auf der Frage, in welcher Weise niederschwellige Soziale Arbeit Personen inkludiert – und möglicherweise zugleich auch exkludiert. Anschließend stehen die Einbindung dieses Praxisfeldes ins Hilfssystem allgemein, seine gesamtgesellschaftliche Verortung und potenzielle Spannungsfelder zwischen beiden Bezugspunkten zur Diskussion. Die Erörterung organisations- und professionssoziologisch bedeutsamer Erkenntnisse der empirischen Untersuchung niederschwelliger Sozialer Arbeit schließt das Kapitel ab.

- *Kapitel 8* verweist auf offen gebliebene bzw. auf Basis der gewonnenen Erkenntnisse als besonders relevant sichtbar gewordene Fragestellungen für weiterführende sozialwissenschaftliche Beschäftigungen mit niederschwelliger Sozialer Arbeit.

Die Einleitung beschließend sei ein *Disclaimer* angebracht: Die soziologische Studie stellt eine *Fremdbeschreibung* des gesellschaftlichen Praxisfeldes der niederschwelligen Sozialen Arbeit dar, auch wenn sie im empirischen Teil auf den Selbstbeobachtungen diese Feldes aufbaut. Die empirisch erhobenen Selbstbeschreibungen wurden allerdings im hermeneutischen Analyseprozess transformiert. Die Studienergebnisse mögen ersteren zwar teilweise ähnlich bzw. sehr nahe sein, sie werden mitunter aber vermutlich auch erheblich von ihnen abweichen, ohne dass damit etwas über die Richtigkeit feldinterner Wahrnehmungsmuster ausgesagt werden könnte und sollte. Die Differenzen ergeben sich aus der Distanz zur Praxis, und genau darin kann sowohl ein spezieller Gewinn einer soziologischen Beobachtung für die Praxis liegen als auch mangelnde Anschlussfähigkeit an diese resultieren. Welcher Aspekt in Bezug auf die vorliegende empirische Arbeit überwiegt, bleibt abzuwarten.

Teil A:

Theoretische Rahmung und aktueller Forschungsstand

2 Zur gesellschaftlichen Konstitution von Hilfsbedürftigkeit und Helfen in Gestalt der Sozialen Arbeit

Seit Entstehung der Soziologie kommt der Beschreibung und Analyse sozialer Problemlagen eine zentrale Bedeutung zu. Eng damit verbunden ist ein großes Interesse für Maßnahmen zur Behebung bzw. Vermeidung sozialer Notlagen und Missstände. Das Augenmerk gilt dabei traditionell vor allem der Sozialpolitik, während der Sozialen Arbeit, welche mit der Bearbeitung sozialer Problemlagen in der Praxis befasst ist, in den letzten zwei bis drei Jahrzehnten eher wenig soziologische Aufmerksamkeit geschenkt wurde (vgl. Bommes/Scherr 2000: 28). Dabei stellt sie ein wesentliches Strukturmerkmal der modernen Gesellschaft dar. Sie steht im Zentrum der Entwicklung des modernen Staates als Wohlfahrtsstaat, wie bereits Georg Simmel zu Beginn des 20. Jahrhunderts herausarbeitete. Er beschreibt in seinem Beitrag "Der Arme" am Beispiel der deutschen Staatsbildung, in welcher Weise "das Armenwesen direkt zu einem Träger (...) staatlicher Einheitlichkeit (wird)" (Simmel 1992[1908]: 525).

Für eine soziologische Beschäftigung mit Sozialer Arbeit sind mindestens zwei verschiedene, zugleich aber in enger Wechselwirkung stehende Blickrichtungen bedeutsam: Zum einen lässt sich danach fragen, welche gesellschaftlichen Strukturen und Prozesse jene Phänomene bzw. Probleme hervorbringen, die zu sozialer Hilfsbedürftigkeit führen. Zum anderen reagiert Soziale Arbeit nicht nur auf gesellschaftliche Probleme, sondern stellt selbst ein gesellschaftliches Phänomen dar, sie ist keine naturwüchsige, sondern eine spezifisch soziale Form neben anderen, die auf als problematisch beobachtete soziale Sachverhalte reagiert. Sowohl Hilfsbedürftigkeit als auch Helfen lassen sich als gesellschaftlich konstituiert und (re-)produziert beobachten. Und die Art und Weise, wie soziale Hilfsbedürftigkeit gesellschaftlich konstituiert ist und beobachtet wird, korrespondiert mit den vorrangigen gesellschaftlichen Formen des Helfens. Gleiches gilt für die Soziologie: Die Art und Weise, wie sie soziale Hilfsbedürftigkeit wissenschaftlich beobachtet und (re-)konstruiert, beeinflusst die Wahrneh-

mungsmöglichkeiten von Sozialer Arbeit als darauf bezogener Form des gesellschaftlichen Umgangs mit Hilfsbedürftigkeit.

Eine soziologische Auseinandersetzung mit sozialer Hilfsbedürftigkeit und
Sozialer Arbeit als spezifischer Form des Helfens kann in unterschiedlichen
soziologischen Theorietraditionen erfolgen. Die umfangreichsten soziologischen
Arbeiten im deutschsprachigen Raum zum Gesellschaftsbereich der Sozialen
Arbeit entstanden einerseits in den 70er Jahren und Anfang der 80er Jahre des
vergangenen Jahrhunderts in der Tradition der *marxistisch inspirierten kritischen
Theorie*. Sie beschäftigten sich insbesondere mit der Frage, welchen Beitrag die
Soziale Arbeit zur Strukturreproduktion der kapitalistischen Gesellschaft leistet
(vgl. Bommes/Scherr 2000: 39ff; Cremer-Schäfer/Steinert 1998: 57ff). Andererseits bildete sich seit Mitte der 90er Jahre im Theoriekontext der *neueren soziologischen Systemtheorie* sensu Luhmann eine lebhafte Theoriediskussion rund
um die gesellschaftstheoretische Bestimmung und Verortung Sozialer Arbeit in
der Gegenwartsgesellschaft (vgl. u.a. Baecker 1994 und 2000; Fuchs/Schneider
1995; Bommes/Scherr 1996 und 2000; Weber/Hillebrandt 1999; Fuchs 2000,
2004 und 2005; Merten/Scherr 2004). Sie kreisen insbesondere um die Fragen,
inwieweit sich ein eigenes Funktionssystem Sozialer Arbeit oder Sozialer Hilfe
gesellschaftlich ausdifferenzieren konnte oder gegenwärtig im Entstehen begriffen ist bzw. (allgemeiner formuliert) welche Funktionen Soziale Arbeit in der
modernen Gesellschaft erfüllt und in welchen Formen sie dies tut.

Die nachfolgende gesellschaftstheoretische Verortung Sozialer Arbeit bezieht sich schwerpunktmäßig – aber nicht ausschließlich – auf den letztgenannten soziologischen Diskursstrang. Dies liegt insbesondere in zwei Faktoren begründet: Erstens erlauben die systemtheoretischen Ansätze eine thematisch brei-
tere und umfassendere Herangehensweise als die (neo-)marxistisch inspirierte
kritische Theorietradition, die besonders auf ökonomische Aspekte gesellschaftlicher Verhältnisse fokussiert und sich für Soziale Arbeit vorrangig unter dem
Aspekt des Strukturerhalts der kapitalistischen Gesellschaft interessiert – wiewohl diese Perspektiven sozialwissenschaftlich bedeutsame Einblicke ermöglichen. Und zweitens gewährleistet die Systemtheorie durch ein umfangreiches
Theoriegebäude mit unterschiedlichen, aber begrifflich überwiegend kompatib-
len Theoriebereichen in besonderer Weise, soziologische Verortungen und Be-
schreibungen Sozialer Arbeit mit organisationssoziologischen Fragestellungen
zu verknüpfen.

Entsprechend der zwei skizzierten Blickwinkel fokussieren die nachfolgenden Ausführungen zunächst auf gesellschaftstheoretische Bestimmungen der
Bezugsproblematik Sozialer Arbeit (Kap. 2.1). In einem zweiten Teil (Kap. 2.2)

stehen Formen und Funktionen des gesellschaftlichen Feldes der Sozialer Arbeit selbst im Zentrum der theoretischen Auseinandersetzungen.

2.1 Gesellschaftstheoretische Bestimmungen der Bezugsproblematik Sozialer Arbeit

Die systemtheoretischen Bestimmungsversuche der gesellschaftlichen Bezugs-problematik Sozialer Arbeit kreisen um das Begriffsdual der sozialen Inklusion bzw. Exklusion. Baecker bezeichnet zunächst in seinem Artikel über Soziale Hilfe als Funktionssystem der Gesellschaft (1994) primär die eine Seite, nämlich Inklusion, und benennt das Bezugsproblem eines Funktionssystems Sozialer Hilfe als jene Inklusionsprobleme der Bevölkerung, "die von den anderen Funk-tionssystemen nicht mehr aufgegriffen werden und von der Politik alleine, also wohlfahrtsstaatlich, nicht mehr betreut werden können" (ebd.: 95). In weiterer Folge fokussieren Peter Fuchs und Dietrich Schneider (1995) bei der Funktions-bestimmung Sozialer Arbeit vorrangig auf die Exklusionsseite des Begriffspaars und bestimmen sich generalisierende Exklusionslagen von Individuen als inhalt-lichen Bezugspunkt Sozialer Arbeit. Die anschließenden theoretischen Ausei-nandersetzungen versuchen den Inklusions-/Exklusionsbezug Sozialer Arbeit in unterschiedlicher Weise zu präzisieren – so wird etwa bei Merten (2000; 2004) zwischen Exklusion und Nicht-Inklusion unterschieden, behalten aber im We-sentlichen das Begriffsdual bei.

2.1.1 *Soziale Inklusion und Exklusion: Zur Form der Berücksichtigung von Individuen in der funktional differenzierten Gesellschaft*[5]

Der Exklusionsbegriff hat sich insbesondere im Laufe der letzten fünfzehn Jahre auf breiter Ebene zur Bezeichnung und Analyse von kritischen Soziallagen, Marginalisierungsphänomenen und Ausgrenzungsprozessen in der Gegenwarts-gesellschaft etabliert. In Phänomenen gesellschaftlicher Exklusion scheint sich die neue soziale Frage zu verdichten. Neu ist dabei vor allem die Beobachtung zunehmender Irrelevanz bestimmter Bevölkerungsgruppen für das sogenannte normale Funktionieren der Gesellschaft, wie etwa der von Heinz Bude geprägte

---

5   Das Kapitel stellt eine stark überarbeitete und erweiterte Version des 2009 in der Online-Zeitschrift "soziales_kapital" publizierten Artikels "Soziale Inklusion und Exklusion: Eine (system-)theoretische Unterscheidung als Beobachtungsangebot für die Soziale Arbeit" dar (vgl. Mayrhofer 2009a).

Begriff der "Überflüssigen" zum Ausdruck bringt (vgl. Bude 1998; Bu-de/Willisch 2008). Die häufig auf Krisenhaftigkeit verweisenden Verwendungen der Unterscheidung Inklusion/Exklusion deuten bereits an, dass es dabei nicht um Formen von Ausbeutung geht, die auch eine besonders starke Art und Weise des Einschlusses bedeuten können, sondern um Partizipationsmöglichkeiten an bzw. Ausgrenzung aus verschiedenen Bereichen der Gesellschaft.

Für begriffliche Verwirrungen sorgt allerdings, dass Exklusion auch und vor allem ein politischer Begriff ist und zur gesellschaftlichen Selbstbeschreibung im politischen Raum dient (vgl. Leisering 2004: 238ff; Nassehi 2008: 121ff). Seine sozialpolitische Attraktivität liegt Armin Nassehi zufolge darin, dass er einerseits Radikalität in Anspruch nimmt und andererseits die Lösung des Problems gleich mitzuliefern scheint, nämlich Inklusion (vgl. Nassehi 2011: 162f).

Zugleich lassen sich unterschiedliche sozialwissenschaftliche Begriffsver-wendungen beobachten, d.h. der Begriff ist in unterschiedlichen Theorie- und Forschungstraditionen anders konzipiert.[6] In der Soziologie findet er beispiels-weise auch im Rahmen der Armutsforschung Verwendung, und zwar im Sinne einer Erweiterung des Armutsbegriffs in Richtung einer ungleichen Teilhabe an gesellschaftlichen Möglichkeiten und zur Erfassung kumulierender Benachteili-gung bzw. multipler Deprivation (vgl. Leisering 2004: 241f; Burzan 2007: 150). Weiters entdeckte die Soziologie sozialer Ungleichheit den Exklusionsbegriff für sich, um aktuelle gesellschaftliche Strukturumbrüche angemessener erfassen zu können und den Blick auf gesellschaftliche Randgruppen und deren strukturelle Verknüpfung mit dem Zentrum der Gesellschaft als Ort, an dem Exklusion er-zeugt wird, zu erweitern und zu schärfen (vgl. Kronauer 2006: 29f; ders. 2009: 375f). Hier stehen insbesondere Prozesse der Marginalisierung oder des gänzli-chen Ausschlusses am Arbeitsmarkt und damit verbundene gesellschaftliche Isolationstendenzen im Zentrum der Analysen. Das Begriffspaar Inklusion/Ex-klusion wird darüber hinaus als mögliches "Brückenkonzept" (Schimank 1998: 67) für Verbindungen zwischen differenzierungs- und ungleichheitstheoretischen Perspektiven auf Gesellschaft diskutiert (vgl. ebd.; Burzan 2007: 151; Schwinn 2000; Nassehi 2011: 162).

An dieser Stelle interessieren jedoch zunächst und aufgrund der oben argu-mentierten Theoriepräferenz vorrangig systemtheoretische Fassungen des Be-griffsduals Inklusion/Exklusion. Der Plural weist bereits darauf hin, dass die

---

6   Hier zeigt sich am Exklusionsbegriff lediglich, was auch für andere wissenschaftliche Begriffe gilt, nämlich dass unterschiedliche soziologische Theorietraditionen mit verschiedenen, empi-risch nicht überprüfbaren Grundannahmen arbeiten, die sie selbst erzeugt haben und die eben auch Exklusion innerhalb dieses eigenen theoretischen Entwurfs des Sozialen spezifisch konzi-pieren (vgl. Farzin 2011: 21f).

Begriffe auch in dieser Theorietradition nicht einheitlich sind; selbst in den Luhmannschen Schriften finden verschiedene Inklusions- und Exklusionsbegriffe oder doch zumindest verschiedene Akzentuierungen des Begriffspaares Verwendung.[7] Als gemeinsamer Ausgangspunkt der unterschiedlichen Ansätze und Verwendungen der Differenz Inklusion/Exklusion lässt sich aber die Schnittstelle zwischen psychischen und sozialen Systemen bzw. das Verhältnis von Individuum und Gesellschaft identifizieren (vgl. Farzin 2006: 109). Damit berührt diese Unterscheidung ein höchst umstrittenes und heftig kritisiertes Axiom der Systemtheorie, nämlich die scharfe analytische Trennung zwischen psychischen und sozialen Systemen und die Verortung ersterer, also der Menschen, außerhalb der Gesellschaft.[8]

Dieser 'Wiederein(be)zug' der Menschen in die systemtheoretische Auseinandersetzung gewann insbesondere in den späten Arbeiten Luhmanns an Bedeutung und stand im engen Zusammenhang mit Aufenthalten in brasilianischen Favelas. Die Beobachtung der Faktizität umfassender sozialer Ausgrenzung führte zur Ausarbeitung eines Exklusionskonzepts, welches ein systemtheoretisches Instrument zur Analyse sozialer Ungleichheit bereitstellen soll. Gerade in den späten Luhmannschen Ausformulierungen des Begriffsduals führen allerdings zwei verschiedene Exklusionsbegriffe bzw. zwei verschiedene Begriffsakzentuierungen zu begrifflichen Unschärfen: Erstens ist von Exklusionsindividualität als Voraussetzung für funktionsspezifische Inklusion die Rede, d.h. hier wird 'normale', nicht grundsätzlich problematische, sondern in vielerlei Hinsicht auch ermöglichende soziale Exklusion beschrieben. Zweitens thematisieren insbesondere die späten Arbeiten Exklusion als blockierten Zugang zu Funktions-

---

7   Farzin (2006) identifiziert in Luhmanns Arbeiten drei verschiedene Schwerpunkte der theoretischen Verwendung des Begriffsduals Inklusion/Exklusion: eine allgemein systemtheoretische, die vor allem in den früheren Schriften im Vordergrund stand und auf Ebene der Sozialtheorie grundlegende Vorstellungen über das Soziale und seine Abgrenzung von psychischen Systemen festlegt, eine differenzierungstheoretische, die auf Ebene der Gesellschaftstheorie individuelle Teilnahmemöglichkeiten und Ausgrenzung in der funktional differenzierten Gesellschaft bezeichnet, und als dritte Variante eine kommunikationstheoretische Reformulierung der differenzierungstheoretischen Ausprägung von Inklusion/Exklusion. Die drei Begriffsakzentuierungen sind jedoch eng miteinander verwoben und bauen aufeinander auf.

8   Zugleich ist allerdings nicht von voneinander unabhängigen Systemen, sondern im Gegenteil von "im Wege der Co-evolution" (Luhmann 1994[1984]: S. 141) entstandenen und strukturell gekoppelten, also wechselseitig höchst abhängigen Systemen auszugehen (vgl. ders. 2005[1995]b: S. 145f). Psychische Systeme können ohne soziale Systeme nicht existieren und umgekehrt – und beide sind ebenfalls strukturell an Körper im biologischen Sinn, also an sogenannte lebende Systeme bzw. Organismen gebunden. Es geht um eine Trennung in der sozialwissenschaftlichen Beobachtung, d.h. auf wissenschaftlich-analytischer Ebene, die z.B. die Schwierigkeiten des Einander-Verstehens zweier oder mehrerer Personen theoretisch zu fassen vermag.

systemen und damit als individuell und sozial problematische Exklusion. Diese Begriffsakzentuierung weist Überschneidungen mit dem Exklusionsbegriff in der Armuts- und Ungleichheitsforschung auf, es geht um soziale Ausgrenzungsphänomene (vgl. Kronauer 2002: 126ff).

In der hier folgenden Begriffsdiskussion wird vorrangig auf den ersteren Begriffsverwendungskontext Bezug genommen, d.h. auf Inklusion/Exklusion als ein theoretisches Konzept zur Bestimmung des Verhältnisses von Individuum und Gesellschaft. Soziale Inklusion bzw. Exklusion sollen in erster Linie als analytische Begriffe verwendet werden und sind nicht per se als Ausdruck eines sozial erstrebenswerten Zustandes, als normatives Ziel einerseits bzw. als Krisensymptom andererseits zu verstehen. Die analytische Brauchbarkeit der zweiteren systemtheoretischen Begriffsakzentuierung gilt es hingegen weiter unten kritisch zu prüfen (vgl. Kap. 2.1.4).

Mit dem Gegensatzpaar Inklusion/Exklusion lassen sich gesellschaftliche Teilnahmebedingungen und -chancen und damit zugleich Teilnahmebegrenzungen und die Nicht-Berücksichtigung von Individuen als Personen in der primär funktional differenzierten Gesellschaft (system-)theoretisch beobachten. Aus individueller Perspektive lässt sich fragen, inwieweit Personen oder Gruppen in die gesellschaftliche Kommunikation einbezogen werden und sich einbringen können, inwieweit sie also adressierbar sind und adressiert werden (zum Begriff der sozialen Adresse vgl. nachfolgendes Kapitel). Während Inklusion die Innenseite der Form (im Sinne Spencer Browns) bezeichnet und die "Chance der Berücksichtigung von Personen" (Luhmann 1999[1997]: 620) ausdrückt, stellt Exklusion die äußere, unmarkierte Seite der Unterscheidung dar, die logische Konsequenz der Inklusion, da jede Bezeichnung zugleich etwas ausschließt.

Rudolf Stichweh verweist darauf, dass Inklusion operativ vollzogen wird und die Form eines Ereignisses annimmt, während "Exklusionen (…) relativ selten als operative Vollzüge in der Form eines Ereignisses sichtbar gemacht (werden)." (Stichweh 2009: 31) Damit sind Exklusionen schwerer zu beobachten, sie stellen häufiger ein Nicht-Ereignis bzw. Sequenzen von Nicht-Ereignissen dar als einen expliziten operativen Exklusionsvollzug (vgl. ebd.). Dies dürfte vor allem für die Nicht-Inklusion in die (nachfolgend noch näher thematisierten) sogenannten Publikumsrollen zutreffen, während über Inklusion/Exklusion in Bezug auf Leistungsrollen vermutlich in höherem Ausmaß explizit entschieden wird. Armin Nassehi schlägt entsprechend die *Unterscheidung zwischen bestimmter und unbestimmter Exklusion* vor: Bestimmte Exklusion verweist auf Operationen, "die die Ausschließung zum Thema machen und die Teilnahme *bestimmter* Personen an der Interaktion ausschließen" (Nassehi 2011:

176, Hervorhebung im Original). Unbestimmte Exklusion hingegen stellt überhaupt keine exkludierende Operation dar, sondern passiert gewissermaßen unintendiert und häufig auch unbeobachtet: "Unbestimmt 'exkludiert' wären in diesem Sinne all jene, die nicht einmal als irrelevant für die Kommunikation erscheinen." (ebd.: 175)

Luhmann sieht die *Inklusionsregeln in engem Zusammenhang mit der vorherrschenden Form der gesellschaftlichen Differenzierung*. Während in segmentär strukturierten Gesellschaften Inklusion als Zugehörigkeit zu einem der Segmente (Familien, Stämme etc.) wirksam wird und Überlebenschancen außerhalb dieser sozialen Zuordnungen kaum vorhanden sind, stellt die stratifizierte Gesellschaft in der Regelung der Inklusion auf soziale Schichtung um. Jedoch spielen in beiden Gesellschaftsformen Familien (bzw. Familienhaushalte für Abhängige) eine wichtige Rolle für die Regelung von Inklusion/Exklusion. Ebenso können Personen in beiden Formen prinzipiell nur einem und nicht mehreren Teilsystemen angehören. Der damit verbundene soziale Status konstituiert die gesamte Person (vgl. Luhmann 2005[1995]c: 229ff).

Mit dem Übergang zur funktional differenzierten Gesellschaft hingegen sieht Luhmann grundlegende Änderungen in der Regelung der Inklusions-/Exklusions-Differenz einhergehen (vgl. Luhmann 1999[1997]: 624ff; 2005[1995]c: 231ff). Personen werden nicht mehr nur in ein Teilsystem inkludiert, sondern müssen an verschiedenen Funktionssystemen (also etwa dem Wirtschaftssystem, Erziehungssystem, politischen System, Gesundheitssystem, Rechtssystem etc.) teilnehmen. Die Funktionssysteme gehen dabei grundsätzlich von der Inklusion aller Personen aus und inkludieren diese jeweils rollenspezifisch in unterschiedlicher Form: als Regierte bzw. StaatsbürgerInnen in das politische System, als KonsumentInnen in das Wirtschaftssystem, als SchülerInnen bzw. Lernende in das Erziehungs- bzw. Bildungssystem, als PatientInnen in das Gesundheitssystem etc.

> "Individuen müssen sich an all diesen Kommunikationen beteiligen können und wechseln entsprechend ihre Kopplungen mit Funktionssystemen von Moment zu Moment. Die Gesellschaft bietet ihnen folglich keinen sozialen Status mehr, der zugleich das definiert, was der Einzelne nach Herkunft und Qualität 'ist'." (Luhmann 1999[1997]: 625)

Im Gegensatz zu diesen sogenannten *Publikums- oder Komplementärrollen*, die auf die *Inklusion aller Individuen als Personen* abzielen, bleiben die damit jeweils asymmetrisch verknüpften beruflichen *Leistungsrollen* (Regierende, ProduzentInnen, LehrerInnen, ÄrztInnen etc.) einer begrenzten Anzahl an Personen vorbehalten, wobei Organisationen über Inklusion/Exklusion entscheiden (vgl.

Schneider 2002:338f). Burzan et alii (2008: 30) weisen allerdings in ihrem akteurstheoretisch reformulierten Konzept der Inklusionsprofile darauf hin, dass
der Empfang teilsystemischer Leistungen in der Publikumsrolle nicht als passi-
ver Prozess zu verstehen ist, sondern in Form einer aktiven Partizipation geschieht: Das "Publikum der Gesellschaft" leistet einen mal größeren, mal weniger großen eigenen Beitrag zur teilsystemischen Leistungsproduktion (vgl. weiters Burzan/Schimank 2004). Im Gesundheits- bzw. Krankenbehandlungssystem
(vgl. Pelikan 2009) oder in einem möglichen oder auch schon ausgebildeten
Funktionssystem der Sozialen Hilfe bzw. Sozialen Arbeit (vgl. Kap. 2.2.3)
kommt dies unter anderem im Begriff der Compliance, die auf Seiten der Patient-
Innen bzw. KlientInnen zur Leistungserbringung notwendig ist, zum Ausdruck.
Zugleich lässt sich die Unterscheidung in Leistungs- und Publikumsrollen nicht
in allen Funktionssystemen immer eindeutig ziehen, wie am Beispiel des Systems der Intimbeziehungen besonders augenfällig wird, aber auch das Sportsys-
tem weist nur in begrenztem Ausmaß eine derartige Ausdifferenzierung auf.

Mit der spezifischen Inklusionsform der primär funktional differenzierten
Gesellschaft einhergehend treten soziale und individuelle Reproduktionsprozesse
auseinander. Die Institution Familie verliert weitgehend ihre zentrale Rolle bei
der Regelung von Inklusion/Exklusion, da Individuen nicht mehr über Familienhaushalte bzw. Standes- oder Zunftzugehörigkeit umfassend sozial inkludiert
sind. Die spezifisch moderne Form der Individualität lässt sich als "Exklusionsindividualität" bestimmen (vgl. Hillebrandt 1999: 246ff; Nassehi 2006: 51;
Scherr 2001: 220), denn erst dadurch, dass Individuen nicht mehr umfassend in
ein Sozialsystem inkludiert sind, das in der Folge (nahezu) alle Lebensbereiche
determiniert, können sie als Personen selektiv und rollenspezifisch in Funktionssysteme und Organisationen inkludiert werden.

> "Für das Individuum als unteilbare körperlich-seelische Einheit ist insofern in der
> funktional differenzierten Gesellschaft kein sozialer Ort mehr vorgesehen, und gera-
> de diese Abwesenheit des sozialen Ortes motiviert die spezifisch moderne Sehnsucht
> nach integralen Gemeinschaften bzw. einer Heimat (…). Sie veranlasst damit auch
> die Entwicklung eines sozialpädagogischen Diskurses, für den Gemeinschaftsbegrif-
> fe konstitutiv sind, die reaktiv bezogen sind auf die moderne Zerstörung undifferen-
> zierter Lebenszusammenhänge." (Scherr 2004: 61)

Zu betonen ist, dass Exklusionsindividualität ein gesellschaftliches Strukturmerkmal bildet, welches das Verhältnis von Individuum und Gesellschaft in der
Moderne charakterisiert. Sie stellt an sich noch "keine spezifische Krisendiagnose" (Scherr 2004: 62) dar. Denn damit sind nicht nur individuelle Risiken verbunden, die es unten näher zu erläutern gilt, damit entstehen auch bedeutende
Freiheiten gegenüber den jeweiligen Sozialsystemen:

"Sie (die Individuen, Anm. HM) können sich den Kommunikationszumutungen einer Familie, den Arbeitsbedingungen eines Betriebes oder den Loyalitätserwartungen einer Partei verweigern, ohne damit aus der Gesellschaft und ihren Funktionssystemen insgesamt ausgeschlossen zu werden und ohne schon damit zwangsläufig in problematische Lebenssituationen zu geraten." (Scherr 2001: 220)

Versteht man (in einer akteurstheoretisch akzentuierten Differenzierungsperspektive) Inklusion als Aktivitätsmuster und nicht als Zugangsrecht bzw. -chance, dann wird umgekehrt deutlich, dass *Inklusion nicht per se ermöglichende, sondern auch restriktive Folgen für Individuen* haben kann (vgl. Burzan et al 2008: 39). So sind etwa Personen, die über ein Gerichtsverfahren in das Rechtssystem eingebunden sind oder im Zuge einer Erkrankung PatientIn in einem Krankenhaus werden, "durch strikte institutionalisierte Vorgaben in hohem Maße Restriktionen auferlegt" (ebd.: 36). Auch eine besondere Beanspruchung durch das familiäre System kann persönliche Einschränkungen nach sich ziehen. Als problematisch für die Möglichkeiten der persönlichen Lebensführung und als potenziell Hilfsbedürftigkeit verursachend erscheinen bezeichnenderweise häufig solche Inklusionen, die auf die gesamte Person in einer Weise zugreifen, durch die deren rollenspezifische Inklusion in weitere gesellschaftliche Funktionssysteme beeinträchtigt oder gar verunmöglicht wird. Solche totalitären Inklusionsverhältnisse realisieren beispielsweise häufig Sekten oder Gefängnisse, aber auch die Inklusion in problematische Familiensysteme oder eine stationäre, heimförmige Unterbringung (z.B. Erziehungs- oder Pflegeheime) können sich blockierend auf die Teilhabemöglichkeiten in anderen gesellschaftlichen Teilbereichen auswirken.

Die Regelung der Inklusion bleibt den einzelnen Teilsystemen überlassen, wobei Schichtzugehörigkeit grundsätzlich keine Zugangsvoraussetzung mehr darstellt und nicht als Zugangs- oder Ausschlusslegitimation zur Verfügung steht. Empirisch lässt sich aber nach wie vor ein hartnäckiger Zusammenhang zwischen Schichtzugehörigkeit und Zugangschancen zu Funktionssystemen bzw. deren Leistungs- und Komplementärrollen beobachten (vgl. u.a. Luhmann 1999[1997]: 739; Schneider 2002: 339). Hier zeigen sich Grenzen der analytischen Erklärungskraft einer differenzierungstheoretischen Fassung des Verhältnisses von Individuum und Gesellschaft und der gesellschaftlichen Teilhabemöglichkeiten von Personen, die ergänzend eine ungleichheitstheoretische Perspektive auf gesellschaftliche Inklusionsverhältnisse und -dynamiken empfehlenswert erscheinen lassen, wie in Kapitel 2.1.5 näher ausgeführt ist.

Ergänzend ist noch auf die *Unterscheidung zwischen Selbst- und Fremdexklusion* bzw. zwischen freiwilliger und unfreiwilliger Exklusion (vgl. Bohn 2006: 34) hinzuweisen. Selbstexklusion bedarf allerdings der gesellschaftlichen

Anerkennung – außer sie bleibt unbeobachtet, doch dann ist sie gesellschaftlich irrelevant. Eine solche anerkannte Form der (teilweisen) Selbstexklusion wäre der Eintritt in ein Kloster, nicht anerkannt ist beispielsweise in vielen sogenannten entwickelten bzw. industrialisierten Ländern in gewissen Lebensphasen die Selbstexklusion aus dem Erziehungs- bzw. Bildungssystem. Und nach wie vor äußerst umstritten dürfte m.E. die gesellschaftliche Anerkennung hinsichtlich der Totalexklusion durch Selbstmord sein, auch wenn die Sanktionierung bei geglückter Selbstexklusion eine schwierige Angelegenheit ist und sich nur indirekt an den sogenannten Hinterbliebenen entfalten und als Schande wirksam werden kann. Hier scheint eher Prävention angesagt zu sein, wobei die zeit- und fallweise praktizierte Einweisung von Personen mit missglückten Selbstmordversuchen in psychiatrische Anstalten eine Fremdexklusion aus dem 'normalen' gesellschaftlichen Leben durch Totalinklusion in eine Organisation zur Verhinderung künftiger Selbstexklusionsversuche darstellt(e). Daran lassen sich die Grenzen der gesellschaftlichen Verhinderung von Selbstexklusionsabsichten in zugespitzter Form ablesen. Im Kontext Sozialer Arbeit taucht die gesellschaftliche Nicht-Akzeptanz von Selbstmord in Gestalt von (Zwangs-)Maßnahmen bei sogenannter Selbstgefährdung auf; sie lassen das strukturimmanente Spannungsfeld von Kontrolle und Hilfe sichtbar werden.

2.1.2   Soziale Adressierbarkeit als Voraussetzung für Inklusion

Das Begriffspaar Inklusion/Exklusion bezieht sich auf "die Frage der Bezeichnung oder der Adressierung von Personen in Sozialsystemen" (Stichweh 2009: 30). Es benennt einen kommunikativen Mechanismus (und ist damit eo ipso eine innergesellschaftliche Differenz)[9] im Kontext sozialer Adressbildung. Der von Peter Fuchs (1997a) ausgearbeitete systemtheoretische Grundbegriff "Adressabi-

---

9   Ein häufiger Kritikpunkt an einem binären Begriffsverständnis von Inklusion/Exklusion richtet sich darauf, dass damit die Existenz einer extrasozialen Sphäre suggeriert würde, in der die Exkludierten quasi außerhalb der Gesellschaft und von dieser unberücksichtigt vegetierten. Dadurch gerate aus dem Blick, dass Exklusionslagen innerhalb der Gesellschaft entstehen und durch die spezifischen gesellschaftlichen Inklusionsregeln erzeugt werden (vgl. Castel 2008: 72f; Kronauer 2008: 149ff; Farzin 2006: 63). Diese Kritik trifft m.E. nicht auf die hier vorgestellte kommunikationstheoretische Reformulierung der differenzierungstheoretischen Begriffsfassung von Inklusion/Exklusion zu. Sie geht auch deshalb ganz grundsätzlich am skizzierten Ansatz vorbei, weil soziale Exklusion als Begriff gar keine soziale Problemlage bzw. Krise benennt. Allerdings ist hinzuzufügen, dass die weiter oben angeführte spätere Begriffsakzentuierung in den Luhmannschen Arbeiten (vgl. insbes. Luhmann 2005b[1995]c) eine Bedeutungsverschiebung in Richtung Krisendiagnose aufweist.

lität" bzw. "Soziale Adresse" meint eine *spezifische Struktur der Kommunikation*, durch die an eine soziale Rolle oder einen (Eigen-)Namen Erwartungen herangeführt und mit diesem verknüpft werden (vgl. Fuchs 2003: 16). Im sozialen Adressbegriff werden somit rollentheoretische Vorstellungen über die Adressierung spezifischer Erwartungsbündel an die InhaberInnen von Positionen systemtheoretisch reformuliert. Die systemtheoretische Fokusverschiebung liegt vor allem darin, dass die Adressproduktion weg von den Subjekten hin zu gesellschaftlichen Kommunikationsprozessen (d.h. in die Autopoiesis des Sozialsystems) verlegt wird:

> "Es ist nicht das Subjekt, das die Erwartungen auf sich zieht, die von anderen Subjekten ausgehen, oder das die Erwartungsarrangements anfertigt, auf deren Hintergrund Kommunikation sich materialisiert, sondern es ist die Kommunikation, die im Management ihrer Selbstsimplifikation Zurechnungspunkte erzeugt und ausarbeitet, die dann als handelnde (mitteilende) Personen erscheinen (…)." (Fuchs 1997a: 60)[10]

Soziale Adressen verweisen auf Personen – und Personen sind systemtheoretisch nicht als Entitäten aus Fleisch, Blut und Bewusstsein zu betrachten, sondern als eine Art soziales "Interface-Phänomen" (ders. 2003: 33) zwischen sozialen Systemen einerseits und Menschen als Einheit von psychischem und organischem System und damit als Umwelt sozialer Systeme andererseits (vgl. Luhmann 1994[1984]: 286). Die Form der Person als "individuell attribuierte Einschränkung von Verhaltensmöglichkeiten" (ders. 2005[1995]b: 142) koppelt psychische und soziale Systeme und vermittelt zwischen ihnen, ist zugleich aber ein sozial konstituiertes "Kondensat kommunikativer Verweisungen auf Menschen" (Fuchs 2003: 32). Und Menschen 'haben' entsprechend keine soziale Adresse, sie bekommen als Personen solch eine Adresse bzw. ein Bündel sozialer Partialadressen kommunikativ zugeschrieben, durch die jeweils limitiert wird, welches Verhalten bzw. Handeln sozial anschlussfähig ist und welches als Devianz beobachtet werden kann.

Während also auf der Inklusionsseite *Erwartungs- und Rollenbildung* stattfindet, ist dies *auf der Exklusionsseite weniger naheliegend*: "Der Begriff der Exklusion besagt gerade, dass an diejenigen, die exkludiert sind, keine Erwartungen mehr adressiert werden (…)." (Stichweh 2009: 32). Einen Sonderfall stellen allerdings jene Bereiche dar, in denen "inkludierende Exklusion"[11] (ebd.:

---

10   Der soziologische Analysegewinn, den Fuchs mit dieser Fokusverschiebung einhergehen sieht, dürfte für alle anthropozentrisch orientierten TheoretikerInnen, EmpirikerInnen und PraktikerInnen eine Provokation darstellen: "Man muss nicht mehr auf das Binnenleben der Leute achten und kann sich statt dessen mit sozialen Strukturen befassen." (Fuchs 2001: 352)

11   Stichweh (2009: 37ff) unterscheidet zwischen inkludierender Exklusion und exkludierender Inklusion: Erstere bezeichnet Institutionen, die versuchen, Personen bzw. Bevölkerungsgrup-

38ff) stattfindet, in denen sich also beispielsweise die Soziale Arbeit der 'Randgruppen' der Gesellschaft annimmt und sie in spezifischer Weise sozial einzubinden versucht – doch dazu mehr im empirischen Teil dieser Studie.

In jeder Kommunikation wird darüber verfügt, wer (oder auch was) als soziale Adresse geeignet ist und wer bzw. was nicht. Kommunikationstheoretisch generiert die Selektion der Mitteilung soziale Adressen, durch sie lässt sich Kommunikation auf Mitteilungshandelnde zurechnen (zum systemtheoretischen Kommunikationsbegriff vgl. Kap. 4.2). Wird jemand/etwas nur als Objekt für relevant gehalten und gilt nicht als selbstreferenzfähig, dann kann er/sie/es lediglich thematisiert werden, nicht aber an der Kommunikation teilnehmen, 'es' gilt nicht als kommunikativ ansteuerbare Adresse (vgl. Fuchs 1997a: 63). Und obwohl damit aus systemtheoretischer Sicht nicht Menschen ein- oder ausgeschlossen werden, kann die Art und Weise der auf Menschen verweisenden Markierung der sozialen Adresse selbstverständlich beträchtliche Auswirkungen auf diese Menschen und ihre Möglichkeiten der Lebensführung haben:

> "Die Adresse ist nicht nur eine Ordnungsvoraussetzung, sie befindet auch über Teilhabe/Ausschluss, über Partizipation oder Methexis. Adressabilität ist damit eine hoch brisante, sozusagen lebenstechnisch entscheidende Angelegenheit." (ders. 2003: 18).[12]

Die fundamentale Bedeutung sozialer Adressierbarkeit für psychische Systeme lässt sich unter anderem an der *ontogenetischen Verortung erster Adressbildung* erkennen. Sie geht einher mit der *frühkindlichen Sozialisation* in der Familie (bzw. in eventuellen substitutiven Systemen). Die erste Adresse entsteht somit "in Arrangements der Intimität, in Familien" (ders. 1997a: 67). Dort wird das Kind, obwohl es zunächst selbst nicht bzw. äußerst reduziert kommuniziert, in

---

pen in als problematisch beobachteten sozialen (Exklusions-)Lagen in die Form einer Inklusion zu bringen (z.B. Jugendhilfe, Gefängnisse etc.). Den Begriff "exkludierende Inklusion" hingegen reserviert Stichweh für gesellschaftlich oppositionelle Strukturen wie kriminelle Jugendbanden, religiöse Sekten, terroristische Gruppen, mafiöse Vereinigungen etc. Hier wird in eine soziale Formation inkludiert, die ihre eigene soziale Ordnung in Opposition zu den sie umgebenden gesellschaftlichen Strukturen entwickelt. Diese Unterscheidung und ihre Benennung sind m.E. allerdings unscharf, denn in beiden Typen findet Inklusion statt, die sich nicht immer eindeutig über die Differenz sozial konform/deviant voneinander abgrenzen lässt. In beiden Varianten können durch die spezifischen Formen der Inklusion exkludierende Wirkungen hervorgerufen werden – oder anders formuliert: Die Inklusionen können die Ausbildung polykontexturaler Adressen blockieren und die Möglichkeiten für multiple Partialinklusionen reduzieren. In dieser Arbeit werden deshalb im Folgenden beide Begriffe synonym verwendet und jeweils näher expliziert.

12   Mir bleibt unklar, welche Bedeutung mit dem Begriff Methexis in diesem Satz verbunden ist, der laut Duden Fremdwörterbuch aus dem Griechischen mit "(An-)Teilnahme" übersetzt werden kann.

die Kommunikationsprozesse mit eingebunden. Von Seiten der kommunizierenden Familienmitglieder wird Selbstreferenz unterstellt, auch wenn solch eine noch nicht gegeben ist und permanent unsicher bleibt, ob etwas mitgeteilt wurde und wenn ja, wie diese Mitteilung zu verstehen ist.[13] In eben diesem unsicheren Kommunikationsprozess gewinnt das Kind sukzessive eine Adresse und damit die Möglichkeit, Selbstbezug zu entwickeln.

Bedeutsam ist im Kontext der vorliegenden Studie auch, dass sich *familiäre Kommunikation* (bzw. die Kommunikation in sogenannten Intimsystemen allgemein, also auch in freundschaftlichen oder Liebesbeziehungen)[14] von der kommunikativen Adressierung von Personen in anderen gesellschaftlichen Funktionssystemen unterscheidet. Sie zeichnet sich durch eine *Höchstrelevanz der Person* und einen *niedrigen Spezifizierungsgrad* aus, d.h. in ihr findet die ganze Person Berücksichtigung und nicht nur spezifische Rollensegmente einer Person. Die große Bedeutung persönlicher Kommunikation bzw. die starke Orientierung an konkreten Personen (und nicht an abstrakteren Rollen) macht die moderne Kleinfamilie bzw. Intimbeziehungen zu besonderen Systemen in der funktional differenzierten Gesellschaft, zu Systemen "mit enthemmter Kommunikation" (Luhmann 2005[1990]b: 194). Alles kann sich grundsätzlich als kommunikativ relevant zeigen und muss anschlussfähig gehalten werden,[15] nicht nur bestimmte sachliche Aspekte, wie in den (anderen) Funktionssystemen. In der Kommunikation über die eigene Person ist es schwer möglich zu sagen: "Das geht dich nichts an!", solch eine Kommunikationsverweigerung würde jedenfalls beachtliches Krisenpotenzial in sich bergen (vgl. ebd.: 193).[16]

---

13   Oevermann et alii (1976) beschreiben aus handlungstheoretischer Perspektive Ähnliches, wenn sie die Grundmuster sozialisatorischer Interaktion rekonstruieren.

14   Sowohl der Funktionssystemstatus der modernen Kleinfamilie als auch das Verhältnis von Familien und Intimsystemen sind systemtheoretisch ungeklärt: Luhmann setzt beide Systeme teilweise gleich, obwohl die spezifische Differenz zwischen Eltern und Kindern in Familien und die besondere Rolle der Familie bei der primären Sozialisation diese von anderen Intimbeziehungen unterscheidet (vgl. Burkart 2005: 123). Runkel (2005: 129) plädiert dafür, Familien von Intimbeziehungen zu unterscheiden, weist zugleich aber darauf hin, dass Intimbeziehungen ein Bestandteil von Familien sind. Diese klärungsbedürftigen Themen können in der vorliegenden Studie allerdings nicht weiterverfolgt werden. Familie wird im Folgenden vereinfacht als Teil des Intimsystems betrachtet, wiewohl dies diskussionswürdig ist.

15   Burkart (2005: 112) weist allerdings darauf hin, dass die spezifische Kommunikationsgeschichte einer jeden Familie die Themenmöglichkeiten wieder einschränkt. Jedes Kleinstsystem für sich bildet gewissermaßen thematische Beschränkungen aus und baut so systemeigene Strukturen auf.

16   Diese thematische Grenzenlosigkeit gilt jedoch nicht im gleichen Maße für Eltern-Kind-Beziehungen, dort weist die Unbegrenztheit der Kommunikation gewisse Asymmetrien auf (vgl. Burkart 2005: 119).

Familien und Systeme der Intimbeziehungen bauen somit keine code-spezifischen Strukturen auf, die die Kommunikation innerhalb der einzelnen Intimsysteme beschränken helfen. Diesen Systemen kommt entsprechend auch die *Funktion der gesellschaftlichen Inklusion der ganzen Person* zu (Luhmann spricht von "Vollperson" – vgl. ebd.: 199), für die ansonsten in ihrer Gesamtheit gesellschaftlich kein Platz mehr ist. Insbesondere die Familie gewinnt durch eine weitere zentrale *Funktion*, nämlich diejenige der *primären Sozialisation* der Kinder, besondere Bedeutung für die Herausbildung einer sozial inklusionsfähigen Persönlichkeit: Sie ist der primäre Ort der Persönlichkeitsbildung. Burkart (2005: 121) bringt es auf die kurze Formel: "Ohne familiale Sozialisation kein Aufbau der Vollperson, ohne Vollperson keine Individualität, ohne Individualität keine Inklusion." Durch diese grundlegende Rolle der Familie bei der primären Sozialisation von bzw. zu Individuen erklärt sich auch die nach wie vor gegebene statusvererbende Wirkung der sozialen Herkunft (vgl. ebd.: 124).

Obwohl diese Funktionsbeschreibungen an die zentrale Rolle der Familie bei der gesellschaftlichen Inklusion der gesamten Person in früheren Gesellschaftsformationen erinnert, *leistet die (Klein-)Familie in der funktional differenzierten Gesellschaft gerade nicht mehr gesamtgesellschaftliche Inklusion*: Individuen lösen sich üblicherweise aus der anfangs umfassenden Inklusion in die Familie schrittweise heraus[17] bzw. ergänzen diesen sich im Heranwachsen abschwächenden Adressierungszusammenhang durch die Inklusion in andere Gesellschaftskontexte. Sie gewinnen ein spezifisches, differenziertes Inklusions-/Exklusionsprofil, das sich im Lebensverlauf immer wieder ändert. In anderen Worten:

> "Die kommunikativ ausgearbeitete Adresse ist (…) als ein mehr oder minder spezifisches Inklusions/Exklusions-Profil beschreibbar. Niemand ist in allen kommunikativen Hinsichten adressabel, und jeder ist in allen ihm zugänglichen Kommunikationskontexten auf verschiedene Weise eingeschlossen/ausgeschlossen." (Fuchs 1997a: 63)

Kennzeichnend für die Adressbildung in primär funktional differenzierten Gesellschaften ist, dass Individuen keine 'dichte' Adresse mehr zugewiesen bekommen, sondern sich in *polykontexturalen Adresszusammenhängen* bewegen (müssen). Damit wird lediglich der gleiche Sachverhalt adressbezogen reformuliert, der oben bereits als spezifischer Inklusionsmodus moderner Gesellschaften

---

17   Man könnte auch sagen notwendigerweise, wenn man die geläufigen Normalitätskonstruktionen anlegt und weiters beobachtet, welche gravierenden Folgen es für die persönlichen Lebenschancen hat, wenn solch eine Inklusions-/Exklusionsdiversifizierung nicht gelingt bzw. vom familiären System partiell oder in äußerst seltenen Fällen sogar ganz unterbunden wird.

ausgeführt wurde: Stratifizierte Gesellschaften konstruieren und verorten soziale Adressen schichtspezifisch und damit lokal, Anschlussmöglichkeiten jenseits der Schichtgrenzen sind stark limitiert. Die schichtspezifische, 'dichte' Adresse determiniert damit weitgehend die Möglichkeiten der Lebensführung, sie bietet zugleich allerdings auch einen hohen Orientierungswert, "der es bei nahezu allen Lebenszufällen gestattet, sich angemessen zu verhalten und Unangemessenheit zu diskriminieren" (ebd.: 69). Mit der Veränderung der vorrangigen Differenzierungsform und der Ausbildung autonomer Funktionssysteme verliert die soziale Adresse ihre Einheit und muss sich auf unterschiedliche Adressierungen in den verschiedenen gesellschaftlichen Kontexten einstellen. Sie wird polykontextural, und zwar im Sinne einer *heterarchischen Fragmentierung in Partialadressen*,[18] die manchmal auch Inkompatibilitäten aufweisen können – was etwa besonders häufig an beruflichen und familiären Unvereinbarkeiten sichtbar wird.

Die bisherigen Ausführungen implizieren, dass Individuen nicht einfach als gesellschaftlich inkludiert oder exkludiert beobachtet werden können, vielmehr bestimmt eine "*multiple Partialinklusion* in viele oder sogar alle Teilsysteme die Lebenschancen und – über die Lebenschancen vermittelt – die Lebensführung der Menschen" (Burzan et al. 2008: 23, Hervorhebung im Original). Sie sind in die einzelnen Funktionssysteme in unterschiedlichen Inklusionsverhältnissen eingebunden – in Leistungs- und/oder Publikumsrollen in verschiedensten Ausformungen.[19] Und diese partialen Inklusionsverhältnisse fügen sich teilsystemübergreifend zu individuellen Inklusionsprofilen zusammen (vgl. ebd.: 29). Entsprechend zeigt sich *Inklusion/Exklusion auf Seiten der Person* auch *nicht als dichotome Unterscheidung, sondern als kontextspezifisch in Qualität und Quantität differierende Adressierungen*, die in ihrer personenspezifischen Kombinati-

---

18 Fuchs (ebd.) weist darauf hin, dass diese Fragmentierung auf der sozialen Ebene auch auf Ebene der psychischen Systeme durchschlägt und deren Selbstreferenz irritiert und unterbricht: Sie fördert die Fragmentierung des Bewusstseins und erzeugt somit polykontexturales Bewusstsein, "in dessen Tiefe (…) sich nichts mehr findet, das als Verläßlichkeit, als Bezugspunkt aller psychischen Aktivitäten gedacht werden könnte" (ebd.: 75). Als funktionales Äquivalent für das Wegbrechen eines stabilen psychischen Hintergrundes beobachtet Fuchs eine zunehmende Referenz der Kommunikation auf Körper (vgl. ebd.).

19 Burzan et alii (2008: 33-38) zeigen für die Publikumsrollen unterschiedliche Facetten der Inklusion in gesellschaftliche Teilsysteme auf: Die Partialinklusion kann häufig oder sporadisch sein, sie kann lange währen bzw. nur kurz dauern, sie lässt sich als lebensphasenspezifische oder als lebenslang andauernde Einbindung differieren, sie kann obligatorisch oder optional gestaltet sein, sich asymmetrisch zu Gunsten oder zu Ungunsten des/der Inkludierten strukturieren, zwischen formalisiert und nicht formalisiert changieren, interaktiv oder nicht interaktiv angelegt sein, kommerziell oder nicht kommerziell erfolgen und auch persönlichunmittelbar oder vermittelt durch andere Personen zustande kommen.

on (aber nicht Einheit) das individuelle gesellschaftliche Teilhabeprofil ausmachen.[20]

2.1.3 Inklusions- und Exklusionsvollzug durch Organisationen[21]

Nassehi/Nollmann (1997) weisen darauf hin, dass es das Begriffsdual der Inklusion/Exklusion nicht nur auf gesellschaftstheoretischer, sondern auch auf organisationstheoretischer Ebene auszuarbeiten gilt, denn faktisch wird Inklusion und Exklusion vorrangig durch die Diskriminierungspotenz von Organisationen vollzogen. Funktionssysteme selbst weisen keinen Mechanismus der Exklusion auf, sie gehen vom Prinzip der rollenspezifischen Inklusion aller Personen aus und können Exklusion allenfalls nicht verhindern. Erst durch den Systemtypus Organisation werden Funktionssysteme entscheidungs- und exklusionsfähig (vgl. Luhmann 2000: 392f).

> "Organisationen vermitteln hier gewissermaßen zwischen den luftigen Höhen der abstrakten Codes der Funktionssysteme und interaktionsnahen, biographiegestützten Lebenslagen, die nicht mehr durch Zugehörigkeiten, sondern durch Teilnahmemöglichkeiten geprägt sind (…)." (Nassehi/Nollmann 1997: 405)

So kann das politische System als Gesamtheit nicht entscheiden, wer unter welchen Bedingungen die Staatsbürgerschaft erlangen kann. Dies leisten die Regierung, das Parlament und andere staatliche Organisationen. Ebenso wenig lehnt die Wirtschaft als Gesamtsystem einzelne Personen als ArbeitnehmerInnen oder KonsumentInnen ab, vielmehr disponieren Unternehmen über die konkrete Mitgliedschaft von Personen bzw. prüfen die Zahlungsfähigkeit potenzieller KundInnen.

Die Bedeutung von Organisationen für die praktische Lebensführung und in der Folge für die Hervorbringung ungleicher Lebenslagen (vgl. Nassehi 2001: 228ff) ist dabei nahezu umfassend: Wir verdienen überwiegend unser Geld in Organisationen, lernen in Organisationen, werden von Unternehmen, also Organisationen des Wirtschaftssystems, mit Konsumgütern versorgt, erhalten über Organisationen (Sozialversicherungsträger, Krankenhäuser) medizinische Versorgung usw. Exklusionen durch und aus Organisationen können dadurch weit-

---

20   Die Kritik am dichotomen Schema Inklusion/Exklusion, das der Lebensrealität der meisten Menschen nicht gerecht werde, verfehlt deshalb m.E. im hier vorgestellten Begriffsverständnis auch die Bezugsebene: Sie argumentiert auf der Ebene der Individuen, obwohl die Unterscheidung auf Ebene der verschiedenen Sozialsysteme zu verorten ist.

21   Einzelne Passagen dieses Kapitels wurden 2009 in der Online-Zeitschrift "soziales_kapital" publiziert (vgl. Mayrhofer 2009a).

reichende Konsequenzen für die Möglichkeiten individueller Lebensführung haben und zu einem umfassenden Ausschluss von den Leistungen eines Funktionssystems führen:

> "Bezogen auf die gesellschaftsstrukturelle Erzeugung und Bearbeitung von Hilfsbedürftigkeit zeigt sich damit, dass Exklusionsverdichtungen und -karrieren, die die Soziale Arbeit als Hilfsbedürftigkeit beobachtet, kein direktes Folgeproblem funktionaler Differenzierung sind, sondern durch Organisationen als 'System(e) mit Exklusionsbefugnis' (...) bewerkstelligt werden." (Scherr 2001: 222)

Wer dauerhaft organisationsfern lebt, weist in der Regel auch ein stark reduziertes soziales Inklusionsprofil auf. Zugleich lässt sich beobachten, dass organisationsferne Rollen (z.B. 'nur' Hausfrau) sozial begründungspflichtig geworden sind und die damit oft einher gehende soziale Isolation auf fehlende Kontakte mit Organisationen zurückgeführt werden kann (vgl. Kühl 2011: 11).

Organisationen erlangen durch die Limitierung der Teilnahme (Mitgliedschaft) und die Festlegung von Teilnahmebedingungen erst ihre spezifische Leistungsfähigkeit (vgl. Scherr 2001: 227f). Und sie setzen disziplinierte Individuen voraus und nehmen von manchen Individuen generalisierend an, dass sie zur Erfüllung der Organisationsanforderungen bzw. zur Übernahme sogenannter Leistungsrollen nicht in der Lage sind. Zu letzteren zählen etwa psychisch Kranke, Drogenabhängige, häufig auch straffällig gewordene Personen, aber auch Personen bestimmter Altersgruppen in Bezug auf Leistungsrollen im Wirtschaftssystem (ProduzentInnen) usw. Daran lässt sich erkennen, "... dass Funktionssysteme mittels der Teilnahmebedingungen von Organisationen prekäre Erwartungen an Individuen etablieren" (Scherr 2001: 228). Organisationen inkludieren somit bezogen auf Leistungsrollen (= Mitgliedschaft in der Organisation) hochselektiv.

Nassehi/Nollmann (1997: 403) weisen darauf hin, dass Organisationen durch diesen Inklusionsmechanismus in der Lage sind, "moderne funktionale Äquivalente für die traditionale Zugehörigkeit zu Gruppen und Räumen zu stiften, indem sie hochgradig bindende Inklusionsformen zur Verfügung stellen, ohne 'ganze Personen' zu binden." Personen, die nicht über Mitgliedschaft in eine Organisation eingebunden sind (also etwa viele Arbeitslose), steht demzufolge diese moderne 'Zugehörigkeitsform', die allerdings gerade nicht mehr Zugehörigkeit, sondern partikulare Inklusion ist, nicht zur Verfügung. Bezeichnenderweise werden gerade solche Lebenslagen bevorzugt mit problematischer sozialer Exklusion in Verbindung gebracht, denen auf Erwerbsarbeit gestützte Organisationsmitgliedschaft dauerhaft verwehrt bleibt (vgl. Nassehi 2006: 64).

Während bei gesellschaftlichen Leistungsrollen die Inklusion zumeist über Organisationsmitgliedschaft erfolgt,[22] überwiegt bei *der Einbindung über die Publikumsrollen* die organisatorische *Anbindung von AdressatInnen* (vgl. Schimank 2001: 26)[23] bzw. die "Institutionalisierung unpersönlicher Interaktionsformen" (Nassehi/Nollmann 1997: 404). Allerdings sind auch spezifische Formen von publikumsrollenbezogenen Organisationsmitgliedschaften zu beobachten, etwa Mitgliedschaften in Interessensverbänden. Obwohl die Inklusion über Organisationsmitgliedschaft und über organisatorische Anbindung von AdressatInnen verschieden strukturiert sind, müssen die inkludierten bzw. inklusionswilligen Individuen in beiden Fällen bestimmte Erwartungen bzw. Anforderungen der inkludierenden Organisationen erfüllen. Können oder wollen sie dies nicht, kann ihre Mitgliedschaft aufgekündigt werden oder kommt gar nicht zustande bzw. können keine Leistungen bezogen werden (vgl. Schimank 2001: 26).

Derartige Ausschlüsse aus bzw. Nicht-Inklusionen in Organisationen finden alltäglich unzählbar oft statt, ohne dass den meisten der Nicht-Inkludierten daraus gravierende Probleme gesellschaftlicher Teilhabe bzw. individueller Lebensführung erwachsen würden. Organisationen sind per se exklusiv, gesellschaftliche Inklusion "meint nur kommunikative Erreichbarkeit aller Menschen und einen potenziell unlimitierten Horizont von Teilhabemöglichkeiten, nicht die tatsächliche Teilhabe an allen Organisationen" (Leisering 2004: 257). Weiters wandeln sich Organisationsmitgliedschaften und Adressierungen durch Organisationen im Lebensverlauf und lassen sich viele verschiedene Formen organisationaler Ein- und Anbindung unterscheiden (vgl. ebd.: 258). Damit soll zugleich nochmals darauf hingewiesen werden, dass das diesen Ausführungen zugrundeliegende Begriffsverständnis von Inklusion/Exklusion nicht per se eine gesellschaftlich und individuell kritische soziale Lage zum Ausdruck bringt, sondern das allgemeine Verhältnis von Individuum und Gesellschaft (system-)theoretisch fasst.

---

22   Freie MitarbeiterInnen nehmen "organisatorisch angebundene Leistungsrollen" (Schimank 2001: 26) ein. Man könnte diese Art der Einbindung auch als 'Mitgliedschaft light' bezeichnen, die den Organisationen neues Potenzial eröffnet, die organisationsinternen Umwelten in Gestalt der beschäftigten Personen zugunsten der Organisationsinteressen in hohem Ausmaß unberücksichtigt zu lassen.

23   Schimanks AdressatInnen-Begriff scheint inhaltlich etwas anders akzentuiert zu sein als derjenige von Fuchs (vgl. Kap. 2.1.2), denn genau genommen lässt sich die Einbindung über Organisationsmitgliedschaft auch als eine spezifische Form der Adressierung auffassen. Es handelt es sich bei Organisationsmitgliedschaft und der organisatorischen Anbindung über Publikumsrollen allerdings um unterschiedliche Formen der Adressierung, deren Differenzen es theoretisch noch detaillierter auszuarbeiten gälte.

Problematische Lebenslagen können sowohl aus der Nichtteilhabe an Organisationen als auch aus spezifischen Formen organisationaler Inklusion resultieren – letzteres lässt sich etwa am Phänomen der "working poor" oder an der Einbindung in totalitäre Institutionen beobachten. Generell kann festgestellt werden, dass unterschiedliche Formen von *Organisationsmitgliedschaft* den inkludierten Individuen in besonderer Weise *ungleiche Positionen in der Gesellschaft* zuweisen. Organisationen beeinflussen in hohem Ausmaß die Verteilung individueller Lebenschancen in der Gegenwartsgesellschaft, wie Lengfeld (2007) auf ungleichheitstheoretischer Ebene anhand unterschiedlicher sozialwissenschaftlicher Felder und Organisationstypen ausführlich darlegt. Nassehi bezeichnet Organisationen nicht nur als "Exklusionsmaschinen", sondern auch als "Ungleichheitsmaschinen". Sie erzeugen soziale Positionen und weisen sie Personen zu; damit generieren sie nicht nur soziale Ungleichheit, sondern machen diese zugleich "sichtbar, benennbar und in Teilen sogar legitimierbar" (Nassehi 2011: 231).

Ein Funktionssystem bzw. Gesellschaftsbereich verschließt sich der Durchorganisierung: Das *System der Intimbeziehungen*, unter das hier Ehen und Familien bzw. andere Formen familien- bzw. eheähnlicher Lebensgemeinschaften, aber auch Freundschaften etc. subsumiert werden,[24] weist *keine Organisationsbildungen* auf und Organisation wird auch nicht durch Profession substituiert. Das Funktionssystem der Intimbeziehungen lässt sich vielmehr als äußerst lose Kopplung unzähliger Kleinstsegmente (die jeweiligen Beziehungseinheiten Familie, Ehe, Lebensgemeinschaft, Freundschaft) beschreiben, die in der modernen Gesellschaft wenig aufeinander angewiesen sind (vgl. Schimank 2001: 30). Ausschlaggebend für die fehlende Organisationsbildung ist Schimank zufolge das zentrale Merkmal dieses gesellschaftlichen Teilsystems, nämlich die hohe Relevanz der gesamten individuellen Komplexität bzw. die Berücksichtigung der ganzen Person:

> "Überall sonst stellt die Individualität der Personen ein Problem dar, für das dann Organisationen einen Bearbeitungsmechanismus darstellen. Im System der Intimbeziehungen wird hingegen der Individualität genau umgekehrt die Chance geboten, sich auszuleben und soziale Bestätigung zu finden. Die Operationalisierung der Deutungsstruktur erfolgt daher einzelfallspezifisch, eine übergreifende Vereinheitlichung durch formale Organisationen ist nicht nur nicht nötig, sondern wäre gerade dysfunktional." (ebd.)

---

24   Dabei ist nochmals auf die Besonderheiten der Familie bzw. familienähnlicher Systeme hinzuweisen, die u.a. in der Eltern-Kind-Differenz und der wichtigen Rolle bei der primären Sozialisation der Kinder zum Ausdruck kommen (vgl. Kap. 2.1.2).

Von Bedeutung ist diese strukturelle Besonderheit der Familien und Intimsysteme im Kontext der vorliegenden Studie vor allem deshalb, weil auch in der niederschwelligen Sozialen Arbeit familien- und freundschaftsähnliche Kommunikationsmuster an der Schnittstelle zu den KlientInnen zu beobachten sind (vgl. Kap. 5). Inwieweit aus diesen kommunikativen Anleihen Rückwirkungen auf die Ebene der Organisation, aber auch der Profession und auf die Inklusionschancen der AdressatInnen niederschelliger Hilfen entstehen könnten, gilt es im empirischen Teil B und im abschließenden Teil C der Studie näher zu diskutieren.

2.1.4 Inklusionsprobleme und Exklusionsrisiken: Zum ungewissen Zusammenhang zwischen Exklusion und Hilfsbedürftigkeit

Erst andauernde und sich generalisierende Exklusion aus Organisationen und strukturell oder individuell reduzierte Chancen, von Organisationen als relevante Adresse beobachtet zu werden, führen in der Regel problematische Auswirkungen auf die Möglichkeiten der persönlichen Lebensführung mit sich. Die Inklusionsregeln der funktional differenzierten Gesellschaft bedeuten, dass Individuen in ihrer Lebensführung faktisch zu einem großen Teil davon abhängig geworden sind, an den Leistungen der jeweiligen Funktionssysteme und Organisationen teilnehmen zu können. Eine unzureichende Inklusion oder der Ausschluss aus Funktionssystemen und Organisationen kann somit weitreichende Konsequenzen für die individuelle Lebensführung haben (vgl. Scherr 2001: 220). Und empirisch lässt sich beobachten, dass einzelne Individuen oder auch ganze Bevölkerungsgruppen zu manchen funktionssystemischen Leistungen nur begrenzt oder mitunter auch gar nicht Zugang haben.[25] Armin Nassehi (2006: 69) geht davon aus, "dass die gegenwärtige Moderne tatsächlich eine Generalisierung von Exklusionserfahrungen nahe legt, wo zuvor Inklusion als Normalfall gelten konnte." Und obwohl solche Erfahrungen integraler Bestandteil individueller Lebensverläufe sind, kulminieren sie "in unterprivilegierten Lebenslagen" (ebd.: 65).

Frank Hillebrandt (2001) weist darauf hin, dass der *strukturelle Ausgangspunkt* für den sozialen Ausschluss ganzer Bevölkerungsteile in der *modernen*

---

25   Im Falle von Migration reagieren Personen durch räumliche Mobilität auf bestehende Inklusionsprobleme bzw. Exklusionsverdichtungen: "Migration, also räumliche Beweglichkeit, wird somit zu einer Ressource, um in der modernen Gesellschaft Inklusionschancen zu steigern und entsprechende Exklusionsrisiken zu vermeiden." (Wagner 2006: 105) – Es gälte eingehender zu diskutieren, inwieweit hier nicht unterschiedliche gesellschaftliche Differenzierungsformen (funktionale Differenzierung einerseits und stratifikatorische in Kombination mit Zentrum/Peripherie-Differenzen andererseits) spezifisch zusammenwirken.

Ortlosigkeit des Menschen zu sehen ist. Indem den Individuen keine festen Positionen in der Gesellschaft mehr zugewiesen sind, sie also nicht mehr als Gesamtperson in ein Teilsystem der Gesellschaft inkludiert werden, sondern zunächst "Exklusionsindividuen" sind (vgl. Kap. 2.1.1), können sie gewissermaßen gesellschaftlich verloren gehen. Sie haben kein primäres Bezugssystem auf sozialer Ebene, das sich um ihre personale Inklusion kümmern müsste:

> "Die soziale Berücksichtigung von Personen durch das Gesellschaftssystem ist (…) nicht mehr selbstverständlich, sondern wird von hochdifferenzierten Kommunikationschancen der einzelnen abhängig, die in der Gesellschaft entstehen, von dieser jedoch nicht mehr sicher und zeitbeständig koordiniert werden können." (Hillebrandt 2001: 205)

Zugleich orientieren sich die einzelnen Funktionssysteme bei der Ausformung ihrer Inklusionsstrukturen an der systemeigenen Logik und Funktion und nicht an den Inklusionserfordernissen bzw. -ansprüchen der gesamten Bevölkerung. Sie inkludieren in der Folge ungeachtet des Postulats, allen Individuen Inklusion offenzuhalten (vgl. Luhmann 1999[1997]: 630), selektiv hinsichtlich ihres primären funktionalen Bezugspunktes. Entsprechend stehen eben so viele Arbeitsplatzangebote zur Verfügung, wie von der Wirtschaft gebraucht werden, und nicht so viele, wie es Arbeitssuchende gibt (vgl. Hillebrandt 2001: 208f). Und diese Angebote erhalten in der Regel (!) auch diejenigen, von denen angenommen wird, dass sie die damit verbundenen Anforderungen am besten erfüllen können, und nicht die, die den Arbeitsplatz möglicherweise am dringendsten benötigen würden.

Exklusionsverdichtungen bei einzelnen Personen oder Bevölkerungsgruppen werden Luhmann zufolge durch spezifische Interdependenzen hervorgerufen, sodass die Exklusion aus einem Funktionssystem weitere Exklusionen nach sich ziehen kann und eine Verstärkung der Ausschlusstendenzen von einem Funktionssystem zum anderen besteht:

> "Es gibt eine Art von negativer Integration, insofern als man sich, wenn man kein Geld hat, auch andere Dinge, etwa Gesundheit, nicht ohne weiteres oder nicht in dem üblichen Maße beschaffen kann; und wenn man nicht gesund ist, hat man Mühe, Arbeit zu finden, also wieder Geld zu bekommen." (Luhmann 2005: 276)

Allerdings scheint die *Exklusion aus den einzelnen Funktionssystemen unterschiedlich folgenschwer* zu sein. So dürften fehlende oder eingeschränkte Teilhabemöglichkeiten am Kunstsystem üblicherweise bei weitem weniger Auswirkungen auf die Möglichkeiten individueller Lebensführung haben (falls überhaupt) als etwa der Ausschluss aus dem Wirtschaftssystem. Auch die Selbstexklusion, d.h. der häufig freiwillige Ausschluss aus dem Funktionssystem der

Religion hat in vielen Ländern (aber nicht in allen!) und in Bezug auf viele Le-
benszusammenhänge keine nennenswerten Auswirkungen auf die Inklusionschancen in die anderen Funktionssysteme.[26] Wirtschaftliche Kommunikation
hingegen gewinnt in einer Gesellschaft, in der Bedürfnis- und Knappheitsaus-
gleich weitgehend durchmonetarisiert sind, eine herausgehobene Bedeutung für
die Möglichkeiten individueller Lebensführung. Auch die vom primären Funkti-
onsbezug abgelöste "Geldabhängigkeit der Organisationen" bei gleichzeitiger
"Organisationsabhängigkeit   der   meisten   Funktionssysteme"   (Luhmann
1999[1988]: 322) wirft die Frage einer latenten Dominanz wirtschaftlicher
Kommunikation in der Gegenwartsgesellschaft auf (vgl. ebd.). Auch die Inklusion auf politischer Ebene zeigt sich als äußerst folgenreich für die Möglichkeiten
des Zugangs zu verschiedenen anderen gesellschaftlichen Teilbereichen: Wer
nicht über StaatsbürgerInnenschaft inkludiert ist, hat eingeschränkte oder bei
illegalem Aufenthalt auch so gut wie keine Rechte und kann häufig, d.h. bei
fehlender Arbeitserlaubnis, formal keine monetär entlohnten Leistungsrollen
einnehmen (vgl. Schwinn 2007: 57).

Zu berücksichtigen sind weiters *erhebliche Unterschiede zwischen verschiedenen Ländern*. Das Phänomen einer umfassenden Exklusionsverdichtung
gewinnt beispielsweise unter dem Eindruck sozialer Lagen in den Favelas Brasi-
liens – ein wesentlicher Anstoß für Luhmanns späte Arbeiten zu sozialer Exklusion – besondere Plausibilität. In europäischen Wohlfahrtsstaaten mit sozialen
Maßnahmen, die Exklusionsverkettungen zu unterbrechen und ihnen entgegenzuarbeiten versuchen, stellen solch umfassende Verkettungen (zumindest gegenwärtig) die Ausnahme dar (vgl. Scherr 2004: 64f). Sie können sich aber gerade bei AdressatInnen niederschwelliger Sozialer Arbeit mitunter zeigen (vgl.
Kap. 5 und 7).

Doch nach wie vor gilt: Nicht nur andauernde und sich generalisierende
Exklusion aus funktionsspezifischem Leistungsbezug, zumeist vermittelt über
den diskriminierenden Inklusionsmodus von Organisationen, kann problematische Auswirkungen auf die Möglichkeiten der persönlichen Lebensführung haben. Hilfsbedürftigkeit kann vielmehr auch durch manche Inklusionsformen
erzeugt werden, beispielsweise durch die Einweisung in totalitäre Institutionen
oder das Eingebundensein in spezifische Familiensysteme (vgl. Scherr 2004: 67;
Bommes/Scherr 2000: 176ff). Sie kann durch das Misslingen bzw. unzureichende Gelingen familiärer Intimkommunikation bzw. das Scheitern familiärer Ver-

---

26   Bezüglich der Religion beobachtet Luhmann jedoch noch in anderer Hinsicht eine Sonderrolle:
      "Das Religionssystem könnte ein System sein, das Inklusion auch dann noch offen hält, wenn
      es überall sonst zur Exklusion kommt." (2005: 278)

sorgungsleistungen hervorgerufen werden, sodass etwa das Jugendamt tätig wird und im Extremfall sogar minderjährige Familienmitglieder temporär oder dauerhaft aus dem Familiensystem exkludiert (Entzug des Sorgerechts, Fremdunterbringung des Kindes). Auch an einem weiteren familien- bzw. intimsystembezogenen Beispiel lässt sich erkennen, dass (häufig temporäre) Exklusion mitunter als Lösung und nicht als Problem betrachtet wird, nämlich an polizeilichen Wegweisungen von GewalttäterInnen (überwiegend sind es Männer) aus der gemeinsamen Wohnung.

So ist also weder Hilfsbedürftigkeit eine zwangsläufige Folge von Exklusion, noch kann Inklusion Hilfsbedürftigkeit in jedem Fall vermeiden, sie kann diese in speziellen Fällen vielmehr sogar verursachen. Und Exklusionen führen nur dann zu Problemen der individuellen Lebensbewältigung und zu Hilfsbedürftigkeit, wenn durch sie allgemein der Zugang zu den Leistungen von Funktionssystemen begrenzt bzw. verunmöglicht wird.[27] Für eine Bestimmung der Bezugsproblematik Sozialer Arbeit ist folglich der Verweis auf Exklusion bzw. mangelnde Inklusion nicht ausreichend, um sozialarbeiterischen Interventionsbedarf anzumelden. Vielmehr ist es notwendig zu klären,

> "in welchen Fällen bzw. unter welchen Bedingungen teilsystemische Inklusionen und Exklusionen zu einer solchen Hilfsbedürftigkeit führen, die Interventionen der Sozialen Arbeit erforderlich werden lässt." (Scherr 2004: 64)

Nicht Exklusionen an sich bilden die *gesellschaftliche Bezugsproblematik der Sozialen Arbeit*, sondern *Exklusionsverdichtungen und andauernde Inklusionsschwierigkeiten, aber auch spezifische Inklusionsverhältnisse, die umfassendere Probleme der Lebensführung für Individuen oder auch Gruppen bzw. Kollektive verursachen.* Und sie geraten auch nur dann in den Zuständigkeitsbereich der Sozialen Arbeit, wenn die jeweiligen Funktionssysteme selbst und die dort teilweise ausgebildeten helfenden Professionen die Problembearbeitung nicht leisten und die politische Ebene allein dazu nicht in der Lage ist (vgl. Baecker 1994: 95; Bommes/Scherr 2000: 62f).

Durch das hier vorgestellte systemtheoretische Begriffspaar Inklusion/Exklusion werden solche problematischen Lebenslagen von Bevölkerungsgruppen nicht erfasst, die zwar einer Erwerbsarbeit nachgehen, aber zu wenig Einkommen daraus lukrieren können, um dem allgemeinen Lebensstandard entsprechend gesellschaftlich partizipieren zu können (vgl. Kronauer 2002: 144). Diese "working poor" sind allerdings in der Regel auch keine potenziellen Fälle Sozialer Arbeit (es sei denn, man unterstützt die betroffenen Personen bei der beruflichen

---

27 Hier ist allerdings wieder zu berücksichtigen, dass Exklusion aus verschiedenen Funktionssystemen unterschiedlich folgenschwer sein kann (siehe oben).

Umorientierung, durch die ein höheres Verdienst ermöglicht werden soll), sondern vor allem der Wirtschafts-, Arbeitsmarkt- und Sozialpolitik. Und auf Ebene
der sozialen Hilfe allgemein (vgl. zum Unterschied zwischen Sozialer Hilfe und
Sozialer Arbeit Kap. 2.2.1) rufen sie zum Teil Hilfsformen auf den Plan, die am
Almosenprinzip orientiert sind (z.B. Sozialmärkte oder Lebensmitteltafeln).

Die bisherigen Ausführungen implizieren, dass sich der Exklusionsbegriff
in der hier vorgeschlagenen theoretischen Bestimmung nicht direkt für die Bezeichnung von kritischen Lebenslagen und problematischen sozialen Ausgrenzungsprozessen und -phänomenen eignet, wiewohl er dabei behilflich ist, solche
Phänomene und Prozesse zu analysieren. Indem aber einerseits Inklusi-
on/Exklusion zugleich gesellschaftspolitische Begriffe darstellen, mit denen
bestimmte normative Bedeutungen verbunden sind, und andererseits der Exklusionsbegriff auch armuts- und ungleichheitstheoretisch ausformuliert wurde,
bleiben diese Begriffe sowohl in der soziologischen Auseinandersetzung als auch
in der gesellschaftlichen Debatte mehrdeutig und präzisierungsbedürftig.

2.1.5 Theoretische Ergänzungs- und Adaptierungsvorschläge des systemtheore-
tischen Begriffsduals Inklusion/Exklusion

Wenn insbesondere solche individuellen oder auch kollektiven Inklusions-/Ex-
klusionslagen gravierende Probleme der Lebensführung nach sich ziehen, die
sich durch multiple Inklusionsprobleme bzw. durch Exklusionsverdichtungen
über Funktionssystemgrenzen hinweg auszeichnen, dann wird die Frage danach
virulent, welche Faktoren solche Exklusionsverkettungen bewirken. Im Falle der
weiter oben beschriebenen totalitären Inklusionsverhältnisse, die multiple Partialinklusion in andere Funktionsbereiche unterbinden oder zumindest erschweren, bietet die vorgestellte systemtheoretische Begriffsbestimmung des Duals
Inklusion/Exklusion plausible Erklärungsansätze (vgl. Kap. 2.1.1). Grenzen des
analytischen Erklärungspotenzials einer ausschließlich systemtheoretischen Fassung des Verhältnisses von Individuum und Gesellschaft zeigen sich aber dort,
wo individuelle Exklusionsverkettungen mit schichtspezifischen Merkmalen
korrespondieren. Und solche Korrespondenzen lassen sich empirisch häufig
beobachten, obwohl Schichtzugehörigkeit in der Logik der funktionalen Differenzierung theoretisch keine Relevanz für die Möglichkeiten sozialer Inklusion
zukommt (vgl. Schneider 2002: 339).

Auf solche Exklusionsverkettungen bzw. -verdichtungen weist auch Luhmann nachdrücklich hin (vgl. u.a. Luhmann 2005[1995]c; 1999[1997]: 774;
2005: 78ff). Die Ursachen dieser "querziehenden Tendenzen, Unterschiede zu

stabilisieren und zu funktionsübergreifenden gesellschaftlichen Statuspositionen auszubauen" (ders. 2005[1995]c: 235), werden jedoch analytisch kaum in den Blick genommen, sondern in erster Linie empirisch konstatiert. Die wenigen Antworten, die sich bei Luhmann finden, können vor allem die Interdependenzen zwischen den Funktionssystemen in der Reproduktion sozialer Ungleichheit nicht erklären, da theoretisch von einer Interdependenzunterbrechung zwischen diesen Systemen ausgegangen wird und die funktionsspezifischen Inklusionsregeln prinzipiell nur im jeweiligen Funktionsbereich Gültigkeit besitzen. Zum einen beobachtet Luhmann diskriminierende Mechanismen innerhalb einzelner Funktionssysteme, durch die große Unterschiede der Lebenschancen reproduziert werden. Insbesondere das Wirtschafts- und das Erziehungssystem erzeugen als Nebenprodukt ihres Operierens Abweichungsverstärkungen und somit Differenzen:

> "Diese Systeme nutzen kleinste Unterschiede (der Arbeitsfähigkeit, der Kreditwürdigkeit, des Standortvorteils, der Begabung, Diszipliniertheit etc.), um sie im Sinne einer Abweichungsverstärkung auszubauen, so dass selbst eine fast erreichte Nivellierung wieder in soziale Differenzierungen umgeformt wird, auch wenn dieser Effekt keinerlei soziale Funktion hätte." (Luhmann 1999[1997]: 774)[28]

Zum anderen bewirken Luhmann zufolge Überreste älterer Gesellschaftsformationen wie Vetternwirtschaft, Seilschaften, mafiöse Verbindungen etc. eine Schwächung des Prinzips der funktionalen Differenzierung und machen Interdependenzunterbrechungen teilweise unwirksam (vgl. Luhmann 2005[1995]c: 235ff). Solche Mechanismen sind zwar nicht von der Hand zu weisen, sie können aber die alltägliche Reproduktion von schichtspezifischer Ungleichheit trotz des Primats funktionaler Differenzierung nur ungenügend erklären.

Das Argument der unterschiedlichen Ordnungs- bzw. Differenzierungsformen gilt es allerdings aufzugreifen: Bedeutsam für die faktisch gegebenen Verkettungen von Inklusionsproblemen auf individueller Ebene entlang von Determinanten sozialer Ungleichheit ist der Umstand, dass das Prinzip der funktionalen Differenzierung die älteren Differenzierungsformen der segmentären und stratifikatorischen Differenzierung lediglich überformt und als primäres gesellschaftliches Differenzierungsprinzip abgelöst,[29] aber nicht eliminiert hat. Letzte-

---

28 Sehr anschaulich lässt sich dies am Erziehungssystem beobachten, das systemrational handelt, wenn es diejenigen SchülerInnen fördert, die besonders begabt sind. Und dafür bedarf es nicht unbedingt eines Förderprogramms für Hochbegabte, allein dadurch, dass diejenigen, die schneller lernen und als begabte SchülerInnen identifiziert werden, positive Bestätigung, also vor allem gute Noten, erhalten, werden Unterschiede geschaffen und laufend verstärkt.

29 Inwieweit tatsächlich von einem Primat funktionaler Differenzierung in der Gegenwartsgesellschaft ausgegangen werden kann, ist allerdings umstritten. Thomas Schwinn (u.a. 2000 und

re bestehen weiter fort, auch wenn sie sich formal nicht mehr zur Legitimation von Ungleichheitsverhältnissen verwenden lassen.[30] Das Zusammenwirken unterschiedlicher Differenzierungs- bzw. Strukturierungsprinzipien wird insbesondere auf der *Ebene des Lebenslaufs von Individuen* sichtbar. Dieser bildet die *Schnittstelle von funktionalen Differenzierungs- und sozialen Ungleichheitsstrukturen*; in der Lebensführung der Individuen treffen sich funktionsspezifische Inklusionen und soziale Ungleichheitsverhältnisse und bewirken Verkettungen über die Grenzen der Funktionssysteme hinweg (vgl. Schwinn 2000: 472ff; ders. 2011b: 404f).

Kumulative Verkettungen lassen sich Schwinn zufolge vor allem aus der Perspektive des Lebenslaufes erklären: Individuen nehmen an den verschiedenen Gesellschaftsbereichen bzw. Funktionssystemen (Schwinn spricht von Ordnungen) nicht ausschließlich synchron teil, sie durchlaufen diese vor allem in den ersten beiden Lebensjahrzehnten diachron: Zunächst verletzt das Hineingeborenwerden in unterschiedliche familiäre Systeme die individuelle Chancengleichheit fundamental. Die Familie vermittelt in Ausmaß und Qualität differierend basale Sozial- und Kulturfähigkeiten und stattet mit mehr, weniger oder gar keinen materiellen Ressourcen aus – und reproduziert dabei soziale Ungleichheit über Generationen hinweg. Die familiären Voraussetzungen sind zugleich von großer Bedeutung für die zweite soziale "Filterinstitution" (Schwinn 2007: 60), das Bildungssystem. Diese beiden Bereiche können zwar makrosoziologisch als synchron differenziert betrachtet werden, sie sind aus Perspektive der individuellen Lebensführung jedoch zugleich diachron geordnet. Und das Individuum startet "nicht jeweils völlig neu und voraussetzungsfrei, sondern es gibt Mitnahmeeffekte und Querverweise zwischen seinen einzelnen Rollen." (ebd.: 61). Die Filterinstitutionen Familie und Bildung legen somit wesentliche Bedingungen für die Inklusionsmöglichkeiten in den anderen gesellschaftlichen Bereichen fest. In dieser Weise strukturiert und reproduziert sich soziale Ungleichheit über die Grenzen der Funktionssysteme hinweg, letztere können trotz Mechanismen der Interdependenzunterbrechung diesen querziehenden Struktureffekt des Lebenslaufes nicht ausreichend unterbrechen (vgl. ebd.).

Bedeutsam für die Reproduktion sozialer Ungleichheit über mehrere Funktionssysteme hinweg ist ferner die *Konvertierbarkeit von Ressourcen*. Schwinn

---

2011a: 428) plädiert beispielsweise dafür, funktionale Differenzierung und soziale Ungleichheit als zwei eigenständige, voneinander nicht ableitbare Strukturierungsprinzipien zu begreifen, die sich auch nicht in eine Rangreihe zueinander (primär/nachgeordnet) bringen lassen.

30   Dafür braucht es z.B. des Verweises auf Unterschiede in der Leistung, wie sachlich prekär und wenig funktional fundiert sich diese Verweise in der Praxis auch häufig erweisen mögen (vgl. Schwinn 2007: 49ff).

führt aus, dass durch den Leistungsaustausch zwischen den Systemen bestimmte Ressourcen und Kompetenzen ständig konvertiert werden müssen. Insbesondere drei in gewissem Ausmaß konvertierbare Ressourcen sind sowohl ungleichheits- als auch differenzierungsrelevant: kulturelle Deutungskompetenz (Bildungskapital, Wissen), politische Macht und ökonomische Chancen. Funktionsbezogenes Sachwissen eröffnet beispielsweise Chancen für eine über die unmittelbare Funktion hinausgehende kulturelle Deutungskompetenz. Zugleich sind alle Funktionssysteme (bzw. zumindest jene, in denen Organisationen eine maßgebliche Rolle spielen) durchmonetarisiert und in der Folge von ökonomischen Ressourcen abhängig. Und drittens spielt in allen Macht eine Rolle, zum einen über politisch-rechtliche Regelungen und zum anderen über innerorganisatorische Machtverteilungen, die nicht nur funktionsspezifisch, sondern auch für den eigenen Vorteil genutzt werden können (vgl. ebd.: 54f). Indem die funktional differenzierte Gesellschaft von diesen ungleichheitsrelevanten Ressourcen abhängig ist, kann sie für die Reproduktion sozialer Ungleichheit in den Dienst genommen werden:

> "Stratifikatorische Strategien benötigen den Rekurs auf die differenzierten Ordnungen, deren Ressourcen und Positionen, die daran sich anschließende Art der Schließung und Monopolisierung ist aber nicht durch die Leitkriterien und Leistungserfordernisse der Ordnungen determiniert." (ebd.: 56f)

Hinzu treten generalisierte bzw. Schlüsselkompetenzen, die für privilegierte Positionen in allen organisationsstrukturierten Funktionssystemen bedeutsam sind: sprachliche Kompetenzen, spezifische persönliche und berufliche Motivationsstrukturen, formale Bildung, bestimmte Verhaltensformen und soziale Kompetenzen etc. stellen universelle Kompetenzen oder "Währungen" (ebd.: 60) dar, die nicht gleich verteilt sind, sondern vorrangig durch die oben thematisierten Filterinstitutionen Familie und Bildung vermittelt werden.

Diese Ausführungen zeigen, dass für die Analyse von Inklusionsproblemen bzw. Exklusionsverdichtungen ergänzend zum vorgestellten systemtheoretischen Analyseinstrumentarium eine ungleichheitstheoretische Perspektive hilfreich ist, um die Reproduktion ungleichheitsstrukturierter Inklusionsprobleme über Funktionssystemgrenzen hinweg ausreichend verstehen und erklären zu können. Die Person als Schnittmenge unterschiedlicher Strukturierungssysteme (funktionale Differenzierung und soziale Ungleichheit) erfährt in ihrer Lebenswirklichkeit das Zusammenwirken derselben. Dies wird u.a. auch an der Verknüpfung der askriptiven Ungleichheitsvariable Geschlecht und beruflicher bzw. familiärer Inklusion sichtbar: Im Aufeinandertreffen der verschiedenen Strukturierungsprinzipien ergeben sich charakteristische Einschränkungen der Inklusionsmöglichkeiten

von Frauen mit Familie in berufliche Leistungsrollen, genderspezifische Ungleichheit ist in hohem Ausmaß funktional für die Koordination der differenzierten Gesellschaftsbereiche (vgl. Schwinn 2004: 57).[31]

Bezogen auf die gesellschaftliche Bezugsproblematik Sozialer Arbeit bedeuten diese Ausführungen, dass die systemtheoretische Fassung des Verhältnisses von Individuum und Gesellschaft in Form des Begriffsduals Inklusion/Exklu-
sion die Frage nach den gesellschaftlichen Ursachen für soziale Hilfsbedürftigkeit nur zu einem Teil beantworten kann. Erst das Zusammenwirken der sozialen
Inklusion- und Exklusionsstrukturen und -prozesse mit ungleichheitsbezogenen
Aspekten ermöglicht ein umfassenderes Verständnis der Entstehung von sozialer
Hilfsbedürftigkeit.[32] Dadurch können einerseits die spezifischen Teilhabechan-
cen und -risiken von Individuen und Bevölkerungsgruppen in der funktional
differenzierten Gesellschaft über unterschiedliche Inklusionsprofile und problematische Inklusions-/Exklusionsverhältnisse in den Blick genommen werden.
Andererseits eröffnet die Perspektive auf ungleichheitsstrukturierten Ressour-
cenmangel Erklärungsangebote für kumulative Inklusionsprobleme im Lebenslauf von Individuen bzw. für die anhaltende Reproduktion schichtspezifischer
Ungleichheit trotz des Primats funktionaler Differenzierung in der Gegenwartsgesellschaft.

---

31   Familiensysteme und Arbeitsmarkt (d.h. vor allem die Einbindung über Leistungsrollen in
     andere Funktionssysteme) konkurrieren besonders häufig um die Zeitkontingente der Individu-
     en, wobei zumeist wenig Rücksicht auf die Familie genommen wird. Diese erfüllt "ihre gesell-
     schaftliche Funktion als Zeit- und Lebenslaufkoordinator gerade dann optimal, wenn sie selbst
     möglichst wenig Standardisierung in ihren Zeitmustern aufweist" (Krüger 2001: 287). Für das
     Ungleichgewicht spielt der unterschiedliche Formalisierungsgrad von Arbeitswelt und Familie
     (letztere weist z.B. keine organisationsförmigen Strukturen auf) eine wichtige Rolle. Die
     "Strukturschwäche" der Familie hat Folgewirkungen für das Zusammenspiel der Partialinklu-
     sionen auf Ebene der individuellen Lebensführungen: "Das Formalisierungsgefälle zwischen
     Arbeit und den sonstigen Institutionen einerseits und der Familie andererseits macht diese zu
     einer variablen 'Pufferinstitution', die das abzufangen hat, was die formalisierten Institutionen
     an Lebensführungskosten externalisieren." (Schwinn 2007: 83). Abgefangen wird in der Praxis
     nach wie vor überwiegend über genderspezifische Arbeitsteilung, die den Großteil der familiä-
     ren Arbeit Frauen zuweist – mit entsprechenden Konsequenzen für die berufliche Karriere.
32   Cornelia Bohn (2008) schlägt darüber hinaus eine Anreicherung des differenzierungstheoreti-
     schen Konzepts von Inklusion/Exklusion mit devianztheoretischen Beobachtungsperspektiven
     vor, d.h. eine Diskussion dieser Differenz unter Berücksichtigung der Unterscheidung Norma-
     lität/Abweichung.

2.2 Formen und Funktionen Sozialer Arbeit in der Gegenwartsgesellschaft

Soziale Arbeit stellt eine gesellschaftsspezifische Reaktion auf Probleme der persönlichen Lebensführung von Individuen und Kollektiven dar, sie ist somit selbst ein gesellschaftliches und historisches Phänomen bzw. eine bestimmte soziale Form des Helfens neben anderen Hilfeformen. Im Folgenden sollen zunächst die Abgrenzungsmöglichkeiten, aber auch eventuelle Abgrenzungsschwierigkeiten von anderen Formen des Helfens dargestellt und diskutiert werden. Das anschließende Kapitel zeichnet die Organisationsförmigkeit Sozialer Arbeit in der Gegenwartsgesellschaft nach und frägt nach den daraus resultierenden Konsequenzen für die Erbringung von Hilfe. Während ihre Organisiertheit weitgehend unumstritten ist, wird bis dato widersprüchlich diskutiert, inwieweit es sich bei Sozialer Arbeit (bzw. Sozialer Hilfe – vgl. Baecker 1994) auch um ein Funktionssystem der Gesellschaft handelt, wie im darauf folgenden Kapitel verhandelt werden soll. Dabei zeigen sich anhand der Erörterung des Funktionssystemstatus entlang unterschiedlicher Kriterien charakteristische Paradoxien und Dilemmata dieses Gesellschaftsbereichs. Abschließend erfolgt eine Spurensuche nach theoretischen und empirischen Auseinandersetzungen mit niederschwelliger Sozialer Arbeit in der Soziologie bzw. den Sozialwissenschaften.

Vorausgeschickt werden muss eine Begriffsklärung: *Soziale Arbeit* wird in der vorliegenden Studie als *Überbegriff für die unterschiedlichen Arbeitsfelder der Sozialarbeit*, die in der Tradition der Armenfürsorge steht, *und der Sozialpädagogik*, die sich vorrangig auf Heimerziehung bzw. Jugendfürsorge bezieht, verwendet. Dies entspricht den Veränderungen im Berufsfeld und in der Ausbildung, die sich durch eine zunehmende Integration beider Bereiche auszeichnen, wiewohl das lange Zeit tradierte Konkurrenzverhältnis zwischen den Feldern noch in die Gegenwart ausstrahlt (vgl. Bommes/Scherr 2000: 16; Thiersch 2004: 146ff; Popp 2004: 191).

2.2.1 Soziale Arbeit als spezifisch unspezifische Form des Helfens

Helfen lässt sich Luhmann zufolge ganz allgemein als "ein Beitrag zur Befriedigung der Bedürfnisse eines anderen Menschen" (Luhmann 2005[1975]b: 167) verstehen.[33] Hilfe wird durch historisch und kulturell vortypisierte Strukturen wechselseitigen Erwartens definiert und gesteuert, d.h. die Lösung des Grund-

---

33   Zugleich unterliegt jede Hilfe "dem Motivverdacht, eher dem Helfenden zu nützen als dem, dem zu helfen ist" (Baecker 1994: 93).

problems wird in verschiedenen Gesellschaften jeweils anders begriffen, institutionalisiert und realisiert (vgl. ebd.:167ff). Soziale Arbeit stellt eine solche Form des Helfens dar: Sie bildet die zentrale Reaktionsform der modernen Gesellschaft auf von und in ihr erzeugte und beobachtete Hilfsbedürftigkeit, sie ist aber nicht die einzige gesellschaftliche Instanz, die Hilfeleistungen erbringt. Michael Bommes und Albert Scherr grenzen diese Form des Helfens folgendermaßen ein:

> "Soziale Arbeit ist einerseits bestimmt durch den Freiraum für die Organisation von Hilfe mit der Entbindung aus dem Prinzip der Gegenseitigkeit und der moralisch religiösen Festlegung von Hilfeerfordernissen. Sie hilft andererseits nicht in der Weise der spezialisierten 'helfenden Berufe', der Professionen, sondern sie scheint da zu helfen, wo sich jemand nicht mehr selbst helfen, das heißt die erforderlichen ökonomischen, gesundheitlichen, rechtlichen oder erzieherischen Leistungen für die Lebensführung besorgen kann, und wo niemand sonst mehr hilft." (Bommes/Scherr 2000: 63)

Soziale Arbeit wird zunächst als organisierte Form des Helfens bestimmt, wie in Kapitel 2.2.2 näher ausgeführt ist. Des Weiteren findet eine *Abgrenzung zu* Formen des Helfens statt, die auf dem *Prinzip der Gegenseitigkeit* beruhen. Reziproke persönliche Hilfe hatte eine prominente Stellung in sogenannten archaischen bzw. segmentär differenzierten Gesellschaften inne. Sie ist motiviert durch große soziale Nähe der jeweiligen Gemeinschaft und weist genau dadurch spezifische Grenzen auf. Bei steigender gesellschaftlicher Komplexität und zunehmender Notwendigkeit zur Koordination einer größeren Anzahl von Personen mit verschiedenartigen Bedürfnissen werden ergänzende gesellschaftliche Hilfsinstitutionen notwendig (vgl. Luhmann 2005[1975]b: 170ff). Formen reziproker Hilfe sind allerdings auch wichtige Bestandteile der modernen Gesellschaft, z.B. in Form von Nachbarschaftshilfen, verwandtschaftlichen Unterstützungsnetzwerken etc. Indem im Unterschied dazu die Inanspruchnahme von Hilfe in Form der Sozialen Arbeit keine Verpflichtung zum späteren Ausgleich der empfangenen Hilfe impliziert und generalisierend davon ausgegangen wird, dass die HilfsempfängerInnen zur Rückerstattung nicht in der Lage sein werden, liegt der dominanten Form sozialen Helfens in der Gegenwartgesellschaft eine dauerhafte Asymmetrie zugrunde (vgl. Bommes/Scherr 2000: 60).

Auch religiös-moralisch motivierte Hilfe, für die *Mildtätigkeit bzw. Almosen* prototypisch sind, gilt der zitierten Definition zufolge *nicht* als *Kennzeichen Sozialer Arbeit.* Luhmann beschreibt die "Ausbeutung der Mildtätigen" (2005[1975]b: 173) als vorherrschende Form des Helfens in der stratifikatorisch differenzierten Gesellschaft. In ihr entfällt durch die Steigerung der Arbeitsteilung und eine dauerhafte vertikale Differenzierung der Schichten eine wichtige Motivation für unmittelbare Reziprozität, nämlich die Reversibilität der sozialen

Lagen. Sie wird ausgeglichen durch generalisierte religiöse Motivationsmuster, "an die der Hilfesuchende, mehr oder minder aufdringlich, appellieren kann" (ebd.). Zu beachten ist sowohl bei der auf Reziprozität beruhenden als auch bei der moralisch motivierten Hilfe, dass sie sich in der Regel nur auf bedürftige Personen im Inklusionsbereich bezog und nicht auf die gesellschaftlich Ausgegrenzten. So ist etwa bezogen auf das Mittelalter zwischen (gesellschaftlich anerkannter) Armut und sozialer Exklusion, z.B. der Vagaboundage, zu unterscheiden; auf letztere wurde gesellschaftlich vor allem mit Repression in Form von Vertreibung, Verbannung oder Tötung und nicht mit Hilfe reagiert (vgl. Fuchs 1997b).

Die auf Vollinklusion in einen Gesellschaftsbereich aufbauende religiös-moralisch motivierte Form des Helfens erweist sich dann als gesellschaftlich unzureichend, wenn sich das Verhältnis von Individuum und Gesellschaft nicht mehr durch umfassende Zugehörigkeit zu einem sozialen System auszeichnet, sondern Exklusionsindividualität im oben vorgestellten Sinn (vgl. Kap. 2.1.1) zum Normalfall wird. Doch auch wenn religiös-moralisch motivierte Hilfe nicht mehr die vorrangige Hilfsform in der funktional differenzierten Gesellschaft darstellt, finden sich (noch) viele 'moralische Überreste' in der Sozialen Arbeit und lassen sich empirisch zahlreiche Verknüpfungen und Vermischungen zwischen beiden Hilfsformen beobachten – wie auch im empirischen Teil der Studie sichtbar wird.

Die Entbindung der Hilfe von Reziprozität und moralischer Verpflichtung stellt wesentliche Voraussetzungen dafür dar, "dass es zur Herausbildung von Sozialer Arbeit und ihrer organisierten Weiterentwicklung sowie zur Methodisierung, Verberuflichung und Verwissenschaftlichung des helfenden Handelns in der modernen Gesellschaft kommen kann" (Bommes/Scherr 2000: 61). *Sozialarbeiterisches Helfen differenziert sich gegenüber alltäglichem Helfen und* im Prinzip auch gegenüber *ehrenamtlicher Hilfe aus*, auch wenn sich diese Grenzziehungen in der Praxis durch eine große Nähe der sozialarbeiterischen Kompetenzen zu Alltagskompetenzen und durch Vermischungen von verberuflichter und ehrenamtlicher Arbeit in den Organisationen Sozialer Arbeit immer wieder als prekär und unscharf erweisen (vgl. u.a. Nadai et al. 2005; Mayrhofer/Raab-Steiner 2007: 100ff).

Sozialer Arbeit wird in der von Bommes/Scherr vorgeschlagenen Definition ein *substitutiver und subsidiärer Charakter* zugesprochen. Sie hilft nur dann, wenn einerseits Selbsthilfe nicht in ausreichendem Ausmaß realisiert werden kann[34] und wenn andererseits spezialisierte helfende Berufe, also Professionen wie ÄrztInnen, JuristInnen, LehrerInnen etc. sich nicht für zuständig erachten bzw. der Zugang zu deren hoch spezialisierten Leistungen nicht gelingt. SozialarbeiterInnen helfen dann u.u. beim Zugang zu solchen oder anderen Leistungen und erbringen diese eventuell vorübergehend substitutiv, bieten aber selbst keine in dieser Weise spezialisierte Leistung an: "*In diesem Sinne hält Soziale Arbeit organisiert unspezifische Hilfsbereitschaft vor.*" (Bommes/Scherr 2000: 62, Hervorhebung im Original) Entsprechend zeigt sich in der Empirie eine Vielfalt möglicher Hilfsanlässe, der Sozialen Arbeit fehlt der klar umrissene Gegenstand (vgl. Kleve 2007: 32). Dies führt u.a. zu den charakteristischen Problemen bei der Selbstbeschreibung und Außendarstellung der Berufsgruppe (vgl. Mayrhofer/Raab-Steiner 2007: 97ff). Die Erbringung der Hilfeleistung hingegen erfolgt durchaus nicht in unspezifischer, sondern in organisierter Weise (vgl. nachfolgendes Kapitel bzw. Kap. 3.3).

Subsidiär positioniert sich Soziale Arbeit auch im *Verhältnis zu generalisierten Hilfen und Sicherungssystemen des Wohlfahrtsstaates* in Form monetärer bzw. rechtlicher Absicherungen. Sie stellt eine *Zweitsicherung im Wohlfahrtsstaat* dar, die dann überflüssig wird, wenn sich Hilfsbedürftigkeit in Form der administrativen Zuteilung von Geld- und Sachleistungen bzw. rechtlichem Schutz bearbeiten lässt (vgl. Bommes/Scherr 2000: 140; Baecker 1994: 94). Doch auch hier zeigen sich in der Praxis wieder zahlreiche 'Grenzverwischungen' und Verquickungen, die für charakteristische Paradoxien im Berufsalltag von SozialarbeiterInnen sorgen.[35] In der vorliegenden Studie wird der Begriff soziale

---

34   Zu beachten sind die Interpretationsspielräume auf sozialarbeiterischer Seite bei der Entscheidung darüber, ob ausreichend Selbsthilfepotenzial vorhanden ist oder nicht – und auch die mitunter abweichenden Wahrnehmungen zwischen (potenzieller) Klientel – und SozialarbeiterInnen. Entsprechend stellt das Erkennen und Respektieren des Selbsthilfepotenzials auch eine wichtige professionelle Kompetenz und Haltung dar, die es in der Ausbildung zu schulen gilt. Zugleich sind in diesem Zusammenhang die Fallstricke einer auf Selbstverantwortung der KlientInnen ausgerichteten Sozialen Arbeit und die Gefahren ihrer Instrumentalisierung im Sinne einer neoliberalen Sozialpolitik (Stichwort "aktivierende Sozialarbeit") zu diskutieren (vgl. Maeder/Nadai 2005). Dass der gegenwärtige Wandel des Sozialstaates dabei durchaus auch anschlussfähig an progressive Fachdiskurse der Sozialen Arbeit (charakterisiert durch Schlagworte wie 'Partizipation', 'Empowerment' oder 'Ressourcenorientierung', sein kann, macht das Alltagsentscheiden und -handeln von SozialarbeiterInnen nicht einfacher (vgl. Lutz 2012).

35   Die Wiener Sozialzentren bieten beispielsweise sowohl Unterstützung in Form von finanzieller Hilfe (seit 2010 die Bedarfsorientierte Mindestsicherung) als auch von sozialarbeiterischer Beratung und Betreuung an. Aber auch andere sozialarbeiterische Beratungsstellen verfügen teilweise über materielle Ressourcen, die sie nach unterschiedlichen, auf Organisationsebene festgelegten Kriterien und nach Ermessen des/der SozialarbeiterIn vergeben können. Die KlientInnen werden in solchen 'vermischten' Kontexten tendenziell dazu angeregt, ihre Situation als möglichst hilfsbedürftig darzustellen, um ihre Chancen auf finanzielle Zuwendung zu erhöhen.

Hilfe als Überbegriff für unterschiedliche gesellschaftliche Hilfsformen und auch für monetäre Transferzahlungen in Form von Sozialhilfe bzw. Bedarfsorientierter Mindestsicherung verwendet, während der Begriff Soziale Arbeit für personenbezogene, nichtmonetäre Hilfeleistung im oben definierten Sinn reserviert bleibt.

2.2.2 Zur Organisationsförmigkeit Sozialer Arbeit

Formale Organisationen stellen ein zentrales Strukturmerkmal der Moderne dar (vgl. Jäger/Schimank 2005: 7). Auch Helfen bedeutet in der Gegenwartsgesellschaft vor allem organisationsförmiges Helfen in Gestalt der Sozialen Arbeit, ohne dass damit allerdings das völlige Verschwinden anderer Formen des Helfens einhergeht. Die auf Reziprozität und Dankespflicht beruhende persönliche Hilfe lässt sich weiterhin u.a. in Gestalt von Nachbarschaftshilfen beobachten. Und die religiös-moralisch motivierte Mildtätigkeit der Wohlhabenden lebt insbesondere in Spendenpraktiken fort, prägt aber auch nach wie vor in unterschiedlichem Ausmaß das Selbstverständnis etwa christlich-religiöser Hilfsorganisationen. Letzteres Beispiel weist zugleich darauf hin, dass diese Hilfsformen mitunter in neuer Gestalt auftreten und sich mit organisierten Formen des Helfens arrangieren.[36]

Durch die Verlagerung von Hilfe auf darauf spezialisierte Organisationen wird diese "in nie zuvor erreichter Weise eine zuverlässig erwartbare Leistung" (Luhmann 2005[1975]b: 177). Allerdings unterliegen Einrichtungen der Sozialen Arbeit damit zugleich den Eigengesetzlichkeiten dieses Systemtypus, denn die Formulierung und Bearbeitung von Problemen bzw. Aufgabenstellungen durch Organisationen ist "strukturabhängig (…), d.h. abhängig von den selbsterzeugten Strukturen von Organisationen" (Bommes/Scherr 2000: 148). Die Gesellschaft handelt sich durch die Erbringung von Hilfe in Organisationsform ein wiederkehrendes Problem ein: Organisationen der Sozialen Arbeit weisen selbst jenen Systemtypus auf, der durch Exklusionsbefugnis und Teilnahmebeschränkung

---

Beratungsinteraktionen werden überlagert durch implizite oder explizite Verhandlungen über Geld und KlientInnen lassen sich mitunter auch vorrangig deshalb beraten, um finanzielle Mittel zu erhalten. Sie bieten gewissermaßen ihre Teilnahme an der Beratung als Gegenleistung für Geld an (vgl. Mayrhofer/Raab-Steiner 2007: 127ff).

36   Dies kommt etwa in gelegentlichen öffentlichen Durchsagen in den Wiener U-Bahnen zum Ausdruck, in denen die Fahrgäste gebeten werden, bettelnden Personen im U-Bahn-Bereich keine Almosen zu geben, sondern Hilfsbedürftige gegebenenfalls durch Spenden an anerkannte Hilfsorganisationen zu unterstützen (vgl. Mayrhofer 2009b: 9).

seine spezifische Leistungsfähigkeit erlangt.[37] Organisierte Soziale Arbeit definiert auf Grundlage wohlfahrtsstaatlicher Bestimmungen Teilnahmebedingungen
für Hilfe, die den Zugang zu dieser einschränken. Die normativen Anforderungen der gesellschaftlichen Umwelt werden allerdings nicht bloß übernommen,
sondern organisationsintern reinterpretiert. Durch Organisationsentscheidungen
bilden sich

> "organisationsspezifische Traditionen aus, in denen als Strukturen abgelagert ist,
> was als Ziele, Probleme/Fragen/Streitfälle, Ressourcen, Lösungen, mögliche Teil-
> nehmer, legitime vs. illegitime Erwartungen usw. im jeweiligen Bereich der Hilfe
> gelten darf." (Bommes/Scherr 2000: 149)

Organisationen ermöglichen den Wechsel zwischen Hilfe und Nichthilfe, sie
machen diesen Wechsel entscheidungsfähig, etwa durch eine klare Definition der
Zielgruppen bzw. spezifische Teilnahmeanforderungen an die KlientInnen etc.
(vgl. Baecker 1994: 99). Die Entscheidung über Hilfe und Nichthilfe ist nicht auf
Professionsebene, sondern auf Organisationsebene geregelt, auch wenn sich
letztere teilweise in hohem Ausmaß auf die Strukturkomponente Personal ver-
lässt.

Organisierte Soziale Arbeit kann somit Individuen, die häufig an den Teilnahmebedingungen und Anforderungen von Organisationen gescheitert sind
(z.B. in der Schule oder am Arbeitsmarkt – vgl. Kap. 2.1.3), wieder nur die Form
der Organisation anbieten. Möglichkeiten des Umgangs mit dieser Problematik
stellen eine flexible Handhabung der Teilnahmebedingungen und Organisationsformen mit stark reduzierten Anforderungen an die KlientInnenrolle dar – in
Einzelfällen bis hin zum Verzicht auf personenunabhängige Regeln (vgl. Scherr
2001: 229). Allerdings bestehen große Unterschiede zwischen den einzelnen
Organisationen, in denen Soziale Arbeit verrichtet wird:

> "Soziale Arbeit (ist) gekennzeichnet durch eine unüberschaubare Anzahl von Orga-
> nisationsformen, die sich hinsichtlich der jeweiligen Aufgabenstellungen, der recht-
> lichen Verfassung (staatliche Verwaltung, Verband, Verein, GmbH etc.) des Modus
> der Rekrutierung von finanziellen und Sachleistungen (Selbst- und Fremdfinanzie-
> rungen auf der Basis von Spenden, Mitgliedsbeiträgen, Sponsoring, staatlichen Zu-
> weisungen), der Höhe des Budgets sowie der Anzahl der hauptamtlich und ehren-
> amtlich beschäftigten Mitarbeiter unterscheiden." (Scherr 2001: 229)

Bommes/Scherr (2000:149ff) unterscheiden drei Organisationsformen Sozialer
Arbeit (vgl. auch Scherr 2001: 230ff):

---

37   Es handelt sich beim Einbezug von als hilfsbedürftig beobachteten Personen allerdings nicht
      um Organisationsmitgliedschaft in Form einer Leistungsrolle, sondern um die Einbindung über
      die Komplementär- bzw. Publikumsrolle, wiewohl von Personen in dieser Rolle teilweise be-
      achtliche Leistungen erwartet werden (vgl. Kap. 2.1.1 bzw. 2.1.3).

- Soziale Arbeit kann zunächst *Teil wohlfahrtsstaatlicher Leistungsverwaltung* sein. Sie ist etwa in kommunalen Sozialämtern in die Vergabe staatlicher und zumeist rechtlich geregelter Hilfeleistungen eingebunden und stellt somit zugleich Verwaltungshandeln dar. Dies wäre für sich allein noch nicht Soziale Arbeit im oben vorgestellten Begriffsverständnis, allerdings ist das administrative Handeln häufig mit sozialarbeiterischer Beratung und Betreuung gekoppelt (vgl. Fußnote 35).

- Soziale Arbeit wird zweitens *in eigenständigen Organisationen* geleistet, "die eigens auf die Erbringung je spezifischer Leistungen in dem ausdifferenzierten Spektrum Sozialer Arbeit spezialisiert sind" (Scherr 2001: 231). Beispiele hierfür wären Kinder- und Jugendheime, Jugendzentren, Frauenhäusern, Angebote betreuten Wohnens, soziale Beratungsstellen verschiedenster Art etc. Solche Organisationen können sowohl kommunale oder staatliche Einrichtungen darstellen als auch freie, privatrechtliche Träger in Gestalt von Nonprofit-Organisationen (Vereine, Verbände etc.) bilden.

- Drittens wird Soziale Arbeit auch in Organisationen verrichtet, die sich primär an anderen Organisationszielen ausrichten und verschiedenen gesellschaftlichen Teilsystemen angehören. Hierzu zählt Soziale Arbeit in Krankenhäusern, Justizanstalten, Schulen, Unternehmen etc.

Für niederschwellige Soziale Arbeit erweist sich vor allem die zweitere Organisationsform und dort wiederum das Feld der Nonprofit-Organisationen bzw. Organisationen des sogenannten dritten Sektors als bedeutsam (vgl. Kap. 6.1). Die allgemeine Beschaffenheit dieses Organisationstypus wird in Kapitel 3.3 ausführlicher vorgestellt und diskutiert.

2.2.3 *Soziale Arbeit als gesellschaftliches Funktionssystem? – Die Tragödie der stellvertretenden Inklusion*

Dass Soziale Arbeit in Form organisierter Sozialsysteme erbracht wird, kann als unumstritten betrachtet werden. Ganz anders verhält es sich bei der Frage danach, inwieweit sich in der modernen Gesellschaft ein Funktionssystem Soziale Arbeit oder Soziale Hilfe ausdifferenziert hat bzw. inwieweit solch ein System im Entstehen begriffen ist. Der Diskussion dieser Frage kommt deshalb Bedeutung zu, da mit ihrer Beantwortung zugleich die Positionierung der Sozialen Arbeit in der Gesellschaft und gegenüber den unterschiedlichen gesellschaftlichen Teilbereichen mitverhandelt wird.

Vorweg gilt es zu klären, anhand welcher Kriterien sich die Frage der Funktionssystembildung verhandeln lässt: Die Gegenwartsgesellschaft wurde bereits weiter oben als primär funktional differenzierte Gesellschaft beschrieben, in der sich zur *Bearbeitung zentraler gesellschaftlicher Bezugsprobleme* autopoietische Systeme ausbilde(te)n[38]. Diese Systeme nehmen eine spezifische, mit der Bezugsproblematik korrespondierende *Funktion* wahr, für deren Erfüllung ihnen *Monopolanspruch* zukommt: "Jedes Funktionssystem kann nur die eigene Funktion erfüllen. Keines kann im Notfalle oder auch nur kontinuierlich-ergänzend für ein anderes einspringen." (Luhmann 1999[1997]: 762)[39] Die Funktionsorientierung allein reicht jedoch für die Systembildung nicht aus, Funktionssysteme benötigen zur operativen Schließung einen *binären Code*, d.h. eine sie und nur sie kennzeichnende Leitunterscheidung, die lediglich zwei Werte aufweist: einen positiven und einen negativen Wert (z.B. recht/unrecht, zahlen/nicht-zahlen, wahr/unwahr etc.):

> "Positiv (...) ist immer das, womit man im System etwas anfangen kann, was Operationen erleichtert, anschlussfähig macht. Negativ ist immer das, was es erlaubt, dazu Distanz zu haben, eine Art reflexiver, reflektierender Einstellung zu haben und sich zu überlegen, unter welchen Umständen Codierungen nötig sind, unter welchen Umständen die positiven Werte im System etwas leisten, etwas erbringen, unter welchen Umständen man damit arbeiten kann und was andernfalls der Fall wäre." (Luhmann 2005: 265)

Und drittens sind funktionssystemspezifische Programme nötig, also "Kriterien, die es erlauben, zu entscheiden, ob der positive oder der negative Wert gegeben ist" (ebd.: 266). Diese Programme können nur innerhalb des jeweiligen Systems verändert und ausgewechselt werden, nicht jedoch zwischen den Systemen; sie sind nicht auf andere Systeme übertragbar (vgl. ebd.: 266f).

Nicht jedes Funktionssystem scheint hingegen unabdingbar ein eigenes *symbolisch generalisiertes Kommunikationsmedium* zu benötigen, welches die Wahrscheinlichkeit der Annahme von Kommunikation erhöhen soll (vgl. Luh-

---

38   Mit der Klammer soll zum Ausdruck gebracht werden, dass der Prozess der Ausdifferenzierung von Funktionssystemen keineswegs als abgeschlossen zu betrachten ist (vgl. Luhmann 1999[1997]: 760)

39   Von der Funktion eines Teilsystems ist seine Leistung zu unterscheiden. Während die Funktion die Gesamtgesellschaft als Bezugspunkt hat, bringt der Leistungsaspekt das Verhältnis zu anderen Teilsystemen der Gesellschaft bzw. das wechselseitige Aufeinander-Angewiesen-Sein der unterschiedlichen Teilsysteme zum Ausdruck: "Die für die Gesellschaft wichtigsten Funktionen können auf dem erforderlichen Leistungsniveau nur noch in den dafür ausdifferenzierten Funktionssystemen erfüllt werden. (...) Zugleich stellen sich diese Systeme aber wechselseitig auf ein fein reguliertes Leistungsniveau ein (...). Das heißt: geringfügige Schwankungen in der Leistungsbereitschaft (etwa der politischen Bereitschaft zur Rechtsdurchsetzung) können in anderen Systemen überproportionale Irritationen auslösen." (Luhmann 1999[1997]: 762).

mann 1999[1997]: 316ff). Solche Medien wären etwa Macht für das politische System, Recht als Zweitkodierung von Macht im Rechtssystem, Geld für die Wirtschaft oder Wahrheit im Wissenschaftssystem. Nach Luhmann eignen sich jedoch beispielsweise die Krankenbehandlung und das Erziehungssystem nicht für die Herausbildung solch eines Mediums, da deren Funktion in der Änderung der Umwelt sozialer Systeme liegt, genauer: in der Änderung physisch-chemisch-biologischer Umwelten bzw. von Bewusstseinsstrukturen (vgl. ebd.: 407).[40]

Anhand dieser drei zentralen Aspekte – Funktion, binärer Code und Programme – und der Frage nach einem möglichen Medium der Sozialen Arbeit soll im Folgenden diskutiert werden, inwieweit Soziale Arbeit ein gesellschaftliches Funktionssystem sein könnte bzw. ist. Dabei beschränkt sich die Auseinandersetzung auf einige zentrale Beiträge, die als diskursprägend angesehen werden können. Damit soll die Komplexität des Diskurses in Grenzen gehalten werden, wiewohl darüber hinaus wertvolle theoretische Beiträge zur Thematik vorliegen.[41] Da es in der vorliegenden Arbeit aber nicht um eine umfassende Erörterung der Funktionssystemfrage geht, sondern anhand dieser Auseinandersetzung in erster Linie wichtige Strukturmerkmale der Sozialen Arbeit sichtbar gemacht werden sollen, scheint die Eingrenzung inhaltlich vertretbar.

Zur Funktionsbestimmung Sozialer Arbeit bzw. Sozialer Hilfe: Niklas Luhmann spricht dem Helfen die Funktion der "Daseinsnachsorge" (Luhmann 2005[1975]b: 180) zu: Ihr obliegt die "Beseitigung von Problemfällen, die sich aus der Verwirklichung der vorherrschenden Strukturen und Verteilungsmuster immer wieder neu ergeben" (ebd.). Allerdings verortet Luhmann die dominante Form des Helfens in der modernen Gesellschaft, nämlich die Soziale Arbeit, auf der Ebene organisierter Sozialsysteme. Später erwähnt er die Möglichkeit, "dass sich ein neues, sekundäres Funktionssystem bildet, das sich mit den Exklusionsfolgen funktionaler Differenzierung befasst" (1999[1997]: 633). Luhmann meldet aber zugleich aufgrund der starken Ressourcenabhängigkeit der Sozialen

---

40   An anderer Stelle diskutiert Luhmann allerdings das Kind im Sinne einer semantischen Einheit als symbolisch generalisiertes Medium der Erziehung (vgl. Luhmann 2005[1995]a: 199). Und auch für das System der Krankenbehandlung gibt es Medien-Vorschläge, nämlich Krankheit, Diagnose bzw. Befund und Therapie-Verschreibungen (vgl. Fuchs 2006: 8f; Pelikan 2009: 39).

41   An weiteren VertreterInnen der systemtheoretischen Auseinandersetzung zum Funktionssystemcharakter Sozialer Arbeit wären u.a. zu nennen: Merten 1997, 2000 und 2005; Weber/Hillebrandt 1999; Kleve 2007[1999]; Sommerfeld 2000; Bango 2001a und 2001b; Simsa 2001; Maaß 2009.

Arbeit in wirtschaftlicher, politischer und religiöser Hinsicht[42] Zweifel daran an, ob sich ein derartiges Funktionssystem bereits ausdifferenzieren konnte oder ob es sich nicht vielmehr nach wie vor "um weit verstreute Bemühungen auf der Ebene von Interaktionen und Organisationen handelt" (ebd.). Sekundär wäre dieses Funktionssystem im Falle des Falles seiner Ausdifferenzierung deshalb, weil es als Reaktion auf Folgeprobleme funktionaler Differenzierung entsteht bzw. entstünde und die Inklusionsprobleme der primären Funktionssysteme bearbeitet bzw. bearbeiten würde. Ein ganz 'normales' Funktionssystem scheint es also Luhmann zufolge nicht zu sein oder nicht werden zu können, sondern eines, das hinter den anderen gewissermaßen aufräumt bzw. nacharbeitet.

Dirk Baecker (1994) greift Luhmanns Funktionsbestimmung der Daseins-nachsorge auf und spezifiziert sie "im Sinne einer gegenwärtigen Kompensation aus der Vergangenheit übernommener Defizite an Teilnahmechancen an gesell-schaftlicher Kommunikation" (ebd.: 98). Soziale Hilfe[43] wäre demzufolge als ausdifferenziertes Funktionssystem der modernen Gesellschaft zu betrachten, dessen Funktion darin bestünde, solche Inklusionsprobleme von Personen in die Gesellschaft zu betreuen, derer sich die anderen Funktionssysteme nicht oder nicht mehr annehmen und die von der Politik in Gestalt des Wohlfahrtsstaates alleine nicht mehr betreut werden können (vgl. ebd.: 95). Soziale Hilfe braucht insofern den "Problemnachschub" (ebd.: 102) aus der gesellschaftlichen Umwelt in Gestalt der anderen Funktionssysteme; was dort an Inklusionsproblemen übrig gelassen wird und auf personeller Ebene zum Tragen kommt, dessen kann sie sich annehmen. Mit dieser Funktionsbestimmung gehen allerdings bedeutsame Folgeprobleme für das Fortbestehen des Funktionssystems einher, denn jede gelungene Daseinsnachsorge bedeutet das Ende der Kommunikation von Hilfe:

---

42   Was damit genauer gemeint ist und worin der Unterschied zu anderen Funktionssystemen besteht, die ebenfalls von den Leistungen ihrer funktionssystemischen Umwelten abhängig sind (vgl. Luhmann 1999[1997]: 757ff), wird nicht näher ausgeführt.

43   Baecker spricht teilweise von einem Funktionssystem der Sozialhilfe, teilweise vom System der Sozialen Hilfe, beide Begriffe scheinen synonym verwendet zu werden. Den Begriffen So-zialhilfe und Sozialarbeit hingegen werden unterschiedliche Bedeutungen zugewiesen: "Ent-sprechend spaltet sich die Hilfe auf in Sozialhilfe einerseits, die aus Sorge um die Norm hilft, und Sozialarbeit andererseits, die vor das Interesse an einer Korrektur der Devianz das Interes-se an den Abweichungen stellt. Die Sozialhilfe beansprucht monetäre und rechtliche Ressour-cen, die ohne weitere Auffälligkeiten zur Verfügung gestellt werden können und denen, denen geholfen wird, Teilnahmechancen an der Gesellschaft sichern. Die Sozialarbeit dagegen mar-kiert aus Respekt vor den Abweichungen die Abweichung, stabilisiert die Differenz, (...) und ruiniert schließlich die Möglichkeit, anders zu helfen als durch die Festschreibung der Hilfsbe-dürftigkeit. Aus diesem Dilemma bleibt dann kein weiterer Ausweg als der, die Konformitäts-standards erodieren zu lassen, Devianz im Gegenzug zu renormalisieren (...)." (vgl. Baecker 1994: 94)

"Während sich im Falle von Wirtschaft, Politik, Wissenschaft und Religion diesel-
ben Probleme, die von den Kommunikationen dieser Systeme betreut werden (Da-
seinsvorsorge, bindende Entscheidungen, Erkenntnisgewinn, Rückversicherung im
Glauben), mit diesen Kommunikationen regenerieren und die jeweiligen System
(sic!) aus ihren eigenen Rekursionen heraus (Vorsorge für Vorsorge, Bindung der
Bindung, Erkenntnisse über Erkenntnisse, Glauben an den Glauben) reproduzieren,
riskiert das System der Sozialhilfe, sich mit jeder seiner Operationen wieder in die
Gesellschaft aufzulösen." (ebd.: 103)

Damit benennt Baecker zugleich eine der zentralen Paradoxien der Sozialen
Arbeit: Sie erfüllt ihre Funktion nur, wenn sie die stellvertretende Inklusion, die
sie leistet, in tatsächliche Inklusion überführen kann. Doch gerade die hängt
nicht von ihr selbst ab, sondern muss von den anderen Funktionssystemen hergestellt werden. In anderen Worten: Sie kann das, was sie ermöglichen soll, nicht
selbst ermöglichen, sondern bestenfalls die Inklusions-*Chancen* steigern helfen.[44]
Die Tragödie der Sozialen Arbeit ist: "Solange es bei stellvertretender Inklusion
bleibt, muß die Inklusion als mißlungen gelten (...)." (ebd.) Soziale Hilfe (und
mit ihr die Soziale Arbeit) nimmt sich der Inklusionsprobleme anderer Funktionssysteme an und damit solcher Probleme, die zunächst nicht ihre eigenen sind.
Sie löst diese Probleme durch stellvertretende Inklusion und erzeugt genau damit
ein Ersatzproblem, "nämlich das der stellvertretenden Inklusion, das nicht das
der Restgesellschaft ist" (ebd.). Die Restgesellschaft muss sich in der Folge nicht
mehr darum kümmern, auch wenn die Soziale Arbeit genau das von ihr erwartet
und mitunter empört darüber ist, dass man sie auf dem nun systemeigenen Problem sitzen lässt. Möglicherweise liegt darin ein Hemmnis für die vollständige
Ausdifferenzierung eines Funktionssystems der Sozialen Hilfe oder Arbeit: Es
besteht Unklarheit darüber, wem das von der Sozialen Arbeit zu bearbeitende
Bezugsproblem 'gehört': ihr selbst oder den gesellschaftlichen Umwelten. Weiters weist die Zuständigkeit für die Problemlösung paradoxe Strukturen auf:
Soziale Arbeit kann nur eine stellvertretende und zugleich unzulängliche Lösung
anbieten, sie kann die angeeigneten Probleme aber nicht selbst im eigentlichen
Sinne lösen.

An Baeckers Überlegungen anknüpfend, bestimmen Peter Fuchs und Dietrich Schneider die Funktion eines "sekundären Primärsystem(s) der Sozialen
Arbeit" (1995: 210) mit *Begrenzung, Korrektur und Kompensation des soge-*

---

44 Daraus erklärt sich zum Teil ein in der Sozialen Arbeit charakteristisches Beobachtungsmuster
    der gesellschaftlichen Umwelt: Diese wird häufig als mangelhaft, problemverursachend und
    veränderungsbedürftig wahrgenommen. Das gesellschaftskritische Beobachtungsschema der
    Sozialen Arbeit geht Hand in Hand mit dem Auftrag, selbst gesellschaftsverändernd zu wirken
    – und genau mit diesem Anspruch überschätzt sie ihre Möglichkeiten und evoziert so ein hohes
    Enttäuschungspotenzial im Berufsalltag (vgl. Mayrhofer/Raab-Steiner 2007: 34).

nannten spill-over-Effektes, also einer Ausweitung von Exklusionseffekten über die Funktionssystemgrenzen hinweg, wie sie in den Kapiteln 2.1.4 und 2.1.5 unter dem Begriff Exklusionsverdichtungen beschrieben wurde. Fuchs reformuliert die Funktion in einem späteren Artikel adressenbezogen als *Inszenierung von Chancen der Re-Inklusion für beschädigte soziale Adressen* (vgl. Fuchs 2000: 161). Solch defekte bzw. beschädigte soziale Adressen sind nicht mit beschädigten Individuen oder Menschen gleichzusetzen, sondern bezeichnen Strukturen der Kommunikation, durch die Inklusionschancen in unterschiedliche Funktionssysteme blockiert werden und die Chance genereller Inklusion maßgeblich reduziert oder gar unterbunden ist. Soziale Arbeit setzt an der beschädigten Adressier*barkeit* an und versucht diese zu reparieren. Sie kann demzufolge nicht in (andere) Funktionssysteme (re-)inkludieren, sondern lediglich auf Seiten der Person Bedingungen erzeugen, die die Chance der (Re-)Inklusion erhöhen.[45]

Der von Fuchs und Schneider verwendete *Begriff des sekundären Primärsystems* soll einerseits zum Ausdruck bringen, dass die Ausdifferenzierung eines Funktionssystems der Sozialen Arbeit an einem Folgeproblem funktionaler Differenzierung kondensiert und insofern in zeitlicher Hinsicht als sekundär betrachtet werden kann. Es gäbe dieses Problem gewissermaßen nicht oder zumindest nicht in dieser Gestalt, gäbe es die funktionale Differenzierung der Gesellschaft nicht. Andererseits stellen die Autoren die These auf, dass es sich dennoch um die gleiche Systemform wie bei den anderen primären Funktionssystemen handelt und Soziale Arbeit in dieser Hinsicht ein gleichwertiges Primärsystem darstellt oder darstellen wird.[46] Zugleich jedoch räumen sie die Möglichkeit ein, dass für die Bearbeitung solch 'nachgeordneter' Probleme doch eine idiosynkratische, d.h. spezifische Form entstehen könnte, für die noch keine theoretischen Beobachtungsschemata ausgearbeitet wurden (vgl. Fuchs/Schneider 1995: 221).

Bommes/Scherr (1996; 2000) gehen hingegen davon aus, dass es sich bei Sozialer Arbeit nicht um ein ausdifferenziertes Funktionssystem handelt, sie bestimmen diese vielmehr als ein

> "Konglomerat von innerhalb und außerhalb der Funktionssysteme eingelassenen Organisationen der Zweitsicherung, deren Bezugsprobleme sich als Inklusionsvermitt-

---

45   Die Leistung der Sozialen Arbeit für die anderen Funktionssysteme lässt sich Fuchs zufolge schwer bestimmen, sie könnte eventuell darin liegen, "dass das System Soziale Arbeit für die anderen Systeme turbulente, schwer zu handhabende soziale Adressen befristet oder dauerhaft wegsortiert" (Fuchs 2005: 14). Möglicherweise resultiert die Schwierigkeit der Leistungsbestimmung in Bezug auf andere Funktionssysteme u.a. daraus, dass auch die Bezugsproblematik der Sozialen Arbeit in besonderer Weise auf die Funktionssysteme der Umwelt verweist.

46   Fuchs (2000: 160) deutet an, dass dieses System möglicherweise auch erst im Werden begriffen ist.

lung, Exklusionsvermeidung sowie Exklusionsbetreuung und -verwaltung beschreiben lassen." (Bommes/Scherr 1996: 95)

Gegen Baeckers Entwurf eines Funktionssystems der Sozialen Hilfe wird zunächst eingewandt, dass darunter auch wohlfahrtsstaatliche Organisationen der Erstsicherung wie Arbeitslosenunterstützung, Pensionsversicherungen, monetäre Sozialhilfe etc. fallen. Diese Bereiche lassen sich jedoch besser den Operationen des politischen Systems und nicht eines eigenständigen Funktionssystems der Sozialen Hilfe zurechnen (vgl. ebd.: 107). Für den Bereich der Sozialen Arbeit im oben definierten Verständnis wird zwar nicht in Frage gestellt, dass Daseinsnachsorge als eine Funktion Sozialer Arbeit angesehen werden kann, sehr wohl aber, dass sie exklusive Zuständigkeit dafür beanspruchen kann. Die Autoren beobachten auf empirischer Ebene, "dass Soziale Arbeit gesellschaftlich *keine exklusive Zuständigkeit für die Festlegung von Hilfsbedürftigkeit und erforderlichen Hilfemaßnahmen* eingeräumt ist" (dies. 2000: 110, Hervorhebung HM). Zumindest bislang könne deshalb nicht von der Ausdifferenzierung eines Funktionssystems Sozialer Arbeit gesprochen werden. Vielmehr sei davon auszugehen, dass Soziale Arbeit verberuflicht und organisationsförmig an andere Funktionssysteme, und zwar insbesondere an den Sozialstaat und das Rechtssystem, anlagert ist.

Auch Stichweh steht der Hypothese eines eigenständigen Funktionssystems der Sozialen Arbeit kritisch gegenüber. Er sieht vielmehr aufgrund dessen, dass Soziale Arbeit die ungelösten Folgeprobleme der funktionalen Differenzierung bearbeitet und somit in unterschiedlichen Funktionssystemen operiert, für diesen Gesellschaftsbereich einen diffusen Problembezug als konstitutiv an. Eben deshalb bleibe ihr die *Ausdifferenzierung eines funktionssystem-spezifischen Kernproblems versperrt* (vgl. Stichweh 1999: 63f). Ihr durchgängig nachgeordneter und "anderen funktionalen Imperativen subordinierte(r) Charakter" (ders. 2000: 35) lege vielmehr die Vermutung nahe, dass Soziale Arbeit quer zur funktionalen Differenzierung operiere. Soziale Arbeit ließe sich Stichweh zufolge exakter als Beruf – aber nicht als Leitprofession eines Funktionssystems! – beobachten, "der eng mit dem Wohlfahrtsstaat als einer Instanz der Inklusionsvermittlung (…) zusammenhängt, (…) für dessen eigene funktionale Ausdifferenzierung sich aber nur schwer Indizien finden lassen" (ebd.).

Zur Frage des beobachtungsleitenden binären Codes Sozialer Arbeit: Während sich bei Luhmann hierzu keine Überlegungen finden, sieht Baecker (1994: 99ff) die operationale Schließung eines Funktionssystems der Sozialen Hilfe über die *Unterscheidung helfen/nichthelfen* laufen. Helfen lässt sich als Kommunikation auffassen, die auf Defizitkompensation abstellt und damit der Funktionsbestimmung Sozialer Arbeit bzw. Hilfe entspricht. Die Operation des Helfens unterscheide demnach das System der Sozialen Hilfe vom Rest der Gesellschaft, sie komme nur in diesem System vor und reproduziere es immer dann, wenn sie vollzogen wird. Helfen stelle dabei den positiven Wert dar, "der immer dann, wenn er vorkommt, Anschlußmöglichkeiten für weitere Hilfe indiziert" (ebd.: 100). Nichthelfen hingegen bilde den negativen Wert, den Reflexionswert des Systems. In einem späteren Artikel konstatiert Baecker allerdings, dass dieser *Reflexionswert* in der Sozialen Arbeit *systematisch ausgeblendet* werde und genau dadurch keine wirkliche Autonomie, d.h. *keine operationale Schließung des Systems möglich* sei. Denn autonom ist ein System nur dann, wenn es auch negationsfähig ist (vgl. Baecker 2005: 32f).

> "Heute hat man es vielfach mit der Situation zu tun, dass die beiden Seiten des Helfens und des Nichthelfens auf den Sozialarbeiter und seine Organisation verteilt werden, so dass entweder die Organisation dort zu helfen behauptet, wo der Sozialarbeiter laufend mit Grenzen der Hilfe konfrontiert wird, oder umgekehrt die Organisation Stoppregeln einführen muss, wo der Sozialarbeiter keine Grenzen findet. Nichthelfen ist dann entweder ein Ergebnis von Hilflosigkeit und Ratlosigkeit oder ein Ergebnis mangelnder Ressourcen." (ebd.: 33)

Durch diese Beobachtung wird Zweifel an der vollständigen Ausdifferenzierung eines Funktionssystems der Sozialen Arbeit angemeldet, da diese es nicht ausreichend schaffe, systeminterne Stoppregeln für Hilfe zu finden, und damit keine vollständige Grenzziehung zur gesellschaftlichen Umwelt realisieren könne.

Bommes/Scherr hingegen äußern auf einer wesentlich grundsätzlicheren Ebene Zweifel an der operationalen Schließung des Systems mittels des Codes helfen/nichthelfen. Sie sehen *Helfen zwischen Code- und Programmebene changieren*:

> "Kommunikationen der Hilfe gelingen nicht fraglos als funktionssystemspezifische Programme der Hilfe, die die Kriterien spezifizieren, unter denen etwas jeweils den Werten Helfen/Nicht-Helfen zugeordnet werden kann (…). Stattdessen verschaffen sich Organisationen die Freiheit zur Bestimmung von Hilfsbedürftigkeit und die Festlegung von Kriterien für Hilfe oder Nicht-Hilfe durch die wiederkehrende und parallele Kommunikation von Hilfe als Programm." (Bommes/Scherr 2000: 111)

Die Argumentation bleibt hier m.E. etwas unklar; sollte der Kritikpunkt darin liegen, dass der Code nicht auf Ebene des Funktionssystems, sondern auf Organisationsebene programmförmig spezifiziert wird, dann lässt sich dies auch in anderen, unumstrittenen Funktionssystemen beobachten, man denke nur an Parteiprogramme im politischen System bzw. Leitbilder oder Investitionsprogramme in Unternehmen, also Organisationen des Wirtschaftssystems. Die Autoren führen allerdings gegen die von Baecker beobachtete spezifische Kommunikati-

on der Sozialen Arbeit weiters ins Treffen, dass sich keine klare Abgrenzung
sozialarbeiterischer Kommunikation zu sozialstaatlicher, rechtlicher, psychologi-
scher, soziologischer und alltäglicher Kommunikation vornehmen lasse (vgl.
Scherr 2005: 21).

Fuchs/Schneider (1995: 215) definieren *Fall/Nichtfall* als die *Zentralunter-
scheidung* des Systems der Sozialen Arbeit, um mit dieser Codierung die Operationen des Systems von anderen Formen nicht formal organisierter Hilfe abzu-
grenzen.[47] Die entscheidende Operation des Systems ist demzufolge die *Falldeklaration*, in der als beschädigte Adressen bzw. als Problemfälle bzw. als hilfsbedürftig beobachtete Personen in Fälle der Sozialen Arbeit transformiert werden. Solche anschließend sozialarbeiterisch zu behandelnden Fälle finden sich
somit nicht außerhalb des Systems, sie werden vielmehr systemintern konstruiert
(Fuchs 2000: 163). Scherr stellt zwar nicht in Frage, dass die Soziale Arbeit mit
Falldeklarationen operiert, allerdings gelinge damit *keine operationale Schließung zur gesellschaftlichen Umwelt*, denn der *Code Fall/Nichtfall* wäre dafür
viel *zu unspezifisch*. Er würde etwa auch von anderen personenbezogenen Berufen wie der Polizei, der Medizin, der Psychiatrie etc. angewandt, um zu entscheiden, ob ein Ereignis in den jeweiligen Zuständigkeitsbereich fällt oder nicht (vgl.
Scherr 2005: 22).

Eine Besonderheit des Systems der Sozialen Arbeit besteht darin, dass der
systemintern präferierte Wert (Helfen oder Fall) bezogen auf die gesellschaftliche Funktion des Systems als die *negative Seite* des Werteduals betrachtet werden kann, denn erreicht werden soll ein Zustand, der sich durch Nichthelfen oder
Nichtfall auszeichnet.[48] Die paradoxe Gestalt Sozialer Arbeit äußert sich u.a.
darin, dass durch Helfen zu Nichthelfen geführt werden soll bzw. dass zunächst
Fälle konstruiert werden, die es dann wieder in Nichtfälle überzuführen gilt. Mit
dieser Besonderheit gehen Probleme der Systemkontinuierung einher und Soziale Arbeit sieht sich permanent dem Verdacht ausgesetzt, dasjenige selbst sozial
zu erzeugen, was sie beheben will.

Die Programmebene des Funktionssystems: Auf Ebene der Programme,
durch die der binäre Code mit Entscheidungskriterien angereichert wird, kommt
die Organisation mit großem Gewicht ins Spiel. Baecker verortet die Programme

---

47   Das muss Baecker dann nicht, wenn er unter Sozialer Hilfe auch ältere, aber nach wie vor
     existente Formen des Helfens (auf Reziprozität beruhend oder religiös-moralisch motiviert –
     vgl. Kap. 2.2.1) subsumiert. Genau genommen geht es allerdings auch bei ihm um organisier-
     tes Helfen.
48   Gleiches gilt für das Funktionssystem der Krankenbehandlung, in der "krank" den Anschluss-
     wert darstellt, während "gesund" bzw. "nichtkrank" als Reflexionswert dient (vgl. Pelikan
     2009: 38).

eines Funktionssystems der Sozialen Hilfe nahezu ausschließlich auf Organisationsebene:

> "Organisationen der Sozialarbeit (sic!) machen die Unterscheidung zwischen Helfen und Nichthelfen entscheidungsfähig, (…) so daß auf der Ebene der Oranisation entschieden werden kann und auch muß, was auf der Ebene des Funktionssystems nicht entschieden werden kann, nämlich ob in bestimmten Fällen geholfen wird oder nicht geholfen wird." (Baecker 1994: 105)

Den "legitimationsbedürftigen Professionen" (ebd.) hingegen wird keine nennenswerte Bedeutung bei der Ausformulierung von Programmen zugesprochen. Baecker thematisiert zugleich, dass eine weitgehende Belassung der Programmierung Sozialer Arbeit auf Organisationsebene einige Risiken in sich birgt. Dadurch kann nicht nur eine höhere Spezialisierung bewirkt werden, sondern auch eine hohe Selektivität. In einer Fußnote merkt Baecker weiters dazu an, dass aus diesem Grund bislang kaum vorstellbar war, "Sozialhilfe und Sozialarbeit anders als auf der Ebene staatlich entschiedener und rechtlich abgesicherter Programme zu verankern" (ebd.: 106). Die Existenz der Wohlfahrtsverbände würden hier aber Privatisierungsspielräume erkennen lassen, so der Autor weiter.

Doch genau mit dieser Argumentation deutet Baecker an, dass sich ein mögliches *Funktionssystem der Sozialen Hilfe* (bzw. der Sozialen Arbeit) *auf Programmebene* nur *ungenügend von seiner gesellschaftlichen Umwelt abgrenzen kann*. Einerseits stellen die Organisationen als definitions- und entscheidungsmächtige Instanzen ein Einfallstor für an der Logik materieller Ressourcenoptimierung orientierte Entscheidungsprogramme dar. Andererseits nimmt das politische System mit seinen Programmvorstellungen teilweise beachtlichen Einfluss auf die Programme der Sozialen Arbeit. Und drittens sind Baeckers Überlegungen dahingehend zu ergänzen, dass bei kirchennahen Wohlfahrtsträgern auch religiöse Programme in gewissem Ausmaß entscheidungswirksam werden können. Luhmanns These von der Ressourcenabhängigkeit der Sozialen Arbeit wäre insofern zu reformulieren: Nicht die Ressourcen-, sondern die Programmabhängigkeit vom politischen, religiösen oder wirtschaftlichen System schränkt die Möglichkeiten der Funktionssystembildung ein.

Eventuell kann auch der Einwand von Bommes/Scherr gegen den zwischen Code- und Programmebene changierenden Code helfen/nichthelfen in dieser Hinsicht präzisiert bzw. verstanden werden. Der Code lässt sich auf Programmebene von anderen Systemlogiken nutzen, sodass diese *anderen Systeme die Programme der Sozialen Arbeit (mit-)bestimmen*, allen voran das politische System durch seine jeweilige Sozialpolitik. Fuchs und Schneider beschäftigen sich zwar nicht direkt mit der Programmebene eines (möglichen) Funktionssystems der Sozialen Arbeit, allerdings stellt Fuchs eine auch für diesen Zusammenhang relevante These auf: Er äußert den Verdacht, dass eine anlaufende Funktionssystembildung bei sekundären Primärsystemen besonders gefährdet ist, durch die Kopplungsfavoriten 'verunreinigt' zu werden (2000: 173). Solche Kopplungsfavoriten wären eben im Speziellen die Politik, aber auch die Religion und neuerdings vermehrt die Wirtschaft.[49] Auf Organisationsebene lässt sich jedenfalls beobachten, dass auch dann, wenn Soziale Arbeit in eigenständigen Organisationen geleistet wird, eine ausgeprägte Kopplung dieser Organisationen entweder mit dem politischen System oder mit dem Religionssystem bzw. in manchen Sparten des Sozialbereichs neuerdings vermehrt mit dem Wirtschaftssystem (kommerziell ausgerichtete Organisationen im Bereich der aktiven Arbeitsmarktpolitik oder der Betreuung älterer Menschen)[50] vorliegt.

Die ungewisse Systemabgrenzung auf Programm-, aber auch auf Codeebene hängt möglicherweise eng mit der quer zur funktionalen Differenzierung liegenden Operationsweise der Sozialen Arbeit zusammen, die von Stichweh als Systembildungshindernis ins Treffen geführt wird (s.o.). Soziale Arbeit orientiert sich in besonderer Weise an unterschiedlichen Systemlogiken, in Bezug auf die es die Chancen der (Re-)Inklusion zu steigern gilt. Sie spricht notwendigerweise in den 'Sprachen' verschiedener Teilsysteme (oder versucht diese Sprachen zumindest zu simulieren) und auch in unspezifischer, 'lebensweltlicher' Sprache, um auf der anderen Seite an die hilfsbedürftigen Personen anschlussfähig zu sein. Daraus resultieren besondere Probleme, eine systemspezifische Kommunikation auszubilden. *Vermutlich widerspricht der substitutive Charakter sozialarbeiterischen Helfens,* der bei Baecker angedeutet (Betreuung von Inklusionsproblemen, die von anderen Funktionssystemen nicht mehr aufgegriffen werden – vgl. Baecker 1994: 95) und bei Bommes/Scherr (2000: 62f) ausformuliert ist, *einer vollständigen Ausdifferenzierung als Funktionssystem.* Während Luhmann (1999[1997]: 753) Funktionssysteme als selbstsubstitutive Ordnungen charakterisiert, scheint die Soziale Arbeit eher *'fremdsubstitutiv'* zu operieren. Die nachgeordnete Stellung wird etwa auch in den Kommunikationsstrukturen und Interaktionsdynamiken vieler sogenannter multiprofessioneller Teams schlagend,

---

49 Das System Soziale Arbeit tauscht Fuchs zufolge gegenwärtig seine Kopplungsfavoriten aus und bewegt sich von der christlich-caritativen und humanitären Orientierung weg in Richtung einer stärkeren Anbindung an die Wirtschaft (vgl. Fuchs 2005: 15f).

50 Allerdings zeichnet sich gegenwärtig nicht ab, dass eine Kommerzialisierung der Organisationen im Sozialbereich in größerem Ausmaß bevorstehen könnte, denn überwiegend findet der Wettbewerb im Feld der Sozialdienstleistungen als geplanter Qualitätswettbewerb statt und eine vorrangige Gewinnorientierung stößt auf enge Ressourcengrenzen (vgl. Dimmel/Schmid 2009: 600).

denen SozialarbeiterInnen häufig eine gewisse Asymmetrie zugunsten der etablierten Professionen (z.B. ÄrztInnen oder JuristInnen) attestieren (vgl. Mayrhofer/Raab-Steiner 2007: 99).

Bestimmungsvorschläge für ein symbolisch generalisiertes Kommunikationsmedium der Sozialen Arbeit: Um die Motivation zur Annahme der Hilfskommunikation zu erhöhen, produziert und reproduziert das Funktionssystem der Sozialen Hilfe Baecker zufolge das *Kommunikationsmedium der Fürsorglichkeit* als Symbol einer generalisierten Hilfsbereitschaft. Dieses Medium symbolisiert zugleich "alle Untugenden des Systems, (…) denn die Fürsorglichkeit ist so zweifelsfrei gut gemeint, dass sie gar kein Ende finden kann (…)" (Baecker 1994: 104). Sie animiert die Kommunikationsfortsetzung im System mitunter in einem Ausmaß, das sich abträglich für die Funktionserfüllung erweisen kann. Hinzugefügt werden muss, dass mit diesem Medium zugleich Abgrenzungsprobleme des Systems von alltäglicher Hilfskommunikation in familiären Kontexten einhergehen und genderspezifische Konstrukte perpetuiert werden – mit entsprechenden Folgewirkungen bzw. Hypotheken für die Professionalisierungsbestrebungen des Berufsfeldes (vgl. Nadai et al. 2005: 60ff).

Fuchs/Schneider (1995: 217) betrachten die *Konstruktion von KlientInnen als das Medium* der Sozialen Arbeit. Dabei handelt es sich nicht um 'wirkliche' Menschen, sondern um Artefakte des Systems: "Klienten sind (…) Adressenfragmentierungen dieses Systems, gewonnen durch Fallkonstruktion." (Fuchs 2004: 29) Indem das Medium allerdings "leute-förmig" (ebd.) konstruiert ist, funktioniert es nur durch tatsächliche Kopplung an psychische und lebende Systeme, die ihre eigene Komplexität mitbringen und relevant werden lassen. Potenziell lässt sich jede Person als KlientIn beobachten, und zwar grundsätzlich auch unabhängig von deren Selbstbeobachtung. Bommes/Scherr referieren auf den gleichen Sachverhalt, wenn sie beschreiben, dass Hilfe als Interaktion auch dann in Gang gebracht werden kann, wenn die Übernahme der KlientInnenrolle verweigert wird, denn die Verweigerung lässt sich auch als Ausdruck besonderer Hilfsbedürftigkeit interpretieren (vgl. Bommes/Scherr 2000: 212).

Doch gerade an den KlientInnen als Medium eines Funktionssystems der Sozialen Arbeit zeigt sich die *Prekarität dieses Systems.* So waren in den vergangenen Jahren (und sind teilweise noch immer) zahlreiche Bemühungen im Sozialbereich beobachtbar, den KlientInnenbegriff durch den KundInnenbegriff zu ersetzen. Der KlientInnenbegriff ist jedenfalls ambivalent besetzt, und zwar sowohl auf Seiten der Helfenden/SozialarbeiterInnen als auch auf derjenigen der HilfsadressatInnen, d.h. der (potenziellen) KlientInnen. Zunächst könnte man den teilweisen Begriffsaustausch als Indiz für eine bevorzugte Orientierung am

Wirtschaftssystem sehen. Darin kommt aber m.E. vor allem auch zum Ausdruck, dass das System im Prinzip permanent an seiner Selbstauflösung arbeiten muss, wenn es seine Funktion erfolgreich erfüllen will. Die Konstruktion von KlientInnen soll paradoxerweise ermöglichen, diese dabei zu unterstützen, wieder zu Nicht-KlientInnen zu werden,[51] während KundInnen einen wesentlich positiveren und kommunikationsperpetuierenden Bezugspunkt darstellen: Sie gilt es zu binden. Die paradoxe Struktur von Systemerfolg in der Sozialen Arbeit, die sich zwischen den gegensätzlichen Zielen von Systemkontinuierung und Systemauflösung aufspannt, dürfte u.a. Verleugnungs- und Tarnstrategien fördern.[52]

Auch Fuchs diagnostiziert permanente "Plausibilitätsausfälle im Blick auf das Medium", evoziert durch die Schwierigkeit positiver Erfolgssemantiken. Ersatzweise bediene sich deshalb Soziale Arbeit laufend der *Moral als funktionales Äquivalent* für symbolisch generalisierte Kommunikationsmedien,

"denn auch in ihr geht es um die Organisation von Akzeptanzen. Insofern liegt es nahe, anzunehmen, dass Funktionsdomänen, die mit Wahrscheinlichkeiten von Plausibilitätsausfällen rechnen müssen, stattdessen auf das Moralschema zugreifen und systeminterne Achtungs-/Missachtungsbedingungen inszenieren, die dann greifen, wenn das Medium nicht überzeugt." (Fuchs 2004: 31)

Das Arbeiten mit Moralschemata erweist sich Fuchs zufolge deshalb als der Funktion Sozialer Arbeit zuwiderlaufend, weil Moral ein generalisierendes Ein- und Ausschlussschema darstellt:

"Sie behandelt die soziale Adresse (kontrafaktisch) als Einheit, die entweder Achtung oder Missachtung verdient. Wenn man mitsieht, dass diese Adresse als kommunikative Struktur über die Lebensmöglichkeiten und Kommunikationschancen von Individuen entscheidet, wird sofort deutlich, dass der Anwendung des Schemas eine massive Empfindlichkeit davon betroffener Menschen entspricht: Es befindet

---

51 Damit wäre ein (mögliches) Funktionssystem Soziale Arbeit ähnlich konstituiert wie das Funktionssystem der Krankenbehandlung (vgl. Pelikan 2009), denn auch dort sollen aus den PatientInnen idealerweise wieder Nicht-PatientInnen werden. Aber auf den ersten Blick scheint dieses System weniger Probleme mit seiner zentralen Begrifflichkeit zu haben, mit der die Inklusion von Personen in Publikumsrollen bezeichnet wird. Ein wichtiger Unterschied könnte in verschiedenen Modi der Verantwortungs- bzw. Fehlerzurechnung liegen: Bei Krankheit erfolgt die Fehlerzurechnung wesentlich stärker (aber nicht zur Gänze und bei verschiedenen Krankheiten auch unterschiedlich stark!) auf der Ebene lebender bzw. biologischer Systeme, bei Hilfsbedürftigkeit auf Ebene der Person 'selbst' oder eventuell auch ihrer sozialen Umwelt bzw. der strukturell gekoppelten psychischen Systeme.

52 Von einer 'Tarnung' der KlientInnen als KundInnen erhoffen sich manche z.B. eine stigmatisierungsabschwächende Wirkung. Sie verdecken damit zugleich aber auch wesentliche Strukturmerkmale der SozialarbeiterIn-KlientIn-Beziehung, etwa deren spezifische Asymmetrie (vgl. Mayrhofer/Raab-Steiner 2007: 38).

über Individuen der Tendenz nach totalisierend und ist deswegen extrem gefähr-
lich." (ebd.: 21)

Aufgrund ihrer nach wie vor stark ausgeprägten Moralaffinität beschreibt Fuchs
den Systemzustand Sozialer Arbeit als zwischen Funktionsorientierung und Moralschema zwitternd und entsprechend unsicher, wobei er unbeantwortet lassen
muss, ob das System nur in dieser prekären Weise möglich ist oder nicht.

Die zunächst lebhafte, in den letzten Jahren aber tendenziell unentschieden
abgekühlte Diskussion um die Systemebene der Sozialen Arbeit vermag insbesondere deshalb nützliche Einsichten zu eröffnen, weil sie den Blick auf viele
Paradoxien, die diesen Gesellschaftsbereich prägen, schärft und für deren Beobachtung einen ausreichend komplexen theoretischen Rahmen anbietet. Neben
den skizzierten Differenzen lassen sich an Gemeinsamkeiten hinsichtlich der
(system-)theoretischen Verortung Sozialer Arbeit festhalten, dass Soziale Arbeit
an Inklusionsproblemen und gesellschaftlich problematischen Exklusionsverdichtungen von Personen ansetzt und dass sie dies in der funktional differenzierten Gesellschaft insbesondere in organisierter Form tut. Und Soziale Arbeit muss
sich in besonderer Weise an den Funktionssystemen ihrer Umwelt wie Wirtschaft, Politik, Recht, Erziehung, Gesundheit etc. orientieren und auf sie beziehen, da sie sich mit eben deren Inklusionsproblemen herumschlägt. Aus dieser
Nachgeordnetheit des Problembezugs, der speziellen Mehrfachbezüglichkeit, den
Abgrenzungsproblemen von der gesellschaftlichen Umwelt in mehrerlei Hinsicht
und dem systemimmanenten Spannungsfeld zwischen Systemkontinuierung und
-auflösung resultieren charakteristische Paradoxien, die auch bei jenen Autoren,
die von einem Funktionssystem Sozialer Arbeit ausgehen, Systemambivalenzen
und -ambiguitäten erkennbar werden lassen. Insofern bleibt der Funktionssystemcharakter Sozialer Arbeit zumindest ein prekärer, ob auch ein unmöglicher
oder doch ein zusehends werdender, bleibt m.E. nach wie vor theoretisch zu
klären und/oder empirisch abzuwarten.

2.2.4 Niederschwellige Soziale Arbeit: (nahezu) ein Theorie- und Forschungs-desiderat

Die Suche nach theoretisch und empirisch gehaltvollen sozialwissenschaftlichen
Auseinandersetzungen mit nieder- bzw. niedrigschwelliger Sozialer Arbeit ge-
staltete sich wenig ergiebig. Überwiegend greifen empirische Studien, die sich
mit niederschwelligen Angeboten bzw. Maßnahmen in der Sozialen Arbeit oder
in deren Umfeld beschäftigen, auf die dort anzutreffenden Selbstbeschreibungen
zurück oder monieren das Fehlen einheitlicher Definitionen bzw. bis zur Belie-

bigkeit variierende Begriffsverständnisse.[53] Die Reflexionstheorien und Beschreibungsmuster der Berufspraxis bzw. des Handlungsfeldes der Sozialen Arbeit sind jedoch eher als Ausgangspunkt für soziologische Forschung zu betrachten und können nicht mit der Ebene wissenschaftlicher Forschungsergebnisse gleichgesetzt werden – dies auch deshalb, weil der Aspekt der Niederschwelligkeit selbst selten im Zentrum der zumeist sehr anwendungsorientierten Studien stand. Insofern wird im Folgenden auch davon Abstand genommen, diese Deskriptionen wiederzugeben und zusammenzufassen, denn damit ist für eine theorieorientierte soziologische Kommunikation über niederschwellige Soziale Arbeit als spezifisches gesellschaftliches Phänomen wenig gewonnen. Und der theoretische Diskurs in den Sozialwissenschaften blieb bislang von diesem Phänomen nahezu unbeeindruckt.

Nahezu, denn zumindest ein theoretisch ertragreicher Beitrag (Lindner 2008) konnte gefunden werden, der es sich zum Anliegen macht, niederschwellige Soziale Arbeit in den oben skizzierten systemtheoretischen Rahmen einzupassen und mit dieser Theorieperspektive zu beschreiben. Praktischerweise argumentiert Ronny Lindner damit innerhalb des gleichen theoretischen Paradigmas, auf das auch in dieser Arbeit vorrangig Bezug genommen wird. Mangels vergleichbarer wissenschaftlicher Auseinandersetzungen und aufgrund der theoretischen Passung und besonderen Relevanz dieses Textes für die gegenständliche Thematik soll er im Folgenden in größerer Ausführlichkeit rezipiert werden.

Lindners Überlegungen liegen die theoretischen Annahmen eines sekundären Primärsystems der Sozialen Arbeit zugrunde, wie sie vor allem von Fuchs bzw. Fuchs/Schneider skizziert wurden (vgl. Kap. 2.2.3). Ausgangspunkt der Bestimmung niederschwelliger Sozialer Arbeit ist die Beobachtung, dass die Fortsetzung der systemspezifischen Kommunikation entlang der Leitunterscheidung Fall/Nichtfall nicht immer reibungslos funktioniert, sondern manchmal ins Stocken gerät. Sie droht vor allem dann abzubrechen, wenn die Hilfskommunikation von den AdressatInnen nicht angenommen wird, genauer: wenn die Konstruktion von Adressen für sozialarbeiterische Kommunikation nicht gelingt. Das besondere Risiko des Scheiterns dieser Kommunikation liegt darin, dass sie ein gewisses Ausmaß an Mitwirkung oder zumindest ein Zulassen durch die mit den Adressen verbundenen Menschen (als Einheit von psychischem und organischem System – vgl. Kap. 2.1.2) benötigt bzw. mobilisieren muss. Die konkrete Problemstellung niederschwelliger Sozialer Arbeit skizziert Lindner wie folgt:

---

53 Vgl. stellvertretend für viele andere Eder 2003; Eversman 2010; Fernandez et al. 2006; Klein 2007 und 2009; Pinkham/Malinowska-Sempruch 2008; Schoibl/Gödl 2004; Springer 2003; Trüg 1992.

"Wie aber können die Teilnahmechancen von Personen verbessert werden, die zwar offensichtlich (d.h. in den Begriffen der Sozialen Arbeit) wenig oder gar nicht gesellschaftlich partizipieren, jedoch auch vom Funktionssystem Soziale Arbeit nicht als Adressen konstruierbar sind, weil es an Kopplungsbereitschaft seitens der Systeme fehlt und diese Bereitschaft auch nicht über Hilfsmittel wie etwa drohende Sanktionen hergestellt werden kann?" (ebd.: 580)

Niederschwelliger Sozialer Arbeit kommt demzufolge die Aufgabe zu, die Wahrscheinlichkeit für die Konstruktion eines Falles in solchen Situationen zu erhöhen, in denen stabile Adressenkonstruktionen für die Kommunikation von Hilfe nicht gelingen will, weil die zu adressierenden Personen nicht bereit sind, an den dafür notwendigen Kopplungen mitzuwirken. Die Alternative, diese Personen als Nicht-Fälle zu beobachten, ist u.a. deshalb wenig attraktiv, weil damit erstens das gesellschaftliche "Inklusionsdogma", d.h. der normative Anspruch, allen Individuen Inklusionschancen zu eröffnen, in Frage gestellt wird, zweitens benötigt das Funktionssystem laufend neue Adressen für seine autopoietische Fortsetzung (vgl. ebd.: 582). Die Soziale Arbeit hat in dieser Hinsicht kein Problem, die Präferenzseite des Codes ("Fall") anzuwenden, sie hat nur ein Kopplungsproblem.

Um trotzdem weiter agieren zu können, wird der/die KlientIn als "Klient mit Kopplungsproblem" (ebd.: 583) konstruiert. Dafür nutzt niederschwellige Soziale Arbeit das Hilfsmittel der "local action", mit der die Phase beim Aufeinandertreffen von Personen bezeichnet werden kann, in der die Rollen (noch) nicht festgelegt bzw. geklärt sind. Zur Überbrückung dieser Unsicherheitsphase, die eine Krisensituation in der Kommunikation darstellt, agieren alle InteraktionspartnerInnen scheinbar nicht zielgerichtet, sie agieren um des reinen Agierens willen. Wenn sich daraus Rollenverteilungen festigen bzw. gewinnen lassen, wird auf "global action" umgeschaltet, also auf zielgerichtete Kommunikation. Ziel jeder local action ist die Ermöglichung des Wechsels zu global action (vgl. ebd.: 581), insofern ist sie nur scheinbar nicht zielgerichtet. *Niederschwellige Soziale Arbeit lässt sich Lindner zufolge als local action beschreiben, die den Übergang zu fallspezifischer Adressierung ermöglichen und vorbereiten soll.* Es geht somit nicht um stellvertretende Inklusion und Inklusionsermöglichung in Bezug auf andere Funktionssysteme, es geht ausschließlich um *Inklusion in die Soziale Arbeit bzw. ins Hilfssystem* – "um Kopplung um jeden Preis" (ebd.:583).

Lindners Ausführungen zufolge bezieht sich die Funktion niederschwelliger Sozialer Arbeit ausschließlich auf das System der Sozialen Arbeit selbst: Sie ermöglicht die sozialarbeiterische Adressierung von unsicher erreichbaren Adressen und damit deren Falldeklaration. Sie gewährleistet die Kopplungsfähigkeit von KlientInnensystemen an das Funktionssystem in solchen Fällen bzw. Momenten, in denen diese Kopplung nicht anders zu erreichen ist. Und sie stabilisiert diese Adressen im Zuge der niederschwelligen Hilfeleistungen, indem etwa Misstrauen ab- und Motivation aufgebaut wird:

> "So wird in Aussicht gestellt, dass zukünftig im Rahmen der Kopplung an die entsprechende Adresse nicht niederschwellige Hilfen prozessiert werden können, was gleichzeitig für das Funktionssystem den Übergang zu global action bedeuten würde. Gelingt dieser Übergang (noch) nicht, so werden die Adressen im Zuge der Niederschwelligen Sozialen Arbeit doch zumindest 'in Reserve' gehalten und man versucht es später, wenn die Bedingungen günstiger sind, vielleicht erneut." (ebd.)

Niederschwellige Soziale Arbeit bedient sich bei der Bewerkstelligung der Kopplung von an sich kopplungsunwilligen (oder ev. auch kopplungsunfähigen – dieser Aspekt findet im zitierten Artikel allerdings kaum Berücksichtigung) Personen einer Mogelei, so Lindners Hypothese. Sie kann ihre Kommunikationsangebote der anvisierten Klientel gegenüber nicht als sozialarbeiterische Hilfskommunikation ausweisen, sondern muss sich tarnen. Die Tarnung gelingt darüber, dass vordergründig Angebote gemacht werden, die nicht dem Funktionssystem selbst (der Sozialen Arbeit also) entsprechen, sondern die von Seiten der Gesellschaft ins Funktionssystem hineingeschummelt werden müssen:[54] Sie bietet an, gemeinsam Zeit zu verbringen, ohne daran Bedingungen zu knüpfen, stellt Aufenthaltsräume zur Verfügung und tauscht Spritzen ohne Notwendigkeit zur Beratung, macht unverbindliche Freizeitangebote etc. Und über all dem liegt das Beziehungsangebot als das zentrale Element niederschwelligen Arbeitens, das sich als anforderungslos, wertschätzend und vertrauend tarnt.

> "Es ist genau diese Anspruchslosigkeit, die lediglich einseitige Verbindlichkeit, das 'Du-musst-nix-tun-Bleib-wie-du-bist'-Angebot, welches an die entsprechenden Systeme (gemeint sind die HilfsadressatInnen, Anm. HM) gemacht wird und das, sobald es angenommen wird, die sozialarbeiterische Kommunikation in Gang setzt. Dieses Angebot grenzt sich deutlich von vielem ab, was sonst sozialarbeiterisch typisch ist und erreicht damit jenes Klientel, das sonst nicht erreicht wird." (ebd.: 584)

Niederschwellige soziale Arbeit kommuniziert hier folglich zunächst nicht wie Soziale Arbeit. Die Kopplung, auf die es eigentlich ankommt, also die Bindung an die Soziale Arbeit, bleibt – zumindest vorerst – im Verborgenen. Sie gilt es dann blitzschnell zu aktualisieren, wenn die Zeit reif scheint für nicht-niederschwellige Soziale Arbeit. Denn dieser Übergang zu global action ist zwar nicht in jedem Fall erforderlich, muss aber als Möglichkeit und auch als Zielhorizont immer präsent sein (ebd.: 585).

---

54 Lindner verwendet für diese nützlichen Hilfsmittel, die ins Hilfssystem gemogelt werden, die Metapher des "Kamels" nach der Geschichte vom 18. Kamel, das hilft, das Erbe der 17 Kamele aufzuteilen (vgl. ebd.: 588).

Die von Lindner ausgearbeitete theoretische Fassung niederschwelliger Sozialer Arbeit beansprucht, im Rahmen der soziologischen Beobachtungen Sozialer Arbeit, wie sie innerhalb der Systemtheorie ausgearbeitet wurden, ein trenn-
scharfes Analyseinstrumentarium für diesen Teilbereich der Sozialen Arbeit
anzubieten, das sich von den Selbstbeschreibungen des Praxisfeldes der Sozialen
Arbeit insbesondere durch die gesellschaftstheoretische Anbindung und Verortung des Phänomens unterscheidet. Damit will der Text eine Ausgangsbasis für
weiterführende Beobachtungen und Überlegungen zur niederschwelligen Sozialen Arbeit bereitzustellen. Für die vorliegende empirische Studie diente er zwar
nicht als Ausgangspunkt (der Text war bei der Konzeption der Studie noch nicht
bekannt), allerdings bietet er viele lohnende Beobachtungsansätze an, die es
abschließend mit den empirischen Ergebnissen in Zusammenhang zu bringen
und zu diskutieren gilt (vgl. Kap. 7).

Einige der bei Lindner skizzierten Charakteristika werden auch in einer empirischen Studie von Burkhard Müller (2011) zu Professionalität und Arbeitsbündnis im Kontext niederschwelliger Sozialer Arbeit erkennbar. Am Beispiel
der untersuchten niederschwelligen Jugendhilfe-Einrichtung zeigt Müller auf,
dass an ein Arbeitsbündnis in solch einem Arbeitsfeld höchstens im Sinne eines
Fluchtpunktes gedacht werden kann, für dessen mögliche Ansteuerung zugleich
die Initiative des/der KlientIn erhofft werden muss. Diese Arbeit besteht entsprechend vorrangig im Abwarten und Beobachten, was die Jugendlichen tun, und
im Sich-Verfügbar-Halten für den Fall, dass sich Bereitschaft zu Neuorientie-
rung etc. zeigt. Im Regelfall kommt es nur diskontinuierlich und punktuell zu
sich verdichtenden Arbeitsbeziehungen, die eher in einem "vorpädagogischen
Raum" zu verorten sind. Die niederschwellig arbeitenden SozialpädagogInnen
müssen entsprechend mit der Konsequenz leben, "dass das 'eigentlich' pädagogische oder sozialarbeiterische Arbeitsbündnis Glücksfall bleibt" (ebd.: 157). Die
Professionellen können Erfolg selbst nicht direkt bewirken, sondern lediglich
gute Gelegenheitsstrukturen dafür koproduktiv herstellen.

Auch niederschwellige Soziale Arbeit wird in Organisationsform erbracht.
Diese Form des Organisierens ist aber ebenso rudimentär erforscht wie das nie-
derschwellig-sozialarbeiterische Agieren bzw. Operieren selbst. Scherr merkt
dazu an:

> "Solche Organisationsformen sind der für die Organisationssoziologie interessante,
> bislang aber empirisch kaum beforschte Fall eines Organisierens, das darauf rea-
> giert, dass Individuen an den Teilnahmebedingungen von Organisationen gescheitert
> sind, deren Erfüllung von Individuen durchschnittlich erwartet wird." (Scherr 2001:
> 229).

Bevor beide Ebenen, die des beruflichen Praxisfeldes der Sozialen Arbeit allgemein und diejenige niederschwelligen Organisierens, im empirischen Teil der Studie einer ausführlichen Analyse unterzogen werden, gilt es allerding zunächst, die Beschaffenheit organisierter Sozialsysteme allgemein und einzelner Organisationstypen im Speziellen, aber auch ihre gesellschaftliche Einbettung in den Blick zu nehmen.

3 Organisierte Sozialsysteme als zentrales Struktur-merkmal der Gegenwartsgesellschaft – und der Sozialen Arbeit

Wenn Helfen in der modernen Gesellschaft vorrangig in organisierter Form statt-findet, dann ist davon auszugehen, dass die Eigentümlichkeiten dieses Systemty-pus auch für die Soziale Arbeit von Belang sind. Bevor im empirischen Teil die Generierung von Wissen über niederschwellig arbeitende Organisationen der Sozialen Arbeit angestrebt werden kann, ist zunächst ganz grundsätzlich danach zu fragen, wie sich organisierte Sozialsysteme allgemein organisationssoziolo-gisch beobachten und verstehen lassen bzw. welche basalen Strukturen und Funktionsweisen sie kennzeichnen (Kap. 3.1). Spezielle Berücksichtigung findet dabei organisationales Handeln bzw. Entscheiden unter Bedingungen von Mehr-deutigkeit und Unsicherheit. Anschließend wird ein Blick auf die Wechselbezie-hungen zu den gesellschaftlichen Umwelten geworfen, in die Organisationen eingebettet sind und die auf ihre Strukturen und Aktivitäten einwirken. Konkret gilt die Aufmerksamkeit neo-institutionalistischen Grundannahmen zum Ver-hältnis von Organisation und Gesellschaft (Kap. 3.2). Im dritten Unterkapitel werden verschiedene sozialwissenschaftliche Auseinandersetzungen mit Organi-sationen der Sozialen Arbeit vorgestellt und diskutiert. Dabei richtet sich der Blick einerseits vorrangig auf Organisationen des sogenannten dritten Sektors bzw. Nonprofit-Bereichs, da niederschwellig arbeitende Organisationen im Sozi-albereich vor allem dort zu verorten sind (vgl. Kap. 6.1). Andererseits wird die Frage des Zusammenhangs von Organisation und Profession im Feld der Sozia-len Arbeit diskutiert. Abschließend stehen die Wechselwirkungen organisierter Sozialer Arbeit mit ihrer wohlfahrtsstaatlich strukturierten Umwelt und mit dort beobachtbaren Veränderungen im Fokus.

Die nachfolgenden Ausführungen beziehen organisationsbezogene soziolo-gische Wissensbestände aus unterschiedlichen Theorietraditionen mit ein, wie-wohl ein Schwerpunkt wieder auf systemtheoretischen Ansätzen sensu Luhmann liegt. Die Zugänge fügen sich zwar auf einer streng theoretischen Ebene mög-licherweise nicht immer nahtlos aneinander – der Systemtheorie und dem Neo-

Institutionalismus liegen beispielsweise unterschiedliche System-Umwelt-Konzeptualisierungen zugrunde, sie vermögen aber durch ihre verschiedenen Akzentuierungen in der Beobachtung sich ergänzende Einsichten über organisierte Sozialsysteme bereitzustellen. Diese vielfältigen Einsichten schärfen den Blick für die Komplexität der empirischen Erscheinungsformen und Dimensionen von Organisationen. Die nachfolgenden Ausführungen beschränken sich aber auf solche Ansätze bzw. Studien, die angesichts der gewonnenen empirischen Ergebnisse als besonders nützlich erscheinen. Insofern wurde Kapitel 3 auch nach der Fertigstellung der empirischen Studie verfasst, obwohl es nun als Theoriegrundlage den empirischen Darstellungen vorangestellt ist.

3.1 Der Blick auf die Innenseite: Organisationen als emergente Sozialsysteme

3.1.1 Entscheidungen als Grundoperation von Organisationen

Dass dem Entscheiden eine herausragende Bedeutung in Organisationen zukommt, ist seit den organisationstheoretischen Arbeiten von Herbert A. Simon, James G. March und Richard M. Cyert ein "nur selten bestrittener Kristallisationspunkt aller Organisationstheorien" (Baecker 1999: 137). Die neuere soziologische Systemtheorie sensu Luhmann geht sogar so weit, Organisationen als solche Sozialsysteme anzusehen, "die aus Entscheidungen bestehen und die Entscheidungen, aus denen sie bestehen, selbst anfertigen" (1988: 166). Die für die operationale Schließung des Systems notwendige Grenzziehung passiert dadurch, dass mit systemeigenen Entscheidungen an systemeigene Entscheidungen angeschlossen wird und in der Eigenzurechnung dieser Entscheidungen das Organisationssystem von der Umwelt unterschieden werden kann (vgl. ebd.). Auch die Gründung einer Organisation und die Aufnahme von Organisationsmitgliedern lassen sich als Entscheidungen des Organisationssystems beschreiben (vgl. ders. 2000: 63), sie stellen gewissermaßen Grundentscheidungen dar, an die alle anderen Organisationsentscheidungen anschließen.

Damit ist nicht gesagt, dass alles, was in Organisationssystemen vorkommt, aus rekursiven Vernetzungen von systemeigenen Entscheidungen besteht. Vielmehr findet eine Fülle anderer Kommunikation – bzw. anderer Handlungen – innerhalb der Organisationsgrenzen statt. Allerdings besteht die entscheidende (!) Operation für die autopoietische Reproduktion des Systems genau darin, dass eigene Entscheidungen an eigene Entscheidungen anschließen (vgl. ebd.: 69). Durch die Selbstbeobachtung der Unterscheidung zwischen eigenen Operationen resp. Entscheidungen und Umweltereignissen wird zugleich Umweltoffenheit möglich – wenn auch systemspezifische:

> "Als Empfänger von Kommunikationen regeln die eigenen Strukturen der Organisation, durch welche Informationen man sich irritieren und zu eigener Informationsverarbeitung anregen lässt. Als Absender von Kommunikationen trifft die Organisation Entscheidungen darüber, was sie mitteilen will und was nicht. Insofern bleibt die Umwelt für die Organisation eine eigene Konstruktion, deren Realität natürlich nicht bestritten wird." (ebd.: 52)

Durch die Teilnahme jeder Organisation an gesellschaftlicher Kommunikation allgemein wird die Möglichkeit garantiert, Organisationsentscheidungen der gesellschaftlichen Umwelt mitzuteilen und damit umweltrelevante Fakten zu schaffen – und umgekehrt ist der organisierten Umwelt diese Möglichkeit ebenfalls garantiert (vgl. ebd.: 65).

Doch was ist überhaupt eine Entscheidung? Aus systemtheoretischer Sicht stellen *Entscheidungen* eine *spezifische Form der Kommunikation* dar. Sie lassen sich zunächst als Ereignisse bestimmen, markieren also eine Differenz von Vorher und Nachher. Konkret transformieren sie die Form von Kontingenz, verstanden als ein Auch-anders-möglich-Sein: Vor der Entscheidung liegt Kontingenz in der Form vor, dass mehrere Entscheidungsalternativen offen stehen, also so oder auch anders entschieden werden kann. Durch das Treffen der Entscheidung nimmt Kontingenz eine fixierte Form an: Sie wäre auch anders möglich gewesen, sie wurde durch die Entscheidung von künftiger in vergangene Kontingenz umgeformt (vgl. Luhmann 1988: 170). Entscheidungen thematisieren dabei zugleich ihre Kontingenz: "Die Markierung bestimmter Kulminationspunkte des Verhaltens als Entscheidung (...) symbolisiert den Bezug des Verhaltens auf Alternativen." (ders. 2005[1981]: 393). Der Horizont der anderen, verworfenen Möglichkeiten muss somit beobachtet worden respektive 'bewusst' gewesen sein.

Die *operative Schließung* vollzieht sich dadurch, dass jede Organisationsentscheidung zur Prämisse für weitere, daran anschließende Organisationsentscheidungen wird. Und genau damit stellt die Kommunikation von Entscheidungen einen zentralen Mechanismus der Unsicherheitsabsorption[55] und Komplexitätsreduktion dar: Durch sie wird der Möglichkeitshorizont an Entscheidungen in systemspezifischer Weise eingeschränkt.

---

55 Der Begriff der Unsicherheitsabsorption ersetzt in Luhmanns Organisationstheorie den Begriff der Zweckrationalität bzw. -orientierung, wie ihn die "klassische Organisationstheorie" (Luhmann 2000: 183) bevorzugte. Zwecke bzw. Ziele stellen Luhmann zufolge nur eine von mehreren Möglichkeiten der Orientierung im Entscheidungsprozess dar, sodass ein allgemeinerer Begriff, nämlich der der Unsicherheitsabsorption notwendig ist (vgl. ebd.: 184ff; vgl. weiters Drepper 2003: 141).

"Normalerweise werden (…) die gewählten Möglichkeiten begünstigt. Sie dienen als Ausgangspunkt weiterer Entscheidungen. Sie können dabei korrigiert, können durch Lernprozesse der Organisation weiterentwickelt, können zum Beispiel mit dem Regel/Ausnahme-Schema weiterbehandelt werden und so an Komplexität gewinnen. Die abgelehnten Möglichkeiten bleiben dagegen unverändert (…). Man könnte sogar sagen, dass die abgelehnten Möglichkeiten das System sehr viel stärker binden, eben weil sie nicht mehr korrigiert, nicht mehr lernend verändert werden können." (Luhmann 2000: 199)

Die Transformation von Kontingenz durch das Entscheiden reformulierend lässt sich festhalten, dass *Entscheidungen Unsicherheit in Risiko verwandeln* (ders. 2005[1981]: 392). Entscheidungen übernehmen das Risiko, "angesichts aller möglichen Arten von Ungewißheit, Komplexität und Widersprüchlichkeit an einem bestimmten Punkt eine Gewißheit, einen Ausgangspunkt, eine Bestimmung zu produzieren" (Baecker 1999: 146).

Entscheidungen lassen sich auch handlungstheoretisch beobachten und als eine *besondere Form des Handelns* beschreiben.[56] Der von Uwe Schimank vorgeschlagene Entscheidungsbegriff bezieht sich ebenfalls auf Kontingenz und Selektion und reformuliert Entscheidungen – in enger Anlehnung an den vorgestellten systemtheoretischen Entscheidungsbegriff – als "Selektion einer Handlungsalternative" (Schimank 2005: 42). Konstitutiv für die Art und Weise der Selektion ist dabei das Reflektieren von Alternativen, sodass eine Entscheidung treffen exakter als "*Alternativen bedenkendes Handeln*" (ebd.: 48; Hervorhebung HM) zu fassen ist. Damit grenzt Schimank Entscheidungshandeln von gefühlsgeleitetem, traditionalem oder routinisiertem Handeln ab.

Zurück zu den selbstreferenziellen Entscheidungszusammenhängen von und in Organisationen: Für Organisationsbildung ist eine Erkennungsregel notwendig, die erlaubt zu bestimmen, welche Entscheidungen unter welchen Bedingungen als systeminterne Entscheidungen gelten. Zentral dafür ist die *Mitgliedschaftsentscheidung und -regelung*. Personalselektion und Rollendefinition erlauben es dem System, sich selbst in einer für System und Umwelt erkennbaren Weise auszudifferenzieren (vgl. Luhmann 1988: 171; 1999[1964]: 39ff). Durch diese Entscheidungsfähigkeit über rollenspezifische Mitgliedschaft und die star-

---

56   Während in der Luhmannschen Systemtheorie Kommunikation den basalen sozialen Vorgang bildet und Handlung lediglich ein Zurechnungsphänomen darstellt, nämlich die Zurechnung von Selektionen des Kommunikationsprozesses auf soziale Systeme oder (häufiger) auf Personen (vgl. Luhmann 1994[1984]: 225ff), liegt Schimanks Ausführungen ein akteurstheoretisch fundiertes Verständnis von Sozialität im Allgemeinen zugrunde (vgl. Schimank 2001: 20ff; ders. 2010). Zugleich sind seine Arbeiten (v.a. zur gesellschaftlichen Differenzierung, aber auch darüber hinaus) vom Versuch einer Kombination system- und akteurstheoretischer Herangehensweisen geprägt (vgl. ders. 2007).

ke Limitierung von Teilnahme zeigen sich Organisationen als die zentralen gesellschaftlichen Inklusions- und Exklusionsinstanzen für Individuen, wie bereits
in Kapitel 2.1.3 thematisiert wurde.

3.1.2 Organisationsstrukturen als Entscheidungsprämissen: Entscheidungsprogramme, Kommunikationswege und Personal

Organisationssysteme bilden Strukturen aus, indem eine Entscheidung zur Prämisse für weitere Entscheidungen wird. Strukturen schränken somit ein, was
worauf folgen kann. Sie haben allgemein die Funktion, die Distanz von Entscheidung zu Entscheidung zu überbrücken, d.h. die Wahrscheinlichkeit der
Fortsetzung der Autopoiesis zu erhöhen. Zugleich individualisieren sich Organisationen durch die Spezifikation ihrer Strukturen, sie werden in ihrer historischen
Entwicklung zu 'eigen-artigen' Systemen. Die Änderung von Organisationsstrukturen verlangt dann, diese Strukturen selbst wieder zum Gegenstand von Entscheidungen zu machen (vgl. Luhmann 1988: 172f).

Entscheidungsarbeit in der Organisation führt demnach im Nebeneffekt –
oder manchmal auch hauptsächlich beabsichtigt – zur Kondensierung von Strukturen, durch die die Redundanz des Systems, d.h. die strukturelle Einschränkung
der Entscheidungszusammenhänge, erhöht wird. Demgegenüber kann auf Turbulenzen und strukturelle Veränderungen in der Organisationsumwelt durch Erhöhung der Varietät reagiert werden, sodass in der Organisation (wieder) mehr
verschiedenartige Entscheidungen möglich sind und zugelassen werden. Luhmann beschreibt diese strukturelle Entwicklungsdynamik in Organisationen
folgendermaßen:

> "Kommt es zu einem Anstieg der Varietät der Entscheidungen, verringert sich zu-
> nächst die Redundanz des Systems. Die Einzelentscheidungen legen einander wech-
> selseitig weniger fest und es wird schwieriger, von einer Entscheidung aus andere
> vorauszusagen. Das System kann in Richtung auf 'Adhocratie' und darüber hinaus in
> eine bloße Menge kaum zusammenhängender Entscheidungen degenerieren." (Luh-
> mann 1988: 174f)

Die so erreichte neue systeminterne Komplexität kann als längerfristiger Systemzustand erhalten werden, sie kann aber auch den Bedarf an mehr Orientie-
rungsmöglichkeiten im Entscheiden und an Berechenbarkeit der Entscheidungen
steigern, also wieder in Richtung Redundanzerhöhung des Systems wirken. Sys-
temdifferenzierung stellt einen der "einfachsten und beliebtesten Auswege" (ebd:
175) aus dieser Situation dar. Organisationen oszillieren demzufolge zwischen

Verringerung und Wiederherstellung von Redundanz, häufig ausgelöst durch systemintern beobachtete und für relevant gehaltene Umweltimpulse.

Jene Organisationen, die sich durch eine hohe Redundanz auszeichnen, weisen im Verhältnis zu ihrer Umwelt eine stark reduzierte Komplexität auf. Erlaubt das System hingegen ein großes Ausmaß verschiedenartiger Entscheidungen, dann vergrößert es den Bereich, "in dem eine Korrespondenz zwischen Umweltereignissen und Systemereignissen hergestellt werden kann" (ebd.). Welche der Strategien mehr zur Stabilität des Organisationssystems in seiner Umwelt (d.h. zur Fortsetzbarkeit der Autopoiesis) beiträgt, lässt sich nicht auf theoretisch-abstrakter Ebene beantworten. So könnten etwa Systeme, die viel Varietät zulassen und Umwelteinflüssen gegenüber sehr offen sind, eine Art dynamische (Luhmann spricht von demokratischer) Stabilität erreichen, "in der trotz Verzicht auf Redundanz im Verhältnis zur Umwelt stabile Lösungen des Problems der Reproduktion von Entscheidungen gefunden werden können" (ebd.). Diesen Systemfall gilt es in Bezug auf Organisationen der niederschwelligen Sozialen Arbeit besonders im Auge zu behalten (vgl. Kap. 6 und 7).

Die Frage nach Systemrationalität bzw. danach, wodurch sich rationales Entscheiden in Organisationen auszeichnen könnte, stellt sich in Luhmanns Überlegungen (vgl. u.a. 1988: 182) als Problem einer permanenten Justierung des Verhältnisses zwischen System und Umwelt, und zwar mit Hilfe des Wechsels zwischen Varietät und Redundanz: Systemrational operieren jene Organisationssysteme, die zwischen Varietät und Redundanz in der Weise oszillieren können, dass sie damit (dynamische) Stabilität in ihrer Umwelt zu realisieren vermögen.

Um genauer analysieren zu können, wie Redundanzen in Organisationen beschaffen sind und in welcher Weise sie limitieren, was an Entscheidungen möglich ist, ist die Differenzierung zwischen verschiedenen Formen der Strukturierung von Entscheidungszusammenhängen hilfreich. Nach Luhmann können drei Formen von *Entscheidungsprämissen* unterschieden werden: *Entscheidungsprogramme, Kommunikationswege* und *Personal*. Mit dem Begriff Prämisse wird zum Ausdruck gebracht, "dass es sich um Voraussetzungen handelt, die bei ihrer Verwendung nicht mehr geprüft werden" (Luhmann 2000: 222). Zugleich ist das Verhältnis zwischen Prämisse und Entscheidung weder als logisches noch als kausales zu begreifen, vielmehr entspricht es eher einer "lockere(n) Kopplung" (ebd.: 223). Entscheidungsprämissen determinieren folglich künftiges Entscheiden nicht zur Gänze, sie bieten vielmehr Orientierungspunkte an: "In diesem Sinne sind sie situationsdefinierende Anhaltspunkte, *regulative Regeln*, Regeln die die *weitere Regelanwendung* regeln." (Drepper 2003: 144,

Hervorhebung im Original). Diese Prämissen müssen durch Ereignisse (d.h. Entscheidungen) aktualisiert werden, um mehr als symbolische Relevanz zu gewinnen (vgl. ebd.: 146). Sie können ihrerseits wieder zum Gegenstand von Organisationsentscheidungen werden und lassen sich so auch verändern.

Entscheidungsprogramme kommen in den Selbstbeschreibungen von Organisationen üblicherweise in Begriffen wie Aufgaben, Organisationszwecke oder -ziele zum Ausdruck. Sie "*definieren Bedingungen der sachlichen Richtigkeit von Entscheidungen*" (Luhmann 2000: 257; Hervorhebung HM). Hohe Redundanz besitzen solche Organisationen, bei denen man die Entscheidung erraten kann, wenn man die Programme kennt bzw. anhand der Entscheidungen erkennt, an welchen Programmen sie orientiert waren. Varietät lässt sich unter Bewahrung der erreichten Redundanz beispielsweise durch Ausnahmen von der Regel bzw. durch Wandelbarkeit der Mittel zur Zweckerreichung steigern (ders. 1988: 177).

Grundsätzlich können Entscheidungsprogramme danach unterschieden werden, ob sie mehr auf die Input- oder die Outputseite abzielen. *Konditionalprogramme* sind primär inputorientierte Programme und weisen allgemein ein "wenn-dann"-Schema auf. Sie differenzieren somit zwischen Bedingungen und Konsequenzen: Wenn eine bestimmte Bedingung zutrifft, dann sind jene Konsequenzen zu ziehen bzw. ist in einer spezifischen Weise zu entscheiden. *Zweckprogramme* hingegen sind primär outputorientierte Programme und unterscheiden zwischen Zwecken und Mitteln, sie wollen bestimmte künftige Zustände erreichen bzw. Wirkungen erzielen (vgl. Luhmann 2000: 261ff). Im Gegensatz zu Konditionalprogrammen, die sich relativ eindeutig und präzise festlegen lassen und klare Entscheidungsorientierungen zu geben vermögen (z.B. wenn die definierten Kriterien zum Bezug von Arbeitslosengeld zutreffen, dann wird ein solches gewährt), zeichnet Zweckprogramme das Problem "der Unbekanntheit und der Unerreichbarkeit aller Zukunft" aus (ebd.: 267). Es lässt sich vorab nicht eindeutig bestimmen, unter Einsatz welcher Mittel die angestrebten Zwecke bzw. Ziele erreichbar sind. Das hat zur Konsequenz, dass in Organisationen, in denen Zweckprogramme überwiegen, *Entscheidungen unter hoher Unsicherheit getroffen* werden (vgl. Bommes/Scherr 2000: 150).

Voraussetzungen für die Ausarbeitung von Entscheidungsprogrammen in Organisationen sind Kognitionen bzw. *kognitive Routinen*, oder genauer: "*kognitive Muster* der *selbstverständlichen Weltwahrnehmung* und *-interpretation*" (Drepper 2003: 149; Hervorhebungen im Original).[57] So bezieht sich etwa ein

---

57   Dies gilt allerdings auch für Kommunikationswege bzw. für Entscheidungsprämissen in Organisationen generell (vgl. Luhmann 2000: 250).

Programm in einem Pflegeheim, bettlägrige PatientInnen regelmäßig zu wenden, auf allgemeine medizinische Kenntnisse und damit zugleich auf Programme auf Funktionssystemebene. Die Organisation kann zwar auf organisationseigener Programmebene eventuell über den Zeitpunkt des Umdrehens von PatientInnen verfügen, "hinter die kognitive Ebene professioneller Standards kommt man aber selbst im stressigsten Alltagsgeschäft nicht zurück" (ebd.: 150). Es gibt somit Entscheidungsprämissen, die nicht als selbstkonstruierte Artefakte behandelt, sondern in die Umwelt ausgelagert werden (vgl. Luhmann 2000: 250f); professionelle Orientierungspunkte im organisationalen Entscheiden und Handeln wären ein Beispiel für die Umwelteinbettung von Organisationen (vgl. auch Kap. 3.2).

Kommunikationswege legen fest, wie Informationen im Organisationssystem zirkulieren können. Die interne Komplexität einer Organisation hängt zunächst ganz wesentlich von der Quantität und Verschiedenartigkeit ihrer Stellen und den kommunikativen Vernetzungen zwischen den Stellen ab. Stellen bilden soziale Adressen innerhalb der Organisation, an denen Zuständigkeiten festgemacht sind:

> "In diesem Verständnis ergeben sich die Kommunikationswege aus den Zuständigkeiten der Stellen – sei es aus exklusiven Zuständigkeiten für das Verbindlichmachen von Entscheidungen, typisch eine Frage der hierarchischen Ordnung; sei es aus fachlichen Zuständigkeiten, deren Nichtbeachtung als Verfahrensfehler gewertet wird." (Luhmann 2000: 316)

Entscheidend für die Dynamik einer Organisation ist jedoch nicht nur ihre formal definierte Kommunikationsstruktur, wiewohl diese Kommunikationsmöglichkeiten in spezifischer Weise einschränken (oder zumindest vorgeben, dies zu tun), vielmehr ergibt sich diese aus den Prozessen der Entscheidungskommunikation, in denen Entscheidungen an Entscheidungen anschließen und aus ihnen produziert werden:

> "Hier (…) findet die Absorption von Unsicherheit statt (…). Hier werden die dazu nötigen Informationsverluste erarbeitet. Hier wird erinnert und vergessen. Und hier entscheidet sich letztlich, welche operative, nicht nur strukturelle Komplexität das System erreicht." (ebd.: 317)

Je größer ein Organisationssystem ist, je mehr verschiedene und verschiedenartige Stellen es aufweist, desto mehr wächst die Belastung der Kommunikationswege und desto größer sind die Informationsverluste.

Die Arbeitsteilung eines Systems lässt sich – wie im vorletzten Zitat bereits angeklungen ist – anhand von fachlichen und hierarchischen Kompetenzen (SpezialistInnen vs. GeneralistInnen) regeln. Während fachliche Kompetenzen aus der Organisationsumwelt (Ausbildungs- und Berufsstrukturen) importiert werden, stellen Weisungsbefugnisse qua Hierarchie organisationsinterne Konstrukte dar. Doch auch hier sind Organisationen auf Vorleistungen ihrer gesellschaftlichen Umwelt angewiesen, etwa auf die gesellschaftliche Selbstverständlichkeit von Hierarchie und Autorität, die Dirk Baecker zufolge durch Verschiebungen im gesellschaftlichen Gefüge seit Mitte des 20. Jahrhunderts zusehends ins Wanken gerät (vgl. Baecker 1999: 114). Auch Peter Fuchs (2009) beobachtet Hierarchien in Organisationen in einer durch und durch heterarchen Gesellschaft unter Druck:

> "Die Semantik der Ungleichheit, der Subordination, des Gehorsams, der Macht wird zunehmend selbst in Organisationen de-plausibilisiert. Zumindest müssen Organisationen damit rechnen, dass ihre relevante Umwelt auf der Basis des Gleichheitsgebotes sozialisiert ist." (ebd.: 61)

Dieser tendenzielle Legitimationsverlust der Hierarchie kann auf verschiedene Weise abgefangen werden. Baecker analysiert am Beispiel der Teamarbeit, wie sich Hierarchie transformiert und zeitgemäße Formen annimmt. Teams nutzen zwar in hohem Ausmaß horizontale Kommunikation, sie erhalten allerdings weiterhin ihre Weisungen (z.B. in Gestalt der zu erreichenden Ziele) und Ressourcen durch die Hierarchie. Die Organisation richtet in Form von (Projekt-)Teams Strukturen mit "heißlaufender Kommunikation" ein, "die zur Bewältigung ihrer eigenen Komplexität gezwungen sind, laufend ihre relevante Umwelt auf Hilfestellungen, Störungen, Allianzen, Sprachregelungen und so weiter hin zu beobachten" (Baecker 1999: 188). Projektteam-Strukturen sollen vermehrt Irritationen aus der Umwelt aufnehmen und verarbeitbar machen, d.h. in Informationen umwandeln, die Entscheidungen ermöglichen. Hierarchie wird nicht obsolet, sie verschiebt nur ihr Arbeitsprinzip in informelle Prozesse und steigert ihre Reizbarkeit durch Umweltimpulse und damit die Bereitschaft zu internem Wandel aufgrund extern beobachteter Wandlungsprozesse (vgl. Aderhold et al. 2009: 18).

Fuchs macht sich demgegenüber auf die Suche nach funktionalen Äquivalenten zur Hierarchie, die Bindungssicherheit in Organisationen herzustellen vermögen. Seiner These zufolge übernehmen *Communio-Konzepte* diese Funktion:

> "Solche Konzepte importieren in die Organisationen die Möglichkeit, nichteinklagbare Leistungen erwartbar zu machen. Die Referenz auf das WIR der Gemeinschaft kopiert die ethisch grundierten Zusammenhalt-Ansprüche, das FÜREINANDER in die Organisation hinein und mit dieser ethischen Orientierung auch: Moral, hier im soziologischen Sinne der Verteilung von Achtung/Missachtung." (Fuchs 2009: 69; Hervorhebungen im Original)

Wer demzufolge aus dem WIR ausschert, läuft Gefahr, moralisch diskreditiert und aus der Gemeinschaft ausgeschlossen zu werden. Communio-Konzepte lassen sich in Form von Leitbildern konstruieren, aber auch durch familiären Systemen entlehnte Metaphoriken. Doch ähnlich wie bei Baeckers Transformationsbeobachtungen der Hierarchie wird auch durch den Einsatz von Communio-Konzepten Hierarchie nicht außer Kraft gesetzt, sondern ergänzt und abgesichert (vgl. ebd.). Genau genommen nutzt die Kooperationsform des Teams unter anderem ebenfalls Communio-Konzepte, indem nämlich in besonderem Maße auf Solidarität zwischen den Teammitgliedern referiert wird. Beide Phänomene, Teams und Communio-Konzepte, haben auch spezifische Relevanz in Organisationen der niederschwelligen Sozialen Arbeit, wie im empirischen Teil B näher dargestellt wird.

Eine dritte Entscheidungsprämisse bildet das *Personal der Organisation*. Damit sind jene Personen bezeichnet, die per Organisationsentscheidung als Organisationsmitglieder betrachtet werden und "dem Entscheidungsbetrieb Körper und Geist, Reputation und persönliche Kontakte zur Verfügung stellen und dadurch teils ausweiten, teils einschränken, was entschieden werden kann" (Luhmann 1988: 177). Luhmann sieht im Personal vieler Organisationen eine besonders scharfe Absicherung von Redundanz, da Personen schwer zu ändern sind:[58] Wer die entscheidungsbefugten Organisationsmitglieder kennt, kann daraus leicht Hypothesen entwickeln, wie entschieden wird (vgl. ebd.; ders. 2000: 280ff).

Zugleich setzt man aber – und zwar vermehrt – auf die Strukturkomponente Personal, um die Organisation mit Flexibilität und Umweltsensibilität im Entscheiden anzureichern. Dies wird etwa durch die Verlagerung von Konditional- zu Zweckprogrammen gefördert, durch die die *Unsicherheitabsorption im Entscheiden verstärkt auf Personalebene* (u.a. eben auch in Mehr-Personen-Systemen, also Teams) *geleistet* werden muss, sodass es zu einer größeren Belastung dieser Ebene kommt (vgl. Luhmann 2000: 281). Die Organisation versorgt sich durch Nutzung der über Mitgliedschaft gekoppelten psychischen Umwelten mit Irritationspotenzial, um Routinen aufzubrechen und Erstarrungen, die bei komplexen Problemen bzw. in turbulenten Umwelten dysfunktional sein könnten, entgegenzuwirken: "In Bereichen, in denen die Organisation überwiegend

---

58   Diese hohe Veränderungsresistenz liegt nicht nur an mitunter mangelnder Veränderungsbereitschaft von Personen, sondern wird durch das zirkuläre Zusammenspiel von Selbst- und Fremderwartungen verfestigt: Auch bei individueller Veränderungsbereitschaft wirken die sozialen Erwartungen, mit denen Personen (u.a. auch) in der Organisation täglich konfrontiert werden, determinierend (vgl. Luhmann 2000: 280; weiters – und zugleich die Überlegungen Luhmanns aufnehmend – Kühl 2006: 10ff).

mit Nichtwissen konfrontiert ist, ist der effektivste Weg, Personen ein hohes Maß an Verantwortung zu geben." (Simon 2007: 74).

Die höhere Komplexitätsverarbeitungskapazität, die sich Organisationen durch diese Veränderungen unter Umständen zu sichern vermögen, geschieht somit vorrangig durch eine *verstärkte Nutzung der Strukturkategorie Personal*. Höhere Unklarheit der zugeteilten Aufgaben und größere Verantwortungszuweisung auf die personelle Ebene bewirken eine zunehmende Belastung der Organisationsmitglieder, wie Luhmann bereits vor knapp 50 Jahren beobachtete:

> "Die Grenzen der ablehnbaren Zumutungen werden ausgedehnt und verschwimmen. Die Sicherheit, die darin lag, daß man die Minimalbedingungen der Mitgliedschaft genau kannte, verflüchtigt sich. Das geht auf Kosten der Person: Emotionale Anspannungen, kompensationsbedürftige Überbeanspruchungen, angstbedingte Reaktionsbereitschaften können die Folge sein." (Luhmann 1999[1964]: 151)

Auch die von Fuchs (2009) skizzierten Communio-Konzepte finden sich im frühen organisationssoziologischen Werk von Luhmann bereits ausformuliert, indem auf die Notwendigkeit der Organisationen verwiesen wird, zusätzliche Motivations- und Sicherheitsquellen zur Bindung ihrer Mitglieder durch innere Verpflichtung auf den gemeinsamen Zweck und/oder Intensivierung der Gruppensolidarität zu erschließen. Dies hat auch Folgen für die Organisation: Sie kann weniger von der Motivationsstruktur ihrer MitarbeiterInnen absehen. Und: Die Belastungen auf personeller Ebene sind nur so lange für die Organisation ignorierbar, wie die MitarbeiterInnen diese Belastungen bewältigen können und als ihnen im Rahmen ihrer Mitgliedschaftsrolle zumutbar akzeptieren. Sie fallen dann in die "zone of indifference" (Barnard 1968[1938]: 167ff). Die Zumutbarkeitsgrenzen können durch Communio-Konzepte und Solidaritätsverpflichtungen den anderen Teammitgliedern gegenüber ausgedehnt werden.

Die individuelle Bewältigung der Belastungen lässt sich wiederum durch auf die personale Ebene zielende Unterstützungsangebote innerhalb der Organisation wie Supervision oder Coaching fördern. Stefan Kühl (2006 und 2008) sieht in der Konjunktur solch personenbezogener Beratungsformen in Organisationen Hinweise darauf, dass sich Organisationen auch außerhalb des Sozialbereichs[59] vermehrt dieser Hilfsmittel als "Strukturschutz" bedienen, da sich damit Konflikte interaktionell isolieren lassen und somit "für die Organisation weitgehend folgenlos bleiben" (Kühl 2006: 1).

Die nach Luhmann unterschiedenen *Entscheidungsprämissen* entfalten keine isolierte bzw. separierte Wirkung, sondern sind "*als Verbund des gemeinsa-*

---

59   Die spezifische Beratungsform der Supervision bildete sich im Kontext der Sozialarbeit im England und Amerika des 19. Jahrhunderts aus (vgl. Bergknapp 2009: 38f).

men Präformierens von Entscheidungen zu sehen" (Luhmann 2000: 259; Hervorhebung HM). Über *Stellen* findet ihre *Koordination* statt, sie kombinieren programmatische Aspekte (Aufgaben) mit einer spezifischen Art und Weise der Einbindung in die organisationalen Kommunikationswege und bestimmten Entscheidungsbefugnissen – und sie sind zugleich von einer Person besetzt, die als Entscheidungsstruktur wirkt (vgl. ders. 1988: 178). Dieses wechselseitige Zusammenspiel der drei Prämissen wird beispielsweise am beschriebenen Phänomen der Bevorzugung von Zweckprogrammen zuungunsten von Konditionalprogrammen sichtbar (z.B. in Form von Zielvereinbarungen), durch die das Personal der Organisation über die freie Wahl der Mittel zur Zielerreichung vermehrt gefordert ist. Begleitet werden diese Umstellungen durch eine steigende Präferenz für teamförmige Organisationsstrukturen, die in besonderer Weise horizontale und damit hochkomplexe Kommunikation begünstigen und so ebenfalls vornehmlich die Teammitglieder fordern. Wie sich das Zusammenspiel der drei Prämissen in Organisationen der niederschwelligen Sozialen Arbeit gestalten kann, wird in Kapitel 6 sichtbar.

3.1.3 *Entscheiden unter Bedingungen hoher Entscheidungsunsicherheit*

Wer entscheidet, so lässt sich akteursbezogen reformuliert zusammenfassen, muss eine Wahl treffen. Man hat die "Qual der Wahl" (Schimank 2005: 51), d.h. man muss die Kontingenz der offenen Entscheidungsalternativen bewältigen, das Unbestimmte bestimmen (Luhmann 2000: 424) bzw. "die Deutungsoffenheit der Situation und die Möglichkeitsvielfalt des daran anschließenden Handelns überwinden" (Schimank 2005: 52). Doch was kann getan werden, wenn nur unsichere oder mehrdeutige Orientierungen im Entscheiden verfügbar sind? Gerade wenn in Organisationen Entscheidungen unter Bedingungen von mangelnder Erwartungssicherheit, konflikthaften Konstellationen, unvollständigen oder mehrdeutigen System- bzw. Umweltinformationen und Zeitknappheit getroffen werden müssen, entstehen äußerst komplexe Entscheidungssituationen, aus denen sich wiederum Rationalitätsbeschränkungen des Entscheidens[60] ergeben

---

60 Unterschieden muss hier zwischen Zweck- und Systemrationalität werden. Während ein zweckrationales Verständnis von Organisationen diese als Instrumente zur Realisierung spezifischer Ziele und Aufgaben ansieht, tritt bei einer Umstellung des Organisationsverständnisses auf Systemrationalität die Unterscheidung von System und Umwelt als die identitätsstiftende Differenz ins Zentrum (vgl. Luhmann 1988: 182f; ders. 2000: 447ff). Zwecke verlieren in dieser Perspektive ihren "Rang als System-'Prinzip', als Symbol der Einheit des Systems" (ders. 1999[1968]: 181), sie tauchen in der Organisation lediglich als eine Möglichkeit der Absorpti-

(vgl. ders.: 196). Und das Bestreben, innerhalb von Organisationssystemen strukturell eine höhere Kapazität zur Verarbeitung von Umweltkomplexität bereitzustellen (u.a. durch spezifische Nutzung teamförmiger Kommunikationsstrukturen), lässt vermuten, dass Organisationen vermehrt mit hoher Entscheidungskomplexität konfrontiert sind. Welche Strategien entwickeln nun Organisationen und ihre MitarbeiterInnen, um in Situationen besonderer Entscheidungsunsicherheit trotz Mehrdeutigkeit bzw. Ungewissheit zu einer Entscheidung zu kommen bzw. Handlungsfähigkeit zu erhalten? Und wie stellen sie sicher, dass die Entscheidungen auch noch der Organisation zugerechnet werden können und nicht auf der Ebene individueller bzw. willkürlicher Ereignisse verbleiben?

Zunächst gilt es, die Begriffe Mehrdeutigkeit/Ambiguität und Ungewissheit näher zu spezifizieren: Karl Weick (1995b: 91ff) sieht *Ungewissheit* durch einen *Mangel an Informationen*, durch Nichtwissen verursacht, während sich *Ambiguität* als *Verwirrung aufgrund zu vieler Informationen, Bedeutungen bzw. Interpretationen* verstehen lässt. Nach James March bezieht sich Ambiguität auf Unklarheit bzw. Unübersichtlichkeit und Inkohärenz der Gegebenheiten, Zusammenhänge oder Intentionen:

> "Ambiguous situations are situations that cannot be coded precisely into mutually exhaustive and exclusive categories. Ambiguous purposes are intentions that cannot be specified clearly. Ambiguous identities are identities whose rules or occasions for application are imprecise or contradictory. Ambiguous outcomes are outcomes whose characters or implications are fuzzy. Ambiguous histories are histories that do not provide unique, comprehensible interpretations." (March 1994: 178)

Mehrdeutige Situationen können in Organisationen in verschiedener Art und Weise entstehen oder vorliegen. Michael B. McCaskey (1982) fasst auf Basis unterschiedlicher Forschungsergebnisse zu Ambiguität in Organisationen verschiedene Merkmale solch ambiguöser Situationen zusammen, wobei sich die Merkmale nicht immer eindeutig (!) voneinander abgrenzen lassen:

- Die Beschaffenheit des Problems, das es zu bearbeiten gilt, kann in Frage stehen bzw. wechseln. Oft sind verschiedene unklare Probleme miteinander verwoben.

---

on von Komplexität neben anderen Formen wie der Festlegung von Kommunikationswegen etc. auf. Erst wenn man davon abgeht, die Rationalität des Handelns und Entscheidens in Organisationen primär über Zweckbindung zu bestimmen, wird verständlich, weshalb Organisationen mitunter äußerst erfolgreich ihre Autopoiesis des Entscheidens weiterführen können, ohne dass sich empirisch in nennenswertem Ausmaß zweckrationales Entscheiden beobachten lässt.

- Der Informationsfluss droht entweder zu überwältigen oder erweist sich als völlig unzureichend, zugleich können die Daten von ungewisser Zuverlässigkeit sein.

- Die Tatsachen und ihre Bedeutungen lassen verschiedenartige und widersprüchliche Interpretationen zu.

- Verschiedene Wertorientierungen erschweren es, die fehlenden objektiven Kriterien zu kompensieren.

- Die Ziele sind unklar oder vielfältig und widersprüchlich.

- Zeit, Geld und/oder Aufmerksamkeit sind begrenzt (unzureichend) vorhanden.

- Die Situation ist durch paradoxe Merkmale, Beziehungen oder Anforderungen geprägt.

- Rollen sind vage, Verantwortlichkeiten unklar, die AkteurInnen haben keine eindeutig definierten Aufgaben.

- Erfolgsmessung lässt sich schwer durchführen, die handelnden Personen haben keine Sicherheit, was erfolgreiche Problemlösung bedeutet und/oder sie können den erzielten Erfolg im Nachhinein nicht genau bestimmen.

- Wissen über eindeutige Ursache-Wirkungs-Zusammenhänge ist kaum vorhanden.

- Die an der Entscheidungssituation beteiligten Personen nutzen anstatt präziser Definitionen oder logischer Argumente bevorzugt Symbole oder Metaphern, um ihren Standpunkt auszudrücken.

- Die zentralen EntscheiderInnen und die auf die Entscheidung Einfluss nehmenden Personen wechseln immer wieder (vgl. ebd.: 5).

Bei solch mehrdeutigen, aber auch bei ungewissen Entscheidungskonstellationen aufgrund von zu wenig Wissen (die Grenzen zwischen beiden Aspekten sind m.E. zugleich nicht immer klar zu ziehen bzw. bleiben ein Stück weit Interpretationssache) handelt es sich um "schlecht definierte Situationen" (Schimank 2005: 75), die Schimank zufolge überhaupt erst Entscheiden notwendig werden lassen, da fertige Handlungsschemata fehlen. Entscheidungen müssen zugleich aber unter *Bedingungen stark begrenzter Rationalität* getroffen werden, und zwar sowohl in Bezug auf Zweckrationalität, Systemrationalität (siehe Kap. 3.1.2 bzw. Fußnote 60) als auch Wertrationalität, wenn verschiedene Wertorientierungen miteinander konkurrieren. Zu ergänzen ist, dass solche Entscheidungssituationen zudem häufig durch einen *hohen Ermessensspielraum* für die EntscheiderInnen gekennzeichnet sind. Eindrucksvoll arbeitete diesen Aspekt Michael Lipsky (2010[1980]) in seiner Studie zu "street-level bureaucracies" heraus, in der die beachtlichen Ermessensbefugnisse von "front-line"-MitarbeiterInnen (dazu zählt er LehrerInnen, PolizistInnen, SozialarbeiterInnen und andere Berufe, die ihre Leistung vorrangig interaktionsbasiert im direkten BürgerInnen-Kontakt erbringen) einer detaillierten Untersuchung unterzogen werden.

Weick zufolge (1995b) kann bei Entscheidungsunsicherheit aufgrund von Nichtwissen mit mehr Information abgeholfen werden, während bei Mehrdeutigkeit eine andere Qualität an Information erforderlich wird:

> "When multiple meanings produce a shock, a greater quantity of information is less help than is a different quality of information. To reduce multiple meanings, people need access to more cues and more varied cues, and this is what happens when rich personal media such als meetings and direct contact take precedence over less rich impersonal media such as formal informations systems and special reports." (ebd.: 99)

Um diese neue Qualität an Information zu erreichen, werden vorrangig solche Mechanismen eingesetzt, die in direkter Interaktion zwischen Personen (in Organisationen vorrangig in Sitzungen, Teambesprechungen etc.) über Diskussion, Verständigung und Sinn- bzw. Deutungsgenerierung zur Informationstransformation fähig sind.

Ambiguität und Ungewissheit in Organisationen machen Weick zufolge *Prozesse der Sinngenerierung* ("sensemaking") notwendig. Sinnerzeugung lässt sich als aktiver Konstruktionsvorgang beschreiben, in dem ein bestimmtes Element, ein Ereignis etc. in verstehender, Überraschung verarbeitender und beseitigender, Bedeutung konstruierender, um wechselseitige Übereinkunft bestrebter und musterbildender Weise in ein Bezugssystem bzw. in Rahmen ("frameworks") eingefügt wird (vgl. ebd.: 6). Organisationen sind – wie alle sozialen, aber auch psychischen Systeme – sinnkonstituierende und sinnkonstituierte Systeme. Sie "erzeugen intern strukturelle Ordnungsrahmen, die Spektren des Möglichen von Spektren des gegenwärtig Unmöglichen, aber potenziell Möglichen abgrenzen" (Paetow 2004: 60). Der kognitive Rahmen lässt sich als organisationaler Wissensbestand beschreiben und Wissen als "kognitiv stilisierter Sinn" (ebd.: 62) bzw. als antizipatorische Erwartungsstruktur der Organisation, die "die Einordnung von Mitteilungen und somit die Rekonstruktion von Information in einem Kontext ermöglicht" (Lueger/Keßler 2006: 51).[61] Wenn Entscheidungssi-

---

61 Dadurch wird zugleich Lernfähigkeit erzeugt, wenn die Erwartungen darüber, was sein wird, enttäuscht werden. Normative Erwartungen respektive Sinnstrukturen hingegen sind lernunwillige Erwartungen, sie verrechnen Erwartungsenttäuschungen als Abweichung, d.h. nicht die Erwartung war falsch, sondern das, was passiert ist, entsprach nicht dem, was sein soll/richtig

tuationen nicht in den verfügbaren Wissensbeständen und Orientierungsrahmen verortet und mithilfe dieser entschieden werden können, dann sind einerseits Strategien notwendig, mit denen trotzdem irgendwie Entscheidungsfähigkeit hergestellt oder zumindest simuliert werden kann. Andererseits bedarf es einer retrospektiven Sinnkonstruktion, mit der die bislang bestehenden Sinnstrukturen mit dem neuen Geschehen in Einklang gebracht bzw. an dieses angepasst werden.

"Im Spiel bleiben", so fasst Uwe Schimank Strategien zusammen, die in Entscheidungssituationen angewandt werden, in denen nicht einmal Inkrementalismus (verstanden als ein "muddling through", ein "Sich-durchwursteln", das etwa mit der Versuch-Irrtum-Strategie arbeitet – Schimank 2005: 237f, ders. 2009: 63ff) mehr möglich ist. Sub-inkrementalistisches Entscheiden kann demzufolge drei Muster annehmen: das Muster der Rationalitätsfiktionen und -fassaden, die im Folgenden getrennt behandelt werden, das Muster der Improvisation und das Muster des Wartens auf eine Chance.

- Bei *Rationalitätsfiktionen* geht es um Als-ob-Konstrukte, genauer um "intersubjektiv geteilte Routinen, die sich darstellen, als ob es sich um Entscheidungen handele" (Schimank 2005: 374). Auch die handelnden AkteurInnen glauben, sich rational entschieden zu haben, wenn sie beispielsweise der Rationalitätsfiktion folgen, dass Sport gesund oder Bildung wichtig für die Lebensführung sei – oder dass Helfen per se besser ist als Nichthelfen. Sie entscheiden sich deshalb ohne Prüfung von Alternativen dafür, Sport zu betreiben – oder zu helfen, obwohl möglicherweise Nichthilfe die rationalere Alternative wäre. Rationalitätsfiktionen können u.a. aus dem kollektiven Kopieren von als erfolgreich beobachteten Entscheidungen entstehen.

- *Rationalitätsfassaden* werden errichtet, wenn von EntscheiderInnen rationales Entscheiden erwartet wird, sie diesen Erwartungen jedoch nicht nachkommen können oder wollen, zugleich aber mit unliebsamen Sanktionen rechnen müssen, wenn sie die Erwartungen der BezugsakteurInnen nicht erfüllen. Entscheidungshandeln wird dann so dargestellt, als entspräche es den Rationalitätserwartungen: Die EntscheiderInnen täuschen ihre BezugsakteurInnen "durch geeignetes 'impression management' auf der 'frontstage' des Entscheidungsgeschehens (...), um 'backstage' das zu tun, was er (der Entscheider, Anm. IIM) selbst für richtig hält bzw. aufgrund anderer Restrikti-

---

ist (vgl. Luhmann 1994[1984]: 437ff). Wenn die normativen Sinnstrukturen nicht in beobachtbarer Weise mehrdeutig sind, etwa durch verschiedene, miteinander konkurrierende Wertorientierungen, dann stoßen Irritationen dieser Erwartungsstrukturen auch keine Sinngenerierungsprozesse an – die Norm muss nicht geändert werden.

onen zu tun genötigt ist" (ebd.: 388). Es kommt zu einer Entkopplung der Aktivitätsebene von der Außenrepräsentation. Die EntscheiderInnen betrachten allerdings – im Unterschied zu Rationalitätsfiktionen – die Außenrepräsentation nicht als ihre eigene Rationalität. Solch ein Rückgriff auf Rationalitätsfassaden kann sich beispielsweise dann anbieten, wenn einflussreiche Organisationsumwelten (z.B. FördergeberInnen, aber auch die öffentliche Meinung etc.) Ziele vorgeben, die den eigenen Zielsetzungen widersprechen. Er kann auch dann notwendig werden, wenn die EntscheiderInnen aufgrund übergroßer Komplexität in unterschiedlichen Dimensionen zu keiner rationalen Entscheidung fähig sind, nach außen aber den Eindruck von Entscheidungsfähigkeit aufrechterhalten müssen. Bezeichnenderweise werden solche Fassaden von den BezugsakteurInnen oft zwar durchschaut, aber diskret ignoriert. "Sogar wenn alle Beteiligten darüber wissen, dass es mit der rationalen Wahl nicht weit her ist, wird die gemeinsame Rationalitätsdarstellung wechselseitig taktvoll aufrechterhalten." (ebd.: 392) Dieses Verständnis lässt sich Schimank zufolge darauf zurückführen, dass sich die BezugsakteurInnen oftmals selbst in der gleichen Lage befinden und mit Rationalitätsfassaden arbeiten müssen.

- In der *Improvisation* wird aus dem Stand heraus genommen, was sich gerade anbietet, um daraus eine Entscheidung herzustellen. Den Kern von Improvisation bestimmt Schimank als "bis zur Prinzipienlosigkeit offen für situative Überraschungen (…) zu sein, um jeweils (…) sogleich das Beste daraus machen zu können" (ebd.: 403). Entsprechend sind in Organisationen Rahmenbedingungen zu schaffen, die ausreichend Offenheit gewährleisten, um im richtigen Moment situativ eine Entscheidung treffen zu können, die zumindest in gewissem Ausmaß dazu beiträgt, sich den angestrebten Zielen anzunähern. Dabei ist einzukalkulieren, dass das Vorgehen laufend nachjustiert und mitunter innerhalb kurzer Zeit völlig verworfen und neu ausgerichtet werden muss. Eine Ausprägung von Improvisation bezeichnet Schimank als *Entscheidungs-Reflexe*: Man bedient sich gebrauchsfertig bereitstehender, d.h. unaufwendiger Entscheidungsalternativen (Instrumente, Methoden) und wendet sie mal probeweise an, versucht somit einfach sein Glück und kann darüber hinaus noch Aktivität vorweisen. Eine weitere Improvisationsform lässt sich nach Michael D. Cohen, James G. March und Johan P. Olsen als "*garbage can model of organizational choice*" (1988: 294ff; vgl. weiters March/Olsen 1982: 156ff; March 1994: 198ff) bezeichnen. Entscheidungssituationen, in denen Mülleimer-ähnlich die unterschiedlichen Entscheidungskomponenten ungeordnet nebeneinander liegen und in hoher Wahllosigkeit zueinander gefügt werden, sind vor allem bei schlecht definierten Zielen und unzureichendem Wissen über Ursache-Wirkungs-Zusammenhänge wahrscheinlich. Entsprechend unvorhersehbar sind die Ergebnisse der Entscheidung "und man rettet sich oftmals nur so über die Zeit, dass man geschäftig überspielt, dass man keine Entscheidung getroffen hat, die das Ausgangsproblem wirksam bearbeitet" (Schimank 2005: 398). Mülleimer-förmige Entscheidungen können insofern begrenzte Rationalität entfalten, als sie erst einmal Zeit gewinnen helfen, in der sich vielleicht Chancen ergeben könnten. Manchmal können sich EntscheiderInnen "umfreuen" (vgl. ebd.), wenn zwar nicht das eigentliche Problem gelöst werden konnte, aber sich im Nachhinein herausstellt, dass zumindest ein anderes ein Stück weit bearbeitet wurde. Eine dritte Improvisationsmöglichkeit stellt nach Schimank *Herumbasteln* dar: Man nimmt alles, was verfügbar ist, und versucht daraus ein praktikables Objekt, eine ebensolche Strategie etc. zu entwickeln. Es geht dabei um eine "sich an die Gegebenheiten anschmiegende Improvisation" (Guttandin 1996: 31).[62]

• Das *Abwarten eines günstigeren Zeitpunktes* bleibt als letztes Mittel übrig, wenn alle anderen Muster inkrementalistischen und subinkrementalistischen Entscheidens nicht anwendbar sind. Abwarten kann in überkomplexen Entscheidungssituationen dann als begrenzt rational angesehen werden, wenn eine gewisse Wahrscheinlichkeit besteht, dass sich die Relation des Problemverlaufs zu den eigenen Möglichkeiten der Problembearbeitung im Laufe der Zeit günstiger entwickelt. Vor allem die Erfahrung, dass sich Abwarten in der Vergangenheit schon gelohnt hat, befördert diese Strategie. *Okka-*

---

62   Friedhelm Guttandin zeigt in seiner Studie zur Improvisationsgesellschaft einer südamerikanischen Provinzstadt zugleich, dass Improvisation keineswegs Beliebigkeit bedeutet, sondern bestimmten Regeln folgt. Er identifiziert insgesamt fünf Regeln der Improvisation:

   ▪ Improvisation verzichtet auf eine zentrale Koordinationsinstanz, "die angibt, was von wem, auf welche Weise, wann und wo getan werden soll" (ebd.: 33). ImprovisatorInnen müssen frei in ihren Entscheidungen sein.
   ▪ Die Improvisation erfolgt in kurzen und schnellen Handlungsvollzügen.
   ▪ Die Handlungsvollzüge finden zeitlich gestaffelt statt, sie lösen einander ab, neue Situationen oder Zwecke initiieren neue Improvisationen. Die einzelnen Wahrnehmungsakte und Handlungssequenzen eignen sich nicht zur funktionalen Integration in weitgespannte Handlungsverflechtungen.
   ▪ Die Übergänge von Sequenz zu Sequenz sind weder vorhersehbar noch planbar, sie werden auf Grundlage der Improvisationserfahrung aus dem Stand heraus gestaltet.
   ▪ Improvisierende Veränderungen bleiben lokal begrenzt und beziehen sich nicht auf die Makrostruktur eines Handlungsfeldes. Sie eignen sich folglich auch nicht für grundlegende Systemveränderungen: "Bei aller möglichen Subversion erweist sich der Improvisator als ein letztlich systemkonformer Rebell." (ebd.: 35)

sionalismus lässt sich als planloses Abwarten verstehen, das der Direktive "Warten und lauern" (Schimank 2005: 408) folgt. Nach Eric Leifer (1991, hier zit. n. Schimank 2005: 409f) kann dieses planlose Abwarten als "local action" charakterisiert werden, die Ronny Lindner als ein zentrales Hilfsmittel niederschwelliger Sozialer Arbeit beobachtet (vgl. Kap. 2.2.4). Local action stellt den Versuch dar, "solche unüberschaubaren, für eine längerfristig angelegte Strategie noch nicht reifen Situationen möglichst offen zu halten" (Schimank 2005: 409). Man ist bestrebt, sich keine Situationsnachteile einzuhandeln, und gewinnt so Zeit für mehr Beobachtung. Wenn sich eine günstige Gelegenheit bietet, schlägt das Abwarten unmittelbar in zielgerichtete Aktivität um. Abwarten kann auch dazu genutzt werden, *Wirksamkeit durch Anpassung* zu erzielen: Man erschließt dabei sukzessive die sich entfaltende Situation und das ihr innewohnende Potenzial und benutzt die Dynamik des Geschehens nahezu unbemerkt und ohne großen Aufwand für seine Umgestaltung bzw. Richtungsänderung. Weiters hofft man beim Abwarten auf *"koinzidentielle Unterstützung"*, also auf glückliche Fügung bzw. auf "unvorhersehbare und nicht herberufbare Unterstützung des eigenen Bemühens durch äußere Kräfte" (ebd.: 420), durch die sich beispielsweise ein Problem mit der Zeit von selbst erledigt.

Sich "umfreuen" zu können stellt für EntscheiderInnen, die mit subinkrementellen Entscheidungsstrategien arbeiten (müssen), allgemein eine wichtige Fähigkeit dar. Sie brauchen eine hohe innere Bereitschaft zu weitgehenden Anspruchsreduktionen und -veränderungen und damit zur retrospektiven positiven Umdeutung des Entscheidungsgeschehens (vgl. ebd.: 424). Dafür eignen sich unter anderem *Sensemaking-Prozesse*, die abschließend nochmals aufgegriffen und näher betrachtet werden sollen.

Wie oben bereits thematisiert, *machen Ambiguität und Ungewissheit Prozesse der Sinn- und Wissenskonstruktion in Organisationen notwendig.* Vor allem solche Organisationen, die sich mit einem großen Ausmaß an Umweltirritationen versorgen und in dieser Hinsicht als umweltoffene Systeme betrachtet werden können,

"should be most concerned with sensemaking. This expectation derives from the fact that their greater openness to input from the environment means they have more diverse information to deal with and from the fact that their looser system structure means that the entity doing the sensemaking is itself something of a puzzle. (…) It is the very openness (…) that triggers the strange sequence in which outputs become the occasion to define retrospectively what could have been plausible inputs and throughputs." (Weick 1995b: 70)

Die Sinnerzeugung kann deshalb nur retrospektive stattfinden, weil in solchen Entscheidungssituationen die zur Verfügung stehenden Entscheidungsorientierungen und Handlungsroutinen (Skripts) nicht greifen und die tatsächlich gefällten Entscheidungen bzw. vollzogenen Handlungen erst im Nachhinein überhaupt bekannt sind (vgl. ders. 1995a: 276ff). Im Zentrum des Sensemaking liegen in solchen Organisationen Fragen, die um die Unterscheidung zwischen außen und innen bzw. – systemtheoretisch reformuliert – zwischen Umwelt und System kreisen. Die Bestimmung der Differenz wird zur Herstellungsleistung der Organisation.

Besondere Bedeutung für die retrosprektive Sinngenerierung im Anschluss an mehrdeutige und ungewisse Entscheidungssituationen kommt der ersten von drei Ebenen des Sensemaking zu, nämlich der intersubjektiven bzw. kollektiven Bedeutungsgenerierung. "Intersubjective meaning becomes distinct from intrasubjective meaning when individual thoughts, feelings and intentions are merged or synthesized into conversations during which the self gets transformed from 'I' into 'we' (…)." (ders. 1995b: 71) Auf der zweiten Ebene, dem "sensemaking through generic subjectivity" (ebd.) gewinnen Bedeutungen allgemeinen Strukturcharakter und garantieren Systemstabilität bei individueller Austauschbarkeit der handelnden Personen.[63] "These structures also reassure people that if they do not look too closely, the world makes sense and things are under control." (ebd.: 170)

Wenn dies aber nicht mehr garantiert werden kann, wenn die Informationen und Ereignisse also nicht problemlos in die bestehenden Sinnstrukturen einordnbar sind, dann ist intersubjektive bzw. kollektive Bedeutungsgenerierung und -adaptierung gefragt.[64] Und dafür erweisen sich verschiedenste Formen von face-to-face-Interaktionen in Organisationen als essenziell, allen voran Meetings bzw. Besprechungen, in denen Diskussion und kollektive Bedeutungsaushandlung ermöglicht wird und Erwartungsstrukturen neu geschaffen bzw. modifiziert werden können. "Meetings make sense" (ebd.: 187), so lasst sich die steigende Wichtigkeit von Besprechungen angesichts zunehmend komplexer, da mehrdeutiger Entscheidungssituationen in Organisationen zusammenfassen, in denen nicht ein Mehr an Information hilft. "What will help them is a setting where they

---

63   Die dritte Ebene wäre die extrasubjektive, d.h. die der kulturellen Sinnschemata und gesellschaftlichen Institutionen (vgl. Weick 1995b: 72).

64   In diesem mitunter auch spannungsreichen Ineinandergreifen der beiden Sensemaking-Ebenen sieht Weick ein bedeutsames Charakteristikum von organisationaler Sinngebung. Es geht in dieser Beobachtungsperspektive auf Organisation also ebenfalls um eine permanente Justierung des Verhältnisses zwischen Redundanz und Varietät, die bei Luhmann (1988) zum zentralen Kriterium für Systemrationalität in Organisationen wird (vgl. Kap. 3.1.2).

can argue, using rich data pulled from a variety of media, to construct fresh frameworks of action-outcome linkages that include their multiple interpretations." (ebd.: 186)

In vielen Organisationen fehlt es Weick zufolge an Bewusstsein, welch zentrale Bedeutung *Organisationsmeetings* für die Erzeugung und den Erhalt der Organisation als Entität zukommt. Ebenso wird der Wert von Verschiedenheit bzw. Mannigfaltigkeit nicht hoch genug eingeschätzt: "People often treat the existence of multiple interpretations as a symptom of a weak organizational culture rather than as an accurate barometer of turbulence outside the organization." (ebd.: 186; vgl. auch Weick 1995a: 269ff) Dabei bieten Meetings insbesondere in Form diverser Teambesprechungen den Organisationen einerseits die Möglichkeit, organisationsintern Komplexität zu mobilisieren, um Umweltkomplexität erfassbar werden zu lassen. Andererseits kann die Organisation mit genau derselben Kommunikationsstruktur die verschiedenen Entscheidungen, die auf Ebene der einzelnen Organisationsmitglieder getroffen werden, wieder zu Organisationsentscheidungen werden lassen, indem sie in Prozessen organisationaler Sinngenerierung der Organisation wieder einverleibt werden. Es ist deshalb davon auszugehen, dass gerade in solchen Organisationen, deren Entscheidungssituationen durch ein hohes Ausmaß an Entscheidungsunsicherheit geprägt sind, Organisationsmeetings unterschiedlicher Art ein besonderer Stellenwert zukommt.

3.2 Organisationsumwelten: Zur "Rückkehr der Gesellschaft" in die Organisationsforschung

Die bisherigen Ausführungen wiesen mehrfach auf eine gestiegene Aufmerksamkeit von Organisationen ihren Umwelten gegenüber hin. Dies lässt sich auch auf Ebene der Theoriebildung beobachten und findet in den Grundannahmen des "New Institutionalism in Organizational Analysis" ihren Ausdruck, wie sie im gleichnamigen Sammelband von Walter W. Powell und Paul J. DiMaggio (1991) zusammengefasst sind. Die unterschiedlichen neo-institutionalistischen Ansätze eint ihre Skepsis gegenüber atomistischen Betrachtungen sozialer Prozesse und die Überzeugung, dass institutionelle Arrangements von Bedeutung für die Handlungsmöglichkeiten sozialer AkteurInnen wie Individuen oder Organisationen sind (vgl. DiMaggio/Powell 1991: 3ff).

Im Unterschied zu traditionellen organisationstheoretischen Ansätzen verschiebt sich der Analysefokus: Der Kontext wird in den Vordergrund gerückt, Organisationen werden als Produkte dieses Kontextes betrachtet. Genau genommen handelt es sich somit beim Neo-Institutionalismus nicht um einen organisationstheoretischen Ansatz im engeren Sinn, vielmehr verschmelzen Organisationsanalyse und die Analyse gesellschaftlicher Organisationsweisen (vgl. Bonazzi 2008: 368). Die Perspektivenverschiebung erlaubt neue Einblicke, evozierte aber auch Kritik: Dem Neo-Institutionalismus wurde etwa vorgeworfen, lediglich den Fokus umzudrehen und einseitig "die Wirkungsrichtung von den gesellschaftlichen Institutionen hin zu den Organisationen" (Ortmann et al. 1997: 19f) vor Augen zu haben, anstatt Organisation und Gesellschaft in einem Verhältnis rekursiver Konstitution zu sehen und zu analysieren. Eine Konzeptualisierung von Organisationen als ausschließlich abhängige Variable gesellschaftlicher Entwicklungen ist (nicht nur) aus organisationssoziologischer Perspektive als verkürzt zu betrachten (vgl. hierzu auch Hasse/Krücken 2005b: 139) und entspricht auch nicht allen neo-institutionalistischen Ansätzen (s.u.).

Die Fokusverschiebung in der Organisationsanalyse soll hier als eine wichtige ergänzende Perspektive genutzt werden, die belangreiche Erkenntnisse zur gesellschaftlichen Umwelteinbettung von Organisationen und den daraus erwachsenden Strukturkonflikten anbieten kann. Ohne eine umfassende Darstellung dieses Ansatzes leisten zu können und zu wollen, werden im Folgenden ausgewählte Grundannahmen bzw. Konzepte des Neo-Institutionalismus vorgestellt, die im Kontext des thematischen Schwerpunktes dieser Studie von besonderer Bedeutung erscheinen.

Der Neo-Institutionalismus fokussiert auf *Organisationsumwelten als größere organisationale Felder bzw. übergreifende gesellschaftliche Kontexte*, die die Beobachtungsschemata erzeugen, durch die AkteurInnen die Welt wahrnehmen. Dabei interessieren nicht so sehr normative soziale Erwartungen als vielmehr kognitive Modelle: "Not norms and values but taken-for-granted scripts, rules and classifications are the stuff of which institutions are made." (vgl. DiMaggio/Powell 1991: 15) Es geht im engeren Sinn um mentale Repräsentationen der Realität, die zu Problemlösungen befähigen.[65] Der kognitive Rahmen von Organisationssystemen, der sich als organisationaler Wissensbestand beobachten lässt (vgl. Kap. 3.1.3), wird hier überschritten, "(d)ie kognitive Dimension wird als Kultur konzipiert und als Kultur einer Gesellschaft oder als Weltkultur beschrieben" (vgl. Klatetzki 2006: 51). Am deutlichsten kommt der Gedanke der Weltkultur im *Konzept der "world-polity"* zum Ausdruck, die eine breite kultu-

---

65   Diese sind allerdings häufig eng verwoben mit normativen Erwartungen, wie sich weiter unten
      am Beispiel der drei Mechanismen zur Herstellung institutioneller Isomorphie erkennen lässt.
      Insbesondere Professionen arbeiten dabei mit normativem Druck zur Anpassung an professionsspezifische Standards.

relle Ordnung westlichen Ursprungs bezeichnet und von Prinzipien wie Universalismus, Individualismus, selbstorganisierter Handlungsfähigkeit, Fortschrittsglaube und Weltbürgerschaft gekennzeichnet ist (vgl. Hasse/Krücken 2005a: 42ff; dies. 2005b: 127ff).

Institutionen stellen Erwartungsabstraktionen dar, die auf der gesellschaftlichen Makro-Ebene angesiedelt sind, sie lassen sich Konstanze Senge (2006) zufolge ganz allgemein als "Handlungsregeln, die maßgeblich, verbindlich und von Dauer sind" (ebd.: 44), definieren. Der Institutionenbegriff des Neo-Institutionalismus beinhaltet allerdings zwei unterschiedliche Bezugspunkte:

> "zum einen die Sinn- und Symbolebene, auf der Institutionen überindividuelle und transintentionale Deutungsmuster und Interpretationsschemata darstellen, und zum anderen die Ebene der sozialen Praxis, auf der Handlungen gestaltend und materialitätsverändernd in die Welt eingreifen. (…) Institutionen stellen sowohl den Symbol- und Ideenhaushalt bereit als auch verallgemeinerte Formen praktischen Handelns, durch die Individuen handelnd die soziale Welt hervorbringen." (Drepper 2010: 134)

Die einzelnen Beiträge berücksichtigen teils den einen, teils den anderen Bezugspunkt stärker, sie lassen sich eher als Perspektivenergänzung denn -überlappung verstehen, wie Raimund Hasse und Georg Krücken (2005a) anhand der drei programmbildenden Aufsätze des Neo-Institutionalismus aufzeigen: Während die organisationssoziologischen Studien von John W. Meyer und Brian Rowan (1991[1977]) bzw. von Paul J. DiMaggio und Walter W. Powell (1991[1983]) den Einfluss übergreifender institutioneller Faktoren auf die Reproduktion von Organisationen herausarbeiten, fokussiert Lynne G. Zucker (1991[1977]) in ihrer mikrosoziologischen Studie auf die Wirkung von Wahrnehmungs- und Informationsverarbeitungsmustern für die Ausgestaltung sozialen Handelns und hebt die Bedeutung der aktiven Aneignung sozialer Vorgaben hervor.

Dass Organisationen in unterschiedlichen Gesellschaftsbereichen nur begrenzt zweckrationalen Entscheidungskriterien folgen und ihr Handeln oft nicht an Effizienzgesichtspunkten orientieren, deckt sich mit den Prämissen einer systemtheoretischen Perspektive auf Organisationen (vgl. Kap. 3.1). Meyer/Rowan (1991[1977]) sehen in der *Anpassung der organisationalen Formalstruktur an gesellschaftliche Legitimitätskriterien* eine bedeutende Quelle für das Weiterbestehen und die Ressourcensicherung von Organisationen. Die Formalstrukturen von Organisationen bringen somit gesellschaftlich institutionalisierte Mythen (z.B. zu Rationalität und Innovativität) zum Ausdruck. Durch Interdependenzen mit der gesellschaftlichen Umwelt und das Implementieren von dort institutionalisierten Ansprüchen und Erwartungen (etwa in Gestalt politischer bzw. rechtlicher Vorgaben, wirtschaftlicher, ökologischer, wissenschaftlicher oder pädagogischer Standards) in die Organisationsstruktur finden *Prozesse der Strukturangleichung* zwischen Organisation und Gesellschaft statt. Es kommt zur Homogenisierung der organisationalen Strukturen bzw. zur *Isomorphie* (Strukturähnlichkeit) zwischen Organisation und Gesellschaft (vgl. ebd.: 47).

Organisationen bewegen sich nicht in einer undifferenzierten und anonymen Umwelt, sondern in organisationalen Feldern:

> "By *organizational field* we mean those organizations that, in the aggregate, constitute a recognized area of institutional life: key suppliers, resource and product consumers, regulatory agencies, and other organizations that produce similar services or products." (DiMaggio/Powell 1991[1983]: 64; Hervorhebung im Original)

Die Organisationsaktivitäten werden von den anderen sozialen Entitäten des organisationalen Feldes laufend (mit-)normiert und kontrolliert. Organisationen sehen sich "feinen und diffusen Pressionen zur Anpassung an anerkannte Standards" (Bonazzi 2008: 371) gegenüber, die auf ein Ansteigen der Isomorphie hinwirken, ohne dass damit notwendigerweise eine Effizienzsteigerung der Organisationen verbunden sein muss:

> "This similarity can make it easier for organizations to transact with other organizations, to attract career-minded staff, to be acknowledged as legitimate and reputable, and to fit into administrative categories that define eligibility for public and private grants and contracts. None of this, however, ensures that conformist organizations do what they do more efficiently than do their more deviant peers." ((DiMaggio/Powell 1991[1983]: 73)

DiMaggio und Powell (ebd.: 67ff) unterscheiden drei Mechanismen zur Herstellung von institutioneller Isomorphie:

- *"Coercive Isomorphism"* resultiert aus formalem und informellem Druck bzw. Zwang, der von Umweltorganisationen ausgeübt werden kann. Er zeigt sich etwa in staatlichen Vorgaben, die in die Form bindender Rechtsvorschriften gebracht werden und auf ein organisationales Feld strukturangleichend wirken. Weiters können gesellschaftlich institutionalisierte Wertvorstellungen bezüglich der Gleichbehandlung der Geschlechter bzw. allgemein der Berücksichtigung von Diversity-Kriterien etc. starke Bindungskraft entfalten, auch wenn sie nicht immer rechtlich verbindlich verankert sind (vgl. Hasse/Krücken 2005a: 25).

- *"Mimetic Processes"* stellen Angleichungsmechanismen bei hoher Unsicherheit dar, die auf wechselseitiger Beobachtung und Imitation beruhen. "When organizational technologies are poorly understood (…), when goals are ambiguous, or when the environment creates symbolic uncertainty, organizations may model themselves on other organizations." (DiMaggio/Powell 1991[1983]: 69) So diffundieren solche Modelle rasch, die als besonders erfolgreich und legitim beobachtet werden. Best-practice-Studien könnten als eine verwissenschaftlichte Form mimetischer Mechanismen bezeichnet werden. Eine herausragende Bedeutung in der Verstärkung mimetischer Prozesse kommt organisationsbezogenen Beratungsfirmen zu, die als Diffusionsagenten fungieren (vgl. Hasse/Krücken 2005a: 26).

- *"Normative Pressures"* bilden eine dritte Quelle für isomorphistischen Organisationswandel. Er wird insbesondere durch den von Professionen bzw. Professionalisierung ausgehenden normativen Druck erzeugt. Die Professionen stellen einen Orientierungsrahmen bereit, "der normative Bindungen entfaltet und zur Bevorzugung spezifischer, fall- und organisationsübergreifender Problemlösungsmuster führt" (ebd.).

Diese drei Mechanismen zur Herstellung von Isomorphie stehen miteinander in Wechselwirkung. So greifen etwa durch die staatliche Normierung von Ausbildungen und die rechtliche Absicherung von Professionen Zwang und normativer Druck ineinander.

Die Legitimitätserfordernisse und -strategien gegenüber der Umwelt können erheblich von den internen Aktivitätsstrukturen abweichen. Hinzu kommt, dass unterschiedliche Umweltanforderungen und -erwartungen in sich heterogen und widersprüchlich sein können. Meyer/Rowan identifizieren zwei *Schutzvorrichtungen gegen* solche *Inkonsistenzen*: Die erstere Vorrichtung, nämlich die *Entkopplung von Formalstruktur und Aktivitätsebene* weist Parallelen zu Schimanks sub-inkrementalistischem Entscheidungsmuster der Rationalitätsfassaden auf. Organisationen versuchen demnach durch eine lediglich lose Kopplung bzw. Entkopplung zwischen den beiden Ebenen, derartige Widersprüche zu bewältigen:

"To maintain ceremonial conformity, organizations that reflect institutional rules tend to buffer their formal structures from the uncertainties of technical activities by becoming loosely coupled, building gaps between their formal structures and actual work activities." (Meyer/Rowan (1991[1977]: 41)

Die Aktivitätsebene kann dann im Falle der Inkonsistenz zur institutionell geprägten Formalstruktur von jener entkoppelt werden. Solche Entkopplungsmöglichkeiten werden etwa durch Intransparenz der tatsächlichen Aktivitäten für das Management erreicht, indem die Erbringung der Kerntätigkeiten auf Professionelle delegiert wird und in wenig kontrollierbaren Interaktionssettings stattfindet. Oder die Organisationsziele werden vage und mehrdeutig gehalten und genaue Zieldefinitionen vermieden. Weiters findet eine Überprüfung der Tätigkeiten nur in minimalisierter und ritualisierter Form statt und erfolgen Abstimmungen der

Aktivitätsstrukturen bevorzugt in informeller Weise, wobei persönlichen Beziehungen eine besondere Bedeutung zukommt (vgl. ebd.: 57f).

Eine zweite Möglichkeit der Handhabung von Inkonsistenzen zwischen Formalstruktur und Aktivitätsebene erwächst aus der *Logik des Vertrauens und des guten Glaubens.* "The more an organization's structure is derived from institutionalized myths, the more it maintains elaborate displays of confidence, satisfaction, and good faith, internally and externally." (ebd.: 59) Organisationen signalisieren Vertrauenswürdigkeit beispielsweise durch den Erwerb von Zertifikaten oder durch Einstellung qualifizierter und damit professioneller MitarbeiterInnen (vgl. Drepper 2010: 154). Professionalisierung stellt nicht nur eine Möglichkeit dar, Kontrolle zu vermeiden (d.h. zu entkoppeln), sie verpflichtet zugleich sowohl Vorgesetzte als auch MitarbeiterInnen, im guten Glauben zu handeln (vgl. Meyer/Rowan 1991[1977]: 59). Die unterschiedlichen Mechanismen zur Darstellung der eigenen Vertrauenswürdigkeit sind insbesondere in Organisationen üblich, die stark auf ihre institutionalisierte Umwelt reflektieren. Sie stellen weniger arglistig täuschende als vielmehr sinnvolle Möglichkeiten dar, in Situationen entscheidungs- und handlungsfähig zu bleiben, in denen sich die Erwartungen der institutionalisierten Umwelt unvereinbar mit den unmittelbaren Handlungsanforderungen in der Organisation zeigen (vgl. ebd.).

Allerdings bleiben die Angleichungsprozesse nicht immer auf die Ebene der Formalstrukturen beschränkt, es ist vielmehr davon auszugehen (und bleibt im Einzelfall empirisch zu klären), dass sie sich in unterschiedlicher und unterschiedlich starker Weise auch auf die Aktivitätsebene der Organisationen auswirken. Gerade Professionalisierungsbestrebungen – sowohl in der Strukturform der klassischen Professionen als auch insbesondere in der neueren Gestalt organisationaler Professionalität (z.B. auf Ebene des Managements – vgl. Evetts 2009) – und spezifische Mechanismen der Personalauswahl (z.B. die Bevorzugung von AbsolventInnen bestimmter Universitäten bzw. Ausbildungseinrichtungen) schlagen auf die organisationale Aktivitätsebene durch und evozieren auch dort Angleichungsprozesse:

> "To the extent managers and key staff are drawn from the same universities and filtered on a common set of attributes, they will tend to view problems in a similar fashion, see the same policies, procedures, and structures as normatively sanctioned and legitimated, and approach decisions in much the same way." (DiMaggio/Powell 1991[1983]: 72)

Aber auch – und damit verbunden – die Diffusion kulturell legitimierter Management-Modelle und die Verbreitung spezifischer Qualitätsmanagementsysteme werden mitunter Konsequenzen auf der Ebene der organisationalen Operationen im 'Kerngeschäft' haben, wiewohl es die tatsächlichen Auswirkungen und den konkreten organisationsinternen Umgang mit solchen Neuerungen empirisch zu prüfen gilt. Manche Organisationen werden ihre Aktivitätsebene besser entkoppeln können und wollen, anderen wird dies weniger gelingen – oder auch weniger Anliegen sein. Insofern ist ergänzend zur neo-institutionalistischen Perspektive ein Blick auf die Eigenlogik und -dynamik von Organisationen lohnend, denn:

> "Der Umgang mit externen Erwartungen in Organisationen stellt ein hoch voraussetzungsreiches Unternehmen dar, das sich nur im Rekurs auf die jeweilige Organisationsgeschichte rekonstruieren lässt. Nur hierüber lässt sich auch klären, warum einzelne Organisationen sich nur auf der Ebene der Formalstruktur und nicht auf der Ebene der Aktivitätsstruktur anpassen, während in anderen Organisationen (…) beide Ebenen fester miteinander verkoppelt sind." (Hasse/Krücken 2005b: 144)

Für solch eine komplementär notwendige Innenperspektive braucht es den Autoren zufolge einen anderen Fokus, als ihn der Neo-Institutionalismus bereitstellen kann. Hier ist einerseits das reichhaltige Instrumentarium der 'herkömmlichen' Organisationstheorien und -forschung gefragt bzw. eine stärkere organisationssoziologische Fundierung der neo-institutionalistischen Ansätze nötig. Andererseits bedarf es des Einsatzes qualitativer Forschungsmethoden, die Ergebnisse von größerer Tiefenschärfe zu generieren vermögen (vgl. ebd.:139 bzw. 144).

Dennoch soll abschließend nochmals die Relevanz der neo-institutionalistischen Ansätze für den in dieser Studie interessierenden Themenbereich, konkret für die Analyse von Organisationen in der niederschwelligen Sozialen Arbeit, hervorgehoben werden. Drepper (2010: 160) nennt in Bezug auf soziale personenbezogene Dienstleistungsorganisationen, denen auch Organisationen der Sozialen Arbeit zugerechnet werden können, folgende Aspekte als von besonderer Bedeutung: die Beschreibung der spezifischen Umwelteinbettung; ein Verständnis dieses Organisationstypus als Verkörperungen institutionalisierter Muster (bzw. als institutionalisierte Organisationen); ihre kulturelle Konditioniertheit und ihr Eingebundensein in moralisch aufgeladene Kontexte, aus denen sie sich relevante Legitimation sichern; die daraus resultierenden Zielmehrdeutigkeiten und -konflikte, die sie durch die beiden Strategien der Entkopplung und der Logik des Vertrauens und des guten Glaubens entschärfen, aber nicht auflösen können. Nicht zuletzt können Organisationen selbst aktiv Einfluss auf institutionelle Regeln nehmen, sie lassen sich als KollektivakteurInnen verstehen, "die *organizational agency* in den organisationalen Feldern entwickeln und entfalten" (ebd.; Hervorhebung im Original).

3.3 Sozialwissenschaftliche Wissensbestände zu Organisationen der Sozialen Arbeit bzw. Sozialen Hilfe

Soziale Arbeit wird in einer "unüberschaubare(n) Anzahl an Organisationsformen" (Scherr 2001: 229 – vgl. auch Kap. 2.2.2 dieser Studie) erbracht. Damit steht das Bemühen, sozialarbeiterische Organisationen näher zu bestimmen, vor einer schwierigen Ausgangslage. Hinzu kommt, dass genuin organisationssoziologische Studien zu diesem Organisationsfeld kaum vorliegen – und wenn doch, dann fokussieren sie überwiegend auf öffentliche, bürokratische Organisationen (vgl. u.a. Wolff/Bonß 1979; Wolff 1983; Schütze 1999[1996]; Maeder/Nadai 2004). Genau diese Organisationsformen zeigen sich aber im Kontext der niederschwelligen Sozialen Arbeit nicht als bedeutend, letztere findet vielmehr überwiegend in Non-Profit-Organisationen (NPOs) des sogenannten dritten Sektors statt. Zur Eingrenzung der Inhalte auf die im Zusammenhang der vorliegenden Studie relevanten Organisationsaspekte wird deshalb im Folgenden vorrangig auf dieses Organisationsfeld Bezug genommen.

Die Begriffe dritter Sektor, Nonprofit-Sektor bzw. Sozialwirtschaft werden häufig synonym verwendet (vgl. Dimmel et al. 2004) und bezeichnen jenes Organisationsfeld, das weder dem Markt noch dem Staat, die den ersten und zweiten Sektor bilden, eindeutig zuzurechnen ist. In Forschungen zum Organisationsfeld des dritten Sektors werden Organisationen der Sozialen Arbeit teilweise mitberücksichtigt, die Arbeiten weisen jedoch selten einen spezifischen Fokus auf Nonprofit-Organisationen in der Sozialen Arbeit auf. Grundlagenorientierte, theoriegenerierende Studien zu Nonprofit-Organisationen fehlen zudem weitgehend (eine Ausnahme: Simsa 2001). Auch die von vielen NPOs bevorzugte Organisationsform des Vereins stellt einen vernachlässigten Gegenstand der Organisationssoziologie dar (vgl. Müller-Jentsch 2008: 476ff). Zu beachten ist weiters, dass die unter diesem Sammelbegriff subsumierten Organisationen sehr heterogen sind und sich Organisationen der Sozialen Arbeit von Umweltschutzorganisationen, Sport- und Freizeitvereinen, Kulturvereinen, berufsständischen Interessensvertretungen etc. in manchen Aspekten maßgeblich unterscheiden dürften.

Die Heterogenität spiegelt sich auch in den Definitionsversuchen wider: Nonprofit-Organisationen lassen sich in Abgrenzung zu Wirtschaftsorganisationen (Unternehmen) und Verwaltungsorganisationen des Staates als "Weder-Noch" (Simsa 1999:340) charakterisieren: Sie sind weder privatwirtschaftlich-gewinnorientiert noch direkter Teil der öffentlichen Verwaltung. Solche "Negativdefinitionen" (Backhaus-Maul/Mutz 2005: 95) listen somit in erster Linie auf, was der dritte Sektor *nicht* ist. Darüber hinaus existiert eine Vielzahl an Definiti-

onen und scheinen definitorische Eingrenzungen schwierig, da meist nicht trenn-
scharf (vgl. Simsa 1999:341). Als praktikablen Minimalkonsens bezeichnet Ruth
Simsa folgende Definition bzw. deskriptive Eingrenzung, die sich im internatio-
nalen Kontext weitgehend etabliert hat. Demnach weisen NPOs nachstehende
Merkmale auf:

- "ein Mindestmaß an formaler Organisation (...);

- private Trägerschaft, d.h. institutionelle Abgrenzbarkeit vom Bereich staatlicher Administration;

- keine Gewinnausschüttung (...);

- ein Minimum an Selbstverwaltung (...);

- ein Mindestmaß an Freiwilligkeit (unbezahlte Arbeit, Spenden, freiwillige
  Mitgliedschaft)." (ebd.:340; vgl. auch Simsa 2001: 80f)

Die NPOs einigen zwar keine bestimmten, gemeinsamen Ziele, sie einigt aber
der Umstand, dass nicht der Profit, sondern die Erreichung spezifischer inhaltlicher Ziele "zentrales konstitutives Moment aller NPOs" (Simsa 1999:341) ist.

Die Unschärfen der vorgestellten Minimal-Definition zeigen sich beispielhaft am Kriterium der privaten Trägerschaft: In der Praxis bestehen bei vielen
Organisationen Zuordnungsprobleme zwischen privatrechtlich und öffentlich-
rechtlich. Zugleich wird der Grad der Abhängigkeit von staatlichen Stellen trotz
formal privater Trägerschaft nicht berücksichtigt (vgl. Simsa 2001: 81). So weist
die österreichische 'Sozialwirtschaft'[66] teilweise enge Verflechtungen mit dem
öffentlichen Sektor (aber auch mit religiösen Gemeinschaften) auf, die nicht nur
durch eine weitgehende finanzielle Abhängigkeit vom Staat bzw. von Kommu-
nen bewirkt wird, sondern auch durch direkte Verbindungen zwischen großen
Wohlfahrtsträgern und politischen Parteien (vgl. Heitzmann 2004: 61; weiters
Badelt 2002).

Auch der Aspekt eines Mindestmaßes an Freiwilligkeit trifft nicht auf alle
Organisationen zu, die grundsätzlich als NPOs anzusehen wären. So weisen zwar
sehr viele, aber nicht alle niederschwelligen Einrichtungen der Sozialen Arbeit
Elemente von Freiwilligkeit in Form unbezahlter Arbeit, Sach- bzw. Geldspen-
den oder freiwilliger Mitgliedschaft, die nicht auf einem formalen Arbeitsver-
hältnis beruht, auf. Zugleich sind diese im Aspekt der Freiwilligkeit abweichen-

---

66   Diese Bezeichnung für Organisationen der Sozialen Dienste ist m.E. etwas unglücklich ge-
      wählt, da damit der Eindruck evoziert wird, es handle sich um Organisationen des Wirtschafts-
      systems. Dies ist allerdings bis auf ganz wenige kommerziell ausgerichtete Organisationen im
      Sozialbereich nicht der Fall, auch wenn diese Organisationen selbstverständlich auf finanzielle
      Ressourcen angewiesen sind.

den Organisationen aber weder dem öffentlichen Sektor noch dem auf Gewinn hin orientierten Organisationsbereich zuzurechnen – d.h. es spricht ansonsten alles dafür, sie dem Sektor der Nonprofit-Organisationen zuzuordnen.

Obwohl die Unterschiede zwischen den als NPO bezeichneten Organisationen beachtlich sind, lassen sich Ruth Simsa zufolge doch einige *organisationale Besonderheiten von NPOs* festhalten:

- NPOs zeichnen sich durch "eine spezifisch ausgeprägte *Mehrdimensionalität und Ambiguität der Ziele*" (Simsa 2002: 137; Hervorhebung HM) aus. Hinzu kommt häufig "eine Verknüpfung der inhaltlichen Tätigkeit mit allgemeinen gesellschaftlichen Zielen" (ebd.).

- Charakteristisch für NPOs sind weiters *Probleme der Erfolgs- und Effizienzmessung*. Durch das Fehlen einheitlicher, auf die Organisationsziele abgestimmter Kriterien für Erfolgsmessung können politische Dimensionen der Erfolgsbestimmung eine besondere Bedeutung entfalten. Vielfältige Anspruchsgruppen mit unterschiedlichen Erfolgserwartungen verkomplizieren die Problematik der Erfolgsmessung (vgl. ebd.).

- NPOs neigen in großem Ausmaß zu *Organisationsabwehr* und tendieren besonders zu *Personalisierung, Informalität und hoher Egalitätsneigung:* "Damit werden jene Strukturprinzipien unterwandert, die formale Organisationen konstituieren, wie Arbeitsteilung, definierte Kompetenzbereiche, formale Entscheidungswege und abstrakte Regeln." (ebd.: 138) Verstärkt können diese Tendenzen durch die Arbeit mit unbezahlten MitarbeiterInnen werden, durch die die Durchsetzung formaler Macht erschwert wird.

- Viele NPOs weisen eine *hohe Orientierung an Ideologien und Moral* auf und haben typischerweise eine wertgeladene Organisationskultur. Zum einen kann dies Motivation und Engagement fördern, zum anderen steht die hohe Moralorientierung mitunter "strategischem Denken und einem wertfreien Nutzen der Organisation als Mittel zum Zweck entgegen" (ebd.: 139). Ideologien können die Realitätswahrnehmung in spezifischer Weise verformen und einschränken und in der Folge die Anschlussfähigkeit an relevante Organisationsumwelten erschweren.

Simsa stellt fest, dass viele Nonprofit-Organisationen nicht einem einzigen Funktionssystem erster Ordnung (d.h. einem primären Funktionssystem – vgl. Kap. 2.2.3) zuzurechnen sind, sondern entweder nichtpriorisierbare Orientierungen an zwei oder mehreren primären Funktionssystemen aufweisen[67] oder insbesondere an sogenannten Funktionssystemen zweiter Ordnung (also sekundären Funktionssystemen) orientiert sind. Solche Funktionssysteme stellen Simsa (2001) zufolge einerseits die Soziale Arbeit und andererseits das System kritischer Öffentlichkeit dar. Aus deren fundamentaler Problematik, nämlich der Bearbeitung von Problemen, die sie weder selbst verursacht haben noch selbst lösen können, resultieren die speziellen strukturellen Widersprüche und limitierten Erfolgsaussichten, mit denen sich diese Organisationen abmühen (vgl. ebd.: 334ff).

Die Verschiedenartigkeit der Organisationen, die unter dem Label NPO zusammengefasst werden, macht weitere Spezifizierungen erforderlich. Eine naheliegende Möglichkeit hierfür stellt die Fokussierung auf inhaltliche Tätigkeitsbereiche dar, d.h. im vorliegenden Kontext auf NPOs des Sozialbereichs, wie sie im nachfolgend vorgestellten Organisationstypus versucht wird.

3.3.1 *Die soziale personenbezogene Dienstleistungsorganisation als Organisationstypus*

Mit dem Organisationstypus der sozialen personenbezogenen Dienstleistungsorganisation soll Thomas Klatetzki zufolge all jenen "soziale(n) Einrichtungen und Dienste(n), die Individuen bilden, sozialisieren, therapieren, rehabilitieren, pflegen und/oder ihnen einen bestimmten sozialen Status zuweisen" (Klatetzki 2010: 10), eine organisationssoziologisch fundierte Alternative zur gegenwärtig ökonomisch dominierten Perspektive auf Organisationen des dritten Sektors angeboten werden. Konkret geht es um jenen Teilbereich der Nonprofit-Organisationen, deren Arbeitshandlungen "auf jeweils einzelne Individuen und deren Bedarfsdeckung bezogen sind" (ebd.: 8). Ihre Dienstleistungen betreffen Tätigkeiten, "die darauf abzielen, das Wohlergehen der Klienten wie auch das der Gemeinschaft zu gewährleisten und/oder (wieder) herzustellen" (ebd.: 9). In Anlehnung an Yeheskel Hasenfeld (1983: 134ff) lassen sich diese Dienstleistungen entsprechend ihrer hauptsächlichen Funktion bzw. Zielsetzung in drei Kategorien unterteilen:

---

67   Rudolph Bauer (2005: 109) argumentiert in eine ähnliche Richtung, wenn er in der Intermediarität das gemeinsame Merkmal von NPOs identifiziert: "Die NPOs und der 'Dritte Sektor' sind sowohl das Ergebnis der widersprüchlichen Logiken moderner Gesellschaften als auch Vermittlungsagenturen zwischen deren heterogenen Strukturen und Rationalitäten." (ebd.)

- *"People processing"* betreiben all jene Dienstleistungseinrichtungen, die eine (Weiter-)Vermittlung ihrer KlientInnen zum Ziel haben, mit der sie ihnen zu einem neuen sozialen Status verhelfen wollen. Arbeitsvermittlungsagenturen zählen beispielsweise zu diesem Dienstleistungstypus.

- *"People sustaining"*-Dienstleistungen wollen einen bestimmten Zustand oder das Wohlergehen ihrer KlientInnen bzw. Zielgruppen erhalten, ohne eine direkte Veränderung deren persönlicher Eigenschaften anzustreben. Beispiele hierfür wären Präventionsmaßnahmen oder Pflegedienstleistungen.

- Unter die Kategorie *"people changing"* fallen solche Dienstleistungen, die eine Veränderung der persönlichen Eigenschaften ihrer KlientInnen anstreben, um deren Wohlergehen zu erhöhen. Dazu gehören etwa (sozial-)pädagogisch oder therapeutisch orientierte Einrichtungen.

Organisationen der Sozialen Arbeit können genau genommen allen drei Kategorien entsprechen, denn sie sind mit unterschiedlichen Schwerpunktsetzungen sowohl in der (Weiter-)Vermittlung ihrer KlientInnen als auch in der Vorbeugung nachteiliger Veränderungen individueller oder kollektiver Lebenssituationen und in der personenbezogenen Veränderungsarbeit engagiert.

Klatetzki identifiziert – wieder in enger Anlehnung an Hasenfeld (1983; 2010) – sechs Charakteristika sozialer personenbezogener Dienstleistungsorganisationen, die daraus resultieren, dass diese Organisationen personenbezogen arbeiten. Im Folgenden werden unter Ergänzung von Klatetzkis Ausführungen durch Hasenfelds Überlegungen sieben Merkmale unterschieden:[68]

1. *Menschen als zu bearbeitendes 'Rohmaterial':* Mit dem Begriff "raw material" bringt Hasenfeld metaphorisch zum Ausdruck, dass die Arbeit in Human Service Organizations an Personen erbracht wird und auf eine Veränderung deren Eigenschaften und/oder Lebensumstände abzielt. Die 'Materialbearbeitung' weist dabei in einigen Aspekten große Parallelen zu Produktionsbetrieben auf: "Like any raw material that needs to be sifted, sorted, and categorized, people served by human service organizations are also subjected to a process of sorting, classification, and categorization, which defines how they are going to be transformed." (Hasenfeld 2010: 11) Und analog zur Kontrolle und Formung von Material in der Produktion sehen sich auch die KlientInnen der sozialen personenbezogenen Dienstleistungsorganisationen verschiedenen Mechanismen der Kontrolle gegenüber, die defi-

---

68 Moralarbeit wird – in Anlehnung an Hasenfeld und im Unterschied zu Klatetzki, der Punkt eins und zwei zusammenfasst – als eigenständiger Aspekt geführt.

nieren und limitieren, welche persönlichen Merkmale für relevant gehalten werden und welches Verhalten von ihnen erwartet wird. Allerdings – und darin liegt ein beachtlicher Unterschied – reagiert und antwortet das 'Rohmaterial' Mensch auf die Behandlung durch die MitarbeiterInnen der Organisation – und KlientInnen oder PatientInnen beeinflussen und gestalten mal mehr, mal weniger mit, was mit ihnen in den Organisationen passiert (vgl. ebd.:11f).

2. *Soziale personenbezogene Dienstleistung als Moralarbeit:* Das "Arbeiten an Menschen" impliziert Moralarbeit, denn erstens sind den unter Punkt 1 beschriebenen Klassifizierungs- und Etikettierungsprozessen (Be-)Wertungen inhärent: "(T)he label conveys a statement of social worth (…)." (ebd.: 12) Zweitens wird in der Interaktion zwischen DienstleistungserbringerIn und KlientIn über mangelnde Ressourcen (welcher Art auch immer) und Ressourcenerschließung bzw. -zuteilung verhandelt, wobei die unvermeidbare Ressourcenlimitierung Zuteilungsregeln notwendig macht, denen unausweichlich soziale Bewertungen zugrunde liegen. Und drittens verweist Hasenfeld darauf, dass die KlientInnen selbst ihre moralischen und sozialen Ressourcen einsetzen, wenn sie um die benötigte Unterstützung ansuchen und die Beziehung zu und mit den MitarbeiterInnen sozialer personenbezogener Dienstleistungsorganisationen aushandeln (vgl. ebd.:13). Die daraus resultierenden Stigmatisierungsprozesse, die vor allem im Bereich der Sozialen Arbeit wohlbekannt und vielfach reflektiert sind, fasst Hasenfeld wie folgt zusammen: "Taken together, vulnerable and powerless clients not only tend to experience greater moral devaluation by the organizations from which they seek services but are also likely to internalize them, thus reinforcing their own sense of helplessness and powerlessness." (ebd.) Klatetzki (2010: 11) weist ergänzend darauf hin, dass die moralischen Wertungen weniger als Eigenproduktionen der Organisationen anzusehen sind, sondern vielmehr aus deren gesellschaftlicher Umwelt stammen. Zieht man die Überlegungen von Peter Fuchs zur Funktion von Moral im System der Sozialen Arbeit mit ein (vgl. Kap. 2.2.3), dann wird deren Bedeutung für den Systemerhalt sichtbar – mit prekären Folgen für die Zielsetzung der Eröffnung bzw. Steigerung gesellschaftlicher (Re-)Inklusionschancen.

3. *Unbestimmte Technologien:* Unter Technologien werden die Arbeitsmethoden und -verfahren zusammengefasst, die in einer Organisation zur Bearbeitung des Ausgangsmaterials verwendet werden. Von grundlegender Bedeutung für die Entwicklung von Technologien ist Wissen über Kausalzusammenhänge, da sich nur auf dieser Basis Verfahren einsetzen lassen, die be-

absichtigte Wirkungen in ausreichender Verlässlichkeit zu erzielen vermögen. Doch genau solch ein Kausalwissen liegt für die Veränderung von Personen häufig nicht gesichert vor, handelt es sich doch hierbei um sogenannte nicht-triviale Systeme, für die gilt: "Eine einmal beobachtete Reaktion auf einen gegebenen Stimulus muß in einem späteren Zeitpunkt nicht wieder auftreten, wenn der gleiche Stimulus auftritt." (Foerster 1993: 247ff) So verfügen Individuen über Selbstreferenzfähigkeit und handeln auf Grundlage ihrer subjektiven Situationsinterpretationen, sie sind damit auch in der Lage, Interventionen zu neutralisieren bzw. eigenwillig darauf zu reagieren (vgl. Klatetzki 2010: 13). Soziale Einrichtungen und Dienste können sich deshalb nicht auf sichere Interventionstechnologien stützen und müssen, um trotzdem handlungsfähig zu bleiben, "als Wissensbasis zur Strukturierung ihrer Arbeitsweisen vielfach auf praktische Ideologien, d.h. auf wertbasierte Glaubensannahmen über Sachverhalte und Wirksamkeiten, zurückgreifen" (ebd.). Diese praktischen Ideologien basieren wiederum auf gesellschaftlich akzeptierten Realitäts- und Moralauffassungen, wodurch sich die Arbeitsweisen sozialer personenbezogener Dienstleistungsorganisationen abermals als Moralarbeit darstellen.

4. *Mächtige und turbulente Umwelten:* Wie bereits in Kapitel 3.2 thematisiert, lassen sich soziale personenbezogene Dienstleistungsorganisationen als institutionalisierte Organisationen beobachten, da sie ihre Legitimität in hohem Ausmaß durch Referenz auf gesellschaftlich institutionalisierte kognitive Muster, Ansprüche und Erwartungen sichern: "(T)hey adopt and uphold moral systems and cultural frames that resonate well with their significant audiences, such as legislative bodies, government bureaucracies, regulatory agencies, professional associations, other human service organizations, various civic and political associations, and clients." (Hasenfeld 2010: 14) Entsprechend hängen die Entwicklung und das Weiterbestehen dieser Organisationen weniger von ihrer technischen bzw. fachlichen Leistung als vielmehr von ihrer formalen Konformität mit vorherrschenden kulturellen Symbolen und Überzeugungssystemen ab. Die institutionelle Umwelt erweist sich zugleich in einer kulturell pluralistischen Gesellschaft als sowohl heterogen als auch turbulent, d.h. sich ständig verändernd, sodass die Organisationen mit vielfältigen und auch widersprüchlichen institutionellen Logiken umgehen müssen. Die Umweltturbulenzen erfordern permanente Anpassungsleistungen, was eine häufig anzutreffende Selbstbeobachtung als zyklisch von Legitimitätskrisen heimgesucht befördert (vgl. ebd.: 15).

5. *Vielfältige, widersprüchliche und abstrakte Ziele:* Die starke Umweltreferenz impliziert, dass auch die Organisationsziele gesellschaftliche Werte reflektieren (vgl. Klatetzki 2010: 14f). Deren Pluralität hat zur Folge, dass unterschiedliche Interessensgruppen außerhalb, aber auch innerhalb der Organisation verschiedene Ziele präferieren. Zielkongruenz ist somit alles andere als selbstverständlich. Konsensfindungen erscheinen vor allem dann besonders schwierig, "wenn die Klienten der Organisation als abweichend definiert werden und wenn die Organisation versucht, ein großes Spektrum der Problemlagen von Klienten zu bearbeiten" (ebd.). Eine häufige Lösungsstrategie besteht in der Formulierung abstrakter und mehrdeutiger Organisationsziele, über die auf allgemeiner Ebene ein Konsens hergestellt werden kann und die zugleich jeweils unterschiedliche Interpretationen und Umsetzungen erlauben. Zielwidersprüche und -konflikte können damit so lange latent gehalten werden, wie keine Notwendigkeit besteht, Zielerreichungen konkret zu überprüfen.

6. *Interaktionen als Kernoperationen:* Die zu verrichtende Arbeit wird vor allem in Interaktionen zwischen dem Personal der Organisation und den KlientInnen erbracht, denn Interaktionssysteme eignen sich in besonderer Weise für die Initiierung von Personenveränderung (vgl. Bommes/Scherr 2000: 207). Die Leistungserbringung erfolgt also vorrangig in Kommunikation unter Anwesenden, d.h. in "einfachen Sozialsystemen" (Luhmann 2005[1975]a: 25ff), in denen einerseits reflexive und komplexe Informationsaufnahme ermöglichende Wahrnehmung und andererseits verbale Kommunikation essenziell sind (vgl. ebd. bzw. Luhmann 1994[1984]: 561). Diese temporären Systembildungen innerhalb der Organisationssysteme sind einerseits durch letztere gerahmt und eingeschränkt, die Interaktion finden nicht 'von Mensch zu Mensch' statt, sondern zwischen Personen in spezifischen und differierenden Rollen, nämlich zwischen Organisationsmitgliedern und KlientInnen. Andererseits ziehen die Interaktionssysteme auch Grenzen zur Organisation und/oder anderen gesellschaftlichen Umwelten und regulieren sich selbst, d.h. sie können Freiräume entfalten und Eigensinnigkeiten entwickeln.[69] Die Freiräume der Interaktion lassen sich u.a. dafür nutzen, auf die KlientInnen individuell einzugehen und sie zur notwendigen 'Co-Produktion' zu motivieren. Die sich in der Interaktion

---

69 Organisationen haben allerdings die Möglichkeit, nicht mit den Entscheidungsstrukturen der Organisation konforme Interaktionen, so sie beobachtbar sind, als abweichend zu definieren und damit aus der Organisation auszugrenzen (vgl. Bommes/Scherr 2000: 205).

entwickelnde Beziehung[70] zwischen dem Personal und den KlientInnen
weist allerdings ambivalente Züge auf: Sie ermöglicht nicht nur zugleich
Kontrolle und Hilfe durch die MitarbeiterInnen, sondern lässt sich wechselseitig zur Beeinflussung nutzen. Auch KlientInnen können folglich die Beziehung dafür gebrauchen, die Organisationsmitglieder zu beeinflussen, wo-
raus bei einseitiger Identifizierung mit den Anliegen der KlientInnen in der
Folge Konflikte zwischen Personal und Organisation entstehen können (vgl.
Klatetzki 2010: 16). Eine weitere Konsequenz der Interaktionsbasiertheit
der Leistungserbringung in diesem Organisationstypus besteht in der begrenzten Kontrollierbarkeit des eigenen Personals durch die Organisationsleitung – und in weiterer Folge in dezentralen Machtstrukturen, da sich solche Arbeitskontexte nicht einfach durch Direktiven einer zentralen Instanz
steuern lassen. Um die geringe Organisationskontrolle zu kompensieren, beschäftigen soziale personenbezogenen Dienstleistungsorganisationen häufig, aber nicht immer, professionelles Personal: "Dessen Ausbildung und
Identifikation mit professionellen Normen soll dann sicherstellen, dass die
Interaktionen optimal verlaufen und die gewünschten Ergebnisse haben."
(ebd.) Und genau damit sichern sich diese Organisationen zugleich Entkopplungsmöglichkeiten zwischen der organisationalen Formalstruktur und
der Aktivitätsebene (vgl. Kap. 3.2). Auch in dieser Hinsicht erweisen sich
soziale personenbezogene Dienstleistungsorganisationen als institutionalisierte Organisationen.

7. *Problematische und aufgezwungene Maße für Erfolg:* Sowohl die geschil-
    derte Zielheterogenität und -widersprüchlichkeit als auch das mangelhafte
    Wissen über Ursache-Wirkungszusammenhänge bedingen fundamentale
    Probleme bei der Feststellung der Effektivität sozialer personenbezogener
    Dienstleistungsorganisationen. Hinzu kommt die Mitwirkung der KlientIn-
    nen bei der Leistungserbringung (Co-ProduzentInnen), wodurch die Er-
    folgs- und Misserfolgszurechnung eine Interpretationsleistung darstellt.
    Diese prekären Grundlagen für Wirkungserfassung und Erfolgsmessung
    führen dazu, dass die Organisationen bevorzugt auf inputorientierte bzw.
    extrinsische Wirksamkeitsmaße ausweichen, indem sie etwa die eingesetz-
    ten Mittel (Ressourcen, Methoden etc.) anstelle des Ausmaßes der Zieler-
    reichung nachweisen. Weiters werden zum Teil subjektive Einschätzungen
    als Erfolgsmaße herangezogen. Häufig können die Organisationen die Me-

---

70 Zur Ausarbeitung eines systemtheoretisch fundierten Beziehungsbegriffs, der Beziehung als
    spezifisches soziales System zweiter Ordnung in Form der Interdependenz von Interaktionen
    bzw. von Interaktionszusammenhängen konzipiert, vgl. Johannes F.K. Schmidt 2007.

thoden der Erfolgsmessung nicht eigenständig bestimmen, sondern erhalten diese von relevanten Umwelten, d.h. insbesondere von Seiten der FördergeberInnen vorgeschrieben (vgl. Klatetzki 2010: 17f).

Soziale personenbezogene Dienstleistungsorganisationen zeichnet die Kombination und das Zusammenwirken der beschriebenen Charakteristika aus, die im Einzelnen auch auf andere Organisationstypen zutreffen mögen. Sie gewinnen dadurch ihre Eigenart, die sich Klatetzki zufolge als komplex, konfliktbeladen, mehrdeutig und relativ schwer zu verstehen attribuieren lässt. Sie entsprechen damit den komplexen und widersprüchlichen Umwelten, in denen sie sich bewegen (vgl. ebd.: 18).

Auch Organisationen der Sozialen Arbeit werden zu den sozialen personenbezogenen Dienstleistungsorganisationen gezählt. Insbesondere Hasenfeld (1983; 2010) bezieht sich in seinen Analysen häufig auf organisierte Soziale Arbeit und führt Beispiele aus diesem Organisationsfeld an. Eine Abgrenzung erfolgt allerdings – vor allem im von Klatetzki herausgegebenen Sammelband – primär in Richtung Wirtschaftsorganisationen, d.h. zum Profit-Bereich, während zwischen öffentlichen und privatrechtlichen Organisationen nicht dezidiert unterschieden wird und häufig auch beide Organisationsbereiche gemeint sind. Doch das entspricht auch der Realität im Sozialbereich, in der die Grenze zur Politik und zur öffentlichen Verwaltung mitunter schwierig zu ziehen ist.

3.3.2 Zum problematischen Verhältnis von Organisation und Profession in der Sozialen Arbeit

Es entspricht den Selbstbeschreibungen des Feldes der Sozialen Arbeit, sich eher als professions- denn als organisationsförmig zu betrachten, auch wenn in der sozialwissenschaftlichen Theorie und Empirie zweiteres unbestritten ist, ersteres hingegen als unsicher gilt. Exemplarisch sei hier auf die Diskussion um Begriffe wie "Semi-Profession" (Etzioni 1969, vgl. zur aktuelleren Diskussion Maeder/Nadai 2003, Nadai et al. 2005) oder "bescheidene Profession" (vgl. Schütze 1999[1996], kritisch hierzu etwa Nadai et al. 2005), aber auch "verspätete Profession" (vgl. Staub-Bernasconi 2009) verwiesen. Die sozialwissenschaftliche Debatte um den Professionsstatus bzw. die Professionalisierbarkeit der Sozialen Arbeit wird an dieser Stelle allerdings nur knapp angedeutet,[71] da die vorliegende Studie keinen ausgewiesenen professionsbezogenen Fokus einnimmt und solche

---

71   Der aktuelle Diskursstand im deutschsprachigen Raum wird beispielsweise in den beiden von Becker-Lenz et alii herausgegebenen Sammelbänden (2009; 2011) zusammengefasst.

Aspekte zur Eingrenzung der Themenkomplexität lediglich am Rande erörtern kann – wiewohl eine eingehende Beschäftigung mit niederschwelliger Sozialer Arbeit unter dem Gesichtspunkt von Profession, Professionalität und Professionalisierbarkeit eine sehr wichtige wäre und m.E. noch aussteht.

Im Folgenden wird zunächst lediglich kurz umrissen, was unter einer Profession verstanden werden kann und inwieweit Soziale Arbeit jeweils als professionalisiert oder professionalisierungsbedürftig thematisiert wird. Anschließend erfolgt eine Einschränkung auf solche Arbeiten, die sich dezidiert mit dem Verhältnis von Organisation und Profession allgemein und in der Sozialen Arbeit im Speziellen auseinandersetzen. Der Großteil dieser Arbeiten bezieht sich allerdings auf bürokratienahe bzw. der öffentlichen Verwaltung zugehörende Organisationen, während das Organisations-Professions-Verhältnis in Einrichtungen außerhalb der öffentlichen Sozialbürokratie (z.B. gemeinnützige Vereine oder GmbHs) ein Forschungsdesiderat darstellt. Deshalb kann hier auch keine Einschränkung auf letztere, die eigentlich im Kontext der vorliegenden Arbeit relevanter wären, vorgenommen werden.

Unter dem Professionsbegriff werden in einer unspezifischen Begriffsverwendung zumeist unterschiedliche Tätigkeiten subsumiert, "deren einziges gemeinsames Merkmal darin liegt, dass sie über besonders anforderungsreiche Ausbildungen und Qualifikationen verfügen" (Kurtz 2002: 48). In einer zunehmend wissensbasierten Gesellschaft trifft dies auf sehr viele Tätigkeiten zu. Deskriptive Begriffsbestimmungen nennen häufig folgende Merkmale von Professionen: eigenständige, wissenschaftlich fundierte Wissensbasis, Bezogenheit auf zentrale gesellschaftliche Werte (z.B. Gesundheit oder Gerechtigkeit), langjährige akademische Ausbildung der Professionsangehörigen, asymmetrische Beziehung zwischen Professionellen und KlientInnen, Autonomie bezüglich der Standards der Ausbildung und Berufsausübung ("exklusives Handlungskompetenzmonopol" – ebd.: 49), Organisiertheit in einem selbst verwalteten Berufsverband, professionsspezifische Berufsethik (vgl. Combe/Helsper 1999[1996]: 9ff; Kurtz 2002: 47ff).

Theoretisch fundierte Professionskonzepte ermöglichen differenziertere Bestimmungen von Professionen als Sonderform beruflichen Handelns, wie anhand von zwei unterschiedlichen Ansätzen exemplarisch skizziert werden soll. Die systemtheoretische Ausarbeitung der Strukturform Profession von Rudolf Stichweh (1999[1996]; 2000; 2005) bietet beispielsweise eine gesellschaftstheoretische und -historische Einbettung von Professionen an. Deren Herausbildung hängt demzufolge eng mit dem Übergang von der ständisch strukturierten hin zur funktional differenzierten Gesellschaft und dem Entstehen professionalisierter

Funktionssysteme zusammen, die u.a. die Besonderheit aufweisen, dass sich ihre zentrale Bezugsproblematik jeweils auf die personale Umwelt der Gesellschaft bezieht. Stichweh sieht allerdings gegenwärtig unter anderem in der Folge der Ausbildung einer Wissensgesellschaft erhebliche Umbrüche und Instabilitäten auf die Strukturform Profession zukommen und stellt nicht nur in Bezug auf die Soziale Arbeit die Hypothese auf, "dass die klassischen Voraussetzungen der Kontrolle ganzer Funktionssysteme durch eine Leitprofession in monopolistischer oder dominanter Stellung sich auflösen" (Stichweh 2000: 35). Und in einem anderen Artikel: "Es ist genau diese Stelle, an der die Sozialform *Organisation* übernimmt und die Arbeitsteilung in einem Funktionssystem reorganisiert." (ders. 2005: 41, Hervorhebung im Original). Nach Stichweh stehen somit die gesellschaftlichen Entwicklungen den Professionalisierungsbestrebungen der Sozialen Arbeit diametral entgegen, ganz abgesehen davon, dass deren Funktionssystemstatus ein umstrittener ist (vgl. Kap. 2.2.3).

Der strukturtheoretische Ansatz von Ulrich Oevermann (1999[1996]; 2009) fokussiert auf die Strukturlogik professionellen Handelns. Professionalisierungsbedürftig sind Berufspraxen dann, wenn sie in ihrer Kernaufgabe auf stellvertretende Krisenbewältigung für KlientInnen ausgerichtet sind. Ein erstes Strukturmerkmal professionellen Handelns stellt ihre grundsätzliche Nicht-Standardisierbarkeit dar, d.h. es geht um die Entwicklung nicht-standardisierbarer Lösungen für nicht-standardisierbare Probleme. Oevermann zufolge besteht ein "strukturell scharfe(r) Gegensatz zwischen professionalisiertem Handeln und bürokratischem Handeln" (ders. 1999[1996]: 82). Die "Vermittlung von Theorie und Praxis (…) unter Bedingungen der wissenschaftlich zu begründenden Problemlösung in der Praxis" (Oevermann 1999[1996]: 80) bildet ein zweites Strukturmerkmal professionellen Handelns. Das Professionswissen muss fallspezifisch so angewandt werden, dass die Krise gelöst werden kann. Professionelles Handeln setzt drittens ein Arbeitsbündnis zwischen Professionellen und KlientIn voraus, das auf Freiwilligkeit und Autonomie beruht.

Im letztgenannten Aspekt sieht Oevermann gewichtige Professionalisierungsschwierigkeiten der Sozialen Arbeit begründet, da diese "eher staatsbürokratisch bzw. behördenspezifisch organisiert ist" (ders. 2009: 141) und das Arbeitsbündnis in der Folge mangelnde Autonomie und Freiwilligkeit aufweist. Die sozialarbeiterische Praxis sei zwar eine grundsätzlich professionalisierungsbedürftige, die bürokratische Einbettung sozialarbeiterischen Handelns führe aber die Tendenz mit sich, dieses "zur bürokratischen Routineentscheidung durch Subsumtion unter formale, standardisierte Kriterien zu degenerieren" (ebd.). Hinzu kommt ein "ambivalente(s) Verhältnis zur Theorie und damit in der Folge eine mangelnde Souveränität und Reflexivität in der beruflichen Praxis" (Fischbach 2011: 24). Professionalisierte Praxis bedeutet Oevermann zufolge die "Verankerung der Expertise in wissenschaftlicher Begründetheit" (2000: 62), die es in der professionellen Ausbildung fallexemplarisch anzuwenden lernen gilt.

Nadai et alii (2005: 21f) wenden gegen die Unvereinbarkeit von bürokratischen und professionellen Strukturen ein, dass auch die sogenannten klassischen Professionen in großem Ausmaß die gleichen Strukturbedingungen aufweisen und häufig in bürokratisch strukturierten Organisationen eingebunden sind. Sie weisen darauf hin, dass professionelles Handeln in Oevermanns Konzeption womöglich verkürzt mit einer Idealvorstellung freiberuflichen Arbeitens gleichgesetzt wird. Hinzu gefügt werden muss m.E., dass auch die Heterogenität der organisationalen Strukturen im Sozialbereich in Oevermanns Ansatz wenig Berücksichtigung findet.

Damit steht bereits das Verhältnis zur Organisation im Mittelpunkt der gegenständlichen Professionsdebatte. Die bisherigen Annäherungen an Organisationen der Sozialen Arbeit ließen offen, ob es sich bei diesen Organisationen um professionelle Organisationen handelt oder nicht. Der Organisationstypus der sozialen personenbezogenen Dienstleistungsorganisation weist Merkmale auf, die für eine Integration professioneller Organisationsstrukturen offen sind, ohne notwendigerweise zugleich eine professionelle Organisation und damit im Prinzip eine Variante dieses Organisationstypus zu sein. Bevor allerdings weiter darauf eingegangen wird, wie sich das Verhältnis von Organisation und Profession im Bereich der Sozialen Arbeit gestaltet, soll dieses zunächst auf einer allgemeinen Ebene diskutiert werden.

Die Beschäftigung mit dem Zusammenhang von Profession und Organisation bzw. mit der professionellen Organisation als einer Sonderform des Organisiert-Seins bildete vor allem in den 1960er und 1970er Jahren ein bedeutsames Thema der Organisationssoziologie. Zu nennen sind hier unter anderem die Arbeiten von Peter M. Blau, W. Richard Scott, Richard H. Hall, Charles Perrow oder Amitai Etzioni (vgl. Klatetzki/Tacke 2005). Ausgangspunkt der Auseinandersetzungen war die *Frage der Vereinbarkeit von bürokratischen und professionellen Strukturelementen*, die zunächst tendenziell negativ beantwortet wurde:

> "Zwischen Bürokratie und Profession wurde dabei ein grundlegender Konflikt angenommen, der auf der Unterschiedlichkeit der damit bezeichneten strukturellen Arrangements und jeweils dazu passenden motivationalen Mustern beruht." (ebd.: 13)

Die auf Administrationsaufgaben zugeschnittene bürokratische Struktur lässt sich als hierarchisches System von Ämtern beschreiben, in dem Autorität mit Positionen verbunden ist und das Handeln hierarchischen Anweisungen folgt und somit fremdbestimmt ist. Das motivationale Muster der Organisationsmitglieder stellt die Karriereorientierung und finanzielle Entlohnung dar. Professionelle Strukturmuster hingegen basieren auf der professionellen Kompetenz. Professionelle Organisationen müssen somit ihren Organisationsmitgliedern selbstbestimmtes, nicht an generalisierten Regeln ausgerichtetes Handeln, das sich an der individuellen Bearbeitung des Einzelfalls orientiert, ermöglichen. Zugleich sind diese in ein professionelles Kollegium eingebunden, das Entscheidungen demokratisch fällt, und primär zur Loyalität ihrem Berufsstand (und nicht der Organisation) gegenüber verpflichtet.

Die Hypothese einer inversen, d.h. gegenläufigen Beziehung zwischen Bürokratisierung und Professionalisierung konnte allerdings in der Empirie nicht eindeutig bestätigt werden, vielmehr waren auch Mischformen zwischen bürokratischer und professioneller Organisation zu finden, die sich als funktional zeigten. Weiters konnten Mechanismen beobachtet werden, die verhinderten, dass bürokratisch-professionelle Konflikte in Organisationen virulent wurden. Zugleich kam es zur Ausarbeitung unterschiedlicher Organisationstypologien, anhand derer sich professionelle Organisationen identifizieren ließen (vgl. ebd.: 14f). Nach diesem Höhepunkt der soziologischen Beschäftigung mit dem Organisations-Professions-Verhältnis flaute der Diskurs ab. Allerdings sind in den letzten Jahren Bemühungen zu beobachten, dieses Themenfeld innerhalb der Organisationssoziologie wieder stärker aufzugreifen (vgl. ebd.).

Einen elaborierten Ansatz zur Bestimmung der professionellen Organisation, der genau genommen erst nach der Hochphase der entsprechenden organisationssoziologischen Auseinandersetzungen entstand, entwickelte Henry Mintzberg (1993[1983]; 1992). *Minzbergs Konfigurationsansatz* unterscheidet fünf grundlegende Koordinationsmechanismen (gegenseitige Abstimmung, persönliche Weisung, Standardisierung der Arbeitsprozesse, Standardisierung der Arbeitsprodukte, Standardisierung der Qualifikationen der MitarbeiterInnen – vgl. ebd.: 5 bzw. ders. 1992: 19) und untergliedert Organisationen weiters in fünf Teile (betrieblicher Kern, strategische Spitze, Mittellinie, Technostruktur, Hilfsstab), deren differierende Wichtigkeit und spezifische Ausgestaltung zu strukturellen Konfigurationen führt. Konkret sind dies die Einfachstruktur, die Maschinenbürokratie, die Profibürokratie, die Spartenstruktur und die Adhokratie.

Den zentralen Organisationsteil der *professional bureaucracy* bzw. Profibürokratie stellt der betriebliche Kern dar, in dem die professionellen MitarbeiterInnen ihre Leistung erbringen. Mittleres Management und strategische Spitze hingegen sind schwach ausgebildet. Der vorrangige bzw. einzige (Mintzberg 1992: 256) Koordinationsmechanismus der Organisation läuft über die Standardisierung der von den MitarbeiterInnen erwarteten Qualifikationen, die in einer spezifischen Ausbildung und der dort stattfindenden professionellen Sozialisation erworben werden. Die Profibürokratie weist sowohl in vertikaler als auch horizontaler Richtung eine stark dezentrale Struktur auf, es gibt kein ausgeprägtes Machtzentrum. Die Standards für die professionelle Tätigkeit in der Organisation werden vorrangig in den sich selbst verwaltenden Berufsverbänden außerhalb der Organisation entwickelt und definiert, diese tragen auch dafür Sorge, dass die professionellen Standards eingehalten werden. Kontrolle findet in Form professioneller Selbstkontrolle statt, wobei der kollegialen Konsultation eine besondere Bedeutung zukommt.

Gewisse Überschneidungen mit der Profibürokratie weist eine Ausprägung der Adhokratie auf, nämlich die *betriebliche Adhokratie*. Sie wird hier vor allem deshalb ausgeführt, weil sie das Element der professionellen MitarbeiterInnen mit den Merkmalen der Nicht-Standardisierbarkeit und der Unvorhersehbarkeit und Neuartigkeit verbindet. Die Konfiguration der Adhokratie allgemein ist für hoch entwickelte Innovation hilfreich. Sie weist organische Strukturen mit geringen Verhaltensformalisierungen und eine vorrangig horizontale Aufgabenspezialisierung auf der Grundlage formaler Ausbildung auf. Koordination findet vor allem über wechselseitige Abstimmung der ExpertInnen statt, die häufig in multidisziplinären Teams zusammenarbeiten. Betriebliche Adhokratie entwickelt Innovationen und Problemlösungen für organisationsexterne KundInnen bzw. KlientInnen.[72] Im Unterschied zur Profibürokratie, wo die Professionellen stärker für sich bzw. in Einzelsettings mit den KlientInnen arbeiten, spielt die interdisziplinäre Zusammenarbeit der professionellen MitarbeiterInnen zur Erzielung innovativer Problemlösungen eine herausragende Rolle. Generell unterscheidet sich Mintzberg zufolge die Bedeutung der professionellen ExpertInnen in der Profibürokratie und der Adhokratie dadurch, dass in Erster die Standardisierung der Qualifikation eine Standardisierung der Arbeitsleistung erwirken soll, während die vorhandenen Qualifikationen in Zweiter lediglich die Grundlage zur Entwicklung neuer Potenziale und damit für Innovation darstellen. Eine grundlegende Umweltbedingung für die Organisationskonfiguration der Adhokratie bilden sowohl dynamische als auch komplexe Umwelten, in denen sich die Problemstellungen der KundInnen bzw. KlientInnen nicht voraussagen lassen (vgl. Mintzberg 1992: 335ff).

---

72   Die administrative Adhokratie hingegen führt ihre Innovationsprojekte im eigenen Interesse durch und entwickelt beispielsweise ein neues Produkt, das die Wettbewerbsfähigkeit des Unternehmens steigern soll (vgl. Mintzberg 1992: 342).

Die bisherigen Ausführungen zusammenfassend lässt sich mit Stefanie Fischbach festhalten,

"dass bürokratische und professionelle Strukturelemente zumindest bis zu einem gewissen Grad kombinierbar sind, eine professionelle Einstellung keineswegs nur mit den klassischen und frei praktizierenden Professionen in Verbindung zu bringen ist und die Arbeitsbedingungen eine bedeutende Rolle spielen in der Entwicklung einer professionellen Einstellung." (Fischbach 2011: 32)

Ergänzt werden muss, dass auch die Professionen bzw. die Professionellen selbst eine Schlüsselrolle bei der Ausgestaltung des Organisations-Professions-Verhältnisses einnehmen. Die Organisationsmitglieder können die sich bietenden Freiräume für professionelles Handeln nutzen bzw. neue Freiräume versuchen zu erschließen – oder dies auch unterlassen. Dieser Aspekt wird vor allem in den nun folgenden Ausführungen zum Organisations-Professions-Zusammenhang in der Sozialen Arbeit akzentuiert.

Fritz Schütze bezeichnet Soziale Arbeit als "bescheidene Profession" (1999[1996]: 196). Er versteht sie aber als Profession, zugleich weist er auf die Verflochtenheit dieser Profession in die Verfahrensweisen und Handlungszwänge des hoheitsstaatlichen Verwaltungs- und Herrschaftsapparates hin (vgl. ebd.: 221ff). Organisationale Einbettung wird sowohl als professionelles Handeln positiv unterstützend als auch als dieses einschränkend und herausfordernd thematisiert. Sie führt spezifische Paradoxien professionellen Handelns mit sich, deren umsichtige Bearbeitung zum Kern professioneller Sozialer Arbeit (bzw. bei Schütze eigentlich Sozialarbeit) gehört. Organisations- und Professionsratio können in der Praxis in einen starken Widerspruch zueinander geraten, und zwar insbesondere dann, wenn die Auseinandersetzung der SozialarbeiterInnen mit ihrer Organisation "suboptimal und systematisch fehlerhaft" (ebd.: 225) erfolgt und die Paradoxie entweder durch pauschale Organisationsabwehr oder durch totale Anpassung einseitig aufgelöst wird. Schütze beobachtet zugleich, dass im Zuge der allgemeinen gesellschaftlichen Entwicklung die Organisationsratio zunehmend dominanter wird (vgl. ebd.: 252).

Beachtenswerte Studien rund um die Themenfelder Profession und Organisation in der Sozialen Arbeit entstanden in den letzten fünf bis zehn Jahren in der Schweiz rund um Christoph Maeder und Eva Nadai (2003; 2004 bzw. Nadai et al. 2005). In einer ethnographischen Studie untersuchten Maeder/Nadai die "tagtägliche soziale Organisation der Sozialhilfe" (2004: 9). Auf Basis der empirischen Daten generierten sie eine Organisationstypologie, die drei verschiedene Grundformen unterscheidet: eine armutsverwaltende, eine paternalistische und eine teilprofessionalisierte Ausformung organisierter Sozialhilfe. Die organisationsspezifischen Formen der Sozialhilfe werden dabei nicht als die Handlungs-möglichkeiten der SozialarbeiterInnen determinierend verstanden, sie grenzen aber "ein gewisses Repertoire an Deutungen und Interventionen ab, die innerhalb einer Sozialverwaltung möglich und durchführbar sind" (ebd.: 154). Bürokrati-sche Organisation und professionelles Handeln zeigen sich den Studienergebnis-sen zufolge in der Empirie weniger als unvereinbare Gegensätze, vielmehr "ope-riert das Personal der Sozialverwaltung mit 'Werkzeugen', die aus dem Fundus professioneller wie alltäglicher Wissensbestände entlehnt und mit organisations-spezifischen Praktiken und Regeln kombiniert werden" (ebd.: 148). Das Gewicht sozialarbeiterischer Professionalität innerhalb der jeweiligen Organisation ge-genüber betriebswirtschaftlichen und juristischen Konzepten zeigt sich in der Untersuchung von Maeder/Nadai "stark abhängig von der fachlichen Ausrich-tung der Leitung sowie von den hierarchisch abgestuften Kompetenzen innerhalb der Sozialverwaltung" (ebd.: 154).

In einer empirischen Studie über die Schnittstelle von Sozialer Arbeit und Freiwilligenarbeit in der Schweiz sprechen Eva Nadai, Peter Sommerfeld et alii (2005) in Anlehnung an Schütze von einer "zu bescheidene(n) Profession, die sich in einem Zirkel von fehlender professioneller Identität, missglückten Insze-nierungen und begrenzter Autonomie verfangen hat" (ebd.:189). Auch wenn in dieser Studie weniger die organisatorische Einbettung an sich den Bezugspunkt oder Widerpart der Professionalitätsdiskussion darstellt, sondern eben das Ver-hältnis zu nicht-beruflichen Formen des Helfens im Arbeitsalltag, ist zu vermu-ten, dass Professionalität auch im Verhältnis zur Organisation eine häufig "unge-nutzte Ressource" (ebd.: 146) bleibt.

Aufschlussreich für das Verhältnis von Organisation und Profession in der Sozialen Arbeit sind auch diesbezügliche Auseinandersetzungen in der Sozialar-beitswissenschaft und -forschung,[73] also in der wissenschaftlichen Selbstreflexi-on der Sozialen Arbeit.[74] Organisationen werden in diesem Kontext häufig als

---

73   Unter der Bezeichnung Sozialarbeitswissenschaft und -forschung werden hier theoretische bzw. empirische Arbeiten subsumiert, die sich selbst der Sozialarbeit, Sozialpädagogik bzw. Sozialen Arbeit zurechnen – und nicht der Soziologie, Politikwissenschaft, den Wirtschafts- oder Rechtswissenschaften, der allgemeinen Pädagogik, oder anderen (länger) etablierten Dis-ziplinen. Damit soll allerdings keine Position zur Debatte bezogen werden, ob und inwieweit Sozialarbeitswissenschaft tatsächlich eine eigenständige Disziplin oder (als Sozialpädagogik) eine Subdisziplin der Pädagogik ist bzw. lediglich ein "Phantom" des akademischen Diskurses an den Fachhochschulen Sozialer Arbeit darstellt (vgl. Merten 2008). Diese Debatte muss an anderer Stelle geführt werden.

74   Die nachfolgenden Ausführungen stellen überarbeitete Auszüge aus einem 2010 publizierten Artikel zu Organisationen der Sozialen Arbeit im disziplinären und professionellen Diskurs dar (vgl. Mayrhofer 2010: 47ff).

Schwachstellen der Profession bzw. einer "neuen Fachlichkeit" (Flösser/Otto 1991: 189) dargestellt. Der Schwerpunkt der Forschungen lag zugleich bislang – ähnlich wie in der Soziologie – vor allem auf bürokratienahen bzw. der öffentlichen Verwaltung zugehörigen Organisationen. Organisation und Profession präsentieren sich dabei meist als in einem prekären Verhältnis verbundene Gegenmächte, "deren widersprüchliche Einheit ein konstitutives Merkmal institutionalisierter Sozialarbeit ist" (Otto 1991: 6, vgl. auch Flösser 1994: 32ff). In der Regel wird eine Asymmetrie zugunsten der Organisation konstatiert, zugleich erhofft(e) man sich von einer zunehmenden Professionalisierung der Sozialen Arbeit eine Zurückdrängung der 'übermächtigen' Organisation, sodass es den Professionellen gelingen möge, "in einer feindlichen Umgebung ihre fachlichen Ziele zu realisieren – trotz Organisation oder gegen die Organisation" (Flösser 2008: 244).

Die Kritikpunkte an der bürokratisch gesteuerten Sozialadministration mündeten in die Forderung nach einer situativen Organisationssteuerung, in der die professionelle Selbststeuerung wesentliche Kontroll- und Steuerungsaufgaben übernimmt (vgl. Flösser 1994). Unterlegt war (und ist) der Organisations-Professions-Diskurs von der Sorge um das Wohl der KlientInnen oder AdressatInnen Sozialer Arbeit. Sie bilden gewissermaßen das normative Legitimationsmuster für professionsbezogene Autonomieforderungen – und damit auch für berufsständische Monopolisierungsversuche von Kontrolle und Steuerung in den Organisationen.

Die Empirie führte bisweilen zu ernüchternden Ergebnissen: Flösser/Otto (1991) kamen etwa auf Basis einer Studie über das Verhältnis von Bürokratie und Profession in der deutschen Jugendhilfe zum Schluss, dass

> "(d)ie Profession (...) nicht länger innerhalb des organisatorischen Gefüges eine Art 'Gegenmacht' (produziert), die den verwaltungsrationalen Prinzipien folgenden Ablauf des Jugendamtes durch fachliche Standards zu Konzessionen zwingt bzw. herausfordert." (ebd.: 187)

Sie sprechen in der Folge von der "individualisierten Profession" (ebd.), verbunden mit einem Blick hin zu individuellen Arbeitsplatzbedingungen und deren Optimierung. Einen zentralen Grund für die unbefriedigende Aneignung der Organisation durch die Professionellen sehen Otto/Flösser darin, dass SozialarbeiterInnen die primär organisationsbezogenen Tätigkeiten nicht als Teil ihres professionellen Selbstverständnisses verstehen, sondern als lediglich zusätzliche und externe Aufgaben zu ihren 'eigentlichen' Kernaufgaben, nämlich der direkten Arbeit mit den KlientInnen bzw. AdressatInnen (vgl. Flösser 1994: 81f). Die AutorInnen fordern daraufhin einen Perspektivenwechsel, der "die produktive

Aneignung administrativer Verfahren als integralen Kompetenzbestandteil einer innovativen disziplinären Identität formuliert" (Flösser/Otto 1991: 188). Damit wird nicht mehr vorrangig die Organisation als dysfunktional für die Verwirklichung einer idealtypisch entwickelten Professionalität in den Blick genommen, vielmehr zeigt sich die als unbefriedigend bewertete professionelle Identität auf Seiten der SozialarbeiterInnen und SozialpädagogInnen als wesentlicher "Ansatzpunkt für qualitativ gehaltvolle Veränderungen" (ebd.).

Die Analyse innerorganisatorischer Strukturen und Prozesse hinsichtlich ihrer vermeintlichen oder tatsächlichen Defizite wurde in der Folge zum einen von der Suche nach einer neuen Fachlichkeit auf Seite der Profession abgelöst. Zum anderen richtete sich die Aufmerksamkeit verstärkt auf die gesellschaftlichen Umwelten organisierter Sozialer Arbeit, und zwar insbesondere auf wohlfahrtsstaatliche Umbrüche und – eng damit verknüpft – auf die sogenannte Ökonomisierung der Sozialen Arbeit (vgl. nachfolgendes Kapitel). Diese neue, durch weitreichende Veränderungen in den wohlfahrtsstaatlichen Rahmenbedingungen Sozialer Arbeit ausgelöste Ausrichtung des Diskurses ließ die Professions-Organisations-Thematik etwas in den Hintergrund treten.

Die skizzierten empirischen Studien sowohl in der soziologischen als auch in der sozialarbeitswissenschaftlichen Tradition deuten darauf hin, dass die Bemühungen innerhalb der Sozialen Arbeit, das Verhältnis von Profession und Organisation im Sinne einer Stärkung der professionellen Elemente zu verändern, vor allem auf einer unsicheren professionellen Basis aufbauen. Angesichts einer teils schwach ausgeprägten professionellen Identität, "missglückte(n) Inszenierungen professioneller Leistung" (Nadai et al. 2005: 191) und einer weit verbreiteten Haltung des pragmatischen Individualismus (vgl. ebd.: 190) stellt sich die Frage, was der Organisation von professioneller Seite entgegen gestellt werden soll bzw. welche besondere professionelle Kompetenz sich im autonomen professionellen Kollegium innerhalb der Organisation entfalten könnte. Zugespitzt formuliert geht es um die Frage, inwieweit den Versuchen, die Organisationen der Sozialen Arbeit hin zu einer professionellen Organisationsform zu entwickeln, nicht ebenso eine nur teilentwickelte Profession(alität) im Wege steht als nur eine 'übermächtige' Organisation.

In der neueren soziologischen Organisations- und Professionsforschung besteht weitgehend Einigkeit darüber, dass mit einem Bedeutungsgewinn der Organisation zu Lasten professioneller Autonomie zu rechnen ist (vgl. Evetts 2009; Klatetzki/Tacke 2005; Stichweh 2000 und 2005; Schütze 1999[1996]). Vor diesem Hintergrund liegt die Hypothese nahe, dass die Soziale Arbeit vor Abschluss eines Professionsdiskurses und Professionalisierungsprojektes im klassischen

Sinn in einen aktuellen Professionalitätsdiskurs geraten ist, wie ihn Julia Evetts (2009) beschreibt. Sie beobachtet neben dem Diskurs um *berufliche* Professionalität einen neueren Professionalitätsdiskurs, der sich um *organisationale* Professionalität dreht. Letzterer lässt sich idealtypisch als Kontrolldiskurs beschreiben, der zunehmend von ManagerInnen in Organisationen eingesetzt wird und in Ausdehnung begriffen ist. Welche konkreten Auswirkungen dies auf berufliche Professionalität haben könnte, ist empirisch noch zu klären. Weiters ist klärungsbedürftig, inwieweit der klassische Professionsbegriff mittlerweile noch empirische Gültigkeit beanspruchen kann oder nicht längst die Ausweitung wissensbasierter Berufe und die Professionalisierung einer Vielzahl von Tätigkeitsfeldern eine neue Form von 'Professionals' entstehen hat lassen, die in wissensintensiven Organisationen tätig sind (vgl. Klatetzki/Tacke 2005: 27). Doch auch in letzterem Fall ist von einem Bedeutungsgewinn der Organisation im Verhältnis zur Profession auszugehen.

Abschließend bleibt darauf hinzuweisen, dass auch in die Auseinandersetzung über das Organisations-Professions-Verhältnis in der Sozialen Arbeit m.E. ungenügend Wissen über privatrechtliche, nicht-bürokratische Organisationsformen wie beispielsweise kleine bis mittelkleine Einrichtungen auf Vereinsbasis mit teilweise stark basisdemokratischer Ausrichtung einfließt.

3.3.3 Organisationen der Sozialen Arbeit in Zeiten wohlfahrtsstaatlicher Umbrüche[75]

Die Entwicklung gesellschaftlichen Helfens von der Armenfürsorge zur organisationsförmig erbrachten Sozialen Arbeit ist untrennbar mit der Herausbildung des modernen Wohlfahrtsstaates verbunden (vgl. Bommes/Scherr 2000: 141; Sachße 1986). Die Einbettung sozialer personenbezogener Dienstleistungsorganisationen in wohlfahrtsstaatliche Strukturen impliziert, dass dort stattfindende Restrukturierungsprozesse auch Auswirkungen auf die Sozialen Dienste und Einrichtungen haben. Entsprechend sind in den letzten zehn bis fünfzehn Jahren die allgemeinen und die organisationsbezogenen Diskurse zur Sozialen Arbeit und innerhalb dieses Feldes stark von der Analyse der Veränderungen in den wohlfahrtsstaatlichen Rahmenbedingungen (häufig mit Schlagworten wie aktivierender Sozialstaat, New-Public-Management, Einführung markt- und wettbe-

---

[75]   Einzelne Abschnitte dieses Kapitels stellen überarbeitete Auszüge aus einem 2010 publizierten Artikel zu Organisationen der Sozialen Arbeit im disziplinären und professionellen Diskurs dar (vgl. Mayrhofer 2010: 49ff).

werbsorientierter Steuerungsmodelle im Sozialbereich, neue Vergabe- und Finanzierungsstrukturen etc. zum Ausdruck gebracht) und deren Auswirkungen auf
die Sozialen Dienste und Leistungen geprägt (vgl. u.a. Bode 2004; Buestrich et
al. 2008; Dahme et al. 2008; Evers et al. 2011; Flösser 2000 und 2008; Ma-
eder/Nadai 2005; Mohr 2007; Otto/Schnurr 2000; Schmid 2011; Vogel 2008; für
Österreich u.a.: Dimmel 2004 und 2007; Dimmel/Schmid 2009; Heitzmann
2004; Hermann/Flecker 2009; Tálos 2003).

Weiters – und wie Flösser/Oelcher (2004) darlegen, eng damit zusammenhängend – entwickelte sich seit den frühen 90er Jahren eine Diskussion über die
Qualität Sozialer Arbeit auf sozialpolitischer, akademischer und professioneller
Ebene. Die Einzelorganisation kommt dabei insbesondere in Form der Suche
nach adäquaten Qualitätsmanagementsystemen und der pragmatischen Implementierung ebensolcher in Einrichtungen der Sozialen Arbeit ins Spiel, weniger
aber in Gestalt der Frage danach,

> "welche Rahmenbedingungen durch Ergebnisse aus Kontraktverhandlungen für die
> organisationellen Akteure gesetzt werden und welche Auswirkungen dies auf die
> Ebene der konkreten Dienstleistungserbringung haben könnte." (Beckmann et al.:
> 2004: 12)

Die hier unter dem Schlagwort Ökonomisierungs-Diskurse zusammengefassten
sozialwissenschaftlichen Auseinandersetzungen lassen sich als Ausdruck einer
großen Verunsicherung und der Erfahrung grundlegender Infragestellungen der
Prämissen und Selbstbeschreibungen des Feldes der Sozialen Arbeit verstehen.
Im Fokus der organisationsbezogenen wissenschaftlichen Abhandlungen stehen
häufig die Neugestaltung des Verhältnisses zwischen öffentlichen und privaten
Wohlfahrtseinrichtungen im Sozialbereich und die davon ausgehenden Veränderungen auf formalstruktureller Ebene sozialer Dienstleistungsorganisationen
(vgl. u.a. Otto/Schnurr 2000; Kessl/Otto 2002). Insbesondere der deutschspra-
chige Diskurs nimmt hierbei vorrangig eine Makro -bzw. Außenperspektive auf
die Organisationslandschaft des Sozialbereichs und ihre Ausgestaltung ein. Organisationen als Sozialsysteme rücken so nur fragmentarisch in den Fokus: Man
betrachtet sehr genau, was mit den Organisationen geschieht, lässt aber weitgehend unbeobachtet, was sie selbst tun. Zugleich ist eine bemerkenswerte Verschiebung zu den früheren Auseinandersetzungen zur Bürokratie zu beobachten:
Die Organisation erscheint nicht mehr vorrangig als 'Täterin' oder Gegenmacht
der Profession, sondern in erster Linie als Vermittlungsinstanz allgemeiner gesellschaftlicher Entwicklungen, i.e.S. *als Einfallstor neoliberaler Transformationen der Gegenwartsgesellschaft.*

Analysiert man die Art und Weise, wie die Organisationsebene in diesen Auseinandersetzungen thematisiert wird, dann zeigen sich einige beachtenswerte Merkmale, die spezifische Stärken mit sich führen, aber auch gewisse Einseitigkeiten bzw. Begrenzungen aufweisen. Eine besondere Stärke des Ökonomisierungs-Diskurses kann darin gesehen werden, dass er die transformierenden Wirkungen gesellschaftlicher Umweltbedingungen auf Organisationen der Sozialen Arbeit sichtbar macht. Der Blick auf die politischen, rechtlichen, ökonomischen und auf weitere Umweltbedingungen organisierter Sozialer Arbeit ist also insbesondere aufgrund der von dort ausgehenden Einschränkungen der Möglichkeiten ein wichtiger und unverzichtbarer.

Diese Ausrichtung der Auseinandersetzung lenkt zugleich aber auch in gewisser Weise von den Organisationen selbst ab, also davon, wie diese ihre Umweltbedingungen intern interpretieren, wie sie organisationsintern agieren und Entscheidungen treffen – kurzum: Sie *vernachlässigt tendenziell die Eigenlogik und -dynamik des Sozialsystems Organisation.*[76] Und auch wenn die Hypothese der starken Strukturabhängigkeit sozialer Dienstleistungsorganisationen von insbesondere durch die öffentliche Hand gesetzten Umweltbedingungen durchaus (vor allem in der Praxis) zu überzeugen weiß, lässt ein elaboriertes Organisationsverständnis zugleich sichtbar werden, dass normative Anforderungen der Umwelt von Organisationen nicht einfach übernommen werden, sondern organisationsintern reinterpretiert werden können und müssen (vgl. Powell et al. 1999: 12). Und die Interpretation und Reaktion der Organisation ist immer eine Leistung der Organisation selbst.

Die Betonung der organisationalen Außenabhängigkeit wird m.E. unter anderem durch einseitige Auslegungen von Grundannahmen der neo-institutionalistischen Organisationstheorie begünstigt. Konkret ist eine Tendenz festzustellen, Organisationen ausschließlich als abhängige Variable ihrer gesellschaftlichen Umwelt zu verstehen. Die neueren Beschäftigungen mit Organisationen der Sozialen Arbeit lassen großteils unberücksichtigt, dass der organisationsspezifische Umgang mit externen Erwartungen ein komplexer Vorgang ist, der "sich nur im Rekurs auf die jeweilige Organisationsgeschichte rekonstruieren lässt" (Hasse/Krücken 2005b: 144). Denn während manche Organisationen die Um-

---

76   Dieser Befund trifft partiell auch auf Buestrich et al. (2008) zu. Denn auch wenn sich die AutorInnen mit den Auswirkungen der Ökonomisierung auf die Binnenstruktur sozialer Dienstleistungsorganisationen befassen, bleiben sie in ihren Analysen in erster Linie auf einer formalstrukturellen Ebene und bieten wenig Einblicke in die konkreten organisationsinternen Deutungsmuster und Umgangsformen mit den veränderten Rahmenbedingungen. Größere Berücksichtigung finden innerorganisatorische Strukturen und Prozesse allerdings bei Dahme et al. (2008).

welterwartungen nur auf der Ebene der nach außen sichtbaren Formalstrukturen symbolisch abbilden, passen andere auch die Ebene der Aktivitätsstrukturen diesen Erwartungen weitgehend an.

Ein Blick über die Grenzen des deutschsprachigen Diskurses hinaus zeigt, dass die Auseinandersetzungen um eine neoliberal orientierte Umgestaltung des Sozialbereichs durchaus heterogen geführt werden. Exemplarisch soll hier auf Australien als ein Land verwiesen werden, das etwa im Bereich der Jugendhilfe eine besonders ausgeprägte Orientierung an Markt und Wettbewerb verfolgt. Zugleich stellt Muetzelfeldt (2000) in der Analyse der australischen Transformationen im Bereich der Sozialen Dienste die These auf, "dass sich bei der Implementierung einer marktwirtschaftlich orientierten Leistungserbringung in die Sphäre der Praxis wiederum neue professionelle Ermessensspielräume eröffnen" (ebd.: 68), auch wenn sich diese Spielräume vermutlich von denen in bürokratischen Systemen unterscheiden. In Hinblick auf die KritikerInnen der Umgestaltungen merkt Muetzelfeldt an:

> "Ironischerweise teilen diese Kritiker mit den Vertretern des Neuen Managerialismus den Glauben an seine Macht als ein Instrument der Steuerung ebenso wie an die Ohnmacht der Angestellten, von denen angenommen wird, sie seien nicht in der Lage, den Funktionsweisen dieses Instruments innerhalb der Organisation und den sich daraus ergebenden Effekten auf die Klientel Widerstand entgegenzubringen, sie umzuformen oder gar zu verbessern. (…) Eine Suche nach proaktiven Möglichkeiten für die Herausbildung einer neuen Professionalität, die Professionelle befähigt, ihre Ziele innerhalb des organisatorischen Systems des Neuen Managerialismus umzusetzen, ist in der Literatur kaum zu finden." (ebd.: 72f)

Dieses Beispiel soll die Auswirkungen der aktuellen Umgestaltungen weder bagatellisieren noch ihnen eine positive Umbewertung geben. Aber es zeigt m.E. zwei wichtige Aspekte auf: Erstens führt es eine in Sozialarbeitswissenschaft und -praxis weit verbreitete Positionierung gegenüber der Organisation und den gesellschaftlichen und organisationalen Veränderungen vor Augen, das bzw. die sich als reaktiv oder gar ohnmächtig beschreiben lässt. Und zweitens weist es implizit auf einen Mangel an empirischer Forschung zu den Strategien des organisationsinternen Umgangs mit externen Anforderungen und den realen Ausformungen der Umgestaltungen im Feld der Sozialen Arbeit hin. Die häufig eingenommene Makroperspektive auf die Organisationslandschaft und auf organisationale Veränderungen in der Sozialen Arbeit stellt zwar eine wichtige Annäherung an diese Organisationen dar, sie ist aber durch wissenschaftliche Arbeiten auf einer Mikroperspektive zu ergänzen.

Solch einen Versuch der Analyse betriebswirtschaftlich orientierter Reorganisationen in sozialen Dienstleistungseinrichtungen unternimmt Stefanie Fischbach (2011) in ihrer Fallstudie zu einer Einrichtung der Behindertenhilfe. Sie kommt zum Schluss, dass durch Prozesse der Managerialisierung sowohl Professionalisierungs- als auch Deprofessionalisierungsprozesse angestoßen werden können. Erstere lassen sich u.a. durch eine Vergrößerung des Verantwortungsbereichs der Fachkräfte und eine steigende Arbeitsanforderung realisieren: "Planvolles und reflexives berufliches Handeln wird in der Sozialen Arbeit wichtiger denn je und die Fachlichkeit beruflichen Handelns erfährt eine Aufwertung." (ebd.: 208) Deprofessionalisierungstendenzen hingegen gehen etwa von einer Erhöhung der managerialen Vorgaben für das sozialarbeiterische Handeln aus, die vorrangig an bürokratischen und ökonomischen Zielen orientiert sind. Weiters kann eine Ausweitung des Aufgaben- und Verantwortungsbereichs bei gleichzeitiger Implementierung zentralistischer Koordinations- und Kontrollmechanismen mit einer Abnahme der professionellen Handlungsautonomie einhergehen:

> "Die Ermessensspielräume und die Flexibilität der Dienstleistung nehmen ab, da sich die Arbeit in die sachlichen und ökonomischen Ziele der Organisation einfügen und einer formalisierten Leistungserbringung anpassen muss, um den Anforderungen nach Transparenz und Berechenbarkeit zu genügen." (ebd.: 209)

Fischbach veranschlagt in Bezug auf die untersuchte Einrichtung die Risiken einer Deprofessionalisierung höher als die Chancen einer Professionalisierung. Von zentraler Bedeutung für die Entwicklungsrichtung sind ihren Schlussfolgerungen zufolge die organisationalen Rahmenbedingungen, unter denen professionelles Handeln realisiert werden soll. Relativ wenig Beachtung findet allerdings, ob eventuell zur Verfügung stehende Freiräume von den Fachkräften auch genützt werden (können), d.h. inwieweit genug professionelle Handlungskompetenz zur Verfügung steht und aktiv wird. Denn – so wären Fischbachs Befunden zu ergänzen – nicht nur die Verfasstheit der Organisation kann professionelle Handlungsorientierungen überhaupt erst konstituieren, hierfür braucht es auch auf Ebene der Profession bzw. der Fachlichkeit entsprechend Stärkungsprozesse.

Die skizzierten Wissenschafts- und Praxisdiskurse rund um die Ökonomisierung Sozialer Arbeit unterstreichen die Relevanz unterschiedlicher theoretischer Perspektiven auf organisierte Sozialsysteme. Dabei erscheint insbesondere ein wechselseitiges Ergänzen und Fruchtbarmachen von systemtheoretischen Ansätzen mit ihrer Sensibilität für die Eigenlogik sozialer Systeme und von neoinstitutionalistischen Theorieentwürfen, mit denen sich Sinngrenzen überschreitende Prozesse der Institutionalisierung gesellschaftlicher Strukturvorgaben beschreiben lassen (vgl. Hasse/Krücken 2005a: 99), lohnenswert. Diese beiden Theorieentwicklungen lassen darüber hinaus eine erneute Beschäftigung mit der

Frage nach der gesellschaftlichen Relation von Organisation und Profession ertragreich erscheinen (vgl. Klatetzki/Tacke 2005: 10). Wie in Kapitel 3.3.2 bereits ausgeführt wurde, liegt diesbezüglich die Vermutung von strukturellen Verschiebungen zugunsten der Organisation nahe.

Damit sind die Theorietraditionen und vorhandenen Forschungsbestände umrissen, in denen die vorliegende empirische Studie eingebettet wird. Im anschließenden Teil B der Gesamtstudie sollen allerdings zunächst die gewonnenen empirischen Ergebnisse für sich stehen, bevor sie im abschließenden Teil C zu den theoretischen Ausgangspunkten rückgekoppelt und mit diesen diskutiert werden.

Teil B:

Funktionen und Formen niederschwelliger Sozialer Arbeit

Empirische Befunde

4 Fragestellungen und Methodik der empirischen Studie

Was passiert tatsächlich, wenn organisierte Soziale Arbeit gesellschaftlich relevante Inklusionsprobleme und Exklusionsgefährdungen niederschwellig bearbeitet? Und wie organisiert sich niederschwelliges Arbeiten? Die nachfolgend präsentierte empirische Studie verfolgte die Zielsetzung, darüber neues Wissen zu generieren bzw. bestehendes Wissen zu erweitern und zu vertiefen. Bevor die gewonnenen Forschungsergebnisse unterteilt in eine Perspektive auf das gesellschaftliche Praxisfeld (Kap. 5) und eine Organisationsperspektive (Kap. 6) dargestellt werden, gilt es zunächst, die forschungsleitenden Fragestellungen und das methodische Vorgehen zu explizieren.

4.1 Haupt- und Teilfragestellungen

Ausgangspunkt der empirischen Forschungsarbeit war der Fragenkomplex, *in welcher Weise niederschwellige Soziale Arbeit als sozial relevant betrachtete Inklusionsprobleme bzw. Exklusionsverdichtungen bearbeitet, welche gesellschaftlichen Funktionen sie damit erfüllt, welche Arbeits- und Organisationsformen sie dafür ausbildet und welche charakteristischen Herausforderungen und Paradoxien aus der niederschwelligen Arbeitsweise für die Organisation und ihre MitarbeiterInnen erwachsen.* Folgende Teilfragestellungen wurden daraus abgeleitet:

- Wie bestimmen das Praxisfeld und die dort tätigen Organisationen Niederschwelligkeit inhaltlich? Welche allgemeinen Begriffsbestimmungen und -abgrenzungen lassen sich aus dem empirischen Material generieren?

- Welche Funktionen erfüllen niederschwellige Hilfsangebote und -maßnahmen innerhalb des Systems Sozialer Hilfe und im gesamtgesellschaftlichen Zusammenhang?

- Wie lässt sich Niederschwelligkeit konkret umsetzen, wie im Arbeitsalltag und in den Organisationsstrukturen verankern? Wie gestalten die nieder-

schwelligen Organisationen bzw. Projekte die Anforderungen an die Klient-
Innen-Rollen? Mit welchen Strategien werden die AdressatInnen der Hilfsangebote erreicht, insbesondere sogenannte hard-to-reach bzw. non-compli-
ant KlientInnen?

▪ Wie ist die Schnittstelle zur höher- bzw. hochschwelligen Sozialen Arbeit
geformt? Welche Wechselbeziehungen und Kooperationen zeigen sich auf
Organisationsebene zwischen den Einrichtungen auf unterschiedlichem
Schwellenniveau?

▪ Wie gestalten sich die organisationsinternen Strukturen auf Ebene der Entscheidungsprogramme, Kommunikationswege und des Personals bzw. der
MitarbeiterInnen? Wie wird mit den beobachtbaren Entscheidungsstrukturen in der Organisationspraxis umgegangen?

▪ Wie und in welcher Form vollziehen die Organisationen die Grenzziehungen und Austauschprozesse zu ihren unterschiedlichen Umwelten?

▪ Wie beschaffen bzw. sichern sich die Organisationen die finanziellen Ressourcen, die sie für ihr Operieren benötigen? Welche Limitationen werden
dadurch in die Organisationen eingeführt?

▪ Wie gehen Organisationen in der niederschwelligen Sozialen Arbeit mit
Fragen des Leistungserfolgs bzw. der Wirkungsmessung der eigenen Arbeit
organisationsintern um und wie kommunizieren sie diese nach außen?

▪ In welcher Weise zeigt sich das Verhältnis von Organisation und Profession
in der niederschwelligen Sozialen Arbeit?

Diese Fragestellungen dienten im Forschungsprozess als Orientierungen und
wurden laufend reflektiert, ergänzt und adaptiert.

4.2 Forschungsstrategie und forschungsleitende Annahmen

Die Fragestellungen der Studie weisen einen vorrangig entdeckenden und ver-
stehenden Charakter auf. Angestrebt wurde die wissenschaftlich-empirische
(Re-)Konstruktion[77] der feld- und organisationsinternen Sinnstrukturen und

---

77 Mit diesem (Klammer-)Begriff soll zum Ausdruck gebracht werden, dass interpretative Sozial-
    forschung niemals lediglich eine objektiv-neutrale Rekonstruktion eindeutig identifizierbarer
    'Tatsachen' darstellt, sondern stets zugleich auch konstruktiven Charakter hat: Sie vollzieht in
    der Rekonstruktion sozialer Phänomene zugleich eine wissenschaftliche Konstruktion von
    Wirklichkeit (vgl. Lueger 2000: 17f; Kalthoff 2008: 18).

Handlungsdynamiken. Im Zentrum des Forschungsinteresses standen die Beobachtungs- und Handlungslogiken des Bereichs der niederschwelligen Sozialen Arbeit und der diesem Bereich zurechenbaren Organisationen. Eine Orientierung an der Methodologie der qualitativ-interpretativen Sozialforschung sollte gewährleisten, dass im Forschungsprozess die Komplexität der untersuchten Systeme mit ihren eigendynamischen inneren Strukturen und Prozessen ausreichend Berücksichtigung findet (vgl. Froschauer/Lueger 1992 und 2003, Lueger 2000).

Das qualitativ-empirische Forschungsprojekt weist in mehrfacher Hinsicht einen engen Theoriebezug auf: 1) hinsichtlich der Theoriefundiertheit der empirischen Forschungsmethoden, 2) der theoriegenerierenden Zielsetzung der Studie und 3) der inspirierenden und beobachtungsschärfenden Wirkung gegenstandsrelevanter soziologischer Theorien in der empirischen Analyse.

Mit dem ersten Theoriebezug sind die *erkenntnis- und wissenschaftstheoretischen Grundlagen und deren methodologische Konkretisierung in Bezug auf ein methodisches Vorgehen* angesprochen (vgl. Froschauer/Lueger 2009: 22ff). Theorien als beobachtungsleitende Annahmen konstituieren soziologische Forschung, indem sie grundlegen, "wie die Beschaffenheit sozialer Ordnung soziologisch zu verstehen und zu erforschen ist" (Kalthoff 2008: 12). Ein interpretativer Forschungszugang orientiert sich an methodologischen Positionen, für die das Verständnis von gesellschaftlicher Wirklichkeit als sozialer Konstruktion (vgl. Berger/Luckmann 1980) fundamental ist. Nach Froschauer/Lueger (2009: 25ff) lassen sich die zentralen Annahmen einer interpretativen Methodologie folgendermaßen benennen:

a. *Realität liegt außerhalb des Bewusstseins:* Weder Alltagswahrnehmungen noch sozialwissenschaftliche Beobachtungen können Realität quasi unverfälscht rekonstruieren, sie konstruieren vielmehr in jedem Rekonstruktionsversuch Wirklichkeit. "Im Zentrum interpretativer Feldforschung steht daher die wissenschaftliche Konstruktion von Wirklichkeit, die sich mit den Bedingungen und den Ordnungsformen menschlichen Zusammenlebens befasst." (ebd.: 27)

b. *Wirklichkeitskonstruktion vollzieht sich als aktiver Prozess:* Menschen beobachten die sie umgebende physische und soziale Welt nicht nur passiv, sondern setzen sich interpretativ mit ihrer Umwelt auseinander und gestalten und verändern sie damit zugleich. Auch die Wissenschaft ist an diesem aktiven Prozess der Welterzeugung in spezifischer Weise mit beteiligt (vgl. ebd.: 32) – und dies trifft auch auf empirische Forschungsergebnisse, wie sie beispielsweise die vorliegende Studie produzierte, zu.

c. *Sinn konstituiert sich in einem sozialen Prozess:* Sinn lässt sich zunächst als Unterscheidungsoperation verstehen, "die in der aktuellen Beobachtung Abgrenzungen und Verknüpfungen zu anderem herstellt" (ebd.: 33). Sinngenerierung stellt dabei nicht nur eine individuelle Leistung dar, sondern bezieht sich immer auch auf kollektive Deutungsmuster bzw. sozial typisierte Interpretationsschemata, die in Prozessen sozialisatorischer Internalisierung erworben werden. Sinn enthält somit stets "kollektive, im gesellschaftlichen Prozess angeeignete Komponenten, die soziale Handlungsfähigkeit erzeugen" (ebd.: 35). Individuelle Sinnkonstitutionen beziehen sich folglich zugleich auf gesellschaftliche Strukturen und Prozesse des Unterscheidens und Ordnens.

d. *Die Strukturierung des Feldes steht im wissenschaftlichen Erkenntnisfokus:* Die Verarbeitung von Komplexität stellt insbesondere der neueren soziologischen Systemtheorie zufolge das Grundproblem gesellschaftlicher Ordnungsbildung dar (vgl. u.a. Luhmann 1994[1984]: 45ff, 1999[1997]: 134ff und 2005 [1990]a; Willke 2000). Sinnkonstitutionen ermöglichen es, Komplexität zu reduzieren und lebensweltliche Orientierungen aufzubauen. Sie bilden damit Strukturierungen aus, welche die selektive Bearbeitung von Komplexität gewährleisten. Interpretative Analysen streben die (Re-)konstruktion eben dieser feld- bzw. systeminternen Strukturierungen an (vgl. Froschauer/Lueger 2009: 39).

e. *Soziale Phänomene und Strukturierungen unterliegen einem historischen Entwicklungsprozess:* Sie müssen folglich unter dem Blickwinkel von Kontinuität und Wandel betrachtet werden. Auch die empirische Forschung hat die Geschichtlichkeit sozialer Phänomene zu beachten: "Sie muss die Zeitdimension als Sequenzierung von Ereignissen bewusst einbeziehen (…)." (ebd.: 46) Dies kommt auf methodischer Ebene beispielsweise durch die Berücksichtigung der Sequenzialität von Sprache bei der Auswertung von Interaktionsprotokollen (z.B. Interviews) zum Ausdruck (vgl. ebd.; Oevermann 2002: 6f).

f. *Gesellschaft konstituiert und reproduziert sich durch Kommunikation:* "Der elementare, Soziales als besondere Realität konstituierende Prozeß ist ein Kommunikationsprozeß." (Luhmann 1994[1984]: 193) Kommunikation ist dabei nicht als einfacher Übertragungsprozess zu verstehen, sondern als selektiver Prozess der Verständigung bzw. Sinnproduktion, der aus dem Zusammenwirken bzw. Prozessieren dreier Selektionen besteht: der Informations-, der Mitteilungs- und der Verstehensselektion (vgl. ebd.: 193ff). Im

Zentrum interpretativer Sozialforschung stehen die Strukturen und Prozesse sinnhafter Kommunikation, denn sie bringen soziale Wirklichkeitskonstruktionen und gesellschaftliche Strukturierungen bzw. Ordnungsbildungen zum Ausdruck (vgl. Froschauer/Lueger 2009: 52).

g. *Die Bedeutung von Forschungsgegenständen erschließt sich nur über ihre kontextuelle Einbettung:* Diese sozialen Kontexte werden durch Leitdifferenzierungen bestimmt, die eine spezifisch soziale Ordnung garantieren. So werden Forschungsergebnisse durch den konkreten Forschungskontext geformt, dessen Leitdifferenzen beispielsweise in Theorien zum Ausdruck kommen, an denen sich die ForscherInnen vorrangig orientieren. Und interpretative Sozialforschung "konzentriert (…) sich in der Theoriekonstruktion auf den Kontext, indem sie untersucht, unter welchen Bedingungen sich welche Prozesse entfalten, wie diese das untersuchte Phänomen ermöglichen und wie ihre Entwicklung oder ihre Abgrenzung von der relevanten Umwelt strukturiert ist" (ebd.: 54f).

Der letztgenannte Aspekt verweist bereits auf den zweiten Theoriebezug interpretativen Forschens und die Zielsetzung des vorliegenden empirischen Forschungsprojekts: Die Studie zielte auf empirisch begründete Theoriebildung ab, d.h. auf die Entwicklung einer sogenannten Grounded Theory (vgl. Glaser/Strauss 2008: 38ff). Der Schwerpunkt lag dabei auf der Generierung materialer Theorien, "die für ein bestimmtes Sachgebiet oder empirisches Feld der Sozialforschung (…) entwickelt werden" (ebd.: 42).[78] Konkret erfolgt die materiale Theoriebildung durch komparative Analysen von mehreren Gruppen bzw. Fällen innerhalb desselben Feldes (vgl. ebd.:43).

Materiale Theorien können als "Theorien mittlerer Reichweite" (*middle range theories* – Merton 1995: 6) betrachtet werden:

"Theorien, angesiedelt zwischen den kleinen Arbeitshypothesen, die während der alltäglichen Forschungsroutinen im Überfluss entwickelt werden, und den allumfassenden Spekulationen einschließlich eines theoretische Globalschemas, von dem

---

78   Ein anderer Schwerpunkt der empirisch begründeten Theoriebildung könnten formale Theorien sein, die für einen formalen oder konzeptionellen sozialwissenschaftlichen Bereich wie z.B. für das Themenfeld abweichendes Verhalten, Sozialisation oder soziale Mobilität allgemein (und nicht etwa für die soziale Mobilität spezifischer MigrantInnengruppen) entwickelt werden. Hierfür bedarf es dann des Vergleichs empirischer Fälle aus unterschiedlichen materialen Bereichen (vgl. ebd.: 42f). Hätte die vorliegende empirische Studie beispielsweise die Entwicklung einer formalen Theorie der Organisation angestrebt, hätte sie Organisationen aus unterschiedlichen gesellschaftlichen Feldern miteinander vergleichen müssen und nicht ausschließlich auf das Feld der organisierten niederschwelligen Sozialen Arbeit fokussieren dürfen.

man eine große Anzahl empirisch beobachteter Gleichförmigkeiten des sozialen Verhaltens herzuleiten hofft." (ebd.: 3)

In der Arbeit an solchen "besonderen" Theorien (im Unterschied zu den allgemeinen, abstrakten Theorien) liegt nach Merton ein vielversprechender Weg zur Entwicklung gültiger theoretischer Schemata in der Soziologie (vgl. ebd.: 6ff).

Theorien als beobachtungsleitende Annahmen wirken nicht nur über die oben beschriebene Fundierung soziologischer Forschungsmethoden auf den Forschungsprozess ein. Der *soziologische Theoriebestand* insgesamt und die jeweiligen theoretischen Vorlieben und Schwerpunkte der soziologischen ForscherInnen stellen *sinnkonstituierende Leitdifferenzierungen* (s.o.) bereit, sie rahmen den Forschungsprozess und haben strukturierenden Einfluss auf die empirische Forschung und die erzielbaren Ergebnisse. So beeinflussen beispielsweise organisationstheoretische Paradigmen, denen ForscherInnen nahestehen, die Wahrnehmung konkreter Organisationen im Forschungsprozess, sie strukturieren den Blick auf diese Organisationen in spezifischer Weise vor. Damit ist der dritte der eingangs genannten Theoriebezüge angesprochen. Eine weitgehend theoretisch neutrale Haltung bei der Analyse der empirischen Daten, wie sie Glaser/Strauss (2008: 43f) als erstrebenswert postulieren, lässt sich m.E. forschungspraktisch kaum realisieren. Die Zweckmäßigkeit dieses Forschungsgrundsatzes erscheint in einer strengen Auslegung für eine sich soziologisch definierende empirische Forschung auch fraglich. Schimank argumentiert (bezogen auf die Nutzung differenzierungstheoretischer Konzepte für soziologische Gesellschaftsforschung) in eine vergleichbare Richtung:

> "Ein derartiges 'Sich-dumm-stellen' wäre überdies auch wenig fruchtbar, weil die vorhandenen theoretischen Instrumente schließlich den bisherigen Erkenntnisstand markieren und man im Sinne einer kumulativen Forschung an sie anschließen sollte." (Schimank 2007: 242)

Entsprechend soll hier die von Glaser/Strauss formulierte Forschungsmaxime dahingehend verstanden werden, dass die durch Theoriebezüge mitgeführte Selektivität der Beobachtung und des Forschungsprozesses (nicht nur) in einem interpretativen Forschungsparadigma laufend zu reflektieren ist. Und vor allem gilt es systematisch darauf zu achten und methodisch sicherzustellen, dass die im empirischen Material enthaltenen feld- bzw. systeminternen Strukturierungsleistungen für die Entwicklung von Lesarten und die Generierung theoriehaltiger Forschungsergebnisse umfassend erschlossen werden. Zugleich bleibt festzuhalten, dass sich durch eine umfängliche theoretische Informiertheit empirische Beobachtungskompetenz auch differenzieren und steigern lässt.

Kalthoff fasst das Verhältnis von Theorie und qualitativer empirischer Forschung folgendermaßen zusammen:

"Die empirische Erforschung sozialer Wirklichkeit ist selbst eine theoriegeleitete Aktivität. Das, was durch diese Praxis theoretisch erschlossen werden kann, ist dabei abhängig von den Theorietraditionen, in denen empirische Soziologen stehen; diese Theorietraditionen erzeugen jeweils eine andere Geladenheit der empirischen Forschung und Analyse." (Kalthoff 2008: 24)

Die in Teil A (Kap. 2 und 3) ausgeführten und diskutierten theoretischen Bezugspunkte und die oben skizzierten zentralen theoretischen Annahmen einer interpretativen Methodologie zeigen die Theorietraditionen auf, in welche die vorliegende empirische Studie eingebettet ist und von denen sie sich inspirieren ließ. Dabei ist den soziologischen Theorien in der interpretativen Analyse des empirischen Materials kein höherer Stellenwert zuzurechnen als den empirischen Daten selbst bzw. den darin enthaltenen Strukturierungsleistungen des erforschten Feldes (vgl. ebd.: 21).

4.3 Methodisches Vorgehen

Der gesamte Forschungsprozess orientierte sich an der Grounded Theory als "Basisstrategie qualitativer Sozialforschung" (Lueger 2000: 223), wobei Erhebung und Analyse der Daten ständig ineinander griffen und die Theoriegenerierung als zyklischer Prozess stattfand (vgl. Glaser/Strauss 2008: 52f).

Als *Erhebungsmethoden* kamen qualitative, nicht standardisierte Gruppendiskussionen und Einzelinterviews zum Einsatz. Durch ein möglichst offenes Vorgehen in der Datenerhebung sollten günstige Bedingungen dafür geschaffen werden, feldinterne Relevanzkriterien und Strukturierungsleistungen zu erfassen. Gruppendiskussionen zwischen VertreterInnen des beforschten Feldes bieten hierfür besonders günstige Voraussetzungen, da sich in diesen Mehrpersonengesprächen die feldinternen Orientierungen und Ordnungsbildungen bevorzugt entfalten können und soziale Bedeutungen Vorrang vor individuellen erhalten (vgl. Lueger 2010: 162f). Ergänzend zu den im Zentrum der Datenerhebung stehenden Forschungsgesprächen mit VertreterInnen des erforschten Feldes wurden im explorativen Teil Online-Dokumente für Themenanalysen erhoben, um in der Orientierungsphase einen breiten Überblick über die Verwendung des Begriffs der Niederschwelligkeit im Sozialbereich zu gewinnen.

Die *Auswahl der GesprächspartnerInnen* aus dem Forschungsfeld erfolgte nach den Prinzipien des theoretischen Samplings (vgl. Glaser/Strauss 2008: 53ff). Die Datenerhebung orientierte sich dementsprechend einerseits am Prinzip der Unterschiedsminimierung, um grundlegende Eigenschaften zu generieren und die Interpretationen an ähnlichen Fällen zu prüfen, andererseits am Prinzip der Maximierung von Unterschieden innerhalb der Untersuchungseinheit, um fundamentale Gemeinsamkeiten ausleuchten und die Reichweite der generierten Theorien bestimmen zu können.

In der *Datenanalyse* fanden qualitative Auswertungsverfahren Anwendung, die auf die methodologische Grundlage der sozialwissenschaftlichen Hermeneutik zurückgreifen (vgl. u.a. Soeffner 2004; Hitzler/Honer 1997). Die konkreten Interpretationsverfahren wurden von Froschauer und Lueger als Modifikationen der Objektiven Hermeneutik entwickelt und eignen sich insbesondere auch für die Analyse von Organisationen (vgl. u.a. Froschauer/Lueger 2005 und 2006).

Die *Interpretationsverfahren der Objektiven Hermeneutik* sind den rekonstruktiven Methoden zuzurechnen. Grundlegend für diese Textanalysemethoden ist die Annahme, dass allen menschlichen Äußerungen eine objektive Bedeutung unabhängig von den subjektiven Intentionen der AkteurInnen zukommt (vgl. u.a. Oevermann et al. 1979; Oevermann 1993 und 2002; Reichertz 1997 und 2004; Lamnek 2005; Berger/Gamperl/Hagmair 1998). Anders formuliert: Die objektive Hermeneutik unterscheidet zwischen zwei Realitäts- bzw. Sinnebenen: einem subjektiv gemeinten Sinn (der den subjektiven Intentionen der handelnden Personen entspricht) und einer "interaktiv emergenten, objektiv latenten Sinnstruktur" (Wagner 1999: 46). Interaktiv emergent bedeutet dabei, dass in den Interaktionen bzw. Kommunikationen zwischen verschiedenen Individuen (z.B. zwischen den im Berufsfeld der niederschwelligen Sozialen Arbeit tätigen AkteurInnen) eine eigenständige Realitäts- bzw. Bedeutungsebene ausgebildet wird, die sich nicht auf die Intentionen, Dispositionen und Erwartungen der beteiligten Individuen reduzieren lässt. Sie ist nicht allein einzelnen Personen zuzurechnen, sondern verselbstständigt sich und wird in weiteren Interaktionen/Kommunikationen rekonstruiert und liegt diesen damit zugrunde. Diese Bedeutungsstrukturen sind insofern latent den Äußerungen und Handlungen unterlegt, als sich in ihnen die Strukturen der diese AkteurInnen umgebenden Lebenswelt repräsentieren. Oevermann fasst den interpretativen Bezugspunkt objektiv-hermeneutischer Verfahren folgendermaßen zusammen:

> "Latente Sinnstrukturen und objektive Bedeutungsstrukturen sind also jene abstrakten, d.h. selbst sinnlich nicht wahrnehmbaren Konfigurationen und Zusammenhänge, die wir alle mehr oder weniger gut und genau 'verstehen' und 'lesen', wenn wir uns verständigen (…) und alle denkbaren Begleitumstände menschlicher Praxis wahrnehmen, die in ihrem objektiven Sinn durch bedeutungsgenerierende Regeln erzeugt werden und unabhängig von unserer je subjektiven Interpretation objektiv gelten." (Oevermann 2002: 2)

Latent bedeutet dabei allerdings nicht, dass diese Ebene den jeweiligen AkteurInnen generell nicht zugänglich ist, sie kann potenziell durch (Selbst-)Reflexion erschlossen werden:

> "Dic vollständige Koinzidenz der intentionalen Repräsentanz mit der latenten Sinnstruktur ist prinzipiell möglich, aber sie stellt den idealen Grenzfall der vollständig aufgeklärten Kommunikation in der Einstellung der Selbstreflexion dar: Die handelnden Subjekte haben sich durch begleitende Rekonstruktion ihrer eigenen Interaktionstexte des vollständigen Sinns ihrer Handlungen vergewissert." (Oevermann et al. 1979: 380)

Die in der gegenständlichen Studie konkret angewandten Interpretationsverfahren nach Froschauer und Lueger haben die Erschließung solcher latenten, subjektunabhängigen Bedeutungsstrukturen zum Ziel. Zum Einsatz kamen Feinstruktur- und Systemanalysen (vgl. Froschauer/Lueger 1992 und 2003; Froschauer 2002 und Lueger 2000 und 2010). Die *Feinstrukturanalyse* stellt eine Abwandlung der von Oevermann entwickelten Sequenzanalyse dar und zielt auf das Erfassen von Sinngehalten,

> "die in der selektiven Abfolge kleinster Spracheinheiten enthalten sind und unabhängig von den jeweiligen Motiven, Intentionen oder Dispositionen der TextproduzentInnen die Strukturierung des sozialen Kontextes der Texterzeugung repräsentieren." (Lueger 2000: 201)

In der sequenziellen Interpretation des in kleinste Sinneinheiten zerlegten Textes (z.B. Ausschnitt aus Interviewtranskript) wird zunächst versucht, über deskriptive bzw. paraphrasierende Interpretationsschritte die manifesten Inhalte hinsichtlich Intentionen und Funktionen für die AkteurInnen zu erschließen, um schrittweise im Sinne einer extensiven Textauslegung die dem Text vorgelagerte Struktur zu rekonstruieren und die Handlungs- und Systemlogik und -dynamik des Untersuchungsbereiches zu erfassen.

Die Feinstukturanalyse wurde mit dem Verfahren der *Systemanalyse* kombiniert. Diese stellt eine Variation ersterer dar, mit der die Bearbeitung größerer Textmengen ermöglicht wird. Sie ist besonders "für die Analyse intern hochdifferenzierter sozialer Felder" (Lueger 2000: 211) geeignet und erlaubt zugleich eine umfassende Präzisierung und Prüfung der feinstrukturanalytisch gewonnenen Erkenntnisse (vgl. ders. 2010: 199). Das Verfahren gelangt ebenfalls über die Untersuchung manifester und intentionaler Textebenen zu den latenten, objektiven Bedeutungsstrukturen, allerdings nicht auf Basis kleinster Sinneinheiten, sondern durch schrittweise Analyse zusammengehöriger thematischer Texteinheiten (vgl. ebd.: 200).

Zur Vorbereitung der Auswertung wurden alle Gespräche detailliert transkribiert. Für die Interpretation mittels Feinstruktur- und Systemanalyse standen über einen längeren Zeitraum (mehr als eineinhalb Jahre) drei verschiedene Interpretationsteams zur Verfügung, die zwischen zwei und vier Personen umfassten und aus mit dem Forschungsfeld Vertrauten (SozialarbeiterIn, Lehrende/-r der Sozialen Arbeit) und mit ihm weniger bis nicht vertrauten Personen (StudienkollegInnen der Forschungsgruppe Hermeneutik des Graduiertenzentrums SOWI) bestanden. Den InterpretInnen waren die hermeneutischen Interpretationsverfahren geläufig bzw. bereiteten sich auf die Interpretationssitzungen methodisch vor. Sie repräsentierten zugleich unterschiedliche sozialwissenschaftliche Theorietraditionen und -bezüge, wodurch einer vorschnellen theorieevozierten Selektivität bei der Auswertung (vgl. Kap. 4.2) entgegengewirkt werden konnte. Indem in die Interpretation unterschiedliche Perspektiven einbezogen wurden und ein entsprechender Argumentationszwang für die Prüfung von Bedeutungsalternativen bestand, das Team also die Funktion eines internen Korrektivs für individuelle Wahrnehmungsfilter übernahm, konnten günstige Rahmenbedingungen für eine extensive Sinnauslegung garantiert werden (vgl. Lueger 2000:199). Für die Systemanalysen waren Teaminterpretationen nur teilweise umsetzbar, teilweise wurden die Systemanalysen auch einzeln geleistet.

4.4 Forschungsphasen

Der gesamte Forschungsprozess lässt sich folgendermaßen zusammenfassen:

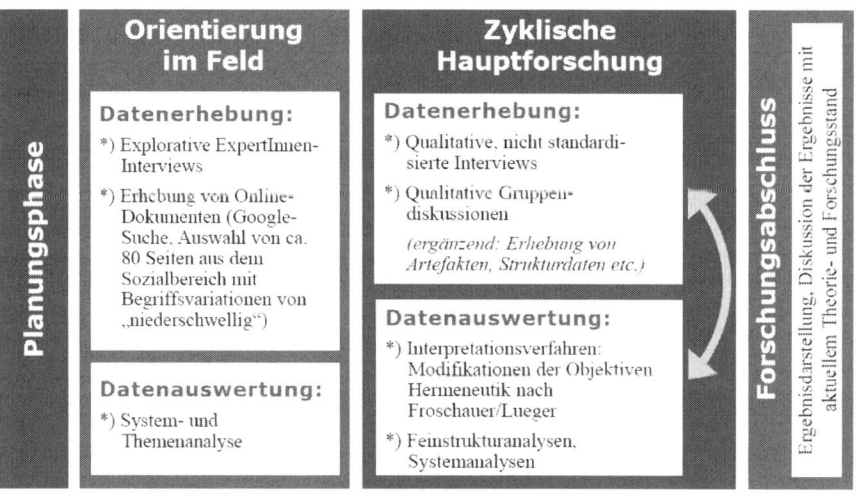

Grafik 1: Schematische Visualisierung der Forschungsphasen

Die Forschungsphasen im Detail:

- *Planungsphase* (Frühjahr 2007): In einer ersten Phase ging es um die Konkretisierung des Forschungsinteresses, der Fragestellung und des methodischen Zugangs. Weiters fand eine erste Auseinandersetzung mit relevanter Literatur statt. Mit der Erarbeitung und Diskussion des Forschungsexposés wurde die Grundlage für den Feldeinstieg geschaffen.

- *Exploration/Orientierung im Feld* (Sommer 2007 bis Frühjahr/Sommer 2008): Ausgangspunkt der empirischen Forschung bildeten 3 explorative Interviews zum Themenfeld Niederschwelligkeit mit je einem/einer ExpertIn aus der Berufspraxis im niederschwelligen Sozialbereich, der Sozialarbeitsausbildung und der Berufsgruppenvertretung. Ergänzt wurden sie durch eine Recherche und Analyse der Begriffsverwendung "niederschwellig/niedrigschwellig" im Sozialbereich am Beispiel von Online-Dokumenten bzw. Internet-Auftritten. Sie erfüllte vor allem die Funktion, die Vielfalt der Begriffsverwendung und der Umsetzung des Aspekts der Niederschwelligkeit in Organisationen/Projekten zu erfassen.

  Die explorative Forschungsphase ließ insbesondere deutlich werden, dass im Forschungsfeld keine verbindlichen bzw. auf breiter Ebene etablierten Begriffsdefinitionen vorzufinden sind. Weiters – und eng damit verbunden – fehlen theoretische Grundlagen bzw. wissenschaftlich-empirische Forschungsarbeiten zum Themenbereich Niederschwelligkeit. Aus diesem Grund fand in der Exploration vor allem eine Beschäftigung damit statt, was AkteurInnen im Bereich der Sozialen Arbeit (Organisationen, Professionelle, AusbildnerInnen etc.) inhaltlich als niederschwellig bezeichnen, welche Projekte, Maßnahmen, Angebote in welchen Dimensionen als niederschwellig charakterisiert werden und welche Rückschlüsse sich daraus für eine allgemeine Begriffsbestimmung gewinnen lassen.

- *Hauptforschungsphase* (Februar 2009 bis Sommer 2010): In Abänderung des ursprünglichen Forschungsdesigns wurden nicht zwei bis drei niederschwellig arbeitende Organisationen in der Sozialen Arbeit detaillierten Fallanalysen unterzogen. Die Erfahrungen der Exploration ließen es empfehlenswert erscheinen, von solchen Fallstudien zunächst noch abzusehen und stattdessen einen breiteren Fokus auf das Forschungsfeld beizubehalten. Durch diese veränderte Forschungsperspektive musste allerdings auch in Kauf genommen werden, dass vor allem die organisationsbezogenen Fragestellungen nur bis zu einer begrenzten Tiefe erforscht werden konnten.

In der Hauptforschung erfolgte eine Einschränkung auf solche Organisationen und/oder Projekte, die sich sowohl selbst grundlegend als niederschwellige Einrichtung verstehen als auch im Feld der Sozialen Arbeit insgesamt, d.h. von anderen PraxisvertreterInnen, aber auch AusbildungsrepräsentantInnen, als solche anerkannt sind. Zum einen wurden Typenrekonstruktionen und die Identifizierung zentraler Charakteristika niederschwelliger Sozialer Arbeit angestrebt. Zum anderen wurde die Fragestellung, wie Organisationen bzw. Projekte, die in der niederschwelligen Sozialen Arbeit tätig sind, die Bearbeitung von sozial relevanten Inklusionsproblemen leisten, bereichsübergreifend und unter Einbeziehung der Perspektiven verschiedener Organisationen und Projekte erforscht.

Den Auftakt der ersten Erhebungswelle bildete eine Gruppendiskussion mit EinrichtungsleiterInnen aus dem niederschwelligen Bereich. Ergänzend und vertiefend wurden Einzelinterviews mit zwei EinrichtungsleiterInnen, einer Teamleiterin und der Geschäftsführung eines Trägervereins geführt. Nach einer Auswertungsphase (Feinstruktur- und Systemanalyse – s.o.) erfolgte der Einstieg in eine zweite Erhebungswelle mit einer Gruppendiskussion zwischen SozialarbeiterInnen bzw. MitarbeiterInnen in der direkten KlientInnenarbeit. Sie wurde ergänzt durch zwei Einzelgespräche mit EinrichtungsmitarbeiterInnen und einem weiteren Interview mit der Leitung einer Trägerorganisation. Parallel zu den und im Anschluss an die Erhebungen fanden weitere umfangreiche Auswertungen statt.

Ein wesentliches Entscheidungskriterium für die Beendigung des zyklischen Forschungsprozesses bietet das Konzept der "theoretischen Sättigung" (Glaser/Strauss 2008: 68ff): Man schließt die Analyse ab, wenn angenommen werden kann, dass zusätzliche Erhebungen und Interpretationen keine neuen Informationen mehr über den Untersuchungsgegenstand in Hinblick auf die konkrete Forschungsfrage bringen werden und die strukturelle Vielfalt des Feldes ausreichend berücksichtigt worden ist. Solch eine theoretische Sättigung war angesichts der beachtlichen Breite des Forschungsfokus nicht in allen thematischen Teilbereichen erreichbar. Die Ergebnisdarstellung weist auf entsprechende Vertiefungsnotwendigkeiten der Forschungsergebnisse hin.

- *Forschungsabschluss/Ergebnisdarstellung* (Sommer 2010 bis Herbst 2011): Zusätzlich zu einer umfassenden Darstellung der Forschungsergebnisse wurde abschließend der Versuch unternommen, mögliche Rückschlüsse aus den empirischen Untersuchungsergebnissen für die theoretischen Bezugspunkte zu diskutieren.

4.5 Sampling und Feldzugang

Die empirischen Erhebungen fokussierten räumlich auf den städtischen Bereich, konkret auf in Wien lokalisierte niederschwellige Einrichtungen. Diese Eingrenzung hatte vor allem forschungspraktische Gründe, zugleich kann davon ausgegangen werden, dass sich in Wien die niederschwellige Angebotslandschaft besonders umfangreich und auch inhaltlich vielfältig gestaltet. Allerdings bleibt beispielsweise ungewiss, inwieweit die Ergebnisse Gültigkeit für Niederschwelligkeit im ländlichen Raum beanspruchen können. Hierzu braucht es ergänzende empirische Studien.

In die Erhebung wurden die unterschiedlichen *Akteursebenen innerhalb der Organisationen* bzw. Projekte einbezogen, mit Ausnahme des rein administrativen Personals und – so vorhanden – anderer Berufsgruppen bzw. Professionen, die nicht der Sozialen Arbeit bzw. den psychosozialen Dienstleistungen zuzurechnen sind. Konkret betraf das in manchen Einrichtungen u.a. medizinisches oder juristisches Personal, das im Kern andere Aufgabenstellungen verfolgt als die Soziale Arbeit, auch wenn natürlich eine enge Kooperation zwischen diesen Professionsgruppen in den Einrichtungen notwendig ist. Ebenfalls nicht direkt befragt wurden ausschließlich ehrenamtlich tätige MitarbeiterInnen und Zivildiener, die in manchen niederschwelligen Einrichtungen das hauptamtliche Personal unterstützen. Die Zusammenarbeit mit ihnen wurde allerdings in den Erhebungsgesprächen thematisiert, sofern in der jeweiligen Organisation Ehrenamtliche bzw. Zivildiener vorhanden waren. Für weiterführende bzw. vertiefende Organisationsstudien in der Sozialen Arbeit ist eine stärkere Berücksichtigung dieser Akteursebenen empfehlenswert.

Die ersten Erfahrungen in der Hauptforschungsphase ließen eine Ausdehnung der Erhebungen auf die Organistionsebene der sogenannten Dach- bzw. Trägerorganisationen ratsam erscheinen. Der überwiegende Teil der Einrichtungen (nicht nur) in der niederschwelligen Sozialen Arbeit gehört zu einer sogenannten Trägerorganisation, die hinsichtlich der strategischen Ausrichtung, finanziellen Rahmenbedingungen, Vertretung gegenüber der politischen Ebene etc. wesentliche Aufgaben für die einzelnen Einrichtungen übernimmt. Deshalb wurden in der Hauptforschung exemplarisch zwei unterschiedliche Trägerorganisationen in Wien in die Erhebungen einbezogen.

Im Forschungsverlauf fand mehrfach eine Reflexion darüber statt, inwieweit es auch sinnvoll, notwendig und forschungspraktisch realisierbar ist, besonders *relevante Umwelten* von Organisationen der Sozialen Arbeit direkt in die Erhebung mit einzubeziehen. Generell wurde ihr *direkter Einbezug jedoch nicht angestrebt*, wenn angenommen werden konnte, dass sich die Fragestellungen

auch so ausreichend beantworten lassen. Damit sollte die ohnehin bereits beachtliche Breite der Themenstellung noch bearbeitbar gehalten werden. Konkret
betrifft dies vor allem folgende zwei Akteursebenen:

- *KlientInnen*: An bzw. mit ihnen soll die Leistung erbracht respektive hergestellt werden (im Sinne einer Co-Produktion), sie sind aber in der Regel
  keine direkten Organisationsmitglieder.[79] Für eine umfassende Erforschung
  der niederschwelligen Sozialen Arbeit kommt selbstverständlich auch Studien eine zentrale Bedeutung zu, welche die wesentlichen Zielgruppen dieses Bereichs in den Mittelpunkt ihres Forschungsvorhabens rücken. Die
  vorliegende empirische Studie fokussierte aber vorrangig auf die Organisationsebene, Fragestellungen und Forschungsdesign waren darauf abgestimmt. Ein direkter Einbezug von KlientInnen in die Erhebungen erschien
  für die Bearbeitung der Fragestellungen nicht unbedingt erforderlich. Da
  mit einem solchen Einbezug auch eine Abänderung bzw. Erweiterung des
  Forschungsdesigns und eine wesentliche Erhöhung der Gesamtkomplexität
  der Studie einhergehen hätten müssen, die den Rahmen des Leistbaren gesprengt hätten, wurden keine direkten Erhebungen mit KlientInnen durchgeführt.

- *Auftrag- bzw. GeldgeberInnen:* Eine weitere besonders relevante Umwelt
  von niederschwelligen Einrichtungen sind die (zumeist öffentlich-
  rechtlichen) Auftrag- bzw. FördergeberInnen. Mit ihrem Einbezug in die
  Erhebungen wäre aber ebenfalls die Organisationsgrenze überschritten worden, sodass aus Gründen der notwendigen Begrenzung des erforschten
  Themenbereichs in der vorliegenden Studie davon Abstand genommen
  wurde.

Bei der *Auswahl der GesprächspartnerInnen* aus dem Forschungsfeld wurden
die Prinzipien des theoretischen Samplings (vgl. Glaser/Strauss 2008: 53ff) berücksichtigt. In die Erhebungen waren größere und kleinere niederschwellige
Einrichtungen mit unterschiedlichen Entstehungskontexten und Entwicklungsge-
schichten, Förderstrukturen, Trägerorganisationen und Zielgruppen bzw. Handlungsfeldern einbezogen worden.

Durch zahlreiche direkte und indirekte Kontakte zum Forschungsfeld aufgrund bisheriger Forschungstätigkeiten im Sozialbereich und der Lehrtätigkeit in
der Ausbildung von SozialarbeiterInnen bereitete der Feldzugang zu den in niederschwelligen Organisationen bzw. Projekten Beschäftigten und der entspre-

---

79 Eine Sonderstellung nehmen allerdings beispielsweise KlientInnen in Sozialökonomischen
   Betrieben bzw. Gemeinnützigen Beschäftigungsprojekten ein (vgl. Fußnote 130).

chenden Leitungsebene insgesamt kaum Probleme. Generell war eine große Bereitschaft der im niederschwelligen Bereich arbeitenden Personen und Einrichtungen zu beobachten, dem Forschungsvorhaben für Interviews und Gruppendiskussionen zur Verfügung zu stehen.

In Summe wurden mit 22 Personen (jeweils 11 Männer und Frauen) Erhebungsgespräche in Form von zehn Einzelinterviews und zwei Gruppendiskussionen durchgeführt. Neun dieser Personen arbeiteten zum Erhebungszeitpunkt vorrangig im direkten KlientInnenkontakt als SozialarbeiterInnen (meistens, aber nicht immer mit einem spezifischen sozialarbeiterischen bzw. sozialpädagogischen Ausbildungshintergrund). Weitere neun Befragte waren entweder als Einrichtungs- oder TeamleiterInnen in niederschwelligen Organisationen tätig. Zwei übten die Funktion der Geschäftsführung in Trägerorganisationen aus und weitere zwei Personen waren in der Sozialarbeitsausbildung beschäftigt, eine davon zusätzlich auch im Berufsverband der SozialarbeiterInnen. Die GesprächspartnerInnen repräsentieren die Organisationspraxen aus 15 verschiedenen Einrichtungen, die (mit dem Einverständnis der InterviewpartnerInnen) in folgender Übersicht alphabetisch aufgelistet sind:[80]

- a_way – Notschlafstelle für Jugendliche (Caritas Wien)
- Back on Stage (Verein Wiener Jugendzentren)
- Bassena – Stadtteilzentrum am Schöpfwerk (Verein Wiener Jugendzentren)
- benefit_work (Gemeinnütziges Beschäftigungsprojekt, Caritas Wien)
- Beratung am Eck (Beratungszentrum "Pflege und Betreuung zu Hause", Fonds Soziales Wien)
- Betreuungszentrum Gruft (Caritas Wien)
- Caritas Wien (Trägerorganisation bzw. Zentrale)
- FrauenWohnZentrum (Caritas Wien)
- Ganslwirt (VWS – Verein Wiener Sozialprojekte)[81]
- Haus Robert-Hamerlinggasse (Betreutes Wohnen für AsylwerberInnen und Flüchtlinge, Caritas Wien)

---

80 Da sich das Angebots- und Maßnahmenspektrum des Sozialbereichs laufend verändert, ist es möglich, dass einzelne der befragten Einrichtungen bzw. Projekte aktuell in dieser Form nicht mehr bestehen.

81 Seit Anfang 2012 betreibt die Suchthilfe Wien gGmbH sämtliche Projekte und Einrichtungen, die bisher vom Verein Wiener Sozialprojekte umgesetzt worden waren (vgl. www.vws.or.at).

- JOSI – Tageszentrum für Obdachlose und Straßensozialarbeit (Fonds Soziales Wien)
- Psychosoziales Tageszentrum Regenbogen
- SAM und Help U (Gemeinwesenprojekte, VWS – Verein Wiener Sozialprojekte)
- SOPHIE – BildungsRaum für Prostituierte (Volkshilfe Wien)
- Streetwork am Karlsplatz (VWS – Verein Wiener Sozialprojekte)
- VWS – Verein Wiener Sozialprojekte (Trägerorganisation)
- Zeit!Raum – Verein für soziokulturelle Arbeit

4.6 Strategien der Qualitätssicherung

Ein regelgeleitetes Vorgehen erfüllt wichtige Funktionen für die Qualitätssicherung der Analyseergebnisse. Den eingesetzten hermeneutischen Interpretationsverfahren kommt dabei die zentrale Aufgabe zu, eine "methodische Kontrolle der wissenschaftlich-empirischen Operation des Verstehens" (Wernet 2000: 11) zu ermöglichen. Darüber hinaus ist die Gestaltung des gesamten Forschungsprozesses mit seinen unzähligen Entscheidungen über das weitere Vorgehen etc. hinsichtlich der damit vorgenommenen Selektionen laufend zu reflektieren. Eine direkte intersubjektive Überprüfbarkeit der gewonnenen Forschungsergebnisse durch externe RezipientInnen lässt sich allerdings bei interpretativen Forschungsansätzen mit angemessenem Aufwand kaum realisieren. Um die Entstehungsbedingungen und -prozesse der Erkenntnisse dennoch transparent zu machen, wurde der Forschungsprozess mit seinem methodologischen Hintergrund und der gewählten methodischen Vorgangsweise oben ausführlich dargestellt und begründet.

Weiters gilt es zu betonen, dass die Interpretationen grundsätzlich als vorläufig und falsifizierbar betrachtet werden müssen (vgl. Lamnek 2005: 220). Die im Folgenden präsentierten Studienergebnisse stellen solche vorläufigen Interpretationsresultate dar, die sich im Laufe eines sich über circa eineinhalb Jahre erstreckenden Auswertungsprozesses (= Hauptforschungsphase) in verschiedenen Interpretationssettings verdichtet haben. Soeffner beschreibt das Prinzip der schrittweise abstrahierenden Theoriebildung auf der Grundlage von Einzelfallanalysen folgendermaßen:

"Die Rekonstruktion eines objektivierten Typus gesellschaftlichen Handelns baut sich auf von – jeweils extensiven – Einzelfallanalysen über Fallvergleiche, Deskription und Rekonstruktion fallübergreifender und zugleich fallgenerierender Strukturen." (Soeffner 2004: 173)

Da die Ergebnisse hermeneutischer Interpretationsprozesse kein direktes Abbild einzelner Interviews und isolierbarer Textstellen sind, sondern sich im Interpretationsprozess und in der Ergebnisverdichtung über die interpretierten Gesprächsprotokolle hinweg gebildet haben, wird in der folgenden Darstellung auch darauf verzichtet, die Ergebnisse durch Interviewzitate zu 'belegen'. Der Interpretationsprozess ist nicht nur Rekonstruktion, sondern immer zugleich auch ein Konstruktionsprozess (vgl. Kap. 4.2). Es geht also in der Analyse des Materials nicht um das angemessene deskriptive Nachzeichnen der Interviewinhalte, sondern um die (Re-)Konstruktion der intersubjektiven Bedeutungen der (sprachlichen) Handlungen der AkteurInnen des Forschungsfeldes. Dem wird durch die gewählte Darstellung, die auf Zitate weitgehend verzichtet, Rechnung getragen.

5 Formen und Funktionen von Niederschwelligkeit im Gesamtzusammenhang Sozialer Arbeit

Die Unterscheidung niederschwellig – hochschwellig wird im Sozialbereich ubiquitär getroffen und gibt wichtige Hinweise auf den strukturellen Aufbau des gesellschaftlichen Handlungsfeldes der Sozialen Arbeit. Obwohl das ursprüngliche Forschungsvorhaben vor allem eine Organisationsperspektive bei der empirischen Auseinandersetzung mit diesem Teilbereich der Sozialen Arbeit einnehmen wollte, verwiesen die ersten Ergebnisse des explorativen Forschungsteils auf die Notwendigkeit, eine intensive Beschäftigung mit den Formen und Funktionen niederschwelliger Sozialen Arbeit voranzustellen (vgl. Kap. 4.4). Denn elaborierte theoretische Grundlagen bzw. wissenschaftlich-empirische Forschungsarbeiten zu diesem Themenschwerpunkt fehlen bislang weitgehend, zugleich ist in der Sozialarbeitspraxis keine einheitliche Begriffsverwendung zu beobachten. Für eine profunde Erforschung niederschwellig arbeitender Organisationen im Sozialbereich schien deshalb eine begleitende und ergänzende Untersuchung der Charakteristika niederschwelliger Sozialer Arbeit allgemein empfehlenswert.

Die gewonnenen Ergebnisse sind umfangreich und zeigen einen komplexen Teilbereich der Sozialen Arbeit. Zugleich lassen sie an vielen Stellen notwendige Ergänzungen, Erweiterungen und Vertiefungen durch weiterführende empirische Forschungsarbeiten erkennen. Die folgende inhaltliche Darstellung beginnt mit grundlegenden begrifflichen Abgrenzungen und Klärungen, gefolgt von einer Analyse der Funktionen niederschwelliger Sozialer Arbeit innerhalb des Hilfssystems, aber auch im gesamtgesellschaftlichen Zusammenhang. Das anschließende Kapitel beantwortet die Frage, wie sich Niederschwelligkeit konkret realisieren lässt, entlang von vier Umsetzungsdimensionen: einer zeitlichen, räumlichen, sachlichen und sozialen Dimension. Auf diesen Darstellungen aufbauend wird nachfolgend eine erste Differenzierung unterschiedlicher Typen niederschwelliger Hilfsangebote und -maßnahmen versucht, die es durch weitere Studien gegebenenfalls zu ergänzen und zu adaptieren gilt. Mit der Analyse von Prozessen der Fallkonstruktion in der niederschwelligen Sozialen Arbeit wendet sich das Folgekapitel wieder stärker der Mikroebene sozialarbeiterischen Handelns zu, ebenso der anschließende Ergebnisteil zu Möglichkeiten und Risiken des Übergangs zu höherschwelligen, rollenspezifischen sozialarbeiterischen Interaktionen. Die Frage nach strukturellen Anschlussoptionen zum höher- und hochschwelligen Angebots- und Maßnahmensprektrum der Sozialen Arbeit steht im Mittelpunkt des vorletzten Kapitels, hier wird die Perspektive verstärkt auf den Gesamtzusammenhang der Sozialen Arbeit gerichtet. Abschließend sollen die herausgearbeiteten Charakteristika niederschwelliger Sozialer Arbeit in zusammengefasster Form aufgezeigt werden.

5.1 Begriffsverwendungen und -klärungen

Bereits die explorative Forschungsphase ließ deutlich werden, dass der Begriff "niederschwellig" bzw. sein Substantivum "Niederschwelligkeit" und die synonym gebrauchten Begriffe "niedrigschwellig" bzw. "Niedrigschwelligkeit" zum einen alltäglich verwendete Termini im Sozialbereich sind. Mit ihnen werden Unterscheidungen zwischen einzelnen Angeboten und Projekten getroffen bzw. diese in Beziehung zueinander gebracht. Zum anderen ist jedoch kein einheitliches Verständnis darüber beobachtbar, wodurch sich Niederschwelligkeit auszeichnet. Es gibt *keine verbindlichen bzw. auf breiter Ebene etablierten Begriffsdefinitionen*, vielmehr werden die Begriffsauslegungen häufig als *individuelle Deutungen* gekennzeichnet. Zugleich wird Niederschwelligkeit als kontextspezifisch zu realisierende Eigenschaft betrachtet, wodurch die Identifizierung zentraler Bedingungen und Kennzeichen für Niederschwelligkeit nicht eindeutig möglich erscheint. Die skizzierte Ausgangslage machte eine umfangreiche Beschäftigung mit der aktuellen Verwendung des Begriffs und seiner konkreten Umsetzungsvarianten im Forschungsfeld notwendig.

Zunächst ist danach zu fragen, *wovon niederschwellige Soziale Arbeit unterschieden wird*: In der Regel lässt sich als Antwort *hochschwellige Soziale Arbeit* finden, teilweise kommt statt "hochschwellig" das Adjektiv "höherschwellig" zur Anwendung, selten taucht noch "mittelschwellig" als Zwischenkategorie auf. Als "schwellenlos" hingegen wird Soziale Arbeit nicht attribuiert, dieser Begriff bleibt in erster Linie dem barrierefreien Bauen und Wohnen vorbehalten. Die Befunde deuten bereits darauf hin, dass es sich bei der Unterscheidung zwischen nieder- und hochschwelliger Sozialer Arbeit um zwei Richtungen eines Kontinuums mit zahlreichen Abstufungen und fließenden Übergängen sowie unklaren und nur relational zum Kontext bestimmbaren Grenzziehungen handelt.

Betrachtet man die Häufigkeit der Begriffsverwendungen in Online-Medien (geprüft über die Suchmaschine Google; Stand: 05.07.2010), dann lässt sich eine große Affinität zur Bezeichnung einer der beiden Seiten bzw. Richtungen des Kontinuums vermuten, nämlich der "niederschwelligen", während die andere, die höher- oder hochschwellige Seite bzw. Richtung häufig nur implizit mitgeführt wird: Eine Suche nach dem Begriff "niederschwellig" erzielt 37.400 und nach dem Synonym "niedrigschwellig" 27.200 Treffer, während es die Begriffe "hochschwellig" und "höherschwellig" lediglich auf 2.400 bzw. 1.150 Ergebnisse bringen.[82] Die Suchergebnisse weisen darauf hin, dass Soziale Arbeit, die sich selbst nicht als niederschwellig charakterisiert, zumeist nicht spezifisch als höher- oder hochschwellig ausgewiesen ist. Hier besteht offensichtlich in der Regel keine Notwendigkeit zur expliziten Unterscheidung.

In einem zweiten Schritt gilt es die Frage zu klären, worauf sich Niederschwelligkeit (und damit zugleich auch Hochschwelligkeit) inhaltlich bezieht. Als übergreifende Gemeinsamkeit lässt sich festhalten, dass damit auf *Bedingungen des Zugangs zu und der Inanspruchnahme von Hilfsangeboten oder -maßnahmen für KlientInnen bzw. AdressatInnen* referiert wird. Aspekte des Zugangs zeigen sich als die zentralsten Komponenten und lassen die ursprünglichen Bedeutungen der Schwellenmetapher erkennen: Eine Schwelle bezeichnet einen am Boden befindlichen, etwas erhöhten Abschluss einer Türöffnung und markiert die Grenze zwischen innen (im Haus/im Zimmer) und außen. Je niedriger diese Schwelle ausfällt, desto weniger behindert sie den Eintritt. Weiters lässt sich eine Schwelle geologisch als Bodenerhebung bestimmen – und kann mit zunehmender Höhe ebenfalls verstärkt zu einem Hindernis werden (vgl. Wörterbuch der deutschen Gegenwartssprache: www.dwds.de; Suchbegriff: Schwelle). *Niederschwellige Hilfsangebote bzw. -maßnahmen* richten im übertragenen Sinn *niedrige Anforderungen an ihre AdressatInnen*, um zur angebotenen Hilfe Zugang zu erhalten und sie in Anspruch nehmen zu können, während höher- oder hochschwellige Soziale Arbeit an der Schnittstelle zu den KlientInnen voraussetzungsvoller gestaltet ist.

Eine weitere Annäherung an niederschwellige Soziale Arbeit bietet die *Frage, an wen sich solche niederschwelligen Angebote und Maßnahmen richten*, d.h. wem damit im Unterschied zum hochschwelligen Bereich geholfen werden soll. Die empirischen Ergebnisse lassen drei verschiedene AdressatInnenkreise erkennen: Zwei von ihnen beziehen sich auf Personen(gruppen), die an den Bedingungen, Regeln und Zugangsstrukturen, die sie für die Inanspruchnahme von Sozialer Hilfe (materiell und immateriell) erfüllen und beachten müssen, gescheitert sind bzw. von denen man annimmt, dass sie daran scheitern werden. Der erste AdressatInnenkreis umfasst Personen, die zwar Hilfe suchen bzw.

---

82   Die Begriffsverwendungen beziehen sich nicht immer, aber sehr häufig auf den Sozialbereich.

beanspruchen würden, an die aber bestimmte Anforderungen nicht herangetragen werden können, die üblicherweise Voraussetzung für die Inanspruchnahme von Hilfe sind (z.B. Einhalten spezifischer Zeitstrukturen, grundlegende Kenntnisse über die Angebotsstrukturen und ihre Erreichbarkeit, Vorweisen bestimmter Dokumente, keine akuten Sucht- und Drogenproblematiken etc.). Ein zweiter AdressatInnenkreis, der mit ersterem das 'Scheitern' an herkömmlichen Hilfsangeboten teilt, nimmt aufgrund negativer Erfahrungen mit Hilfsangeboten bzw. -einrichtungen eine ablehnende Haltung diesen gegenüber ein und muss v.a. durch Vertrauensaufbau wieder an das Hilfssystem herangeführt werden. In der Praxis lassen sich teilweise fließende Übergänge zwischen den beiden skizzierten Gruppen beobachten.[83] Als eine dritte Zielgruppe zeigen sich bei manchen niederschwelligen Angeboten bzw. Maßnahmen Personen, die selbst (noch) keine für die Soziale Arbeit anschlussfähigen Problembeobachtungen aufweisen, von letzterer aber als sozialarbeiterischer Hilfsangebote bedürftig beobachtet werden (z.B. Jugendliche, die ihre Freizeit – und ev. auch Schulzeit – vorrangig im öffentlichen Raum verbringen und als deviant gelten).

In den Selbstdarstellungen der PraxisvertreterInnen wurde die *Freiwilligkeit* auf Seiten der AdressatInnen bei der Inanspruchnahme des Angebotes bzw. der Maßnahme als wichtiges Merkmal niederschwelliger Sozialer Arbeit betont. Dies evozierte die Frage, inwieweit der Aspekt der Freiwilligkeit ein Abgrenzungsmerkmal zu hochschwelliger Sozialer Arbeit darstellen könnte. Bei der näheren Analyse fanden sich jedoch keine schlüssigen Anhaltspunkte dafür. Vielmehr erscheint die *Unterscheidung hochschwellig-niederschwellig grundsätzlich nur bei jenen Hilfsangeboten bzw. -maßnahmen sinnvoll, die zumindest ein gewisses Ausmaß an Freiwilligkeit* (wie auch immer sich dieses gegebenenfalls bestimmen lässt) *bei der Beanspruchung durch die KlientInnen aufweisen*, da die Metapher der Schwellenhöhe, die es von Seiten der KlientInnen zu überwinden gilt, deren Entscheidungsermächtigung implizit voraussetzt. Es ist weiters davon auszugehen, dass die Annahme bzw. Inanspruchnahme von Hilfe bei Zwang[84] bzw. Verpflichtung grundsätzlich anders geregelt ist als bei Freiwillig-

---

83 Dadurch entstehen für die Hilfe Anbietenden besondere Interpretationsfreiräume zur Gewährung von Hilfe unter dem Postulat der Freiwilligkeit der Inanspruchnahme auf Seiten der AdressatInnen. Denn deren ablehnende Haltung kann u.U. auch als Resultat der bisherigen negativen Erfahrungen mit Hilfseinrichtungen ausgelegt werden (und möglicherweise auch tatsächlich eine Folge davon sein) und nicht als grundsätzliche Ablehnung von Hilfe.

84 Giddens (1995[1984]: 228ff) unterscheidet drei Bedeutungen von Zwang: materieller Zwang, aus negativer Sanktionsmacht abgeleiteter Zwang und struktureller Zwang. In der hier vorliegenden Begriffsverwendung wird auf zweitere Bedeutung Bezug genommen. Darüber hinaus befinden sich AdressatInnen der Sozialen Arbeit häufig in materiellen und strukturellen Zwangskontexten, mit denen unter anderem auch die niederschwellige Soziale Arbeit konfron-

keit, indem etwa mit verschiedenen Sanktionsformen gearbeitet wird: bei Freiwilligkeit mit positiven Sanktionen (Anerkennung, Belohnung etc.) und bei
Zwang mit negativen Sanktionen (Bestrafung, z.B. durch Entzug finanzieller
Hilfe oder drohenden Freiheitsentzug im Kontext von Bewährungsstrafen). Die
vorgelagerte Unterscheidung wäre somit die nach dem Ausmaß der Freiwilligkeit der Inanspruchnahme einer Leistung, wobei hier wieder von einem Kontinu-
um mit vielen Abstufungen und Zwischenformen zwischen den Polen "freiwillig" – "unfreiwillig" auszugehen ist. Und nur dann, wenn die Annahme sozialarbeiterischer Hilfsangebote nicht zentral durch die Drohung negativer Sanktionen
bei Ablehnung motiviert ist, macht es Sinn, sozialarbeiterische Angebote und
Maßnahmen nach der Höhe der Schwellen zu unterscheiden, die es von Seiten
der AdressatInnen bzw. KlientInnen zu überwinden gilt. Folgende Grafik visualisiert die Beziehung zwischen Freiwilligkeit/Zwang einerseits und Nieder-
schwelligkeit/Hochschwelligkeit andererseits:

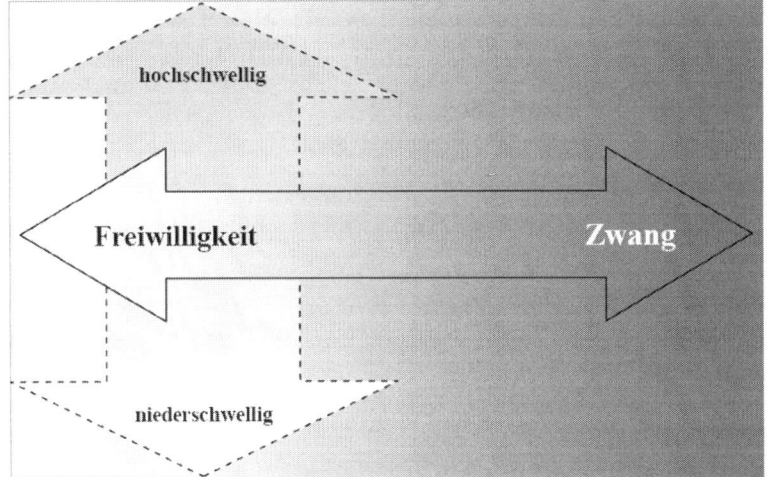

Grafik 2: Zusammenhang Freiwilligkeit – Zwang und Hochschwelligkeit – Niederschwelligkeit

Die *Unterscheidung zwischen niederschwelligen Hilfsangeboten allgemein und
niederschwelliger Sozialer Arbeit* trägt ebenfalls zur Begriffsklärung und

---

tiert wird und die sie teilweise sogar für die Annahme der Hilfsangebote nutzt, indem etwa materielle Ressourcen wie Nahrung, Kleidung, ein warmer Aufenthaltsraum etc. als attraktive
Angebote zur Verfügung gestellt werden (vgl. Kap. 5.3.3).

-abgrenzung bei. Im Prinzip wird hier die Frage verhandelt, inwieweit voraussetzungslose materielle (Über-)Lebenshilfe[85] bereits niederschwellige Soziale Arbeit darstellt bzw. was das genuin sozialarbeiterische Element daran sein könnte.
Aufschluss bietet die empirische Beobachtung, dass die niederschwellige sozialarbeiterische Berufspraxis ihren Angeboten und Maßnahmen für sich allein nur
begrenzt Sinn und Berechtigung zuspricht, wenn keine Anschlussoptionen für
weiterführende Veränderungs- bzw. Entwicklungs- und Problembearbeitungsprozesse geboten werden und dafür Sorge getragen wird, dass derartige Übergänge grundsätzlich möglich sind und günstige Voraussetzungen haben. Auch
wenn in der Praxis derartige Übergänge nicht immer (und in manchen Kontexten
offensichtlich sogar nur selten) gelingen, beinhaltet niederschwellige *Soziale
Arbeit* dem Selbstverständnis des Forschungsfeldes zufolge die Ermöglichung
von Optionen zur Bearbeitung individueller, aber auch struktureller Probleme
der Lebensführung und gesellschaftlicher Inklusion. Am Beispiel der klassischen
'Suppenküchen' bzw. ihrer aktuelleren Form, der Essensbusse, lässt sich vor
Augen führen, dass niederschwellige materielle Hilfe (noch) nicht unbedingt
Soziale Arbeit ist. Teilweise sind aber enge Kopplungen mit dieser beobachtbar,
wie etwa am Konzept der Wiener Tafel erkennbar wird.[86] Dass das beschriebene
Selbstverständnis nicht immer mit den faktischen Ausprägungen und Wirkungen
niederschwelliger Sozialer Arbeit deckungsgleich ist, darauf weisen die nachfol-
genden Funktionsanalysen hin.

---

85   Dass allerdings auch auf den ersten Blick scheinbar voraussetzungslose materielle Hilfe ihre
      NutzerInnen mit einer Fülle an expliziten und impliziten Regeln konfrontieren kann und Nor-
      malisierungsstrategien verfolgt, zeigt Stefan Selke (2009a und 2009b) am Beispiel von Le-
      bensmitteltafeln in Deutschland auf. Lebensmitteltafeln sind somit häufig gerade nicht als nie-
      derschwellig zu bezeichnen. Selke weist weiters darauf hin, dass sich Tafeln nicht primär an
      extreme Randgruppen richten, sondern an Personen mit 'ganz normalen' Problemen, denen eine
      Versorgung mit Lebensmitteln am 'ersten' Lebensmittelmarkt aufgrund ihrer finanziellen Situa-
      tion nur begrenzt möglich ist (vgl. Selke 2009b: 31).

86   Die Wiener Tafel grenzt sich nachdrücklich von Tafelvarianten ab, die im Wesentlichen auf
      dem Almosenprinzip beruhen. Sie verteilt Lebensmittelspenden nicht direkt an von Armut Be-
      troffene, sondern arbeitet eng mit professionellen Beratungs- und Betreuungseinrichtungen zu-
      sammen (vgl. http://www.wienertafel.at, Stand: 15.08.2010). Hier zeigt sich, wie verschiedene
      Formen des Helfens zusammenwirken und etwa moralisch motivierte Mildtätigkeit von organi-
      sierten Formen des Helfens in spezifischer Weise kanalisiert werden kann (vgl. Mayrhofer
      2009b: 9).

5.2 Funktionen niederschwelliger Sozialer Arbeit

Die Analyse der Funktionen niederschwelliger Sozialer Arbeit wird hier als die Frage danach verstanden, welche zentralen Probleme durch sie (also durch niederschwellige Soziale Arbeit) gelöst werden (vgl. Luhmann 2005: 262). Mit Merton (1995: 22) ist darauf hinzuweisen, dass "(m)it der sozialen Funktion (...) beobachtbare objektive Folgen und keine subjektiven Dispositionen (Ziele, Motive, Zwecke) gemeint (sind)". Die nachstehend skizzierten und diskutierten Funktionen können somit nicht mit den Handlungsmotiven und -absichten der in die empirische Erhebung einbezogenen PraxisvertreterInnen gleichgesetzt werden. Sie mögen zwar teilweise eine große Nähe zu den Funktionen aufweisen, teilweise aber davon auch deutlich abweichen. Um Verwechslungen zwischen Motivation und Funktion zu vermeiden, führt Merton noch eine zweite Unterscheidung ein, nämlich die zwischen manifesten und latenten Funktionen (vgl. ebd.: 59ff): Erstere bezeichnen solche objektiven Folgen für eine bestimmte Einheit, "die zu ihrer Angleichung oder Anpassung beitragen und auch so beabsichtigt sind" (ebd.: 61); hier überschneiden sich folglich die subjektiven Dispositionen und objektiven Folgen. Zweitere, die latenten Funktionen, benennen die "unbeabsichtigten und unerkannten derartigen Folgen" (ebd.).

Niederschwellige Angebote bzw. Maßnahmen zielen im Kern darauf ab, eine grundlegende Anschlussfähigkeit an Angebote der Sozialen Hilfe zu ermöglichen, d.h. Zugänge zu diesen zu eröffnen. Entsprechend beziehen sich viele Charakteristika niederschwelliger Sozialer Arbeit auf die Art und Weise des 'Andockens' der Zielgruppen an die Einrichtungen bzw. auf die Strukturen des In-Beziehung-Tretens. Diese *Herstellung von Adressierbarkeit potenzieller KlientInnen bzw. von 'Fällen' für das Hilfssystem* lässt sich den empirischen Befunden zufolge als die übergreifende Hauptfunktion niederschwelliger Sozialer Arbeit bezeichnen. Auf einer abstrakteren, von systemtheoretischen Beobachtungsangeboten inspirierten Ebene (vgl. Kap. 2) ließe sich demzufolge niederschwellige Soziale Arbeit als die *Bearbeitung prekärer Adressabilität von Individuen und mitunter auch Gruppen für das Hilfssystem* fassen.

Wie bereits im vorherigen Kapitel dargestellt, adressiert niederschwellige Soziale Arbeit ihre Leistungen in erster Linie an eine Zielgruppe, deren Adressierbarkeit für Einrichtungen der Sozialen Hilfe grundsätzlich unsicher ist. Die AdressatInnen werden als hilfsbedürftig beobachtet, sind aber aus dem Hilfssystem großteils oder ganz exkludiert (und häufig auch aus anderen sozialen Systemen) und für dieses zugleich schwer oder nicht erreichbar, sei es, weil sie die Teilnahmebedingungen nicht erfüllen können, negative Erfahrungen mit dem Hilfssystem gemacht haben und deshalb Hilfe ablehnen oder (noch) keine sozialarbeiterisch anschlussfähige Problembeobachtung aufweisen. Soziale Arbeit ist somit im niederschwelligen Bereich (zumindest zunächst) vor allem damit beschäftigt, eine grundlegende Adressierbarkeit bestimmter Personen für die Angebote Sozialer Hilfe bzw. Sozialer Arbeit wieder oder auch erstmals herzustellen. Ihre *primäre Leistung für das Hilfssystem* insgesamt besteht in der *Bereitstellung ausreichend stabiler und erreichbarer Adressen für weiterführende Anschlussmöglichkeiten innerhalb des Hilfssystems.*

Bezeichnend ist, dass niederschwellige Soziale Arbeit ihre *Zielgruppen häufig nicht direkt rollenspezifisch als KlientInnen adressieren kann*, sondern anfangs andere Kommunikationsebenen und Hilfsmittel für die Adressbildung nutzen muss (vgl. Kap. 5.5). Genau genommen geht es zunächst teilweise nicht darum, dass KlientInnen Zugang zu den Hilfsangeboten finden, sondern dass SozialarbeiterInnen Zugang zu schwer erreichbaren Zielgruppen finden und herstellen. Diese Funktion des Zugang-Findens zu denjenigen, an die man sozialarbeiterische Hilfsangebote adressieren will, tritt insbesondere bei Angeboten bzw. Maßnahmen der sogenannten aufsuchenden bzw. nachgehenden Sozialen Arbeit in den Vordergrund, aber auch bei solchen, die zunächst nichtsozialarbeiterische Angebote (die z.B. unmittelbar auf körperliche Grundbedürfnisse referieren) als 'Hilfsmittel' einsetzen, um Kontaktmöglichkeiten zur Zielgruppe zu schaffen.

Die eben erwähnten körperlichen Grundbedürfnisse weisen bereits darauf hin, dass in manchen niederschwelligen Bereichen zunächst die *Sicherung des physischen Überlebens* bzw. eine elementare gesundheitliche Stabilisierung und allgemein die Sicherstellung der materiellen Basis dafür im Vordergrund stehen. Zugespitzt formuliert stellt der physische Tod eine irreversible Grenze dar, die auch die Frage sozialarbeiterischer Adressierbarkeit hinfällig werden lässt. Zugleich ist zu ergänzen, dass mit der Sicherung des körperlichen Überlebens allein noch nicht zwangsläufig auch Anschlussfähigkeit für sozialarbeiterische Hilfe gegeben ist. Eine grundlegende Stabilisierung der körperlichen bzw. materiellen Situation zeigt sich vor allem bei Hilfsangeboten und -maßnahmen virulent, die sich auf Sucht- und Drogenproblematiken oder Obdachlosigkeit beziehen, kann aber auch in anderen niederschwelligen Kontexten bedeutsam sein. Teilweise kommt es dabei zu engen Kopplungen mit dem Gesundheitssystem, indem etwa eine niederschwellige Einrichtung zugleich medizinische (Basis-)Versorgung anbietet. Die geschaffenen Zugänge können dann auch vom medizinischen System genutzt werden bzw. lassen sich umgekehrt für die Soziale Arbeit u.U. Anschlussmöglichkeiten gewinnen, wenn ihre AdressatInnen niederschwellige medizinische Hilfe in Anspruch nehmen.

Bei AdressatInnen der Sozialen Arbeit, die mit der Komplexität des Hilfssystems nicht zurechtkommen und mit ihren Anschlussversuchen gescheitert
sind bzw. die aufgrund negativer Erfahrungen die Zumutungen der KlientInnenrolle und damit viele herkömmliche Hilfsangebote und -maßnahmen ablehnen,
präsentiert sich die Funktion des Eröffnens von Zugängen als *Reparaturarbeit an
gescheiterten Beziehungen zum Hilfssystem bzw. misslungenen Anschlüssen an
dieses.* Allerdings muss ein Nicht-Zurecht-Kommen mit dem Hilfssystem nicht
immer auf eine klientInnenspezifische Bedürftigkeit bzw. Problemlage hinweisen, sondern bedeutet zunächst lediglich, dass die hilfesuchenden Personen keine
ExpertInnen dieses Bereichs sind – genauso wie auch viele Personen, die nicht
Soziale Hilfe oder Soziale Arbeit in Anspruch nehmen. Das heißt, dass durch die
komplexe Gestaltung des Hilfssystems eine spezifische Form der Hilfsbedürftigkeit erst erzeugt wird.

Indem niederschwellige Soziale Arbeit eine Art Auffangbecken für die am
Hilfssystem Gescheiterten bildet, gewinnt sie tendenziell den *Charakter eines
Gegenmodells zu hochschwelliger Sozialer Arbeit und Hilfe.* Dies spiegelte sich
auch in einigen Selbstrepräsentationen der PraxisvertreterInnen wider. In Anlehnung an ein bei Merton (1995: 71) erörtertes Beispiel aus dem politischen Kontext könnte niederschwelliger Sozialer Arbeit auch die *Funktion der Humanisie-
rung und Personalisierung von Beistand und Hilfe* zukommen. Zugänge zum
Hilfssystem eröffnen bedeutet hier häufig auch, ein grundsätzliches Vertrauen in
dieses (erstmals oder wieder) herzustellen.

Eine funktionale Alternative zum Systemvertrauen bieten (meist Informa-
tions- und Beratungs-)Angebote an, die von den Hilfesuchenden anonym, unverbindlich und punktuell in Anspruch genommen werden können. Die Garantie
von *Anonymität* für die Hilfesuchenden zeigt sich generell als *funktionales Äquivalent zum teilweise fehlenden Vertrauen in das Hilfssystem* (vgl. auch Kap.
5.3.4). Eine spezifische Form von Niederschwelligkeit realisieren über Internet
bzw. Telefonhotlines anonym zugängliche soziale Informations- und Beratungsangebote, die gerade nicht mit einer persönlichen Beziehungsebene arbeiten,
sondern auf distanzierter, in der Sozialdimension reduzierter Kommunikation
aufbauen. Genau dadurch, dass der/die NutzerIn des Angebots persönlich nicht
als KlientIn adressierbar ist, kann bei spezifischen Zielgruppen eine Inanspruchnahme des Hilfs- resp. Beratungsangebots wahrscheinlicher werden. Vermutlich
trifft dies vor allem auf Personen zu, die von ihrer Umwelt nicht als hilfesuchend
beobachtet werden wollen. Bei anderen wiederum kann genau dadurch eine
spezielle Hürde entstehen bzw. sind im Falle von internetbasierten Informations-

und Beratungsangeboten spezifische technische Ressourcen und Fertigkeiten notwendig.

Die Herstellung von Adressierbarkeit für das Hilfssystem bedeutet pointiert formuliert, als *potenzielle KlientInnen* beobachtete Personen bzw. Kollektive *physisch, psychisch und sozial für die Annahme von Hilfsangeboten 'aufzubereiten'*: durch die Erschließung von Zugängen bzw. Kontakten zu schwer erreichbaren AdressatInnen Sozialer Hilfe und Arbeit, durch physische Überlebenshilfe, durch Herstellen einer tragfähigen Vertrauensbasis in das Hilfssystem, durch Milderung jener Problemsymptome, die weiterführenden sozialarbeiterischen Interventionen im Wege stehen (z.B. akute Suchtproblematiken, Obdachlosigkeit, ausgeprägte psychische Erkrankungen, ev. verbunden mit starken Verhaltensauffälligkeiten etc.) und/oder durch Vermittlungshilfen zwischen hilfesuchenden Personen und den strukturellen Anforderungen des Hilfssystems (z.B. Unterstützung dabei, den eigenen Hilfebedarf an die richtige Stelle zu adressieren und die dafür notwendigen administrativen Anforderungen zu bewältigen). Diese Grundfunktion zeigt sich in allen sozialarbeiterischen Angeboten relevant, die sich als niederschwellig charakterisieren, wenn ihr auch nicht immer die gleiche Zentralität zukommt und teilweise noch andere Funktionen hinzutreten (s.u.).

Eine Schlüsselfrage zur Klärung der zentralen Funktion niederschwelliger Sozialer Arbeit ist die *Frage nach der funktionalen Differenz in Bezug auf hochschwellige Hilfsangebote und -maßnahmen.* Richtungsweisend für eine Bestimmung dieser Differenz könnte die empirische *Beobachtung zweier unterschiedlicher Hauptorientierungen* sein, denen sich sozialarbeiterische Maßnahmen und Angebote zuordnen lassen: Im Vordergrund kann erstens die oben beschriebene grundsätzliche Herstellung und das Erhalten bzw. Stabilisieren der Adressierung von Personen für das Hilfssystem stehen. Weiterführende, voraussetzungsvollere bzw. umfangreichere Erwartungsadressierungen bzw. Arbeitsziele dienen der Vorbereitung eines möglichen Übergangs zu höherschwelligen (nicht nur) sozialarbeiterischen Hilfsangeboten und -maßnahmen. Gelingt dieser Schritt nicht, werden die Erwartungen an den potenziellen Klienten bzw. die potenzielle Klientin wieder reduziert, der Erhalt des Kontakts allgemein steht bei dieser ersten Hauptorientierung im Vordergrund. Zweitens kann das Erreichen spezifischer Entwicklungsziele, d.h. die Bearbeitung konkreter Problemlagen der Klientin resp. des Klienten oder eines KlientInnenkollektivs die hauptsächliche Funktion bilden (also etwa die Bearbeitung einer Suchtproblematik, die Beendigung von Obdachlosigkeit, die Wiedereingliederung in den Arbeitsmarkt, das Erlangen eines legalen Aufenthaltsstatus, die Lösung einer Schuldenproblematik, der Ausstieg aus einer Gewaltbeziehung etc.). Teilweise sind beide Orientierungen – *Adressierbarkeit für das Hilfssystem herstellen vs. spezifische Problemlagen der KlientInnen bearbeiten* – in einer Hilfeinrichtung beobachtbar, wobei allerdings meist eine die grundlegendere, eben die Hauptorientierung darstellt. In manchen Hilfsorganisationen kann die Hauptorientierung auch nach verschiedenen Maßnahmen bzw. Angeboten variieren (vgl. auch Kap. 6.2).

Auf Basis dieser Unterscheidung lassen sich einerseits die beiden Richtungen des Kontinuums zwischen niederschwelliger und hochschwelliger Sozialer Arbeit näher charakterisieren: *Je niederschwelliger eine Einrichtung arbeitet, desto mehr steht das Gewinnen und Stabilisieren eines Zugangs zu potenziellen KlientInnen im Mittelpunkt.* Veränderungsziele bzw. die Bearbeitung spezifischer Exklusionsproblematiken auf persönlicher Ebene zählen meist nicht zur niederschwelligen Sozialen Arbeit im umfassenderen Sinn, sondern gehen bereits darüber hinaus. Dafür muss bereits eine ausreichend stabile soziale Adressierbarkeit des Klienten bzw. der Klientin für das Hilfssystem hergestellt worden sein. Höher- und hochschwellige Hilfsangebote und Maßnahmen setzen meist voraus, dass die Anforderungen und Erwartungen, die an die KlientInnenrolle gebunden und für die Bearbeitung verschiedener Problemlagen Voraussetzung sind, in ausreichendem Ausmaß erfüllt werden können und auch die entsprechende Bereitschaft zu ihrer Erfüllung vorliegt. Hier steht im Zentrum die Bearbeitung und Lösung spezifischer Probleme der Lebensführung und der gesellschaftlichen Teilhabe auf individueller oder auch kollektiver Ebene.

Andererseits kann mit der vorgestellten Unterscheidung in Ergänzung und Erweiterung der Begriffsbestimmungen in Kap. 5.1 *zwischen einem engeren und einem weiteren Begriff von Niederschwelligkeit unterschieden* werden: Ersterer meint sozialarbeiterische Angebote bzw. Maßnahmen, deren Hauptfunktion in der basalen Zugangseröffnung zum Hilfssystem, in der Herstellung der Adressierbarkeit potenzieller KlientInnen für das Hilfssystem selbst besteht. Eine weitere, unspezifischere Begriffsverwendung bezeichnet allgemein eher voraussetzungsniedrige Zugänglichkeit bzw. das Niedrighalten von Erwartungen und Anforderungen in einer oder mehreren Dimensionen (vgl. Kap. 5.3), um KlientInnen nicht zu überfordern, ohne dass die Herstellung von Adressabilität für das Hilfssystem die Kernaufgabe der Maßnahme bzw. des Angebots darstellt. Solche Hilfsangebote bzw. -maßnahmen sind häufig im (unteren) Mittelfeld des skizzierten Kontinuums zu erwarten.[87]

---

87 Die Unterscheidung zwischen einem engeren und einem weiteren Niederschwelligkeitsbegriff impliziert keine Wertung über die Wichtigkeit unterschiedlich niederschwelliger Angebote und Maßnahmen.

Neben der eben dargestellten zentralen Funktion des Eröffnens von Zugängen zum Hilfssystem und der Erleichterung der Teilhabe an diesem lassen sich noch weitere *Neben- bzw.* teilweise auch *Unterfunktionen* beobachten. Niederschwellige Soziale Arbeit kann etwa *Sozialisationsfunktionen* in mindestens zwei Ausformungen übernehmen: Erstens bemüht sie sich häufig um die Sozialisation ihrer AdressatInnen in die KlientInnenrolle, denn darum geht es oft im Kern, wenn Adressabilität für das Hilfssystem hergestellt werden soll. Es geht um die Schaffung von Bedingungen, die bestimmte Zielgruppen zur Erfüllung der Erwartungen und Anforderungen, die mit der KlientInnenrolle verbunden sind, befähigen und/oder motivieren. Zweitens zeigt sich z.B. im Kontext aufsuchender bzw. mobiler Jugendarbeit sozialisatorisch wirkende Interaktion als wichtiger Inhalt. Die Arbeitsarrangements in diesem Bereich sind teilweise so gestaltet, dass bevorzugt paarweise und oft auch gemischtgeschlechtlich Outreach durchgeführt wird. Ein Analysebeispiel ließ erkennen, dass sich JugendarbeiterInnen u.a. als Projektionsflächen für die Jugendlichen und deren Phantasien anbieten und zugleich als Role Modeling wirken wollen, um deren gewohnte Selbst- und Umweltbezüge in spezifischer Weise zu irritieren. Die Intervention scheint darin zu bestehen, dass den Jugendlichen Alternativen zu bislang vertrauten Beziehungs- und Konfliktmustern vorgelebt werden, und zwar sowohl andere Formen von Rollenbeziehungen zwischen Erziehenden und Zu-Erziehenden (JugendarbeiterInnen als "die besseren Eltern") als auch alternative Formen des partnerschaftlichen Umgangs miteinander. Diese mittelbare Intervention lässt sich als nebenbei mitlaufende Sozialisation, die nicht als solche bzw. vor allem nicht als Erziehung im herkömmlichen Sinn ausgewiesen ist, beschreiben – man könnte sie salopp als 'Sozialpädagogik light' bezeichnen.

Aber auch in anderen Arbeitskontexten, etwa in der Gemeinwesenarbeit, kann alleine das vordergründig nicht fallspezifische miteinander Interagieren, die vorgebliche Alltagskommunikation, bereits die sozialarbeiterische Leistung sein, indem dadurch etwa bestimmte Formen des sozialen Umgangs miteinander praktiziert werden, die sich von konflikthaften Formen unterscheiden. In beiden hier beschriebenen Varianten der Sozialisationsfunktion (denen möglicherweise noch weitere hinzuzufügen sind) leistet niederschwellige Soziale Arbeit *Normalisierungsarbeit,* und zwar einerseits im Sinne des Hinführens zu gesellschaftlich akzeptierten Normen, Werten und Lebensweisen bzw. zwischenmenschlichen Beziehungsgestaltungen und andererseits (bei der Sozialisation in die KlientInnenrolle) im Sinne des Zuweisens und Einnehmens eines gesellschaftlich gebilligten, wenn auch tendenziell stigmatisierten Status.[88]

Ergänzt werden muss, dass die Sozialisation in die KlientInnenrolle zwar häufig, aber nicht immer erfolgt. Gerade bei den oben genannten Beispielen der mobilen Jugendarbeit und der Gemeinwesenarbeit scheint es manchmal eher um das *Herstellen von Bedingungen* zu gehen, *die eine bewusste Annahme der KlientInnenrolle auf Seiten der HilfsadressatInnen nicht unbedingt erforderlich machen*, um sozialarbeiterisch intervenieren zu können.

Die empirischen Ergebnisse lassen wiederholt erkennen, dass bei Störung und ev. auch Gefährdung anderer Gesellschaftsmitglieder, genau genommen der sogenannten 'Normalbevölkerung', mit besonderem Eifer daran gearbeitet wird, zu schwer erreichbaren Personenkreisen Zugang zu finden. Zumindest scheint die Erschließung öffentlicher Ressourcen für niederschwellige Hilfsangebote und -maßnahmen in diesen Fällen häufig leichter zu gelingen. Diese Beobachtung deutet bereits auf weitere Funktionen niederschwelliger Sozialer Arbeit hin, die allerdings im Hilfssystem selbst ambivalent beobachtet und teilweise auch latent gehalten werden. Insbesondere eine *spezifische Ausprägung der Kontrollfunktion und die Funktion der 'Befriedung' in der Exklusion* bzw. – eng damit zusammenhängend – der *Sicherung öffentlicher Ordnung* sind hier zu nennen.

Die *Kontrollfunktion* kann sich zum einen in der Beobachtung potenzieller Krisenherde bzw. Unruhequellen für die öffentliche Ordnung (z.B. der Jugend- oder Drogenszenen im öffentlichen Raum) entfalten. Dabei steht weniger eine direkt personenbezogene Kontrolle im Zentrum, sondern mehr die Erfassung und Überwachung der Szenestrukturen und ihrer Entwicklungsdynamiken, um daraus entsprechende Interventionsmöglichkeiten und -erfordernisse ableiten zu können. Zum anderen führt die Herstellung von Anschlussfähigkeit an das Hilfssystem grundsätzlich einen Kontrollaspekt mit sich, da bei gelingendem Anschluss ebensolche soziale Kontrolle für das Hilfssystem vermehrt möglich wird und teilweise auch nicht vermeidbar ist, da sich die Inanspruchnahme von Hilfe zumeist an konkrete Bedingungen knüpft, deren Einhaltung überprüft wird.

Zahlreiche Angebote und Maßnahmen der niederschwelligen Sozialen Arbeit tragen faktisch dazu bei, die *Randbereiche der Gesellschaft weniger sichtbar zu machen und 'ruhig' zu halten*, indem etwa Aufenthaltsräume bzw. Tageszen-

---

88 In beiden Fällen geht es selbstverständlich auch um Anpassung, auch wenn die Funktionsbestimmung Sozialer Arbeit als auf Anpassung zielende Normalisierungsarbeit von manchen sozial(arbeits)wissenschaftlichen Diskurssträngen aufgrund der Komplexität und Heterogenität gesellschaftlicher Normalitätsvorstellungen als nicht mehr zutreffend betrachtet wird (vgl. Seelmeyer 2008). Möglicherweise klaffen wissenschaftlicher Diskurs und gesellschaftliche – im konkreten Fall sozialarbeiterische – Praxis manchmal (noch) etwas auseinander.

tren und Notschlafstellen für obdachlose und/oder drogensüchtige oder auch psychisch kranke Personen geschaffen werden, indem versucht wird, deviante Handlungen von Jugendlichen im öffentlichen Raum abzuschwächen bzw. zu unterbinden, indem eine materielle Basisversorgung angeboten wird, indem der Verbreitung bestimmter Krankheiten entgegengearbeitet (z.b. von AIDS durch kostenlosen Spritzentausch für drogensüchtige Personen) und damit zugleich einer Gefährdung der Bevölkerungsmehrheit entgegengewirkt wird etc. In den Selbstthematisierungen der niederschwelligen Praxis tauchen diese Wirkungen teilweise als nützliche Nebeneffekte bzw. als eine Unterfunktion der zentralen Funktion des Ermöglichens von Anschlussfähigkeit für als hilfsbedürftig beobachtete Personen an das Hilfssystem auf. Teilweise wird diese Funktion als nicht intendiert dargestellt, d.h. sie wird zwar beobachtet, aber kommunikativ der Umwelt – konkret vor allem der Politik – zugeschrieben und auf der Ebene von Motiven und Zielen behandelt. Dabei gerät leicht aus dem Blick, dass die Ordnungs- und Befriedungsfunktionen faktische Folgen niederschwelligen sozialarbeiterischen Tuns darstellen.

Dass dieser Funktion in der Praxis Sozialer Arbeit sehr wohl eine beachtliche Relevanz zukommt, zeigt sich etwa daran, dass Maßnahmen bzw. Angebote, die bislang in der Öffentlichkeit wenig wahrnehmbare 'Problemgruppen' erst sichtbar machen könnten, teilweise vor großen Finanzierungsschwierigkeiten stehen bzw. schwer realisierbar sind (z.B. spezifische Angebote für wohnungslose Frauen oder Jugendliche, da hier ein großes Ausmaß an versteckter Wohnungslosigkeit vorliegt, niederschwellige Maßnahmen im psychosozialen Bereich, wenn nicht gleichzeitig eine 'Auffälligkeit' durch Obdachlosigkeit gegeben ist etc.). Die Bedeutung dieser Funktion macht sich auch dort bemerkbar, wo nach dem erfolgreichen Anschluss an das Hilfssystem und der Sicherung einer elementaren materiellen Basis des Überlebens keine weiterführenden Hilfsangebote bzw. Problembearbeitungen aus Gründen fehlender Ressourcen auf Seiten des Hilfssystems möglich sind. Wenn 'störende' bzw. als für die öffentliche Ruhe und Ordnung problematisch eingestufte Personen in der (auch massenmedial repräsentierten) Öffentlichkeit keine nennenswerte Wahrnehmbarkeit mehr aufweisen bzw. keine Beachtung mehr erhalten und darüber hinaus vom Hilfssystem kontrolliert und grundversorgt werden, dann können ihre Probleme der Lebensführung und gesellschaftlichen Inklusion als individuelle Probleme behandelt werden, um die sich die Gesellschaft allgemein und die Sozialpolitik im Besonderen nicht (mehr) weiter kümmern müssen.

Letzteres Beispiel zeigt auf, dass manche Funktionen niederschwelliger Sozialer Arbeit in einem potenziellen Spannungsfeld zueinander stehen bzw. insbesondere die *Funktion des Zugang-Eröffnens zum Hilfssystem unterschiedliche Gestalten annehmen kann:* zum einen die Gestalt der Herstellung von Adressierbarkeit für das Hilfssystem im Sinne des *Eröffnens von Anschlussmöglichkeiten an weiterführende, höherschwellige Hilfsangebote,* zum anderen die Gestalt der Inklusion in das Hilfssystem im Sinne einer *Exklusionsverwaltung ohne nennenswerte Chancen auf Hilfestellungen zur umfassenderen Problembearbeitung.* Damit würde niederschwellige Soziale Arbeit den Charakter eines *inkludierenden Exklusionsbereichs* gewinnen, sie könnte sich für manche hilfsbedürftigen Personen auch als 'Sackgasse' gesellschaftlicher (Re-)Inklusion entpuppen (vgl. Kap. 5.7). Dies ist insbesondere dann vermehrt erwartbar, wenn die nieder- und höher- bzw. hochschwelligen Bereiche der Sozialen Arbeit zunehmend auseinanderdriften.[89]

5.3 Umsetzungsdimensionen von Niederschwelligkeit in der Sozialarbeitspraxis

Wie lässt sich Niederschwelligkeit konkret realisieren? Wie versuchen also bestimmte soziale Angebote bzw. Maßnahmen zu erreichen, dass die Voraussetzungen und Anforderungen an ihre Zielgruppen hinsichtlich des Zugangs zu spezifischen Hilfsangeboten bzw. -maßnahmen, der Bedingungen des 'Verweilens' in diesen (also der Teilnahmefortsetzung) und/oder der zu erreichenden Erfolge bzw. Ziele möglichst gering gehalten werden? Im Folgenden wird vorgeschlagen, die Umsetzung solch niedrig gehaltener Voraussetzungen bzw. Anforderungen anhand von vier Dimensionen zu analysieren: Niederschwelligkeit lässt sich in zeitlicher, räumlicher, sachlicher und sozialer Hinsicht entfalten und niederschwellige Angebote bzw. Maßnahmen können dahingehend analysiert werden, in welchem Ausmaß und welcher Weise sie in diesen vier Dimensionen Niederschwelligkeit realisieren.

---

89 Für den Bereich der Wohnungslosenhilfe beobachtet Volker Busch-Geertsema eine in diese Richtung gehende Entwicklung: "Lokale Stufensysteme tendieren zur Ausweitung im unteren Bereich ('*niedrigschwellige*' Unterkünfte, Winternotschlafstellen, 'Trainingswohnungen' etc.) während oben die Zugänge erschwert sind." (Busch-Geertsema 2011: 42, Hervorhebung im Original)

5.3.1 Zeitliche Dimensionen

Von Niederschwelligkeit in zeitlicher Hinsicht lässt sich sprechen, wenn die KlientInnen bzw. Zielgruppen bei der Inanspruchnahme eines Hilfsangebotes möglichst wenige Voraussetzungen hinsichtlich der Zeitstruktur berücksichtigen müssen bzw. wenn geringe Anforderungen an ihre Zeitdisziplin gestellt werden. Niederschwellige Einrichtungen versuchen häufig, an der Außengrenze zu den KlientInnen, d.h. an den ersten Kontaktpunkten, die Vorstrukturierung durch die Organisation in der Zeitdimension möglichst gering zu gehalten, sodass sich die AdressatInnen entsprechend wenigen Strukturvorgaben anpassen müssen. Zeitliche Niederschwelligkeit kann verschiedene Ausprägungen aufweisen:

- Sie lässt sich zunächst dadurch realisieren, dass ein Angebot zeitlich weitgehend unbegrenzt ("rund um die Uhr") verfügbar ist und sich die KlientInnen bzw. Zielgruppen des Angebots nicht an Öffnungszeiten halten müssen. Sie können z.B. jederzeit eine bestimmte Helpline kontaktieren oder spezifische Räume nutzen. Vermieden wird hier die Schwelle des Wartens auf die Möglichkeit zur Inanspruchnahme eines Hilfsangebotes, sodass sich eine eventuell nur kurz bestehende Motivation zu einer Inanspruchnahme sofort umsetzen lässt. Je unmittelbarer bzw. schneller eine Hilfeleistung beansprucht werden kann, desto leichter ist ein Versuch möglich, sie zu nutzen. Sofortige Verfügbarkeit bedeutet auch das Vermeiden von Wartezeiten infolge geringer Personal- oder Sachressourcen, da für manche KlientInnen das Durchhalten längerer Wartezeiten eine große Hürde ist. Mangelnde Ressourcen können folglich zu Höherschwelligkeit führen, wenn dadurch die Hilfeleistung in die Zeit (konkret in die Zukunft) verschoben werden muss.

- Keine Notwendigkeit zur vorherigen Terminvereinbarung kann die Schwelle, eine bestimmte Leistung zu nutzen (z.B. Beratung, medizinische Versorgung etc.), ebenfalls wesentlich senken. Die Notwendigkeit zur Terminvereinbarung zeigt sich in der Praxis als eine besonders hohe Hürde für KlientInnen. Eine Anmeldung führt spezifische Erwartungen mit sich, nämlich vor allem die Erwartung, zu einem festgelegten Zeitpunkt bezüglich eines bestimmten Zwecks zu kommen bzw. ein bestimmtes Angebot zu nutzen. Die Nichteinhaltung führt zur Enttäuschung dieser Erwartung. Durch eine Anmeldung entsteht also ein gewisses Ausmaß an Verbindlichkeit, wobei das Ausmaß verschieden groß sein kann und auch mögliche Sanktionen bei Nicht-Einhaltung sehr unterschiedlich ausfallen können. Allerdings helfen Termine zugleich, eventuelle Wartezeiten zu verringern, wenn zeitlich unreguliert mit Nachfrageschwankungen nach einem Angebot zu rechnen ist und daraus zeitweise Engpässe bei der Bereitstellung des Hilfsangebots entstehen. Eine Terminvergabe als Entschärfung solcher Engpässe ist aber nur dann zweckentsprechend, wenn dadurch nicht höhere Schwellen geschaffen werden (s.o.).

- Geringe Anforderungen an die Zeitdisziplin der KlientInnen bedeuten etwa in niederschwelligen Einrichtungen, die Aufenthalts- und/oder Übernachtungsmöglichkeiten offerieren, keine oder möglichst wenige Vorgaben hinsichtlich der zeitlichen Tagesstrukturierung der KlientInnen. So können verbindliche Schlafenszeiten in Notschlafstellen für manche KlientInnen bereits zur Hürde werden. Zugleich lassen sie sich kaum vermeiden, wenn Mehrpersonen-Schlafräume vorhanden sind, da ein ständiges Kommen und Gehen die Nachtruhe stören würde. Zeitliche Niederschwelligkeit in dieser Ausprägung erfordert somit zugleich bestimmte räumliche Strukturen, die insbesondere in Notschlafstellen selten gegeben sind.

- Auch die Gestaltung der Dauer eines Hilfsangebotes bzw. einer Maßnahme kann zu Niederschwelligkeit beitragen, und zwar am ehesten dann, wenn die jeweilige Dauer flexibel auf die Anforderungen bzw. Bedürfnisse der einzelnen KlientInnen abgestimmt werden kann. Damit geht einher, dass kein Zeitdruck und – eng damit verbunden – kein unmittelbarer Ergebnisdruck bestehen. Häufig lässt sich bei den im niederschwelligen Bereich tätigen SozialarbeiterInnen die Erwartung bzw. Hoffnung beobachten, dass irgendwann sozialarbeiterische Interventionen im engeren Sinn (d.h. im Sinne von Veränderungsarbeit) möglich werden könnten. Diese Erwartungen werden in eine zeitlich nicht näher fixierte Zukunft verschoben.

- Bei aufsuchender Sozialer Arbeit ist die zeitliche Dimension grundsätzlich so geregelt, dass nicht die potenziellen KlientInnen die Zeitstruktur des Angebots berücksichtigen müssen. Vielmehr machen sich die SozialarbeiterInnen bzw. StreetworkerInnen Gedanken darüber, welche Zeitstrukturen ihre Zielgruppen eventuell ausgebildet haben und wann (und natürlich auch wo – s.u.) sie erreicht werden können.

Allgemein lassen die Ergebnisse erkennen, dass die jeweiligen Zeitstrukturen eine wichtige Rahmenbedingung für die inhaltliche Ausgestaltung sozialer Hilfsangebote darstellen und den inhaltlichen Möglichkeitsbereich mitgestalten. Begrenzungen der Zeitdimension können spezifische Auswirkungen in der Sach- und Sozialdimension haben.

In vielen niederschwelligen Einrichtungen richtet sich die zeitliche Gestaltung der Maßnahme bzw. des Angebotes in einer ersten Phase vor allem danach, die Wahrscheinlichkeit des In-Kontakt-Kommens mit der Zielgruppe zu erhöhen. Ist erst einmal dieser grundsätzliche Anschluss geschafft und eine stabilere Erreichbarkeit bzw. Adressierbarkeit der Zielgruppe bzw. einzelner Personen hergestellt, dann lässt sich teilweise der Übergang zu höherschwelligen Zeitstrukturen (z.B. Termine) beobachten. Allerdings scheinen sich diese Entwicklungsverläufe mitunter nicht linear, sondern zirkulär zu gestalten, da die Versuche, zu höherschwelligen Zeitstrukturen überzugehen, nicht immer glücken.

5.3.2 Räumliche Dimensionen

Niederschwelligkeit in räumlicher Hinsicht meint keine oder sehr geringe Bedingungen für das räumliche Erreichen von Hilfsangeboten bzw. -maßnahmen und den Zutritt zu bzw. Aufenthalt in einem bestimmten Raum. Räumlichen Aspekten wird in der niederschwelligen Sozialen Arbeit große Wichtigkeit beigemessen. Auch die Metapher "niederschwellig" zielt in ihrer wörtlichen Bedeutung auf Räumliches ab, auf eine durch einen Balken erzeugte Erhöhung, die sowohl eine Grenze markiert als auch (im Falle der Türschwelle) für deren Öffnung steht. Das Erzeugen räumlicher Nähe zeigt sich insofern als essenziell, als Interaktion (konkret: direkte, nicht über technische Medien vermittelte mündliche Kommunikation zwischen Anwesenden) eine herausragende Rolle bei der Herstellung von Adressierbarkeit potenzieller, aber vom Hilfssystem schwer erreichbarer KlientInnen einnimmt.

Räumliche Niederschwelligkeit wird in der Praxis auf verschiedene Weise umgesetzt. Zunächst zeigt sich *von großer Bedeutung, wo die Interaktion* zwischen SozialarbeiterInnen bzw. anderen im Sozialbereich tätigen Berufsgruppen und ihren KlientInnen resp. Zielgruppen *stattfindet: in Räumlichkeiten der Organisation,* die das spezifische Angebot umsetzt, *oder in Räumen, in denen sich die KlientInnen alltäglich aufhalten.* Letztere könnten sowohl deren Privatwohnungen/-häuser (falls vorhanden) sein als auch öffentliche und halböffentliche Räume. Soziale Arbeit, die in eigens dafür bestimmten Räumen stattfindet, welche von den Zielgruppen aktiv aufgesucht werden müssen, hat es mit anderen *räumlich gebundenen Erwartungen* zu tun als Soziale Arbeit, die im öffentlichen Raum stattfindet und aktiv auf die potenziellen KlientInnen bzw. Zielgruppen zugeht. Die jeweils anderen gültigen sozialen Regeln scheinen eng mit dem jeweiligen Raum verknüpft zu sein, sie hängen stark mit Raumstrukturen bzw.

Raumkontexten zusammen. Weiters wird die Verantwortlichkeit für die Regeleinhaltung anders zugerechnet (s.u.).

Stellt die durchführende Organisation, also die niederschwellige Einrichtung einen Raum für die Interaktion zur Verfügung, spielen sowohl die Lage (schnell und leicht erreichbar für die Zielgruppen) als auch die bauliche Gestaltung, das Aussehen und die Einrichtung der Räumlichkeit eine wichtige Rolle für leichte Zugänglichkeit. Räumliche Nähe wird durch das *Vermeiden oder Geringhalten von räumlich symbolisierter bzw. materialisierter Distinktion zur Zielgruppe* hergestellt. Dabei kann die konkrete Umsetzung der räumlichen Niederschwelligkeit zielgruppenspezifisch stark variieren. Oft lässt sich ein Andocken an andere Raumstrukturen bzw. -typen (in der Bedeutung von Sinntypen bzw. Sinnmustern – vgl. Krutter 2008: 4) beobachten, die der Zielgruppe vertraut und nahe sind, wie etwa Geschäftslokale, Gaststuben oder öffentliche Aufenthalts- bzw. Warteräume. Häufig wird somit an Übergangszonen und Räume symbolisch angeschlossen, die Eigenschaften von öffentlich und privat vermischen bzw. verbinden. Niederschwellige Räume sind weiters eher offen und transparent gehalten und bieten den Zielgruppen leichte Möglichkeiten zur 'Flucht' an, sodass wenig Vertrauen vorausgesetzt werden muss und zugleich Vertrauensaufbau ermöglicht wird. Dafür zeigen sich einfache Raumstrukturen am Eingang und innerhalb des Organisationsgebäudes (keine langen Gänge bzw. Wege für die NutzerInnen, sofort im 'richtigen' Raum ankommen etc.) hilfreich.

Wenn der Interaktionsraum der niederschwelligen Einrichtung zugerechnet werden kann, ist sie definitionsmächtig und zugleich verantwortlich für bestimmte Regeln, die beim Aufenthalt in den Organisationsräumen einzuhalten sind. Die Erbringung der Hilfsleistungen in den Organisationsräumen (und z.B. nicht in der Öffentlichkeit oder in den privaten Räumen der KlientInnen) kann Einschränkungen für die Gestaltung der Niederschwelligkeit in anderen Dimensionen nach sich ziehen, etwa das Verbot illegaler Handlungen durch die Zielgruppen, da die Organisation ein höheres Ausmaß an Verantwortlichkeit gegenüber dem Rechtsstaat zu beachten hat als dies etwa in öffentlichen Räumen der Fall ist. Dadurch können höhere Anforderungen an das Verhalten der (potenziellen) KlientInnen notwendig werden, etwa die Bedingung, während des Aufenthalts in den Räumen der Organisation keine Drogen zu konsumieren[90] bzw. nicht zu dealen. Auch niederschwellige Einrichtungen müssen in ihren Räumen in der

---

90 Sogenannte Sucht-, Konsum- oder Fixerräume stellen hier eine Ausnahme dar, ihre öffentliche Akzeptanz ist aber höchst umstritten und ihre Realisierung in Österreich bislang nicht erfolgt (das seit 2008 geplante Pilotprojekt in Graz befand sich Anfang 2010 nach wie vor in der politischen Warteschleife - vgl. DerStandard.at vom 04. Februar 2010).

Regel eine 'Hausordnung' in Kraft setzen, die von Personen, die diesen Raum nutzen, einzuhalten ist. Bei wiederholtem Nicht-Einhalten wird häufig ein (meist zeitlich befristetes) Hausverbot ausgesprochen. Die zeitliche Befristung stellt dabei den Versuch dar, den Zugang zur Einrichtung für die betroffene Person nicht gänzlich zu versperren, sondern grundsätzlich offen zu halten.

Häufig lässt sich in niederschwelligen Einrichtungen eine Kombination unterschiedlich offener bzw. geschlossener Räume und Bereiche beobachten, in denen in verschiedenen Rollen miteinander interagiert wird (z.B. Tageszentrum, Notschlafstelle, ev. Beratungsräume, für KlientInnen meistens nicht zugängliche Büro- und Aufenthaltsräume der MitarbeiterInnen etc.). Dabei lässt sich allgemein sagen: *Je weniger flüchtig der Aufenthalt in den Räumen einer Hilfseinrichtung ist, desto voraussetzungsvoller wird er,* desto mehr Bedingungen müssen akzeptiert werden. Beratungszimmer und Nächtigungsbereiche stellen beispielsweise in der Regel geschlossenere Zonen dar.

Als besonders niederschwellig gelten Angebote, in denen die KlientInnen ihr unmittelbares Lebensumfeld (öffentlich oder privat) nicht verlassen müssen, sondern von SozialarbeiterInnen, StreetworkerInnen etc. dort aufgesucht werden. Verschiedene Ausprägungen der sogenannten *aufsuchenden oder nachgehenden Sozialen Arbeit* wie etwa Streetwork können in dieser Hinsicht als niederschwellig bezeichnet werden. Indem kein organisationseigener Raum mit entsprechenden Grenzen und Regeln für die Interaktion mit den Zielgruppen genutzt wird, können die damit einhergehenden Limitierungen umgangen werden. Die Einrichtung muss mit Ausnahme der Handlungen ihrer direkten MitarbeiterInnen auch keine Verantwortung dafür übernehmen, was in diesem Raum passiert. Die MitarbeiterInnen sind in der Regel keine Ordnungskräfte (wobei es hier Grenzbereiche gibt und etwa Formen mobiler Sozialer Arbeit im öffentlichen Raum mit allparteilichem Ansatz sehr wohl explizite Ordnungsfunktionen haben können), sie haben keine Exekutivfunktion und können wegschauen, wenn illegale Handlungen verübt werden. Dadurch lassen sich die Anforderungen an die AdressatInnen besonders niedrig halten.

Beachtenswert erscheint, dass im Falle aufsuchender Sozialer Arbeit die Schwelle nicht von den AdressatInnen der Hilfsangebote und -maßnahmen, sondern von den EinrichtungsmitarbeiterInnen überschritten wird. Im öffentlichen Raum zu arbeiten impliziert zugleich ein hohes Maß an Ungeschütztheit, und zwar sowohl auf Seiten der StreetworkerInnen als auch der AdressatInnen. Damit gehen spezifische Spannungsfelder mit sozialen Dimensionen von Niederschwelligkeit einher, insbesondere mit dem Prinzip der Freiwilligkeit (s.u.).

Soziale Arbeit ist im aufsuchenden Bereich besonders offensiv bzw. proaktiv daran beteiligt, Personen zu KlientInnen zu machen.

Im Zusammenhang mit räumlichen Dimensionen von Niederschwelligkeit verdienen *gemeinwesen- und sozialraumorientierte Angebote und Maßnahmen der Sozialen Arbeit* eine besondere Erwähnung. Obwohl die Verständnisse von und Konzepte zu Gemeinwesenarbeit und Sozialraumorientierung äußerst heterogen sind (vgl. Galuske 2007),[91] eint diese Ansätze, dass sie nicht auf einzelne Individuen als Fälle fokusieren, sondern auf die Bevölkerung räumlicher Einheiten, deren Lebensbedingungen als verbesserungswürdig betrachtet werden und die zur aktiven Aneignung und gegebenenfalls Umgestaltung ihres 'Sozialraumes' (der in der Praxis meist zugleich territorial definiert ist) angeregt und befähigt werden soll. Als Fall Sozialer Arbeit sind hier somit die NutzerInnen eines bestimmten territorialen Gebietes mitsamt den damit verbundenen sozialräumlichen Strukturen anzusehen, wobei mal mehr, mal weniger, mal gar nicht auf die Interessen spezifischer NutzerInnen (z.B. Jugendlicher) fokussiert wird. Von Fällen der Sozialen Arbeit soll hier deshalb gesprochen werden, weil die Erklärung sozialarbeiterischer Zuständigkeit auf Basis der Beobachtung sozialer Problemlagen im spezifischen 'Sozialraum' erfolgt (alles andere käme auch einer völligen Entgrenzung sozialarbeiterischer Zuständigkeit gleich).[92] Niederschwelligkeit wird dabei insbesondere durch zwei Faktoren erreicht: Erstens werden die Interventionen im unmittelbaren Lebensumfeld der Bevölkerung eines bestimmten Gebietes gesetzt und oft sind die entsprechenden Einrichtungen auch räumlich dort angesiedelt. Zweitens – und damit erreichen diese Ansätze eine spezifische Form von Niederschwelligkeit – adressiert Gemeinwesenarbeit ihre Zielgruppe als BewohnerInnen eines Gemeinwesens und nicht primär als Personen, an denen sozialarbeiterisch relevante und bearbeitbare Defizite beobachtet werden. Die Angebote und Aktivitäten sind nicht in erster Linie auf persönlich-individuelle Problembearbeitung ausgerichtet, sondern verfolgen auf die (Weiter-)Entwicklung des Gemeinwesens ausgerichtete Zielsetzungen; personenbezogene Hilfe läuft meist nebenher. Das Zugehen auf Personen dürfte des-

---

91 Zugleich scheint mit beiden Begriffen Vergleichbares bezeichnet zu werden. Dies zeigt sich etwa bei Galuske (2007: 110), wenn er über die breite Verankerung der "Prinzipien der Gemeinwesenarbeit, nämlich den Klienten in seinen sozialräumlichen Bezügen mit seinen Ressourcen und Problemen zu sehen, …" schreibt.

92 Der programmatische Titel "Vom Fall zum Feld" (Hinte et al. 1999) ist somit eher ein Ausdruck grundsätzlicher Ambivalenzen der Sozialen Arbeit ihrem genuinen Gegenstandsbereich gegenüber und weniger des realen 'Entkommens' der Konstruktion und Bearbeitung von sozialen Problemfällen.

halb teilweise als weniger problematisch erlebt werden, weil diese eben als Be-wohnerInnen und nicht als KlientInnen adressiert werden.[93]

Manche niederschwellige räumliche Settings unterstützen eine gewisse *Rol-lendiffusität*. So verweist etwa ein Tageszentrum, das lokalähnlich gestaltet ist, tendenziell auf andere Rollenbeziehungen als die zwischen SozialarbeiterIn und KlientIn, nämlich auf die zwischen Gast und Bedienungspersonal. Weiters findet in Lokalen häufig persönliche Kommunikation zwischen befreundeten oder fa-miliär verbundenen Personen statt. Ähnliches gilt für Clubräume bei Angeboten für Jugendliche. Der öffentliche Raum weist generell eine große Unbestimmtheit und Vielfalt hinsichtlich sozialer Rollenerwartungen auf (eine Ausnahme stellen aber z.B. uniformierte Personen, insbesondere Exekutivkräfte dar). Hier fördern räumliche Dimensionen die speziellen Mechanismen der Fallkonstruktion in der niederschwelligen Sozialen Arbeit, die in Kapitel 5.5 näher beschrieben werden.

5.3.3 Inhaltliche bzw. sachliche Dimensionen

Inhaltliche bzw. sachliche Umsetzungsdimensionen von Niederschwelligkeit umfassen erstens Fragen nach den spezifischen Problemlagen, auf die die jewei-ligen Maßnahmen fokussieren bzw. die in der Interaktion zwischen KlientIn und SozialarbeiterIn oder anderen in der Sozialen Arbeit tätigen Berufsgruppen bzw. Personen (ev. auch Ehrenamtlichen) zum Thema gemacht werden. Zu fragen ist hier also danach, um welche *Probleme* es *auf einer sachlichen Ebene* geht. Zwei-tens bezieht sich diese Dimension darauf, welche konkreten *inhaltlichen Ange-bote* eine Einrichtung setzt. Und eng damit verbunden lässt sich drittens die Fra-ge danach stellen, was inhaltlich erreicht werden soll, d.h. welche *Erfolge bzw. Zielsetzungen* in den Maßnahmen angestrebt werden. Vor der Detailanalyse der Sachdimensionen in der Umsetzung von Niederschwelligkeit gilt es anzumerken, dass deren trennscharfe Unterscheidung von sozialen Umsetzungsdimensionen nicht immer möglich ist, da zentrale Inhalte niederschwelliger Sozialer Arbeit die Kontaktherstellung und der Beziehungsaufbau zu schwer erreichbaren Adres-satInnen der Sozialen Arbeit darstellen. Damit gehen die Sach- und Sozialdimen-sionen teilweise ineinander über bzw. sind mitunter deckungsgleich.

Niederschwelligkeit in inhaltlicher Hinsicht kann darin zum Ausdruck kommen, dass die *Problemlagen*, die zum Gegenstand der sozialarbeiterischen Interventionen werden können, *nicht näher eingeschränkt* sind. Das bedeutet beispielsweise, dass KlientInnen mit sogenannten Multiproblemlagen für die

---

93   Hier wird implizit die stigmatisierende Wirkung sozialarbeiterischer Adressierung sichtbar.

einzelnen Problembereiche (soweit sie sich trennen lassen) nicht jeweils darauf spezialisierte Hilfseinrichtungen aufsuchen müssen, sondern sich mit allen Themen, Problemen und Anliegen an eine Stelle wenden können. In vielen niederschwelligen Einrichtungen im engeren Begriffssinn steht aber zunächst vorrangig gar keine spezifische (und schon gar nicht spezialisierte) Problembearbeitung im Mittelpunkt der Interaktion, sondern ein basales In-Kontakt-Kommen mit den (potenziellen) KlientInnen und die Schaffung der Grundlagen für möglicherweise anschließende Problembearbeitungen. Anders formuliert: Inhaltlich wird vorrangig an der Herstellung der Grundlagen zur An- und Übernahme der KlientInnenrolle gearbeitet. Diese Grundlagen umfassen vielfältige Facetten und reichen von körperlicher und psychischer Stabilisierung über die Förderung spezifischer Problembeobachtungen bis zur Herstellung von Vertrauen in das Hilfssystem. Hier kommt die hauptsächliche Funktion niederschwelliger Einrichtungen, nämlich die Herstellung einer grundlegenden Adressierbarkeit für das Hilfssystem, in der inhaltlichen Dimension zum Ausdruck.

Eine weitere Dimension der Offenheit gegenüber Problemlagen zeigt sich darin, dass *persönliche Verfassungen der AdressatInnen akzeptiert* werden, die bei höherschwelligen Hilfsangeboten üblicherweise als Hindernis bzw. Ausschließungsgrund aus der Maßnahme bzw. dem Hilfsangebot gelten. So werden die Zielgruppen im niederschwelligen Bereich mitunter auch unter Einfluss bewusstseinsverändernder Substanzen akzeptiert, es ist also teilweise keine (zumindest zeitweilige) Abstinenz erforderlich. Spezifische Hürden lassen sich beispielsweise in der niederschwelligen Wohnungslosenhilfe dadurch außer Kraft setzen, indem Rahmenbedingungen geschaffen werden, die das Mitbringen von Haustieren erlauben oder die Akzeptanz 'auffälliger' psychischer Erkrankungen ermöglichen. Generell wird im niederschwelligen Bereich im engeren Begriffssinn häufig keine sogenannte Krankheitseinsicht verlangt. Im an sich bereits höherschwelligen Bereich der aktiven Arbeitsmarktpolitik kann u.a. die Akzeptanz einer akuten Schuldenproblematik die Zutrittshürden senken.

Teilweise, aber nicht immer, wird eine weitgehende *Zielgruppenoffenheit* in Zusammenhang mit Niederschwelligkeit gebracht. Die Frage der Zielgruppenorientierung lässt sich zwar grundsätzlich auch der sozialen Dimension zurechnen, sie wird aber hier unter sachlichen bzw. inhaltlichen Gesichtspunkten verhandelt, da im Hintergrund dieser Frage in der Regel die Annahme steht, dass spezifische Zielgruppen bestimmte Problemlagen mit sich führen und deshalb jeweils darauf abgestimmte Hilfsmaßnahmen und -angebote erforderlich werden. Ganz allgemein richten sich niederschwellige Hilfsangebote insbesondere an Zielgruppen, die sich institutionellen Zugängen bzw. sogenannten institutionalisierten und stärker formalisierten Angeboten weitgehend verschließen. Bemerkenswert ist allerdings, dass sich *in der Praxis häufig Zielgruppeneinschränkungen* im niederschwelligen Bereich beobachten lassen und dies im Feld auch breit akzeptiert zu sein scheint. Verschiedene Faktoren begünstigen solche Eingrenzungen:

- Niederschwelligkeit bedarf oft einer kontextspezifischen Umsetzung, wobei insbesondere die Orientierung an den spezifischen Merkmalen der jeweiligen Zielgruppe für die konkrete Ausgestaltung der Niederschwelligkeit maßgeblich ist. In anderen Worten: Die Erreichbarkeit bzw. Adressierbarkeit der (potenziellen) KlientInnen für das Hilfssystem muss zielgruppenspezifisch hergestellt und bearbeitet werden. Unter anderem zeigen sich hier genderbezogene Aspekte als besonders beachtenswert. So lässt sich etwa am Beispiel der Wohnungslosenhilfe erkennen, dass viele Angebote zwar grundsätzlich den Anspruch haben, geschlechtsneutral zu sein bzw. sich an obdachlose Männer und Frauen gleichermaßen zu richten, es in der Realität aber nicht sind und vor allem von Männern angenommen werden. Die Erfahrungen mit niederschwelligen Wohnangeboten für Frauen lassen darauf schließen, dass es in diesem Bereich eigener Angebotsstrukturen bedarf, die bei den spezifischen Lebens- und Problemlagen von Frauen ansetzen.

- Mitunter motivieren die Förderstrukturen Zielgruppeneingrenzungen, da dort teilweise die finanziellen Mittel schon bestimmten Zielgruppen bzw. Themenbereichen gewidmet sind, etwa Jugendlichen, drogensüchtigen Personen etc.

- Manchmal lassen sich Zielgruppenunverträglichkeiten beobachten, d.h. bestimmte Zielgruppen bzw. Personenkreise stehen zueinander in einer konflikthaften Beziehung und der Konflikt würde in die Einrichtung hineingetragen, ohne der eigentliche Inhalt des Projektes bzw. der Maßnahme zu sein. Die Erfahrungen der Sozialarbeitspraxis zeigen beispielsweise, dass sich verschiedene Obdachlosengruppen nicht mit einem bestimmten 'Typus' drogenerkrankter Personen vertragen, ein gemeinsames Tageszentrum für beide könnte sich mit diesen Konflikten überlasten bzw. zur Gefahr für die Beteiligten werden.

- Eine Zielgruppenverengung kann auch Resultat eines spezifischen Akzeptanzprozesses durch die AdressatInnen des Angebotes bzw. der Maßnahme sein, d.h. ein bestimmter AdressatInnenkreis greift ein Angebot (z.B. ein Tageszentrum etc.) bevorzugt auf und kann damit eventuell andere AdressatInnen davon abhalten, das Angebot zu nutzen. Es sind also nicht immer die

Angebotsstrukturen an sich, die Schwellen setzen, solche Schwellen können auch durch die sich ausbildenden Nachfragestrukturen entstehen. In manchen Jugendzentren bzw. -treffs lässt sich etwa eine vorrangige Nutzung durch Jugendliche mit spezifischem nationalen Migrationshintergrund beobachten, sodass die jeweilige Einrichtung daraufhin von anderen Jugendlichen abgelehnt wird. In der Folge können solche Akzeptanzprozesse auch eine Anpassung der Maßnahmenstrukturen an die jeweils besonders stark erreichte Zielgruppe bewirken.

Niederschwelligkeit hinsichtlich der zu erreichenden Erfolge bzw. Ziele kann bedeuten, dass hier keine hohen Anforderungen und Erwartungen an die KlientInnen gerichtet werden bzw. die *Leistungsbeanspruchung nicht an das Erreichen bestimmter Ziele oder Erfolge gebunden* ist. Berücksichtigt man die in Kapitel 5.2 beschriebene zentrale Funktion niederschwelliger Sozialer Arbeit, dann geht es vorrangig um die Schaffung der Grundlagen bei den AdressatInnen, die zur Herausbildung von Zielen notwendig sind, an die sich sozialarbeiterische Intervention anschlussfähig erweist. *Der Übergang zu fallspezifischer Kommunikation mit Zielvereinbarungen bedeutet höhere Erwartungen an den Klienten resp. die Klientin.* Zielvereinbarungen führen dementsprechend die Gefahr des Nicht-Erreichens bzw. Scheiterns mit sich. Deshalb gilt es, die Chancen der Erreichbarkeit der Ziele zuvor sorgfältig abzuwägen, denn das Erlebnis des 'Versagens' kann zu Rückzug und damit (vorübergehend oder ganz) zum Abbruch der Kommunikation führen. Um das Gelingen solch eines Übergangs wahrscheinlicher zu machen, wird häufig ein besonderes Augenmerk auf von den KlientInnen selbst definierte Zielsetzungen gelegt und eine große Flexibilität bei der inhaltlichen Bestimmung der Zielsetzungen angestrebt. Mit einer Zielvereinbarung zwischen KlientIn und MitarbeiterIn bzw. Einrichtung wird aber in jedem Fall ein Schritt zu einem höherschwelligen Beziehungssetting getan, da ein höheres Ausmaß an Verbindlichkeit damit einhergeht.

Zugangsschwellen können durch die *Kopplung verschiedener Angebote bzw. Inhalte* gesenkt werden. Teilweise ist zu beobachten, dass die Erreichbarkeit der Zielgruppen zur "Ausarbeitung der Adresse" (Fuchs 1997a: 64) durch *symbiotisches Mitführen von bedürfnisbefriedigenden Angeboten*, die häufig auf körperliche Bedürfnisse referieren (Nahrung, Schlafplätze, warmer Raum, Möglichkeiten zur Körperhygiene etc.), wahrscheinlicher gemacht wird. Neben dem Heranführen an die eigentlichen sozialarbeiterischen Leistungen können die materiellen Angebote auch zur körperlichen Stabilisierung beitragen und sich so in doppelter Weise förderlich auf die Erhöhung der Adressabilität für das Hilfssystem auswirken. Zur Erreichung jugendlicher Zielgruppen werden häufig auch attraktive Freizeitangebote als Anreiz genutzt, um mit ihnen in Beziehung treten zu können und/oder an eventuell mit angebotene soziale Informations- und Beratungsdienstleistungen 'heranzuführen'. Das Freizeitangebot ist dabei aus Perspektive der Sozialen Arbeit Mittel zum Zweck, seine hauptsächliche Funktion ist nicht die absichtsneutrale Bereitstellung von Beschäftigungsmöglichkeiten in der Freizeit für Jugendliche, vielmehr geht es im Kern darum, Zugang zu Jugendlichen zu finden, die als mögliche 'Problemfälle' für die Gesellschaft beobachtet werden. Darüber soll die Annahme der damit häufig gekoppelten Beziehungs- bzw. Beratungsangebote der Sozialen Arbeit wahrscheinlicher werden.

In inhaltlicher Hinsicht lassen sich somit teilweise *zwei verschiedene Ebenen* an Angeboten beobachten: Auf einer nach außen (also für die Zielgruppen) gut sichtbaren Ebene erscheinen die *manifesten Angebote*, nämlich verschiedenste materielle bzw. auf körperliche Grundbedürfnisse referierende oder auch Freizeitangebote, die für die Zielgruppen zunächst die eigentlich attraktiven Angebote sind. Dahinter liegt aber das für die Einrichtung bzw. die Soziale Arbeit wesentlichere Angebot, nämlich das Beziehungsangebot mit dem Ziel der Schaffung einer stabileren Adressierbarkeit für das Hilfssystem – und insbesondere bei Jugendlichen teilweise der sozialisatorisch wirkenden Interaktion. Die zweite Ebene wird aber nach außen, also gegenüber der Zielgruppe, teilweise latent gehalten. Dadurch gewinnt das Arbeiten mit zwei Angebotsebenen tendenziell den Charakter des 'Köderns' bzw. halb verdeckten Arbeitens. Das Beispiel der Kopplung von Freizeit- und Beziehungs- bzw. Beratungsangeboten für Jugendliche weist etwa Elemente der List auf: Die Interessen der Jugendlichen sind nicht immer direkt kompatibel mit den Zielsetzungen des eigentlichen Angebotes, deshalb wird zunächst an deren Interessen angedockt und ein damit kompatibles Angebot vorgeschoben, um über den dadurch entstehenden Kontakt und Vertrauensaufbau zur Annahme des ursprünglich gar nicht nachgefragten Angebots zu motivieren. Das Freizeitangebot dient als 'Rampe' zum Beratungsangebot, das die Schwelle der Annahme senkt.

5.3.4 Soziale Dimensionen

Soziale Umsetzungsdimensionen von Niederschwelligkeit zielen auf die Art der Beziehung zwischen KlientInnen und SozialarbeiterInnen bzw. niederschwelligen Organisationen (und in gewisser Weise auch zu den dahinter stehenden AuftraggeberInnen des sozialen Hilfsangebotes) ab.

Häufig – aber nicht immer – wird weitestmögliche *Anonymität für die KlientInnenseite* als wichtiges Merkmal niederschwelliger Sozialer Arbeit angeführt. Durch das Wegfallen der Angst vor Kontrolle und eventuellen negativen Sanktionen bzw. Zwangsmaßnahmen steigt allgemein die Wahrscheinlichkeit, dass Angebote freiwillig in Anspruch genommen werden. Die Kontrollfunktion Sozialer Arbeit wird damit bei niederschwelligen Angeboten weniger personenbezogen umgesetzt, sondern eher im Sinne der Beobachtung eines bestimmten KlientInnen-Segments (z.b. Beobachtung der Jugendszene in einem bestimmten Gebiet). Folgende Aspekte erscheinen in Bezug auf die Umsetzung von Anonymität beachtenswert:

- Im niederschwelligen Bereich lassen sich häufig Organisationsstrukturen bzw. -regeln beobachten, die auf Organisationsseite Erwartungsbildungen und -zurechnungen sowie Kontrollmöglichkeiten gegenüber den NutzerInnen verhindern oder zumindest erschweren, z.b. durch stark reduzierte Adressierbarkeit (teilweise ist nur ein Vorname bekannt bzw. kann ein Pseudonym angegeben werden) und fehlende oder zumindest nicht personenbezogene Dokumentation bzw. Aktenführung. Die Verbindlichkeit der Interaktion und insbesondere der Interaktionsfortsetzung wird für die anonym bleibende Person niedrig gehalten, die Möglichkeiten des Anschlusses an frühere Kommunikationen sind auf Seiten der Organisation stark reduziert. Solche Anschlussmöglichkeiten bleiben in großem Ausmaß an Personen, nämlich an konkrete MitarbeiterInnen gekoppelt. Die Adressbildung ist damit zunächst auf individuelles Gedächtnis und mündliche Kommunikation angewiesen und deshalb sehr instabil bzw. flüchtig.

- Die gezielte Beschränkung der Adressierbarkeit stellt strukturell ein hohes Ausmaß an Unverbindlichkeit sicher und erscheint auf den ersten Blick widersprüchlich zu einer zentralen Funktion niederschwelliger Sozialer Arbeit, nämlich zur Herstellung von Adressierbarkeit potenzieller KlientInnen für das Hilfssystem. Damit wird allerdings den jeweiligen Zielgruppen ermöglicht, ihrerseits die Adresse "Soziale Arbeit" bzw. "Soziale Hilfe" mittels der konkreten Einrichtung unverbindlich zu testen, ohne selbst zur Adresse werden zu müssen. Manche von ihnen wollen (zumindest zunächst) auch keine direkt ansteuerbare Adresse für das Hilfssystem sein. Anonymität kann damit in bestimmten Fällen die Wahrscheinlichkeit der Inanspruchnahme Sozialer Hilfe erhöhen.

- Neue Möglichkeiten zur Wahrung der Anonymität können durch moderne Informations- und Kommunikationstechnologien (IKT) erschlossen werden. Zugleich führen diese aber spezielle Begrenzungen für die Interaktion zwischen KlientIn und SozialarbeiterIn und damit auch für die sozialarbeiterischen Interventionsmöglichkeiten mit sich und erfordern zugleich spezifische Kenntnisse und Zugänge zu Onlinemedien auf Seiten der AdressatInnen. Ergänzt werden muss an dieser Stelle, dass IKT-vermittelte Kommunikation für spezifische Zielgruppen auch neue Möglichkeiten für räumliche Niederschwelligkeit bietet, da die eigene, vertraute Umgebung nicht verlassen werden muss, um in Kontakt zu treten, sich Informationen zu beschaffen bzw. Online-Beratung zu nutzen. Diese Technologien eröffnen zum Beispiel Menschen mit Körperbehinderung neue Gelegenheiten der gesellschaftlichen Teilhabe.

▪ Anonymität und damit fehlende oder zumindest stark reduzierte persönliche Adressierbarkeit bzw. Zurechenbarkeit der Kommunikation zu einer Person ist generell nur in bestimmten Settings möglich und setzt enge Grenzen für die Interaktion. Die Inanspruchnahme bestimmter Leistungen verlangt zumeist umfangreichere Adressierbarkeit und damit die Aufgabe der Anonymität. So kann etwa in der mobilen Jugendarbeit die Teilnahme an Ausflügen eine Einwilligung der Erziehungsberechtigten notwendig machen. Weiters wird beim Erschließen von beständigeren Ressourcen zur materiellen Grundversorgung (z.B. die Beantragung von Sozialhilfe bzw. Bedarfsorientierter Mindestsicherung) eine umfangreichere personenbezogene Adressierbarkeit notwendig. In beiden genannten Beispielen setzen allgemeine gesetzliche Regelungen der Niederschwelligkeit Grenzen.

▪ Die Anonymitätsgrenze wird in der Praxis häufig nach 'hinten' verlagert, d.h. an die Schnittstellen der Einrichtung zu anderen Umwelten (Behörden, Erziehungsberechtigte, Polizei, andere Hilfseinrichtungen etc.), indem den AdressatInnen Anonymität bzw. Vertraulichkeit gegenüber Dritten zugesichert wird. Dadurch kann eine höhere Adressierbarkeit der KlientInnen für die Organisation gewährleistet werden. In manchen Handlungsfeldern der Sozialen Arbeit ist die Verschwiegenheit gegenüber Dritten rechtlich geregelt. So obliegen etwa nach § 15 Suchtmittelgesetz (SMG) anerkannte Hilfseinrichtungen im Sucht- und Drogenbereich einer rechtlichen Verschwiegenheitspflicht. Bereiche, in denen die Vertraulichkeit der Kommunikation mit den KlientInnen nicht rechtlich abgesichert ist (z.B. die außerschulische Jugendarbeit), bewegen sich mit ihrem Tun mitunter in Grauzonen und arbeiten sich entsprechend an den damit verbundenen Dilemmata ab.

▪ Generell scheint Anonymität einer der ersten Aspekte von Niederschwelligkeit zu sein, der beim Prozess der (Re-)Inklusion ins Hilfssystem aufgehoben wird, denn es geht im Kern darum, die Adressierbarkeit der Zielpersonen für das Hilfssystem (erstmals oder wieder) herzustellen. Hier zeigt sich, dass Anonymität ein funktionales Äquivalent zu Vertrauen darstellt und in erster Linie zu dessen Aufbau dient. Sobald ausreichend Systemvertrauen ausgebildet wurde, verliert Anonymität an Bedeutung.

Obwohl die Analyseergebnisse allgemein darauf hinweisen, dass Hilfsangebote, die eine namentliche Erfassung notwendig machen, tendenziell höherschwellig sind, lassen sich *in der Bedeutung von Anonymität für Niederschwelligkeit beachtliche Differenzen zwischen verschiedenen Zielgruppen* beobachten. Insbesondere bei niederschwelligen Hilfsmaßnahmen, die sich in gesellschaftlich geächteten bzw. verbotenen und strafrechtlich sanktionierbaren Problemfeldern bewegen (Sucht und Drogen, Prostitution bzw. Sexarbeit, illegale Migration etc.) oder deren Zielgruppen nur eingeschränkt Autonomie zugebilligt wird bzw. die bevorzugt die Grenzen gesellschaftlicher Normen und Werte austesten wollen (Jugendliche), ist eine hohe Bedeutung der Anonymität anzunehmen. Vor allem der Zielgruppe der Jugendlichen scheint Anonymität wichtig zu sein, während ihr allerdings von VertreterInnen des niederschwelligen Bereichs bei der Zielgruppe drogensüchtiger Erwachsener eine geringere Bedeutung zugesprochen wird. Ein möglicher Grund könnte darin liegen, dass ersteren im Vergleich zu letzteren von staatlicher Seite generell ein stärker eingeschränktes Selbstbestimmungsrecht zugestanden wird. Durch Anonymität wird der Zugriff auf Jugendliche von öffentlicher bzw. erziehungsberechtigter Seite (zumindest in einem bestimmten Bereich) verhindert. Durch die Wahrung der Anonymität nach außen kann die Interaktion zwischen Jugendlichen und SozialarbeiterInnen aus Zwangskontexten (im weiter oben beschriebenen Sinn) herausgehalten werden, da die Jugendlichen in diesem Setting dadurch von AkteurInnen, die zu Zwang bzw. zu gewissen gesellschaftlich gebilligten Einschränkungen der jugendlichen Autonomie berechtigt wären, nicht adressiert werden können.

Die *Freiwilligkeit* der Inanspruchnahme eines Hilfsangebotes bzw. der Interaktion zwischen KlientInnen und Professionellen wird fast durchgehend als eine essentielle Voraussetzung für niederschwelliges Arbeiten im Sozialbereich dargestellt. Wie allerdings bereits in Kapitel 5.1 thematisiert, stellt Freiwilligkeit kein spezifisches Merkmal niederschwelliger Sozialer Arbeit dar, sondern kann auch höher- bis hochschwellige Angebote und Maßnahmen kennzeichnen. Damit drängt sich die Frage auf, weshalb der niederschwellige Bereich die Wichtigkeit der freiwilligen Inanspruchnahme derart betont. Ein Grund könnte darin liegen, dass im 'Visier' niederschwelliger Maßnahmen häufig Zielgruppen sind, die nicht von sich aus Hilfe suchen, sei dies, weil sie nicht können oder nicht wollen bzw.

weil sie bei sich unter Umständen überhaupt keine Hilfebedarf erzeugende Problemlage wahrnehmen. Sie werden zunächst von außen als potenzielle KlientInnen definiert, was Fragen nach dem tatsächlichen Ausmaß ihres freien Willens evoziert. Wie kann eine solche Zielgruppe unter der Prämisse der Freiwilligkeit und des Einverständnisses zur Annahme der Hilfe motiviert werden? Wie bringt man diese Personen dazu, ihre Rolle als KlientInnen 'freiwillig' anzunehmen? *Das Prinzip der Freiwilligkeit steht somit in einem gewissen Spannungsverhältnis zum offensiven, proaktiven Zugehen auf Zielgruppen Sozialer Arbeit, die nicht von sich aus Hilfe suchen.* Dadurch entsteht eine strukturelle Ambivalenz bzw. Paradoxie, die immer nur als Gratwanderung situativ bearbeitet werden kann und muss.

Eine Funktion der starken Betonung der Freiwilligkeit als normativem Grundsatz (ethische Haltung) des niederschwelligen Arbeitens könnte darin liegen, den Balanceakt zwischen dem proaktiven Zugehen auf (potenzielle) KlientInnen und dem Akzeptieren ihres eventuellen Nicht-Wollens (wenn auch vielleicht nicht des Nicht-Könnens) bzw. der Nicht-Annahme der KlientInnenrolle zu erleichtern, um abweichende oder fehlende Problembeobachtungen durch die KlientInnen akzeptieren zu können, ergo um die Gefahr zu verringern, den 'Aufgesuchten' Hilfe aufzuzwingen. Den AdressatInnen wird das Recht zuerkannt, den/die SozialarbeiterIn nicht an sich 'heranzulassen'. Das bloße Ansprechen von Personen auf der Straße bzw. im öffentlichen Raum stellt beispielsweise nicht zwangsläufig eine Verletzung des Freiwilligkeitsprinzips dar, wenn ausreichend signalisiert wird, dass Ablehnung legitim ist, und wenn zugleich sorgfältig auf Signale der Ablehnung geachtet und entsprechend mit Rückzug reagiert wird. Die große Betonung der Bedeutung von Freiwilligkeit hätte demnach die *Funktion, das Gelingen des Balanceaktes zwischen aktivem Zugehen und Wahrung der Autonomie der Zielgruppen wahrscheinlicher werden zu lassen.* Die strukturelle Ambivalenz wird dadurch aber nicht aufgelöst, sondern bleibt bestehen.

Eine *zweite, latente Funktion* könnte aber auch darin liegen, eine *faktisch begrenzte Freiwilligkeit hinter Freiwilligkeitsrhetorik zu verstecken* und somit Zwangsmomente in der niederschwelligen Sozialen Arbeit, insbesondere bei einem aufsuchenden bzw. nachgehenden Ansatz, zu verschleiern. Welche der beiden beschriebenen Funktionen die maßgeblichere ist, hängt vermutlich u.a. vom Ausmaß und der Qualität, in der dem offensiven Zugehen immanente Zwangsmomente von SozialarbeiterInnen bzw. StreetworkerInnen professionell reflektiert und bearbeitet werden, ab. Und in manchen Fällen dürften sich SozialarbeiterInnen auch explizit gegen den Willen ihrer KlientInnen einen Auftrag zur

Intervention geben können, nämlich dann, wenn sie mit dem physischen Überleben argumentieren, das gefährdet ist.

Beide Aspekte, Anonymität und Freiwilligkeit, deuten darauf hin, dass niederschwellige Angebote (zumindest zunächst) durch ein *hohes Maß an Unverbindlichkeit* für die Zielgruppen bzw. NutzerInnen gekennzeichnet sind. Sie schaffen spezifische Voraussetzungen für den häufig prekären *Beziehungsaufbau zwischen SozialarbeiterInnen und AdressatInnen.* Mit dem Aufbau einer Beziehung entsteht eine verbindlichere und auf Längerfristigkeit angelegte Verbindung zwischen ihnen – zumindest wird dies angestrebt. Die Entwicklung eines Vertrauensverhältnisses läuft zunächst über die konkrete Beziehung zu bestimmten Personen und weist eine große Alltagsnähe bzw. große Nähe zu persönlichen Beziehungen allgemein (teils mehr familiärer, teils mehr freundschaftlicher Natur) auf. Die Rolle des bzw. der Professionellen wird in der Interaktion häufig wenig angezeigt und charakteristische Asymmetrien der Rollenbeziehung zwischen Professionellem/-r und KlientIn werden im direkten Kontakt bis zu einem gewissen Grad latent gehalten bzw. abgeschwächt. Bedeutsam wird dadurch die Frage, wie es gelingt, vom konkreten Vertrauen in eine spezifische Person zum abstrakteren Vertrauen in die berufliche Rolle überzuleiten. Denn das ist essenzielle Voraussetzung für eine Weiterentwicklung der 'KlientInnenkarriere', für die ein Übergang von personalisierten zu rollengebundenen Erwartungen und Interaktionen notwendig ist.[94] Dieser Themenbereich wird in den Kapiteln 5.6 und 5.7 nochmals aufgenommen.

In vielen niederschwelligen Arbeitszusammenhängen des Sozialbereichs zeigt sich die *sprachliche Anschlussfähigkeit* der SozialarbeiterInnen bzw. MitarbeiterInnen an die Zielgruppen ihrer Hilfsangebote bzw. -maßnahmen als ein neuralgischer Punkt: Häufig muss auch (und manchmal hauptsächlich) mit Personen kommuniziert werden, die kaum oder nicht Deutsch sprechen und mit denen auch eine Verständigung auf Englisch (als Lingua franca) nicht möglich ist. Niederschwelligkeit umzusetzen bedeutet in solchen Zusammenhängen, dass spezifische Fremdsprachenkenntnisse – meist abseits des Fremdsprachen-Mainstreams – bei MitarbeiterInnen der Einrichtungen vorhanden sein müssen bzw. dass im Bedarfsfall auf entsprechende Dolmetschdienste zurückgegriffen werden kann. Zugleich ist (nicht nur im niederschwelligen Bereich) in der Arbeit mit Personen mit Migrationshintergrund ein ausreichendes Verständnis des kulturel-

---

94 Inwieweit solch ein Übergang zu rollengebundenen Erwartungen und Interaktionen auch dann von Bedeutung ist, wenn die KlientInnenrolle dauerhaft latent gehalten wird (wie etwa bei manchen Angeboten der mobilen Jugendarbeit oder der Gemeinwesenarbeit – s.o.), bleibt empirisch zu prüfen.

len Backgrounds, den diese Zielgruppen mitbringen, essenziell, um soziale Anschlussfähigkeit umsetzen zu können.

Zusammenfassend lässt sich festhalten, dass die vier unterschiedenen Dimensionen ein differenziertes Analyseinstrumentarium für die Untersuchung der konkreten Umsetzung von Niederschwelligkeit in der Sozialen Arbeit bzw. in Hilfsmaßnahmen und -angeboten bereitstellen. Zugleich zeigen die Ausführungen, dass die Dimensionen in der Umsetzungspraxis eng zusammenhängen und sich teilweise gegenseitig ermöglichen bzw. fördern, mitunter aber auch begrenzen. Im Besonderen lässt sich häufig eine Einschränkung hinsichtlich der AdressatInnen der jeweiligen Maßnahmen bzw. Angebote beobachten, da sich vor allem räumliche, aber teilweise auch zeitliche und soziale Dimensionen von Niederschwelligkeit oft nicht kontextunabhängig realisieren lassen, sondern zielgruppen- und problemspezifisch umgesetzt werden müssen. Somit können sich die konkreten Strategien zur Erreichung von Niederschwelligkeit in manchen Aspekten erheblich voneinander unterscheiden. Zugleich können Maßnahmen bzw. Angebote in einzelnen Dimensionen niederschwellig gestaltet sein, in anderen wiederum eher hochschwellige Merkmale aufweisen. Es ist aber davon auszugehen, dass jene sozialarbeiterischen Angebote und Maßnahmen, deren Kernaufgabe die grundlegende Herstellung von Adressierbarkeit potenzieller KlientInnen für das Hilfssystem darstellt (bei denen also von Niederschwelligkeit im engeren Begriffsinn gesprochen werden – vgl. Kap. 5.2), in möglichst vielen Dimensionen eine niederschwellige Ausgestaltung zu realisieren trachten.

In den Analysen zeigen sich auch grundlegende *Grenzen für Niederschwelligkeit*: Allgemein muss sichergestellt werden, dass niemand physisch und/oder psychisch gefährdet wird, weder die MitarbeiterInnen noch andere KlientInnen. Daraus ergeben sich bestimmte unumgängliche Anforderungen an die KlientInnen. Weiters können, wie bereits ausgeführt, illegale Handlungen im räumlichen 'Hoheitsgebiet' der anbietenden Organisationen für diese zu grundsätzlichen Problemen vor allem mit dem Rechtsstaat führen. Generell zeigen sich allgemeine rechtliche Vorgaben als limitierende Faktoren für die niederschwellige Ausgestaltung von Einrichtungen und sozialen Dienstleistungen. Anhand dieser Beispiele wird sichtbar, dass auch bei niederschwelligen Hilfsangeboten Teilnahmebedingungen gesetzt und damit gewisse Hürden geschaffen werden müssen, auch wenn versucht wird, diese möglichst gering bzw. niedrig zu halten.

5.4 Typen niederschwelliger Hilfsangebote und -maßnahmen

Auf Grundlage der erfolgten Begriffsklärungen, Funktionsbestimmungen und der skizzierten Umsetzungsdimensionen von Niederschwelligkeit soll eine erste Differenzierung verschiedener Typen niederschwelliger Hilfsangebote und -maßnahmen versucht werden, die gegebenenfalls durch weitere empirisch identifizierbare Typen zu ergänzen ist. Die Typenbildung (im idealtypischen Sinne, vgl. Weber 1984: 25) diente im Laufe des Forschungsprozesses zugleich der Eingrenzung des Forschungsgegenstandes. Sie half dabei, die ursprünglich beobachtete Begriffsvagheit in Bezug auf Niederschwelligkeit und die damit einhergehende Breite und scheinbare Beliebigkeit des Themas bearbeitbar zu machen und eine inhaltlich begründbare Fokussierung vorzunehmen.

Auf Basis der vorliegenden empirischen Ergebnisse lassen sich folgende Typen niederschwelliger Sozialer Arbeit unterscheiden:

- *Niederschwellige Angebote bzw. Maßnahmen im engeren Begriffssinn* (s.o.), die auf Zielgruppen am äußeren Rand der Gesellschaft und auch des Hilfssystems hin orientiert sind, repräsentieren die 'klassische' niederschwellige Soziale Arbeit und umfassen den Großteil der Maßnahmen und Angebote für die in Kapitel 5.1 beschriebenen AdressatInnenkreise. Ihre hauptsächliche Funktion besteht in der Herstellung von Adressierbarkeit potenzieller KlientInnen für das Hilfssystem, auch wenn sie teilweise oder sogar häufig darüber hinausgehende Hilfsangebote integriert haben. Auf solche Maßnahmen und Angebote der Sozialen Arbeit wurde in der vorliegenden empirischen Studie vorrangig fokussiert.

- *Hilfsangebote und -maßnahmen, deren Form von Niederschwelligkeit einem weiteren (oder auch unspezifischeren) Begriffsverständnis zuzurechnen ist*, die also bereits vorrangig die Bearbeitung konkreter Problemlagen hilfsbedürftiger Personen oder Gruppen zum Ziel haben, dabei aber auf voraussetzungsniedrige Zugänglichkeit und Bedingungen der Inanspruchnahme der Hilfeleistung achten, stellen einen zweiten Typus dar. In der empirischen Untersuchung waren sie ebenfalls mehrfach repräsentiert, allerdings wurden generell vor allem solche Angebote und Maßnahmen berücksichtigt, die in mehreren Dimensionen Niederschwelligkeit umzusetzen trachten. In der Praxis ist zugleich eine klare Abgrenzung vom begrifflich enger gefassten Typus aufgrund fließender Übergänge nicht immer eindeutig möglich.

- *Gemeinwesenorientierte niederschwellige Angebote* werden als eigener Typus unterschieden, da sie durch die *in erster Linie raum- und weniger personenbezogene Adressierung* eine spezifische Form von Niederschwelligkeit aufweisen (vgl. Kap. 5.3.2). Der hauptsächliche Fokus liegt nicht auf einer individuenbezogenen Ebene, der man Hilfe angedeihen lassen will, vielmehr stehen die unterschiedlichen NutzerInnen einer räumlichen Einheit im Mittelpunkt. Zum sozialarbeiterisch relevanten Fall wird also ein zumeist territorial abgegrenztes und als problematisch definiertes Gemeinwesen erklärt. Gemeinwesenarbeit lässt sich dabei als Arbeitsprinzip verstehen, das individuelle Problemlagen im sozialen, politischen und wirtschaftlichen Kontext des konkreten Gemeinwesens verortet (vgl. u.a. Galuske 2007: 99ff). Die Differenz zu den beiden oben beschriebenen Typen kommt darin zum Ausdruck, dass Gemeinwesenarbeit weder hauptsächlich der Herstellung von Adressierbarkeit potenzieller KlientInnen für das Hilfssystem (dies ist allerdings ein durchaus erwünschter Nebeneffekt) noch der personenbezogenen Bearbeitung von Problemlagen dient (die aber durchaus auch ergänzend stattfinden kann), sondern der Verbesserung der Lebensqualität und des Zusammenlebens der BewohnerInnen und NutzerInnen eines bestimmten Gebietes. Viele aufsuchend arbeitende Einrichtungen sehen sich einem gemeinwesenorientierten Arbeitsprinzip verpflichtet, sie stellen allerdings meist Mischformen zwischen Gemeinwesenarbeit im engeren Sinn und dem ersten beschriebenen niederschwelligen Typus dar. Niederschwellige Gemeinwesenprojekte waren ebenfalls in der empirischen Studie berücksichtigt worden, wenn auch weniger umfassend als die beiden erstgenannten Typen niederschwelliger Sozialer Arbeit.

- *Anonym nutzbare und über Informations- und Kommunikationstechnologien (IKT) vermittelte niederschwellige Informations- und Beratungsangebote* sollen als vierter Typus beschrieben werden. Hierzu zählen insbesondere verschiedene Telefon-Helplines bzw. soziale Informations- und Beratungsangebote im Internet. Im Unterschied zu den hauptsächlichen AdressatInnenkreisen niederschwelliger Sozialer Arbeit im engeren Sinn sind die Zielgruppen dieser Angebote weder vorrangig Personen, die mit den üblichen Voraussetzungen für die Inanspruchnahme von Sozialer Hilfe nicht zurecht kommen würden, noch mangelt es an einer eigenen Problembeobachtung. Solch eine ist geradezu Voraussetzung für die Nutzung des Angebots, da die konkrete Initiative zur Kontaktierung einer Telefon-Helpline bzw. zur Beanspruchung von entsprechenden Internetdienstleistungen in der Regel von den Hilfesuchenden ausgeht. Teilweise wollen sie aber nicht als Hilfesuchende bzw. KlientInnen persönlich adressierbar werden. Inwieweit von Seiten der informierenden bzw. beratenden Angebote programmatisch ein längerfristiger Beziehungsaufbau mit Übergang zu Face-to-Face-

Kommunikation angestrebt wird oder nicht, lässt sich vermutlich nicht einheitlich beantworten.[95] Obwohl diese IKT-vermittelten sozialen Informations- und Beratungsangebote starke Überschneidungen mit dem zweiten Typus aufweisen, der mit einem weiteren bzw. unspezifischeren Niederschwelligkeitsbegriff operiert, wird hier vorgeschlagen, sie als eigenständige Form zu unterscheiden. Denn sie sind im Gegensatz zu den oben beschriebenen Varianten in der Sozialdimension charakteristisch reduziert (nämlich auf fernmündliche oder schriftliche Kommunikation) und gewinnen genau dadurch ihre spezifische Niederschwelligkeit, zeigen sich aber in anderer Hinsicht als durchaus voraussetzungsvoll, wie weiter oben bereits beschrieben.[96] Dieser Typus fand lediglich in der explorativen Phase der vorliegenden Studie Berücksichtigung und wurde nicht in die Haupterhebung einbezogen, da er in der zentralen Sozialdimension grundsätzlich anders strukturiert ist und in der Folge den Rahmen dieser Arbeit gesprengt hätte.

Die skizzierten Typen niederschwelliger Sozialer Arbeit weisen *unterschiedliche Arten der Adressierung* ihrer Zielgruppen auf: Niederschwellige Angebote bzw. Maßnahmen im engeren Begriffssinn können oft noch nicht direkt rollenspezifisch als KlientInnen adressieren und müssen verschiedenste Möglichkeiten des 'Ins-Gespräch-Kommens' nutzen (vgl. Kap. 5.5), während solche mit einem unspezifischeren Niederschwelligkeitsverständnis bereits die basale Annahme der KlientInnenrolle voraussetzen und an die AdressatInnen ihrer Hilfsangebote klientInnenspezifische Erwartungen und Anforderungen (wenn auch häufig auf

---

95 Darauf verweist etwa eine Analyse verschiedener Online-Beratungsanbieter in Deutschland durch das Kompetenzzentrum Informelle Bildung (2003), in der drei Typen von Anbietern beschrieben werden, die Face-to-Face-Beratung als weiterführende Beratungsform unterschiedlich integriert haben (vgl. ebd.: 2).

96 Allerdings ist vor allem in Hinblick auf internetbasierte Informations- und Beratungsangebote umstritten, inwieweit durch die Verortung dieser Angebote im Internet tatsächlich ein niederschwelliger Zugang realisiert werden kann. So zeigt etwa Alexandra Klein (2009) anhand verschiedener empirischer Studien auf, dass insbesondere bei Jugendlichen, die eigentlich insgesamt zur intensivsten NutzerInnengruppe neuer Medien gehören und unter denen Internetberatung allgemein eine große Wertschätzung genießt, die soziale Selektivität bei der Nutzung internetbasierter Beratungsangebote besonders hoch ist: "Die primäre AdressatInnengruppe sozialpädagogischer Beratung und Unterstützung, d.h. so genannte benachteiligte Jugendliche, gehören nur in marginalen Anteilen zu den NutzerInnen dieser virtuellen Angebote." (ebd.: 16) Ein wesentlicher Grund dafür ist Kleins Forschungsergebnissen zufolge die soziale Figuration der Angebote. NutzerInnen mit formal niedriger Bildung sind in besonderer Weise "auf unterstützungsermöglichende Interventionen der beratenden Professionellen angewiesen (...). Die Etablierung niedrigschwelliger Beratungsangebote (...) bleibt demnach auch in Zeiten des Internet vorrangig kein technisches, sondern ein professionelles Projekt." (ebd.: 17)

einem stark reduzierten Niveau) richten. Der gemeinwesenorientierte Typus adressiert seine Zielgruppen wiederum in erster Linie als BewohnerInnen bzw. NutzerInnen eines bestimmten Sozialraumes resp. territorialen Gebietes und nicht unvermittelt als KlientInnen. Und der vierte Typus gewinnt seine spezifische Qualität einer in der Sozialdimension reduzierten Adressierung durch die für die Kommunikation genutzten technischen Medien.

Vermutlich lassen sich noch weitere Typen niederschwelliger Hilfsangebote und -maßnahmen ausdifferenzieren. So wäre etwa zu diskutieren, inwieweit niederschwellige sozialpädagogische Freizeitangebote für Jugendliche einen Sondertypus darstellen, da ihnen eine über die Sozialisation in die KlientInnen-rolle hinausgehende sozialisatorische Funktion im Sinne eines 'Nachreifens' bzw. einer nachholenden Primärsozialisation zukommt. Zugleich streben manche dieser Maßnahmen und Angebote eben keine längerfristige Etablierung einer KlientInnen-Beziehung an, sondern wollen solch eine gerade vermeiden. Ein Großteil der niederschwelligen sozialpädagogischen Freizeitangebote kann aber grundsätzlich auch dem zweiteren Typus zugeordnet werden bzw. changieren manche Angebote eventuell zwischen den ersten beiden skizzierten Typen, also zwischen niederschwelligen Hilfsmaßnahmen und -angeboten im engeren und im weiteren Sinn. Damit sei exemplarisch nochmals darauf hingewiesen, dass *in der Praxis niederschwelliger Sozialer Arbeit zahlreiche Überschneidungen bzw. Mischformen* zwischen den analytisch konstruierten Idealtypen zu beobachten sind. Und es zeigen sich auch Überschneidungen mit anderen Tätigkeitsfeldern bzw. Subsystemen der Gesellschaft, wie sich am Beispiel mobiler Sozialer Arbeit im öffentlichen Raum mit allparteilichem Ansatz beobachten lässt, die zwischen aufsuchender Sozialer Arbeit bzw. Gemeinwesenarbeit und polizeinaher Ordnungsfunktion oszillieren.

Niederschwellige Hilfsangebote bzw. -maßnahmen können in den verschiedensten Arbeitsfeldern der Sozialen Arbeit beobachtet werden. Allerdings zeichnet sich *in einigen Arbeitsfeldern eine besondere Konzentration niederschwellig arbeitender Einrichtungen* ab, nämlich in den sogenannten sozialarbeiterischen Handlungsfeldern *Jugend, Obdach- bzw. Wohnungslosigkeit und Sucht und Drogen.* In diesen Handlungsfeldern spielt aufsuchende Soziale Arbeit eine wichtige Rolle, d.h. es besteht offensichtlich ein besonderes öffentliches Interesse daran, diese AdressatInnenkreise mit sozialarbeiterischen Hilfsangeboten zu erreichen. In anderen Feldern wie etwa dem Migrationsbereich kommen hingegen stärker funktionale Äquivalente zu niederschwelliger Sozialer Arbeit zum Einsatz (nämlich v.a. räumliche Distanzierungsstrategien wie Abschiebung, Gefängnis etc.), wiewohl es auch in diesem Bereich niederschwellige Hilfsangebote und -maßnahmen gibt. Die Gründe für diese unterschiedlichen Varianten des gesellschaftlichen Umgangs mit Personen, die als weit am Rande der Gesellschaft stehend verortet werden (als weitgehend exkludiert, als besonders deviant etc.), können in dieser Arbeit nicht erschöpfend analysiert werden und waren auch nicht Gegenstand der empirischen Fragestellung. Sie lassen sich in einer Gemengelage aus gesellschaftlich dominanten Normen- und Wertesystemen, mit denen spezifische und verschieden bewertete Normalitäts- und Devianzvorstellungen einhergehen, aus unterschiedlichen Ausmaßen an sozialer Verwundbarkeit verschiedener Bevölkerungsgruppen und möglicherweise auch aus historisch gewachsenen Adressierungspräferenzen verschiedener gesellschaftlicher Institutionen und Teilbereiche (z.B. des Rechtssystems und mit ihm die Organisationen der Polizei, der Gerichte und Gefängnisse oder des Gesundheitssystems, das manche Verhaltensdevianzen als psychische Erkrankungen bezeichnet und sich dafür zuständig erklärt) vermuten.

5.5 Zum Prozess der Fallkonstruktion: Die Herstellung von Adressabilität für das Hilfssystem

Die Ausführungen zu den Umsetzungsdimensionen niederschwelliger Sozialer Arbeit gaben bereits viele Hinweise darauf, mit welchen Mitteln das Hilfssystem die Erreichbarkeit und Inklusion[97] jener Personen wahrscheinlicher macht, deren Anschlussfähig- oder -willigkeit an das Hilfssystem als ungesichert angenommen werden muss. In diesem Kapitel werden die spezifischen sozialen Mechanismen und Techniken der Fallkonstruktion thematisch nochmals aufgegriffen und insbesondere im Hinblick auf niederschwellige Soziale Arbeit im engeren Begriffsverständnis einer detaillierten Analyse unterzogen. Der Begriff Fallkonstruktion meint im konkreten Kontext den Prozess der Beobachtung sozialer Problemlagen bzw. individueller oder kollektiver sozialer Hilfsbedürftigkeit, die vom Hilfssystem nicht oder unzureichend bearbeitet werden, und deren Transformation in solche Fälle, für die niederschwellige Soziale Arbeit Zuständigkeit beansprucht. Das *Spezifikum des niederschwellig zu bearbeitenden Falles* ist dabei seine *unsichere Überführung in den KlientInnenstatus*, die eine 'Vorbearbeitung' des Falles erforderlich erscheinen lässt. In manchen Fällen bleibt der KlientInnenstatus auch dauerhaft latent (z.B. vermutlich häufig bei mobiler Ju-

---

97   Es geht dabei – wie bereits ausgeführt – zunächst nur um die Inklusion ins Hilfssystem und nicht etwa in andere gesellschaftliche Bereiche bzw. Teilsysteme.

gendarbeit) oder wird beispielsweise in der Gemeinwesenarbeit durch Umwelt-adressierung ersetzt.

Am Beginn der Fallkonstruktion steht die *Identifizierung potenzieller Zielgruppen niederschwelliger Sozialer Arbeit*, also von Personen, Gruppen oder auch von (meist räumlich festgemachten) sozialen Problemfeldern (z.B. die sogenannte Straßenszene eines bestimmten Viertels, eine spezifische Wohngegend, häufig geprägt von sozialem Wohnbau, möglicherweise gekennzeichnet durch hohe Kriminalitätsraten etc.), bei denen zugleich charakteristische Anschlussprobleme an bestehende Hilfestrukturen oder vice versa beobachtet werden. Häufig erfolgt diese Identifizierung auf der Grundlage von Beobachtungen bzw. Erfahrungen im Kontext anderer Hilfsangebote und -maßnahmen, wo etwa festgestellt wird, dass bestimmte Personen nicht erreicht werden können, dass im Umfeld der eigenen Zielgruppe weitere soziale Problemlagen erkennbar sind usw. Im Kontext niederschwelliger Sozialer Arbeit gewinnt dabei die *Frage, inwieweit das Hilfssystem den Bedarf an bzw. die Nachfrage nach Hilfsangeboten selbst schafft* oder doch nur auf faktisch gegebenen, dringenden sozialen Hilfebedarf reagiert, besondere Brisanz, arbeitet dieser Bereich doch offensiv daran, Personen, die als hilfsbedürftig beobachtet werden, zu KlientInnen der Sozialen Arbeit bzw. des Hilfssystems zu machen.[98]

Die *erste direkte Adressierung der identifizierten Zielgruppen* kann auf sehr unterschiedliche Art und Weise erfolgen. Eine grundsätzliche Unterscheidung ist danach zu treffen, ob die MitarbeiterInnen der jeweiligen niederschwelligen Einrichtung die Zielgruppen aktiv adressieren (meist mündlich ansprechen), oder ob stärker mit einer indirekten Erreichung durch Verbesserung der eigenen Wahrnehmbarkeit und Erreichbarkeit gearbeitet wird:

▪   In ersterem Fall trifft die Entscheidung über eine Kontaktaufnahme der/die SozialarbeiterIn, StreetworkerIn, GemeinwesenarbeiterIn etc., also der/die MitarbeiterIn einer niederschwellig arbeitenden Einrichtung und nicht die kontaktierte Zielgruppe. Dieses proaktive Zugehen hat einerseits Ähnlichkeiten mit aufsuchendem Arbeiten in Zwangskontexten (z.B. manche Hausbesuche im Rahmen der Jugendwohlfahrt), weist andererseits aber auch

---

98   Stephan Wolff benennt eine ähnliche Problematik, wenn er die "Sozialisation zum Klienten" thematisiert: "Damit nähert man sich (...) der paradoxen Situation, in der das Angebot an Hilfsmaßnahmen endgültig von der Nachfrage abgekoppelt wäre, ja die Nachfrage mehr oder weniger zu einer Funktion des Hilfsangebots würde." (Wolff 1981: 227)

durch den Grundsatz der Akzeptanz einer Ablehnung von Seiten der 'Aufgesuchten' eine zentrale Differenz hierzu auf.[99]

- Im zweiten Fall, wenn also vor allem mit der eigenen Wahrnehmbarkeit und Erreichbarkeit gearbeitet wird, liegt die Entscheidung über eine Kontaktaufnahme wesentlich stärker bei den AdressatInnen selbst. So lassen sich etwa verschiedenste Aktivitäten im Lebensumfeld der Zielgruppe setzen, die deren Aufmerksamkeit wecken und sie zur Kontaktaufnahme animieren sollen.

- Einrichtungen, die bei ihrer Zielgruppenerreichung vor allem auf indirekte Kontaktmöglichkeiten über 'Mundpropaganda' aufbauen, lassen die Initiative zur Kontaktaufnahme noch stärker bei den AdressatInnen ihrer Hilfsangebote bzw. -maßnahmen. Hier betätigen sich bereits erreichte Personen als MultiplikatorInnen und empfehlen bei positiver Erfahrung die Einrichtung bzw. den/die konkrete/n MitarbeiterIn an ihr Umfeld weiter. Das Funktionieren letzterer Strategie der Zielgruppenerreichung setzt allerdings voraus, dass bei den AdressatInnen des niederschwelligen Hilfsangebots bereits ein zumindest diffuses Problembewusstsein ausgebildet ist.

In der Praxis werden teilweise auch verschiedene Strategien angewandt und ein aktives Zugehen auf die AdressatInnen mit Maßnahmen zur Verbesserung der eigenen Erreichbarkeit kombiniert. Nutzt man für die Erreichung der Zielgruppen die Kopplung an andere, nicht-sozialarbeiterische Angebote (vgl. Kap. 5.3.3), verknüpft man im Prinzip ebenfalls zwei Taktiken der Zielgruppenerreichung: Zunächst schafft man attraktive Angebote, die von den AdressatInnen nachgefragt werden, dann tritt man mit dem sozialarbeiterischen Beziehungs- bzw. teilweise auch Informations- und Beratungsangebot an die Zielgruppe heran.

Sind Begegnungsräume bzw. -gelegenheiten gefunden oder geschaffen, steht die *Beobachtung des Feldes auf Kommunikationschancen* im Zentrum (z.B. Alltagsgespräch beginnen, Zigarette anbieten o.ä.). Die Zielgruppe wird auf Impulse hin beobachtet, die sich für kommunikative Anschlussfähigkeit eignen. Häufig geht es dabei um ein basales 'Ins-Gespräch-Kommen'. Die erste Kommunikation findet oftmals auf einer vorgeblich spontanen, nicht in die Tiefe gehen-

---

99 Inwieweit die Grenzen zwischen einem vom Grundsatz der Freiwilligkeit getragenen und einem in Zwangskontexten angesiedelten Zugehen auf (potenzielle) KlientInnen in der Praxis immer scharf gezogen werden können oder manchmal auch verschwimmen, kann auf Basis der vorliegenden empirischen Untersuchung nicht näher beantwortet werden. Es deuten aber einige Indizien darauf hin, dass die Gestaltung eines freiwilligen 'Aufsuchens' einigen Interpretationsspielraum für die Aufsuchenden lässt (vgl. Kap. 5.6).

den und nicht problemzentrierten persönlichen Ebene statt (z.B. in Form lockerer Alltagsgespräche). Sie dient als Einstieg für ein gegenseitiges Kennenlernen und hat eine hohe Bedeutung für die Fallkonstruktion. Für diese wird die *soziale Bindungswirkung direkter Kommunikation unter Anwesenden* auf einer persönlichen Ebene genutzt. Sobald Kommunikation begonnen wurde, kann weitere Kommunikation daran anschließen und es beginnt der Aufbau sozialer Strukturen, indem sich erste Erwartungen herausbilden, an denen sich nachfolgende Kommunikation orientieren kann (vgl. Fuhse 2002: 414). Dieser Prozess kommt etwa auch darin zum Ausdruck, dass sich in ersten Alltagsgesprächen indirekt und unausgewiesen erste Informationen über potenzielle KlientInnen sammeln bzw. über sie Hypothesen entwickeln lassen.

Niederschwellige Soziale Arbeit (im oben beschriebenen engeren Begriffsverständnis) begegnet den potenziellen KlientInnen zunächst auf einer manifesten Ebene häufig nicht als RolleninhaberInnen (also KlientInnen), sondern als Individuen, als 'ganze Person' gewissermaßen (vgl. Kap. 2.1.1 und 2.1.2). Sie umgeht so in einer ersten Phase die typischen Rollenerwartungen des Hilfssystems und vermeidet damit einerseits Etikettierungen und andererseits eine Abschreckung der Zielgruppen durch an sie adressierte Erwartungen, die sie nicht erfüllen können und/oder wollen. Da diese nicht direkt als KlientInnen adressierbar sind, muss eine andere *Ebene der Adressenbildung* bzw. Adressierung gewählt werden. Am leichtesten anschlussfähig zeigt sich die *persönliche Ebene*, denn hier sind Erwartungen (im Unterschied zu einem abstrakteren rollenbezogenen Erwartungsbündel) wenig determiniert bzw. vorstrukturiert und können in der jeweiligen Interaktionsgeschichte spezifisch herausgebildet werden. Auch Gemeinwesenarbeit bedient sich im Prinzip einer ähnlichen Adressierungsstrategie, da die Personen – wie bereits weiter oben dargestellt – als BewohnerInnen eines sogenannten Gemeinwesens angesprochen werden und nicht primär als Personen mit sozialarbeiterisch relevanten und bearbeitbaren Defiziten. Sie werden also (zumindest auf der manifesten Ebene) als 'normale' Privatpersonen und nicht als KlientInnen adressiert.

Bezeichnend ist, dass sich niederschwellige Soziale Arbeit bei der Herstellung einer ersten, allgemeinen Adressierbarkeit teilweise *Kommunikationsmuster* bedient, die ansonsten vor allem die Kommunikation *in Intimbeziehungen, also etwa familiären oder freundschaftlichen Beziehungen*, auszeichnet. Dies erscheint auch insofern bemerkenswert, als üblicherweise die allererste Adresse von Personen "in Arrangements der Intimität, in Familien" (Fuchs 1997a: 67) im Prozess der frühkindlichen Primärsozialisation ausgebildet wird (vgl. Kap. 2.1.2). Familien- bzw. Intimsysteme zeichnen sich im Unterschied zu anderen

Teilsystemen der Gesellschaft, die gewöhnlich durch rollenspezifische Kommunikation gekennzeichnet sind, durch eine Höchstrelevanz der Person und einen geringen Spezifizierungsgrad der Kommunikation aus. Es gibt keine unpassenden Themen, "alles, was eine Person betrifft, ist in der Familie für Kommunikation zugänglich" (Luhmann 2005[1990]b: 193) – d.h. alles ist kommunikativ anschlussfähig. Hierin wird die *besondere Bedeutung familiärer bzw. intimer Kommunikationsmuster für niederschwellige Soziale Arbeit* deutlich: *Sie eröffnen eine Vielfalt kommunikativer Anschlussoptionen* und machen dem Gegenüber, wenn es erst einmal in die Kommunikation eingestiegen ist, eine Kommunikationsverweigerung schwierig.

Niederschwellige Einrichtungen vermeiden also (zunächst oder dauerhaft) so weit wie möglich typische Kommunikationsstrukturen sozialer Einrichtungen und Behörden bzw. generell die klassische Rollenbeziehung KlientIn-SozialarbeiterIn und offerieren sich z.B. nicht direkt und gleich als BetreuerInnen o.ä. In der niederschwelligen Arbeit mit Jugendlichen können die Rollen etwa denen eines älteren Bruders oder Freundes bzw. einer älteren Schwester oder Freundin ähneln, also einer Person, zu der zwar in der Regel eine Nähe- und Vertrauensbeziehung, aber kein institutionalisiertes hierarchisches Verhältnis besteht und die sich zugleich potenziell aufgrund eines gewissen (ev. aber nicht zu großen) Altersvorsprungs dafür eignet, eine Vorbildfunktion einzunehmen. Nicht unwesentlich erscheint in diesem Kontext, dass das räumliche Umfeld, in dem in Kontakt getreten und miteinander interagiert wird, oft 'unverfänglich' alltäglich gehalten ist, also etwa nicht die Gestalt von Einzelberatungszimmern aufweist, sondern z.B. ein lokal- oder wohnzimmerartiges Setting darstellt, in dem alltägliche gemeinsame Tätigkeiten wie essen, fernsehen, spielen etc. stattfinden (vgl. Kap. 5.3.2). Familienähnlicher Beziehungsaufbau kann durch entsprechende Räume, die zu persönlich-privater Kommunikation animieren, unterstützt werden.

Soziale Arbeit bedient sich zwar familiärer bzw. intimer Kommunikation, ist aber *weder mit Familie noch mit Freundschaft gleichzusetzen*. Sie lässt vor allem dort, wo die Inklusion in das Hilfssystem, d.h. die Möglichkeit der Adressierung durch das Hilfssystem ungesichert ist, die gesamte Person relevant werden und nutzt die persönliche und hochgradig unspezifische Kommunikation zunächst zum Vertrauensaufbau (s.u.) und zur Beobachtung der Kommunikationsinhalte auf mögliche Problemlagen hin, d.h. sie fokussiert zumindest auf einer latenten Ebene auf die Identifizierung von Mängelzuständen und Problemen, aber häufig auch auf Möglichkeiten des Übergangs zu nicht-alltäglicher, fallspezifischer, d.h. sozialarbeiterischer Kommunikation. Darin unterscheidet

sich familien- oder freundschaftsähnliche Kommunikation im Kontext niederschwelliger Sozialer Arbeit unter anderem von familiärer bzw. freundschaftlicher
Kommunikation. Und: Sie bedient sich zwar unspezifischer Beziehungen bzw.
intimer, persönlicher Kommunikation, in der die gesamte Person mit all ihren
Themen und Problemen relevant ist, allerdings ist sie das nur auf Seiten der KlientInnen bzw. AdressatInnen. Die MitarbeiterInnen nehmen in einer beruflichen
Rolle an der Kommunikation teil, auch wenn sie dies häufig nicht offensiv ausweisen.

Die entstehende Beziehung entspricht somit weder einer Eltern-Kind-
Beziehung (auch wenn oft eine ähnlich asymmetrische Beziehungsstruktur ausgebildet werden dürfte, indem etwa an die AdressatInnen nicht die üblichen
Erwartungen, die ansonsten erwachsenen Personen zumutbar sind, gerichtet
werden können) noch einer Freundschaft und ist zumindest zunächst häufig auch
keine klar ausgewiesene Professionellen-KlientInnen-Beziehung mit entsprechender rollenspezifischer Interaktion. *Die Situation des Kontaktaufbaus beinhaltet somit viel Unklarheit bzw. Uneindeutigkeit.* Die MitarbeiterInnen sind
zwar in beruflichen Rollen, treten aber nicht bzw. möglichst dezent in diesen auf.
Sie weisen zwar in der Regel in gewisser Weise aus, dass sie SozialarbeiterInnen, StreetworkerInnen etc. sind,[100] arbeiten aber andererseits mit persönlich-
privater Kommunikation, mit nichtberuflichen Beziehungsmustern und setzen
diese bewusst ein. Sie arbeiten mit der Uneindeutigkeit der Situation bzw.
Kommunikation, um eine grundlegende Anschlussfähigkeit an ihre Zielgruppen
herzustellen. Dabei scheinen sich manche Einrichtungen selbst als familienähnli-
ches System zu betrachten, andere hingegen weisen dies in ihrer Selbstbeschreibung dezidiert zurück, arbeiten aber zumeist trotzdem auf Seiten ihrer Zielgruppen mit diesbezüglichen Assoziationen. Akzeptiert bzw. geduldet wird etwa
deren Wahrnehmung und bis zu einem gewissen Grad auch Aneignung des Tageszentrums als Ersatzwohnzimmer, um dadurch eben Möglichkeiten des Anschlusses zu gewinnen.

Das *Arbeiten mit Ambivalenzen*, im Konkreten mit uneindeutigen Beziehungskonstellationen, eröffnet Chancen des Anschlusses, *beinhaltet* aber auch
beachtliche Risiken und ist auch innerhalb der niederschwelligen Sozialen Arbeit

---

100 Im öffentlichen Raum können etwa äußerliche Kennzeichen wie Buttons, eine spezifische
Dienstkleidung o.ä. die berufliche Rolle ausweisen. Die MitarbeiterInnen geben so zu erkennen, dass sie nicht als Privatpersonen, sondern in einer beruflichen Funktion im jeweiligen öffentlichen Raum unterwegs sind. Die Zielgruppen müssen die Kennzeichen bzw. Signale allerdings auch kennen. Zugleich darf etwa eine spezifische Dienstkleidung nicht zu sehr den Uni-
formen von Exekutivorganen ähneln, da damit diesen eventuell entgegen gebrachte Vorbehalte
ebenfalls übernommen werden würden.

umstritten. Zunächst gilt es zu reflektieren, dass eine Seite, nämlich die potenziellen KlientInnen, nicht absichtlich mit dieser Uneindeutigkeit arbeitet und ihr die Ambivalenz der Situation teilweise auch nicht bewusst sein dürfte. Damit gehen Fragen nach Freiwilligkeit und Zwang bzw. Manipulation einher. In diesem Zusammenhang werden aber auch Fragen der Rollenambiguität und der Grenzziehung zwischen privater Person und beruflicher Rolle auf Seiten der SozialarbeiterInnen bzw. MitarbeiterInnen niederschwelliger sozialer Einrichtungen virulent. Sie sind zwar in einer beruflichen Rolle und verfolgen rollenspezifische Ziele mit der Kommunikation, arbeiten aber zugleich mit privaten, persönlichen bzw. unspezifischen Kommunikationsmustern. Wie weit müssen, können und sollen sie sich persönlich einbringen, um diese Form der Kommunikation zu ermöglichen? Inwieweit bzw. wie können sich die MitarbeiterInnen den Erwartungen auf wechselseitige intime Kommunikation von Seiten der NutzerInnen entziehen, ohne den Beziehungsaufbau insgesamt zu gefährden? Und wie kann gegebenenfalls der Übergang zu höherschwelliger und vermutlich auch stärker als professionelle Hilfskommunikation ausgewiesener Interaktion vollzogen werden? Diese Fragen werden einerseits im nachfolgenden Kapitel und andererseits in Kap. 6.3.3 wieder aufgegriffen und diskutiert.

Zurück zum Prozess der Fallkonstruktion: Wesentlich dafür, dass die ersten Kontakte in eine stabilere Adressierbarkeit überführt werden können, ist die *Initiierung eines Prozesses des Vertrauensaufbaus,* der bei Gelingen von einer Phase der Ambiguität, in der unentschieden ist, ob und wenn ja, in welcher Weise sich der Kontakt weiterentwickelt und welche Form von Beziehung sich herausbildet, zu einer beständigeren Sozialbeziehung führt. Auf dieser können in der Folge unter Umständen höherschwellige sozialarbeiterische Hilfsangebote aufbauen. Solch ein Vertrauensbildungsprozess kann sich beispielsweise wie folgt gestalten: Zunächst bietet eine niederschwellige Hilfseinrichtung ihren Zielgruppen eine 'sichere Zone', in der sie weitestgehend unadressierbar (anonym) bleiben und Informationen sammeln können, die ihnen Einschätzungen über das, was sie erwarten bzw. was eventuell von ihnen erwartet werden könnte, erlauben. In einem ersten Schritt könnte dies etwa bedeuten, eine Einrichtung zu betreten und eine gewisse räumliche und visuelle Vertrautheit herzustellen. Zugleich nutzen die Einrichtungen Personen in Form ihrer MitarbeiterInnen für den weiteren Vertrauensaufbau, indem eine Interaktionsgeschichte zwischen MitarbeiterIn und der potenziellen Klientin bzw. dem potenziellen Klienten entwickelt wird.

Die *Mikroprozesse des Vertrauensaufbaus* können mit dem empirischen Material der vorliegenden Studie allerdings nicht vertiefend analysiert werden, dazu braucht es eigene Studien, z.B. in Form von Fallstudien, die einen ethno-graphischen Forschungsansatz verfolgen. Allerdings lassen sich einige neuralgische Punkte dieses Prozesses beschreiben und in Forschungsfragen transformieren: Ein entscheidender Faktor für die Entwicklung einer Interaktionsgeschichte dürfte eine große Sensibilität auf Seiten der MitarbeiterInnen niederschwelliger Einrichtungen für Anlässe bzw. Impulse zur Fortsetzung des Kontaktes sein. Auf welche Art und Weise kann also das Zustandekommen eines zweiten, dritten etc. Kontaktes wahrscheinlicher gemacht werden? Beachtenswert sind weiters Fragen danach, von wem und in welcher Weise die für den Vertrauensaufbau notwendigen "riskanten Vorleistungen" (Luhmann 2009[1968]: 27) erbracht werden (weiter unten zeigen sich dafür Antwortmöglichkeiten) und wie Vertrauen dem Gegenüber jeweils zum Ausdruck gebracht, also explizit wird. Angesichts der Zielgruppen niederschwelliger Sozialer Arbeit, die teilweise eine gering ausge-bildete Vertrauensfähigkeit aufweisen bzw. denen ihre lebensgeschichtlichen Erfahrungen vorrangig Misstrauen ihrer sozialen Umwelt gegenüber gelehrt haben, erscheint weiters die Frage nach Formen des Umgangs mit und der Reduktion von Misstrauen relevant.

Und nicht zuletzt ist in der Folge entscheidend, wie das zu konkreten Personen (MitarbeiterInnen) ausgebildete Vertrauen sich schließlich in Vertrauen zur Organisation bzw. zum Hilfssystem allgemein weiterentwickeln lässt. Die Ergebnisse der vorliegenden empirischen Studie deuten an, dass dafür u.a. das Prinzip der "Bürgschaft" zentrale Bedeutung haben könnte: Die MitarbeiterInnen, zu denen eine Vertrauensbasis aufgebaut wurde, stehen für die Vertrauens-würdigkeit anderer EinrichtungsmitarbeiterInnen bzw. der Hilfsorganisation insgesamt ein, sie ver-*sichern* deren Rechtschaffenheit und Verlässlichkeit und tragen so zur Unsicherheitsabsorption bzw. zur Steigerung der tragbaren Unsi-cherheiten bei. Ein ähnlicher Mechanismus ist auch bei der oben beschriebenen Weiterempfehlung durch Mundpropaganda wirksam, allerdings bürgen hier die bereits erfolgreich erreichten KlientInnen. Wie häufig und in welchem Ausmaß und welcher Qualität solche Vertrauensbildungsprozesse in der Praxis tatsächlich gelingen, kann hier ebenfalls nicht auf einer empirisch gesicherten Basis beant-wortet werden. Die Erfahrung des Misslingens dürfte aber eine alltägliche in der niederschwelligen Sozialen Arbeit sein.

Ein zentrales Element der Fallkonstruktion im niederschwelligen Kontext ist eine sogenannte *akzeptierende Haltung*, eng verbunden mit dem *Grundsatz vorbehaltloser persönlicher Wertschätzung*. Insbesondere in den Bereichen der niederschwelligen Drogen- und Jugendarbeit sind akzeptierende Ansätze häufig vorzufinden. Kurz zusammengefasst lässt sich darunter die Akzeptanz von nicht normkonformem Verhalten bzw. Handeln (im Drogenbereich v.a. der Konsum von Drogen) oder auch ebensolcher Einstellungen (z.b. rechtsextremer Orientierungen bei Jugendlichen) bei den AdressatInnen der entsprechenden Hilfsangebote verstehen, sodass diese nicht Ablehnung bzw. moralische Verurteilung erfahren und an sie (zumindest zunächst) auch keine Veränderungserwartungen herangetragen werden. Die *vorrangige Bedeutung von Akzeptanz* für die niederschwellige Fallkonstruktion liegt folglich in der damit herstellbaren *weitgehenden Erwartungsfreiheit* gegenüber den (potenziellen) KlientInnen und dient allgemein der Vermeidung von Druck und Zwang, um Widerstand bzw. Blockaden gering zu halten. Weiters wird den AdressatInnen signalisiert, dass sie willkommen sind, "wie sie sind" (Schneider 2006: o.S.)[101], es wird also positive Zuwendung angeboten und damit ein attraktives Beziehungsangebot unterbreitet.

Dies verweist bereits auf eine über Akzeptanz trotz nonkonformem und eventuell auch nicht gesetzestreuem Verhalten hinausgehende Strategie in der Fallkonstruktion, nämlich auf den *Grundsatz der vorbehaltlosen Wertschätzung*, des Wohlwollens und Respektierens. Dadurch erhöht sich die Anschlusswahrscheinlichkeit auf Seiten der Zielgruppen, denn wo man willkommen ist, dort geht man auch eher hin. Die wertschätzende Kommunikation erzeugt eine spezifische Bindungswirkung,[102] die vermutlich teilweise durch ein allgemeines Defizit an positiver Zuwendung auf Seiten der AdressatInnen niederschwelliger Sozialer Arbeit verstärkt wird. Dass es sich dabei nicht lediglich um 'alltägliche' zwischenmenschliche Wertschätzung, sondern um ein absichtsvolles Arbeiten mit positiver Zuwendung handelt, zeigt sich etwa in der Notwendigkeit, auf die große Bedeutung von Authentizität beim Einnehmen einer wertschätzenden Haltung den KlientInnen bzw. Zielgruppen gegenüber hinzuweisen.

Wertschätzung bzw. Wohlwollen kommt neben der Erzeugung von Bindungswirkung auch die Funktion eines Katalysators zu, der *Veränderungen bewirken* bzw. wahrscheinlicher machen soll. *Wertschätzende Kommunikation zeigt sich als eine spezifische oder vielmehr spezifisch unspezifische Form der*

---

101   Außer sie randalieren im Tageszentrum oder legen sonstiges sozial unverträgliches Verhalten an den Tag; dann besteht die zu erbringende pädagogische Leistung darin, ihnen zu verstehen zu geben, dass sie nicht als gesamte Person abgelehnt werden, sondern lediglich ein bestimmtes Verhalten von ihnen für ihre soziale Umgebung unzumutbar erscheint.

102   Auffallend sind die Ähnlichkeiten zu christlich-religiösen Beziehungsofferten, die pointiert in der auf verschiedensten Wegen (Buttons, Aufkleber, Transparente an Kirchen etc.) kommunizierten Botschaft "Jesus liebt dich" zum Ausdruck kommen. Die postulierte Unentrinnbarkeit göttlicher Liebe stellt ein offensives – mitunter tendenziell auch aggressives – Beziehungsangebot dar, das zwar (jedenfalls in den meisten westlichen Gesellschaften) einseitig ignoriert oder abgelehnt, aber dadurch nicht beendet werden kann: Das Angebot bleibt weiter aufrecht, was auch immer man anstellt.

(Basis-)Intervention (nicht nur) in der niederschwelligen Sozialen Arbeit: Personen, die in der Vergangenheit häufig Erfahrungen der Abwertung und Ablehnung machten (teilweise auch von Seiten des Hilfssystems), erfahren eine neue, positiv geprägte Beachtung und Zuwendung ihrer Person gegenüber. Persönliche Wertschätzung dient als Mittel, um Irritationen zu erzeugen, welche die KlientInnen in Distanz zu bisherigen, häufig negativ bzw. defizitär besetzten Fremd- und Selbstbeschreibungen bringen und bei der Ausbildung einer positive(re)n Identität unterstützen sollen.[103] Die Strategie operiert dabei mit einer Paradoxie: Einerseits sollen die AdressatInnen so wertgeschätzt werden, wie sie sind (s.o.), andererseits will man genau dadurch Veränderung initiieren bzw. fördern. Und selbstverständlich werden erhebliche Problemlagen bei den Zielgruppen der Hilfsangebote beobachtet, deren Veränderung als erstrebenswert gilt, denn ansonsten wären sozialarbeiterische Hilfsangebote irrelevant. Diese Problembeobachtungen werden allerdings den Zielgruppen gegenüber in der Phase der Stabilisierung ihrer Adressierbarkeit für das Hilfssystem tendenziell latent gehalten. Beachtenswert für die Praxis niederschwelliger Sozialer Arbeit ist in diesem Zusammenhang insbesondere, dass im konkreten Umgang mit der beschriebenen Paradoxie Merkmale einer double-bind-Kommunikation entstehen können.

Die bisherigen Ausführungen verweisen bereits mehrfach darauf, dass im Beziehungsaufbau (und auch danach) zwischen SozialarbeiterIn und KlientIn ein *Grundmuster sozialisatorischer Interaktion* (vgl. Oevermann et al. 1976) wirksam ist: Bestimmte individuelle Fähigkeiten (oder auch Motivationen) werden von der/dem SozialarbeiterIn als bereits vorhanden unterstellt, obwohl sie (noch) gar nicht erkennbar geworden sind und die Erwartung ihres Vorhandenseins prekär ist. Dies lässt sich etwa am Beispiel eines Grundsatzes der akzeptanzorientierten Drogenarbeit verdeutlichen, nämlich "auch zwanghaft und exzessiv Konsumierende als mündige, zur Selbstverantwortung und Selbstbestimmung fähige Menschen anzusehen" (Schneider 2006: o.S.), auch wenn offensichtlich nicht immer als gesichert gilt, dass diese Fähigkeiten tatsächlich und in ausreichendem Ausmaß vorliegen. Hier wird wieder die Nähe niederschwelliger Beziehungsarrangements zu familiären Beziehungsstrukturen sichtbar. Und hierin könnte auch eine erste Antwort auf die Frage der "riskanten Vorleistung" im

---

103   In Anlehnung an Mead (1993[1934]), der Selbst-Bewusstsein als "ein Auslosen jener Haltungen in uns selbst, die wir auch in anderen auslösen" (ebd.: 205) definierte, sollen hier gewissermaßen jene Haltungen, die von Seiten der SozialarbeiterInnen gegenüber den (potenziellen) KlientInnen eingenommen bzw. vermittelt werden, auch bei diesen sich selbst gegenüber ausgelöst werden. Die essenzielle Bedeutung von Authentizität bei der Vermittlung einer wertschätzenden Haltung liegt damit auf der Hand.

Vertrauensaufbau (s.o.) liegen, denn in familiärer sozialisatorischer Interaktion wird ein besonderer Vertrauensvorschuss durch die Eltern erbracht.

5.6 "Und dann schau ma amal weiter": Prekäre Übergänge zu höherschwelligen, rollenspezifisch(er)en Interaktionen

Die Ergebnisse der empirischen Studie ließen wiederholt erkennen, dass weniger das In-Kontakt-Kommen mit den Zielgruppen, sondern vor allem die Weiterentwicklung der entstehenden Beziehung zu einer rollenspezifischen SozialarbeiterIn-KlientIn-Interaktion die besondere Herausforderung bildet und spezifische Risiken mit sich führt. Zugleich stellt aber genau solch ein Übergang zu höherschwelligen Hilfsangeboten und damit zu sozialarbeiterischer Intervention im eigentlichen Sinn innerhalb der niederschwelligen Sozialen Arbeit einen zentralen Zielhorizont dar, der sie von allgemeiner niederschwelliger, meist materieller Hilfe unterscheidet bzw. zu einer spezifischen Form letzterer werden lässt. Zumindest gilt es, diesen Zielhorizont im Bereich des prinzipiell Möglichen und Erreichbaren zu beobachten, auch wenn die Praxis mitunter eher von der Erfahrung der Unwahrscheinlichkeit solch einer Zielerreichung geprägt sein dürfte.

Ein *Übergang von alltäglicher zu fallspezifischer, also sozialarbeiterischer Kommunikation löst die anfängliche Uneindeutigkeit der Situation auf* und ist genau deshalb *besonders riskant für die Fortsetzung der Kommunikation* auf Seiten der zunächst diffus bzw. persönlich-privat Adressierten. Information und (Erst-)Beratung bilden oft die einleitenden rollenspezifischeren Interaktionen. Sie lassen sich als 'sanftere' Interventionen charakterisieren, die den KlientInnen zunächst noch wenig Kooperation und Veränderungsbereitschaft abverlangen. Etabliert wird damit aber eine charakteristische Rollendifferenz zwischen den zunächst relativ unspezifisch kommunizierenden Personen. Die Sozialisation in die KlientInnenrolle wird durch das Herantragen rudimentärer Erwartungen bzw. Verhaltensregeln an NutzerInnen niederschwelliger Angebote (z.B. in Form von Hausordnungen in Tageszentren oder Notschlafstellen) unterstützt, wo sich das Einhalten von Verbindlichkeiten bzw. sozialen Normen allgemein trainieren lässt und die somit für manche Zielgruppen niederschwelliger Sozialer Arbeit als erste 'Andockstellen' an ein 'zivilisiertes Leben' eine wichtige Disziplinierungsfunktion erfüllen.

Wie bereits mehrfach erwähnt, lässt sich im niederschwelligen Bereich eine *Tendenz zur Integration weiterführender Hilfeleistungen* in das Einrichtungsangebot beobachten. So kommt es häufig zur Kombination von Streetwork mit dem Angebot eines Tageszentrums, an das auch die Möglichkeit von Einzelberatung bzw. manchmal auch umfassender sozialarbeiterischer Betreuung angeschlossen ist. Teilweise werden Notunterkünfte oder auch längerfristige und damit meist höherschwellige Wohnmöglichkeiten in das Einrichtungsangebot integriert etc. Fast alle niederschwelligen Hilfsangebote und -maßnahmen bieten die Begleitung bei Behördengängen o.ä. an, um nur einige Beispiele an Kombinationsmöglichkeiten zu nennen. Der spezielle Vorteil liegt darin, dass das in der niederschwelligen Arbeit *aufgebaute Vertrauen* zwischen AdressatInnen und MitarbeiterInnen *für einen Übergang zu höherschwelligen Hilfsangeboten genutzt* werden kann. Es ist kein Systemwechsel und häufig auch kein Wechsel der AnsprechpartnerInnen auf Organisationsseite notwendig, die Schwelle wird so durch personelle Kontinuität verringert. Durch die Kombination unterschiedlicher Stufen und Schwellen an Angeboten und Maßnahmen innerhalb einer Einrichtung werden differenzierte Anschlussmöglichkeiten zur Weiterentwicklung der KlientInnenkarriere geschaffen. Ist ein Übergang zu einer anderen Einrichtung mit anderen MitarbeiterInnen notwendig, würde die bereits geleistete vertrauensbildende Arbeit zumindest teilweise verloren gehen, und zwar sowohl auf der personellen Ebene (andere MitarbeiterInnen) als auch zur Organisation (unvertraute Einrichtung). Dadurch besteht ein erhöhtes Risiko für das Gelingen des Übergangs zu höherschwelligen sozialarbeiterischen Settings (vgl. nachfolgendes Kapitel).

Das *Schwellenmanagement* innerhalb niederschwelliger Einrichtungen wird meist so gehandhabt, dass höherschwellige Angebote unverbindlich offeriert werden (gewissermaßen 'im Raum' verfügbar und beobachtbar sind), aber keine manifeste Notwendigkeit für die KlientInnen besteht, sie zu beanspruchen. Es erfolgt ein *laufendes Switchen* zwischen dem Beobachten der AdressatInnen auf das Vermögen und die Motivation zu höherschwelligen Beziehungsarrangements und auf Gelegenheiten hin, die eine Anschlussfähigkeit für weiterführende Interventionen und die Entwicklung einer veränderungsorientierten ("Perspektiven und Ziele entwickeln") Arbeitsbeziehung ("Betreuungsverhältnis") bieten könnten, dem Antragen von Hilfsmöglichkeiten und gegebenenfalls dem Akzeptieren und 'Nachbearbeiten' einer Nichtannahme im Sinne einer Restabilisierung der Beziehung (s.u.). Die mit höherschwelligen Hilfen verbundenen höheren Erwartungen werden zunächst versuchsweise an NutzerInnen niederschwelliger Angebote adressiert. Können oder wollen sie von diesen nicht erfüllt werden, wird wieder zu weniger anforderungsreichen Beziehungssettings zurückgekehrt. Dabei bewegen sich die SozialarbeiterInnen im Spannungsfeld zwischen der Norm, keinen Druck auszuüben und ein möglichst großes Ausmaß an Freiwilligkeit für die KlientInnen zu gewährleisten, und dem Anliegen, zu sozialarbeiterischer Interaktion im eigentlichen Sinn überzugehen.

Wie offen dieses Anliegen an die Zielgruppen herangetragen wird, dürfte sehr unterschiedlich sein. Teilweise lässt sich ein intransparentes Agieren gegenüber den KlientInnen beobachten, ein "im Verborgenen dran bleiben". In manchen Fällen werden somit die eigenen Veränderungsziele den KlientInnen gegenüber möglichst lang latent gehalten und erst dann sichtbar gemacht, wenn die KlientInnenrolle ausreichend übernommen wurde. Hier zeigt sich, dass in der Beziehung SozialarbeiterIn-KlientIn mitunter zentrale Regeln einer persönlichen Vertrauensbeziehung verletzt werden und dass derartige Verletzungen von Seiten der SozialarbeiterInnen absichtsvoll eingesetzt werden, um eine Adressierbarkeit potenzieller, aber schwer erreichbarer KlientInnen für das Hilfssystem herzustellen. Dafür wird die Struktur einer persönlichen Vertrauensbeziehung genutzt, ohne eine solche Beziehung im eigentlichen Sinn zu sein. Zu betonen ist allerdings, dass es im Handhaben der Transparenz sozialarbeiterischer bzw. einrichtungsbezogener Ziele gegenüber den AdressatInnen beachtliche Differenzen zwischen verschiedenen Einrichtungen, aber auch zwischen einzelnen MitarbeiterInnen geben dürfte.

Ein grundsätzliches *Dilemma des unverbindlichen Offerierens* höherschwelliger Angebote äußert sich in der Frage danach, wie auf diese Möglichkeiten bzw. unterschiedlichen Angebote hingewiesen werden kann, ohne die Erwartung mitzutransportieren, dass die AdressatInnen der Hilfsangebote diese auch annehmen sollten. Denn *jedes Angebot führt zugleich die Erwartung seiner Annahme mit sich*. Diese Erwartung wird im konkreten Kontext vor allem dadurch verstärkt, dass die Angebote meist persönlich-mündlich (und nicht etwa schriftlich o.ä.) kommuniziert und damit ein Stück weit auch der mitteilenden Person zugerechnet werden und nicht etwa nur abstrakt der Einrichtung bzw. dem Hilfssystem.[104] Und jede Ablehnung stellt eine Zurückweisung dar und bleibt es tendenziell auch dann, wenn sie von Seiten der Sozialarbeiterin bzw. des Sozialarbeiters als legitim kommuniziert wird. Damit ist *jede Ablehnung in der Kommunikation potenziell krisenhaft für die Weiterführung der Kommunikation* und insofern ein besonderes Problem für die niederschwellige Soziale Arbeit. Schrift-

---

104 Hier zeigt sich, dass Kommunikation nicht nur aus der Selektion einer Information besteht, sondern auch eine Mitteilungsselektion (und weiters eine Verstehensselektion) umfasst: "In ihr 'outet' sich die Kommunikation" (Fuchs 2003: 20), das heißt, das Mitgeteilte kann einer mitteilenden sozialen Adresse zugeordnet werden. Und die soziale Adresse des Mitarbeiters oder der Mitarbeiterin einer niederschwelligen sozialarbeiterischen Einrichtung präsentiert sich gegenüber den KlientInnen eben häufig vorrangig von einer 'persönlichen' und weniger von einer berufsrollenspezifischen Seite.

liche Formen der Information wären in dieser Hinsicht zwar 'neutraler' bzw. könnten ein höheres Ausmaß an Unverbindlichkeit realisieren, bringen aber andere Selektivitäten bzw. Anschlussprobleme mit sich, insbesondere bei bildungs- und schriftfernen Zielgruppen.

Ein offensives Anbieten von sozialarbeiterischen Hilfeleistungen birgt insbesondere dann das Risiko des Kommunikationsabbruchs, wenn die AdressatInnen in der Vergangenheit bereits die Erfahrung machten, dass es ratsam ist, die Erwartungen sozialer Hilfseinrichtungen nicht zu enttäuschen (z.B. um monetäre Leistungen zu erhalten), da man ansonsten Gefahr läuft, selbst zurückgewiesen zu werden. Das proaktive Zugehen der SozialarbeiterInnen mit Unterstützungsangeboten könnte dann für die Weiterführung der Kommunikation (mindestens) zwei riskante Reaktionen hervorrufen: Erstens könnte es auf AdressatInnen-Seite statt einer direkten Ablehnung zu einem Rückzug kommen, um dem Erwartungsdruck zu entfliehen und die Notwendigkeit einer offenen Zurückweisung des Hilfsangebots zu vermeiden. Zweitens könnte es zu einer Schein-Annahme und Schein-Kooperation kommen, um nicht offen ablehnen zu müssen. Das führt allerdings eine besondere Gefahr des Scheiterns bzw. nicht erfolgreichen Inanspruch-Nehmens mit sich, insbesondere auch deshalb, weil sozialarbeiterische Leistungen zumeist nur in Co-Produktion mit den KlientInnen erfolgreich erbracht werden können.

Das beschriebene Dilemma lässt sich aber aus sozialarbeiterischer Sicht nicht immer einseitig durch Vermeiden eines aktiven Zugehens auflösen, da das aktive Zugehen auch einen Mangel ausgleichen könnte: etwa an Information (Unwissenheit) oder an Eigenvermögen auf KlientInnenseite, selbst aktiv das Unterstützungsangebot einzufordern und Bedarf von sich aus zu artikulieren. Es könnte somit hilfreiche Unterstützung sein und spezielle Chancen des Übergangs eröffnen. Abschwächen lassen sich Erwartungsdruck und Risiko des Abbruchs in der Praxis durch das gleichrangige Kommunizieren der Alternative einer Ablehnung, eventuell sogar durch eine besondere Hervorhebung dieser Alternative.

Der im niederschwelligen Bereich hochgehaltene Grundsatz der Freiwilligkeit impliziert, dass es eines sogenannten Auftrags zur Unterstützungsleistung von Seiten der AdressatInnen an die HelferInnen bedarf. Die *Bestimmung des Übergangs zu rollenspezifischer Kommunikation* wäre damit *theoretisch den KlientInnen zugewiesen.* Offensichtlich passiert solch eine Auftragsvergabe aber nicht immer explizit, sondern stellt teilweise eine Interpretationsleistung des Sozialarbeiters bzw. der Sozialarbeiterin oder auch des sozialarbeiterischen Teams dar. So lässt sich etwa durch die Interpretation einer *Nicht-Annahme von Hilfe* als ein Nicht-Können, d.h. *als Ausdruck von Hilfsbedürftigkeit und als eigentlicher Hilfsauftrag* und nicht etwa als eine selbstbestimmte Ablehnung des Hilfsangebots, sozialarbeiterische Intervention in Gang setzen bzw. lassen sich damit zumindest weitere Beziehungsangebote an die AdressatInnen rechtfertigen. Auf der einen Seite werden die AdressatInnen als selbstbestimmte, entscheidungsmächtige Personen definiert, die in der Lage sind zu entscheiden, ob und welchen Hilfsauftrag sie an SozialarbeiterInnen vergeben. Auf der anderen Seite wird beobachtet, dass genau diese Selbstbestimmung und Entscheidungskompetenz nicht immer selbstverständlich vorauszusetzen ist. In der Folge wird ständig neu und situativ beantwortet, inwieweit es eine zusätzliche Schwelle darstellt, wenn die Zielgruppen selbst aktiv einen Hilfsauftrag formulieren müssen, d.h. inwieweit sie zu solch einer Auftragsvergabe nicht in der Lage sind oder inwieweit sie keinen Auftrag vergeben wollen. Je nachdem, wie die Interpretation auf sozialarbeiterischer Seite ausfällt, lässt sich ein aktives Heranführen der AdressatInnen an Hilfsangebote vor dem Hintergrund des Freiwilligkeitsgebotes rechtfertigen oder nicht. Mit der Annahme, die Entscheidung über Akzeptanz oder Ablehnung der angebotenen Leistungen bzw. Unterstützungen bliebe letztendlich dennoch bei den (potenziellen) KlientInnen, wird die Paradoxie in der Praxis handhabbar gemacht. Aus dem Blick gerät dabei allerdings mitunter der beachtliche sozialarbeiterische Anteil an dieser Entscheidung.

Die Ambivalenzen der Interpretation einer Nichtannahme von Hilfe als Nicht-Können zeigen sich etwa an folgendem Beispiel: Wenn eine obdachlose, alkoholkranke Person wiederholt einen von sozialarbeiterischer Seite vermittelten Amtsarzt-Termin nicht einhält, der dem Ansuchen um eine Berufsunfähigkeitspension dient, dann kann dies sowohl Ausdruck von Unvermögen als auch eine Strategie der Verweigerung sein. Letzteres gewinnt dann an Plausibilität, wenn man mitberücksichtigt, dass die entsprechende Person eigentlich den Wunsch hat zu arbeiten. Im konkreten Fall erreichte der zuständige Sozialarbeiter nach mehrfacher Terminversäumnis, dass der Amtsarzt schlussendlich von der Notwendigkeit einer Terminvereinbarung absah. Vielleicht wurden für den Klienten bzw. die Klientin damit die Anforderungsschwellen in hilfreicher Weise gesenkt, vielleicht wurde ihm bzw. ihr damit auch eine wichtige Verweigerungsmöglichkeit genommen.

Katalysatorische Wirkung für einen Übergang zu höherschwelligen Beziehungsarrangements kann ein *hoher Leidensdruck auf Seiten der AdressatInnen* entfalten, aus dem eine entsprechende Motivation zur Veränderung der eigenen Lebenssituation erwächst. Druckerhöhend wirken dabei mitunter durch andere Organisationen, v.a. Behörden bzw. Exekutivorgane, vorgenommene Adressierungen, die meist fordernder bzw. problembehafteter Natur sind. Der anders,

nämlich unterstützend und wertschätzend strukturierte Kontakt zur niederschwelligen Einrichtung bietet sich dafür an, diese problematischen Adressierungen zu
bearbeiten und eventuell zu lösen. So erhöht der durch Organisationen der Umwelt bewirkte Problemdruck die Wahrscheinlichkeit, auf Basis der geschaffenen
Vertrauensbeziehung in eine umfassendere und höherschwellige KlientInnen-
Beziehung mit der niederschwelligen Einrichtung einzutreten.

Ein *wichtiges Kennzeichen des Übergangs* zu einem höherschwelligen Beziehungssetting ist die *Vereinbarung von Veränderungszielen* zwischen KlientIn
und SozialarbeiterIn. Zielvereinbarungen implizieren höhere Erwartungen und
beinhalten die Gefahr des Nicht-Erreichens bzw. Scheiterns, sodass – wie bereits
in Kapitel 5.3.3 ausgeführt – die Erreichbarkeit der Ziele zuvor sorgfältig abzuwägen ist. Die Wahrscheinlichkeit eines gelingenden Übergangs wird dabei
dadurch erhöht, dass den KlientInnen eine besonders aktive Rolle bei den Ziel-
findungen und -formulierungen zugesprochen wird. Sie sollen gewissermaßen
'ihre eigenen' Zielvorstellungen einbringen, um so eine hohe Identifikation mit
den vereinbarten Zielen und in der Folge eine besondere Motivationsbasis bei
der Realisierung der Ziele zu erreichen. Die Selbstverpflichtung der KlientInnen
erhält durch das Commitment mit dem Sozialarbeiter bzw. der Sozialarbeiterin
eine höhere Verbindlichkeit nach außen. Zu beachten ist allerdings, dass die
inhaltlichen Ziele auch mit den Zielsetzungen der spezifischen Maßnahme bzw.
des Hilfsangebots vereinbar sein müssen. Insofern kommt nie stets nur den Zielen der KlientInnen selbst Relevanz zu, sondern auch denen der Sozialen Arbeit
und ihren unterschiedlichen Hilfsangeboten.

Insgesamt beobachten viele VertreterInnen der niederschwelligen Praxis im
engeren Begriffssinn, dass ein *nachhaltiger Übergang zu höher- und hochschwelligen sozialarbeiterischen Interventionen* in ihrem Arbeitszusammenhang
eher die Ausnahme als die Regel darstellt. Teilweise scheinen die KlientInnenkarrieren im niederschwelligen Bereich jahre- bis jahrzehntelang anzudauern,
sodass faktisch vor allem eine *Exklusionsverwaltung innerhalb des Hilfssystems*
geleistet wird und sich nur begrenzt weiterführende Anschlussmöglichkeiten
innerhalb des Hilfssystems realisieren lassen. Damit klaffen feldinterner Selbstanspruch und Realität beachtlich auseinander. Aufrechterhalten wird der Selbstanspruch jedoch durch das *Verschieben der Realisierung weiterführender Anschlussoptionen in eine nicht näher definierte Zukunft*: Man hofft, dass irgendwann sozialarbeiterische Interventionen im Sinne von Veränderungsarbeit möglich werden könnten und arbeitet einstweilen weiter am Erhalt und der Stabilisierung der prekären Adressen.

5.7   Mind the Gap! – Strukturelle Anschlussoptionen zum höherschwelligen Angebots- und Maßnahmenspektrum

Eingangs wurde die Differenz zwischen nieder- und hochschwelliger Sozialer Arbeit als Unterscheidung zweier Seiten oder vielmehr Endpunkte eines Kontinuums mit zahlreichen Abstufungen und fließenden Übergängen beschrieben. Entsprechend weist das Angebotsfeld im Bereich Sozialer Hilfe *stufenförmig aufgebaute Strukturen und Prozesse der Bearbeitung von gesellschaftlich als relevant erachteten Exklusionsverdichtungen bzw. Inklusionsproblemen von Individuen oder Gruppen* auf: An niederschwellige Angebote schließen meist höher- bis hochschwellige an, wobei dazwischen unterschiedlichste Abstufungen möglich sind. Ebensowenig wie alle Hilfsbedürftigen bzw. -suchenden ihre 'Karriere' als KlientInnen in niederschwelligen Angeboten bzw. Maßnahmen beginnen, können oder wollen alle NutzerInnen niederschwelliger Hilfsangebote und -Maßnahmen in höher- bis hochschwellige Angebote übersteigen.[105] Vereinzelt zielen niederschwellige Angebote im Kern gar nicht darauf ab, ihre NutzerInnen längerfristig für das Hilfssystem adressabel zu machen, so beispielsweise manche Angebote der mobilen Jugendarbeit, die KlientInnenkarrieren eher abzuwenden trachten, bevor sie richtig beginnen.[106] Teilweise werden von KlientInnen sowohl nieder- als auch höherschwellige Angebote parallel wahrgenommen. Und ein Großteil der niederschwelligen Einrichtungen integriert zugleich höher- bis hochschwellige Elemente bzw. Strukturen.

Niederschwellige Hilfsmaßnahmen und -angebote können also als Teil einer Kette an Hilfsangeboten betrachtet werden. Damit sind die *Relationen zu höher- und hochschwelligen Angeboten bzw. zu Anschlussmöglichkeiten daran* von großer Bedeutung. Bisher wurden bereits einige charakteristische Schwellen behandelt, die es zu überwinden gilt, wenn ein aufsteigender (Re-)Inklusionsprozess realisiert werden soll:

- Das *basale (Wieder-)In-Kontakt-Kommen* mit vom Hilfssystem als hilfsbedürftig beobachteten, aber (noch) nicht erreichten Personenkreisen wurde in Kapitel 5.5 als erster neuralgischer Schwellenbereich beschrieben, verbun-

---

105 Volker Busch-Geertsema (2011) führt anhand des in Kritik geratenen Stufensystems der Wohnungslosenhilfe aus, dass nicht gelingende Übergänge zu höherschwelligen Wohnangeboten durch die Gestalt der "Aufstiegsleiter" mit verursacht sein können, sodass wohnungslose Personen oft lange Jahre im Ersatzsystem von Übergangsunterkünften und Sonderwohnformen bleiben.

106 Diesen Aspekt niederschwelligen Arbeitens gälte es noch näher zu erforschen, er kommt in der vorliegenden Arbeit etwas zu kurz.

den mit dem *Aufbau eines Vertrauensverhältnisses* zur Stabilisierung der Adressierbarkeit.

- Eine ebenfalls bereits thematisierte Schwelle stellt die *Überleitung vom konkreten Vertrauen* in eine spezifische Person *zum abstrakteren Vertrauen in die berufliche Rolle* dar, um die 'KlientInnenkarriere' weiterentwickeln zu können.

- Um einen Übergang zu höherschwelligen sozialarbeiterischen Beziehungsarrangements zu vollziehen, bedarf es weiters der Herstellung *kompatibler Problemdeutungen und Zielsetzungen* zwischen KlientIn und SozialarbeiterIn, die auch mit den allgemeinen Zielsetzungen der Maßnahme und den organisatorischen Ressourcen vereinbar sind. Zugleich gilt es, die *KlientInnen zur Mitarbeit* zu motivieren, sie also als KooperationspartnerInnen bzw. Ko-ProduzentInnen für die Bearbeitung der übereinstimmend beobachteten Problemstellungen zu gewinnen.

- Können weiterführende, höherschwellige Angebote nicht (mehr) innerhalb der Einrichtung angeboten werden, die den Erstkontakt und eine basale Adressierbarkeit für das Hilfssystem herstellte, ist ein weiterer *prekärer Schwellenbereich* zu überwinden, nämlich der *zu anderen, meist noch unvertrauten Hilfseinrichtungen*. Diesem Schwellenbereich wird im Folgenden besondere Aufmerksamkeit geschenkt.

Wie weiter oben ausgeführt, wird das in der niederschwelligen Arbeit aufgebaute Vertrauen als eine zentrale Ressource für den Übergang zu höherschwelligem Arbeiten genutzt. Dieses Vertrauen ist noch eher auf einer konkreten, häufig personengebundenen Ebene ausgebildet und kein abstraktes Systemvertrauen. Deshalb werden Übergänge zu anderen Einrichtungen zu besonders kritischen Momenten, die eine große Gefahr des Abbruchs mit sich führen. Um die Problematik des Übergangs ("Weitervermittlung") zu höherschwelligen Einrichtungen abzuschwächen, an die anzudocken bereits spezifische Vorleistungen und Strukturanpassungen von den KlientInnen verlangt, werden verschiedene Strategien angewandt. Die weitervermittelnden Einrichtungen bzw. ihre MitarbeiterInnen versuchen also durch unterschiedliche Methoden bzw. Hilfestellungen, die zu überwindenden Schwellen für die KlientInnen herabzusetzen bzw. beim Überschreiten zu unterstützen, gewissermaßen 'Rampen' zu legen. Folgende verschiedene Strategien konnten im Kontext der vorliegenden empirischen Studie identifiziert werden:

- Eine Form der Unterstützung stellt die *Vermittlung eines persönlichen Ansprechpartners bzw. einer persönlichen Ansprechpartnerin in der neuen*

Einrichtung dar, zu der aufgrund fehlender oder auch negativer Erfahrungen in der Vergangenheit (noch) keine Vertrauensbasis besteht. So soll das konkrete Vertrauen in die eigene Einrichtung bzw. deren Mitarbeiterin oder dessen Mitarbeiter auf die neue Einrichtung partiell übertragen werden, und zwar zunächst ebenfalls auf einer persönlichen Ebene verortet. Indem man den Klienten oder die Klientin zusätzlich "einen schönen Gruß" ausrichten lässt, wird die grüßende Person in den Beginn der neuen Interaktionssituation symbolisch mit einbezogen. Dies kann auch dazu dienen, den Mitarbeiter oder die Mitarbeiterin der neuen Einrichtung wohlwollend zu stimmen, indem der Gruß zugleich als Empfehlung wirkt ("ich empfehle diese Person an dich weiter") bzw. indem eventuell bei nicht wohlwollendem Agieren der weitervermittelten Person gegenüber die Konsequenz im Raum steht, dass der/die Grüße ausrichtende MitarbeiterIn davon erfährt. Teilweise wird in der Vorbereitung der Weitervermittlung von Seiten der 'Erstkontakt'- Einrichtung auch direkt Verbindung zur neuen Ansprechperson aufgenommen, um günstige Voraussetzungen für den Übergang zu schaffen.

- Besonders wenig von den KlientInnen alleine zu überwindender 'Leerraum' entsteht, wenn *der Klient bzw. die Klientin zur neuen Einrichtung, zu einer Behörde etc. hin begleitet* wird. In der neuen Situation ist also zunächst eine vertraute, wohlgesonnene Person mit dabei, die zugleich die Regeln des neuen Settings besser kennt und mit dem neuen Gegenüber in einer anderen, weniger ohnmächtigen bzw. asymmetrischen Rollenverteilung und Kommunikationsbeziehung steht. Die Anerkennung, die der begleitenden Person als MitarbeiterIn einer sozialarbeiterischen Einrichtung entgegen gebracht wird, kann so auch für den Klienten oder die Klientin genutzt werden.

- Eine weitere Hilfestellung für den Übergang in eine neue Einrichtung kann darin bestehen, die *KlientInnen vorab mit den Erwartungen vertraut zu machen*, die dort an sie herangetragen werden könnten. Durch die Vorbereitung auf das neue Setting und die Anforderungen, die dort zu erbringen sind, lässt sich die Gefahr der Überforderung durch unerwartete und unbekannte Anforderungen vermeiden oder zumindest reduzieren. Allgemein kann damit die Wahrscheinlichkeit einer negativen Erfahrung gleich zu Beginn des neuen Kontaktes gesenkt werden (indem beispielsweise beim Arbeitsmarktservice gleich die erforderlichen Unterlagen mitgebracht werden und die Person damit vermeidet, wieder weggeschickt zu werden, um fehlende Unterlagen zu ergänzen).

- Den KlientInnen zu vermitteln, *hohe und rigide Anforderungen als system-bedingt zu beobachten* und nicht als Boshaftigkeit der eigenen Person ge-genüber ("Die können ja auch nicht aus!"), kann sich ebenfalls als hilfreich für eine Steigerung der ertrag- und bewältigbaren neuen Zumutungen in ei-ner höherschwelligen Einrichtung erweisen. So lässt sich die Interaktion zwischen EinrichtungsmitarbeiterIn und KlientIn im neuen Setting partiell entlasten und die Anforderungen werden weniger als an die eigene Person adressierte Schikanen interpretiert.

- Übergangsschwellen lassen sich auch durch das *Vermeiden oder Entschär-fen von 'Bewerbungsritualen' in der neuen Einrichtung* (z.B. Vorstellungs-gespräch) reduzieren. So kann etwa ein Wohnzentrum, das niederschwellige Zugangsstrukturen anstrebt, die Prüfung der Zielgruppenentsprechung den vermittelnden, zumeist niederschwelliger arbeitenden Einrichtungen über-lassen. Dies macht allerdings eine enge Kopplung zwischen den Einrichtun-gen bzw. eine gute Abstimmung der Zusammenarbeit und des Schnittstel-lenmanagements wichtig. Doch auch wenn nicht selbst geprüft wird, welche Person entspricht und welche nicht, bleiben in der Regel sowohl die Defini-tion der Zielgruppe(n) als auch die Entscheidung darüber, wer einziehen darf und wer nicht, in der aufnehmenden Organisation selbst.

Solche Strategien setzen nicht nur voraus, dass bezüglich der weitervermittelten Individuen eine realistische Chance zur Erfüllung höherer Anforderungen gese-hen wird und auch die dafür notwendige Motivation als ausreichend vorhanden angenommen werden kann, sie verlangen ebenso die *Verfügbarkeit entsprechen-der weiterführender Hilfsangebote und -maßnahmen*. Doch gerade in dieser Hinsicht beobachten manche PraxisvertreterInnen beachtliche *Knappheiten*: Einerseits scheint die Integration weiterführender Angebote in das einrichtungs-eigene Angebotsspektrum nicht immer im als ausreichend erachteten Ausmaß zu gelingen, und zwar in der Regel mangels förderwilliger FördergeberInnen.[107] Andererseits weisen entsprechende weiterführende Hilfsangebote anderer Ein-richtungen häufig begrenzte Aufnahmekapazitäten auf, sodass nicht allen An-wärterInnen ein Platz geboten werden kann. Angesichts des in den Kapiteln 5.1 und 5.2 vorgestellten Selbstanspruches des Praxisfeldes, mit ihrer Arbeit An-schlussoptionen für weiterführende Veränderungs- bzw. Entwicklungs- und

---

107 Das Hilfssystem hingegen scheint nahezu immer hilfswillig zu sein, mitunter eben auch dann, wenn die AdressatInnen ihrer Hilfsangebote diese gar nicht suchen und wollen. Baecker (2005: 32f) beobachtet, dass aktuell die Option des Nichthelfens von der Sozialen Arbeit auf die Ge-sellschaft externalisiert wird. Er fordert in der Folge eine "Einführung des Reflexions- und Ne-gationswerts 'Nichthelfen' in das System" (ebd.: 33; vgl. auch Kap. 2.2.3 dieser Studie).

Problembearbeitungsprozesse zu eröffnen, müssen solche Beobachtungen zu grundlegenden Irritationen führen. Gleichzeitig könnte ihnen eine wichtige Entlastungsfunktion zukommen, indem damit die Verantwortung dafür, dass Übergänge zu höherschwelligen sozialarbeiterischen Hilfsangeboten so selten zu glücken scheinen, an die von FördergeberInnenseite vorgegebenen strukturellen Rahmenbedingungen zugewiesen wird.

Mit dieser beschriebenen Knappheitsbeobachtung bezüglich weiterführender Hilfsangebote und -maßnahmen werden Grundfragen der Sozialen Arbeit berührt, die sich beispielhaft an der neuen 'Problematik' älterer DrogenkonsumentInnen aufzeigen lassen: Dass sie sich als quantitativ relevante Problemgruppe zeigen, kann auch als Erfolg betrachtet werden, nämlich als Erfolg niederschwelliger, akzeptierender Drogenarbeit bzw. allgemein als Erfolg der verbesserten medizinischen und psychosozialen Versorgung seit Mitte der 80er/Anfang der 90er Jahre, durch die suchtkranke Personen ein längeres physisches Überleben, häufig verbunden mit einer materiellen Grundversorgung, ermöglicht wird. Die vorrangig als Überlebenshilfen bzw. "harm reduction" konzipierten neuen Lösungen zeitigen jedoch neue Folgeprobleme oder lassen neue Hilfsbedarfe entstehen, für die wieder neue Lösungen zu suchen sind: Sie unterstützen dabei, eine langjährige Suchtkarriere (über-)leben zu können, sodass das Hilfssystem und mit ihr die Gesellschaft insgesamt allmählich mit einer beachtenswerten Anzahl älterer DrogenkonsumentInnen konfrontiert sind.[108] Damit wird die *Frage nach dem, was auf die Stabilisierung des Überlebens folgt, virulent*: Was macht das Hilfssystem mit diesen erzeugten Adressierungsmöglichkeiten? Niederschwellige Maßnahmen bringen zwar möglicherweise mehr Personen ins Hilfssystem – zumindest die niederschwellige Drogenarbeit scheint hier merkbar erfolgreich zu sein, aber damit noch nicht zwangsläufig darüber hinaus. *Diese potenziellen Fälle können vom Hilfssystem offensichtlich teilweise nicht 'weiterbearbeitet' werden* – so zumindest die Selbstbeobachtung des Praxisfeldes. Wird die Verantwortung dafür den KlientInnen zugerechnet, steht weiter Stabilisierung der Adressierbarkeit für sozialarbeiterische Hilfsangebote im Vordergrund, in der vagen Hoffnung, dass künftig Anschlussoptionen realisiert werden können. Wird sie aber als Folge fehlender Ressourcen gesehen, dann sieht sich die niederschwellige Soziale Arbeit mit Umweltlimitationen konfrontiert, die ihre zentrale feldinterne Funktion tendenziell wirkungslos werden lässt.

---

108 Der Anstieg älterer DrogenkonsumentInnen ist selbstverständlich nicht nur den verbesserten Hilfsangeboten für diese Zielgruppe zuzurechnen, sondern beruht u.a. auch auf dem starken Anstieg drogenabhängiger Personen seit den 70er Jahren, als die sogenannte "internationale Drogenwelle" (Eisenbach-Stangl et al. 2008: 29; vgl. auch Gerlach 2005: 18) auch Österreich erreichte.

Nimmt man die Beobachtung ernst, dass sich zwar relativ leicht Ressourcen der öffentlichen Hand für sehr niederschwellige Angebote und Maßnahmen im Sucht- und Drogenbereich lukrieren lassen, während die Finanzierung weiterführender Angebote, die auf lange Perspektive eine umfassendere gesellschaftliche Teilhabe anstreben, in wesentlich geringerem Umfang realisierbar ist, dann ist damit allerdings noch nicht die *Frage* beantwortet, *ob diese finanziellen Limitierungen eher als Ursachen oder als Folgen des seltenen nachhaltigen Glückens von Übergängen zu höherschwelligen sozialarbeiterischen Hilfsangeboten zu betrachten sind.* Denn wenn letztere unabhängig von der finanziellen Ressourcenfrage generell eher die Ausnahme als die Regel darstellen – und auch dies entspricht einer weitverbreiteten Selbstbeobachtung im niederschwelligen Bereich (v.a. im engeren Begriffsverständnis), dann liegt ihre gesellschaftliche Relevanz in erster Linie in der Aufrechterhaltung der Fiktion, dass gesellschaftliche Inklusion allen Personen offen gehalten wird, und weniger in der tatsächlichen (Re-)Inklusion von Personen, die als weit am Rande der Gesellschaft stehend beschrieben werden können. Die niederschwelligen Hilfsangebote und -maßnahmen im engeren Sinn entschärfen hingegen soziale Problemlagen so weit, dass sie nicht mehr als gesellschaftlich relevant betrachtet werden müssen (Verringerung der Drogentoten, Entschärfung ihres Stör- und Gefährdungspotenzials für die sogenannte Normalbevölkerung). Damit machen sie – aus gesamtgesellschaftlicher oder politischer Perspektive – das unnötig, was sie eigentlich ermöglichen wollen. Das scheint ein grundsätzliches Dilemma niederschwelliger Maßnahmen bzw. Angebote im Sozialbereich zu sein, die 'Falle', in die sie leicht geraten können. Falls es sich zugleich um normativ ambivalent beobachtete Randgruppen handelt (also nicht um 'würdige' Hilfsbedürftige), lassen sich auch nur begrenzt moralische Argumente für das Erschließen finanzieller Ressourcen einsetzen (während etwa Jugendliche 'unsere Zukunft' darstellen).

Das ausgeführte Beispiel weist darauf hin, dass in manchen niederschwelligen Bereichen der Übergang zu höherschwelligen Hilfsangeboten bzw. -maßnahmen wesentlich undurchlässiger gestaltet sein dürfte als derjenige in eine materielle Grundversorgung hinein. In manchen Feldern scheint es kaum möglich zu sein, über rein materielle bzw. gesundheitliche Stabilisierung bei Perpetuierung oder auch Neuerzeugung von Abhängigkeit hinaus zu gelangen. Verringern lassen sich diese auch *auf angebotsstruktureller Ebene mitverursachten Anschlussrisiken* dadurch, dass bereits in der Konzeption niederschwelliger Angebote und Maßnahmen die Schnittstellen bzw. Übergänge zu höherschwelligen Angeboten mit entworfen werden. Einrichtungen, die rein auf Niederschwelligkeit fokussieren, laufen Gefahr, ihre feldintern als zentral gehandelte Funktion des Eröffnens von Anschlussoptionen an weiterführende, höherschwellige Hilfsangebote nicht oder nur eingeschränkt erfüllen zu können. Sie würden in der Folge in erster Linie Exklusionsverwaltung innerhalb des Hilfssystems ohne nennenswerte Chancen auf Hilfestellungen zur umfassenderen Problembearbeitung leisten.

Zu beachten bleibt allerdings, dass für das unsichere Glücken eines aufsteigenden gesellschaftlichen (Re-)Inklusionsprozesses und des (Rück-)Gewinns der Ressourcen und Kompetenzen für eine gelingende individuelle Lebensführung auch andere Faktoren maßgeblich sind. So kann Soziale Arbeit die Teilnahmebedingungen, die unterschiedliche Gesellschaftsbereiche und Organisationen an Individuen insbesondere in Leistungs-, aber auch in Publikumsrollen richten, nicht außer Kraft setzen. Und sie sieht sich zugleich mit dem Umstand konfrontiert, dass manche Personen diese Bedingungen kaum jemals erfüllen werden können (und manchmal auch nicht wollen), sodass ihr in diesen Fällen tatsächlich die Aufgabe zukommt, "zu einer Gestaltung der Lebensführung unter Exklusionsbedingungen beizutragen" (Scherr 2004: 65f). Und nicht zuletzt – und eng damit verbunden – hat sich dieses Tätigkeitsfeld innerhalb der Sozialen Arbeit der feldintern ungeliebten *Frage nach Wirkungsmöglichkeiten und Wirkungen des eingesetzten sozialarbeiterischen Hilferepertoires* und damit auch nach dem Verhältnis von beabsichtigten und mithilfe der eingesetzten Methoden und Interventionstechniken erreichten Effekten im Hinblick auf die Ermöglichung gesellschaftlicher (Re-)Inklusionsprozesse zu stellen.

5.8 Zusammenfassung: Grundlegende Charakteristika des Feldes niederschwelliger Sozialer Arbeit

Die empirischen Ergebnisse lassen als *zentrales, sinnkonstituierendes Differenzschema* niederschwelliger Sozialer Arbeit die *Abgrenzung von höher- und hochschwelligen sozialarbeiterischen Hilfsangeboten und -maßnahmen* erkennen. Es handelt sich damit um eine Differenzierung innerhalb des Feldes der Sozialen Arbeit. Zugleich kann die Grenze zwischen beiden Teilbereichen in der Praxis nicht immer klar gezogen werden, sodass sich die Unterscheidung niederschwellig-hochschwellig in der Empirie als zwei Richtungen eines Kontinuums präsentiert. Die unsichere und interpretationsbedürftige Grenzziehung offenbart sich auch in feldinternen Aushandlungsprozessen über 'echte' Niederschwelligkeit. Bemerkenswert ist weiters, dass auf der hochschwelligen Seite Sozialer Arbeit kaum bzw. keine Notwendigkeit zur expliziten Benennung der Schwelligkeit zu

bestehen scheint, während sich Niederschwelligkeit als ein identitätskonstituie-
rendes Merkmal für viele entsprechenden Angebote und Maßnahmen zeigt. Als
der Differenz nieder-/hochschwellig *vorgelagerte Unterscheidung* ließ sich jene
zwischen Freiwilligkeit und Zwang, d.h. zu Sozialer Arbeit in Zwangskontexten
identifizieren. Denn die Differenzierung nach Schwellenhöhe, die es von den
KlientInnen zu überwinden gilt, macht begriffslogisch nur bei jenen sozialarbeiterischen Angeboten und Maßnahmen Sinn, deren Annahme nicht zentral durch
die Drohung negativer Sanktionen bei Ablehnung geregelt ist.

Inhaltlich referiert die Unterscheidung niederschwellig-hochschwellig auf
*Bedingungen des Zugangs zu und der Inanspruchnahme von Hilfsangeboten
bzw. -maßnahmen* für KlientInnen oder AdressatInnen sozialer Hilfe. Niederschwellige Soziale Arbeit zeigt dabei teilweise subsidiären Charakter innerhalb
des Hilfssystems: Sie versucht all jene zu erreichen, die von den 'herkömmlichen'
sozialarbeiterischen Hilfsangeboten und -maßnahmen nicht erreicht werden, sei
es, weil sie die mit der Inanspruchnahme einhergehenden Anforderungen nicht
erfüllen können oder wollen, sei es, weil sie selbst keine Notwendigkeit sehen,
sozialarbeiterische Hilfe zu beanspruchen. Ihre *zentrale Funktion* innerhalb des
Hilfssystems lässt sich als *Herstellung von Adressierbarkeit potenzieller KlientInnen* benennen, *deren Erreichbarkeit von Seiten des Hilfssystems als unsicher
beobachtet wird*. Im Vordergrund steht oft (noch) weniger die Bearbeitung von
Problemen der Lebensführung bzw. sozialen Exklusionsverdichtungen mit dem
Ziel, die Chancen auf eine Teilhabe an den Leistungen verschiedener gesellschaftlicher Funktionssysteme zu erhöhen – dafür braucht es in der Regel höherschwellige Hilfssettings, sondern die Herstellung von Adressierbarkeit und die
Bereitstellung ausreichend stabilisierter Adressen für das Hilfssystem selbst.
Eine Sonderform bilden dabei jene Angebote und Maßnahmen, die eine klientInnen-förmige Adressierung dauerhaft latent zu halten versuchen. Doch auch sie
wollen riskante Adressierbarkeit durch diese spezifischen Formen von Niederschwelligkeit bearbeiten (s.u.).

Auf Basis der Unterscheidung zwischen zwei möglichen Hauptorientierungen sozialarbeiterischer Hilfsangebote und -maßnahmen, nämlich Herstellung
von Adressierbarkeit für das Hilfssystem vs. Bearbeitung und Verbesserung
konkreter Problemlagen der KlientInnen, kann *zwischen einer engeren und einer
weiteren Begriffsverwendung von Niederschwelligkeit unterschieden* werden:
Ein eng definiertes Verständnis meint sozialarbeiterische Hilfsangebote und
-maßnahmen, deren Hauptfunktion in der basalen Erzeugung und Stabilisierung
von Adressierbarkeit potenzieller, aber unsicher erreichbarer KlientInnen für das
Hilfssystem selbst besteht. Eine weite, unspezifischere Begriffsverwendung

bezieht sich allgemein auf voraussetzungsniedrige Zugänglichkeit bzw. niedrig gehaltene Erwartungen und Anforderungen an KlientInnen bei gleichzeitiger Hauptorientierung an Veränderungszielen zur Bearbeitung spezifischer Problemlagen von Individuen, Familien, BewohnerInnen eines bestimmten Sozialraumes etc.

Die Analyseergebnisse der empirischen Studie lassen darauf schließen, dass mit der Funktion des Zugang-Eröffnens zum Hilfssystem unterschiedliche *Folge- oder Nebenfunktionen* verbunden sein können. Innerhalb der niederschwelligen Sozialen Arbeit selbst bildet das Eröffnen von Anschlussmöglichkeiten an weiterführende, höherschwellige Hilfsangebote zur umfasenderen Bearbeitung der Probleme der Lebensführung bzw. zur sozialen Inklusion in gesellschaftliche Teilbereiche die zentrale Orientierung. In der Praxis nehmen niederschwellige Hilfsangebote und -maßnahmen jedoch teilweise die Gestalt einer Exklusionsverwaltung bzw. eines *inkludierenden Exklusionsbereichs* an, ohne nennenswerte Chancen auf Hilfestellungen zur nachhaltigeren Problembearbeitung anbieten bzw. realisieren zu können. Faktisch erfüllen sie auch (und manchmal vor allem) die soziale Funktion, die Randbereiche der Gesellschaft weniger sichtbar zu machen bzw. ihr Störpotenzial zu reduzieren, also *'Befriedung'* in der Exklusion und *Sicherung öffentlicher Ordnung.* Und obwohl weniger eine direkt personenbezogene Kontrolle im Zentrum niederschwelligen Arbeitens steht, erhöht die Herstellung von Anschlussfähigkeit an das Hilfssystem (oder umgekehrt des Hilfssystems an schwer erreichbare Zielgruppen) generell die sozialen Kontrollmöglichkeiten. Weiters entfaltet sich eine *spezifische Kontrollfunktion durch die Beobachtung von Szenestrukturen und -dynamiken* (z.B. der Jugend-, Drogen- oder Obdachlosenszene). Auch niederschwellige Soziale Arbeit kennzeichnet die unauflösbare Einheit von Kontrolle und Hilfe, die Soziale Arbeit generell charakterisiert.

Die Frage, wie sich Niederschwelligkeit in der Sozialen Arbeit konkret realisieren lässt, wurde anhand von *vier Dimensionen* (zeitlich, räumlich, sachlich und sozial) analysiert:

- Niederschwellige Einrichtungen versuchen häufig, die Vorstrukturierung durch die Organisation in der *Zeitdimension* an den ersten Kontaktpunkten zu den (potenziellen) KlientInnen gering zu halten, sodass diese möglichst wenige Voraussetzungen hinsichtlich der Zeitstruktur erfüllen müssen bzw. geringe Anforderungen an ihre Zeitdisziplin gestellt werden. Konkret lässt sich zeitliche Niederschwelligkeit etwa durch eine zeitlich weitgehend unbegrenzte Verfügbarkeit bzw. Erreichbarkeit der Hilfsangebote, durch keine Notwendigkeit zur vorherigen Terminvereinbarung, durch wenige Vorgaben hinsichtlich der zeitlichen Tagesstrukturierung bei Aufenthaltsangeboten bzw. generell durch die flexible Anpassung der Dauer einer Hilfsbeziehung an die individuellen Bedürfnisse der KlientInnen (kein Zeitdruck) umsetzen. Begrenzungen in der Zeitdimension können spezifische Folgen für die Gestaltung der Sach- und Sozialdimension zeitigen.

- *Räumliche Umsetzungsdimensionen* von Niederschwelligkeit lassen sich grundsätzlich danach unterscheiden, ob die Interaktion mit den Zielgruppen in Räumlichkeiten der niederschwelligen Organisation oder im unmittelbaren Lebensumfeld der AdressatInnen stattfindet. Im ersteren Fall wird räumliche Nähe durch verschiedene Maßnahmen hergestellt, die räumlich symbolisierte bzw. materialisierte Distinktion zur Zielgruppe vermeiden oder gering halten. Suchen SozialarbeiterInnen bzw. StreetworkerInnen ihre Zielgruppen in deren Lebensumfeld (Wohnung, Straße etc.) auf, wird die räumliche Schwelle nicht von letzteren überschritten, was zwar einerseits die Wahrscheinlichkeit des Kontaktes erhöhen, andererseits aber auch Elemente von Unfreiwilligkeit enthalten kann. Anforderungssenkend wirkt der Umstand, dass die mit organisationseigenen Räumen verbundenen Regeln für die Interaktion (Stichwort: Hausordnung) umgangen werden. Gemeinwesen- und sozialraumorientierte Angebote und Maßnahmen erreichen zusätzlich eine spezifische Form der Niederschwelligkeit dadurch, dass sie ihre Zielgruppe vorrangig als BewohnerInnen bzw. NutzerInnen eines bestimmten Gebietes adressieren und nicht als KlientInnen.

- In *sachlicher Hinsicht* kann Niederschwelligkeit zunächst darin zum Ausdruck kommen, dass die Problemlagen, die zum Gegenstand sozialarbeiterischer Intervention werden können, nicht näher eingeschränkt sind. Im oben skizzierten engeren Begriffsverständnis steht zunächst gar keine spezifische Problembearbeitung im Mittelpunkt der Interaktion, sondern die Herstellung und Stabilisierung von Adressierbarkeit für das Hilfssystem. Problemoffenheit geht aber häufig nicht mit Zielgruppenoffenheit einher, da Erreichbarkeit bzw. Adressierbarkeit oft nur zielgruppenspezifisch herstellbar ist und entsprechend unterschiedliche Strategien und Methoden notwendig werden. Sachliche bzw. inhaltliche Niederschwelligkeit kommt weiters meist darin zum Ausdruck, dass die Leistungsbeanspruchung nicht an das Erreichen bestimmter Ziele oder Erfolge gebunden ist oder diese zumindest niedrig gehalten und flexibel vereinbart werden. Der Übergang zu fallspezifischer Kommunikation mit Zielvereinbarungen stellt einen Schritt zu einem höherschwelligen Beziehungssetting dar. Weiters können Zugangsschwellen durch die Kopplung mit anderen, nicht-sozialarbeiterischen Angeboten gesenkt werden, etwa mit verschiedensten materiellen, auf körperliche Grundbedürfnisse referierenden Angeboten oder auch mit attraktiven Freizeitangeboten für Jugendliche. Teilweise sind somit zwei verschiedene Ebenen an Angeboten beobachtbar: Eine Ebene der manifesten Angebote, die zunächst häufig die eigentlich attraktiven Angebote für die AdressatInnen darstellen, und die für die niederschwellige Soziale Arbeit wesentliche Ebene des Beziehungsangebotes mit dem Ziel der Schaffung einer stabileren Adressierbarkeit für das Hilfssystem.

- Niederschwelligkeit in der *Sozialdimension* zielt auf die Art der Beziehung zwischen (potenziellen) KlientInnen und SozialarbeiterInnen bzw. niederschwelligen Organisationen der Sozialen Arbeit ab. Als zwei zentrale Aspekte werden feldintern die Möglichkeit der Anonymität für die NutzerInnen und die Freiwilligkeit der Inanspruchnahme gehandelt. Beide Aspekte weisen darauf hin, dass niederschwellige Soziale Arbeit zunächst ein hohes Maß an Unverbindlichkeit für die Zielgruppen bzw. NutzerInnen zu realisieren versucht, die günstige Voraussetzungen für den häufig prekären Beziehungsaufbau zwischen SozialarbeiterInnen und AdressatInnen schaffen sollen. Durch Anonymität können letztere ihrerseits die soziale Adresse der Hilfseinrichtung unverbindlich testen, wodurch sich die Wahrscheinlichkeit der Inanspruchnahme Sozialer Hilfe erhöhen lässt. Allerdings lassen sich beachtliche Differenzen in der Bedeutung von Anonymität für verschiedene Zielgruppen beobachten. Die feldinterne Betonung des Prinzips der Freiwilligkeit erklärt sich weniger aus Abgrenzungsfunktionen gegenüber höher- bzw. hochschwelligen Hilfsangeboten, sondern vielmehr aus einer strukturellen Ambivalenz innerhalb des niederschwelligen Bereichs, der mit einem proaktiven Zugehen auf seine Zielgruppen, die teilweise nicht von sich aus Hilfe suchen, in einem potenziellen Spannungsverhältnis zum Prinzip der Freiwilligkeit steht. Dem starken Betonen von Freiwilligkeit als normativem Grundsatz könnte die Funktion zukommen, das Gelingen des Balanceaktes zwischen dem aktiven Zugehen und der Wahrung der Selbstbestimmung der Zielgruppe wahrscheinlicher werden zu lassen. Eine latente Funktion könnte aber auch im Verdecken einer faktisch begrenzten Freiwilligkeit hinter Freiwilligkeitsrhetorik liegen, wenn die dem proaktiven, offensiven Zugehen immanenten Zwangsmomente nicht entsprechend professionell reflektiert und bearbeitet werden.

Die vier unterschiedlichen Umsetzungsdimensionen bieten ein Analyseinstrumentarium für die Untersuchung der jeweiligen Ausgestaltung von Niederschwelligkeit an.

Auf Basis der vorliegenden Forschungsergebnisse können *vier unterschiedliche Typen niederschwelliger Hilfsangebote und -maßnahmen* unterschieden werden, die gegebenenfalls durch weitere empirisch beobachtbare Typen zu ergänzen sind. Der erste Typus verfolgt Niederschwelligkeit im engeren Begriffssinn, seine hauptsächliche Funktion besteht in der Herstellung von Adressierbarkeit potenzieller KlientInnen für das Hilfssystem. Hier können die Zielgruppen häufig noch nicht rollenspezifisch als KlientInnen adressiert werden. Ein zweiter Typus umfasst Hilfsangebote und -maßnahmen, die zwar bereits die basale Annahme der KlientInnenrolle voraussetzen und vorrangig die Bearbeitung konkreter Problemlagen hilfsbedürftiger Personen oder Gruppen zum Ziel haben, dabei aber die Voraussetzungen für die Zugänglichkeit und Inanspruchnahme niedrig halten. Die ausreichend stabile Adressierung als KlientInnen bleibt hier somit ungewiss. Der dritte, gemeinwesenorientierte Typus gewinnt seine spezifische Form von Niederschwelligkeit durch eine vorrangig raumbezogene (BewohnerInnen bzw. NutzerInnen einer bestimmten Region) und weniger auf persönliche Problemlagen verweisende Adressierung. Und als ein vierter Typus wurden anonym nutzbare und IKT-vermittelte niederschwellige Informations- und Beratungsangebote (Telefonhotlines, Online-Information und -Beratung etc.) unterschieden, die im Gegensatz zu den anderen Varianten in der Sozialdimension charakteristisch reduziert sind und daraus eine eigene Form der Niederschwelligkeit gewinnen, in anderer Hinsicht aber sehr voraussetzungsvoll sein können. In der Praxis zeigen sich zahlreiche Überschneidungen bzw. Mischformen zwischen den analytisch konstruierten Idealtypen.

Das *Spezifikum des niederschwellig zu bearbeitenden Falles* in der Sozialen Arbeit ist seine *unsichere Überführung in den KlientInnenstatus* beziehungsweise der *prekäre Erhalt dieses Status* über den für die Hilfserbringung notwendigen Zeitraum.[109] Insbesondere in Hilfsmaßnahmen und -angeboten, die dem engeren Begriffsverständnis von Niederschwelligkeit entsprechen, lassen sich dabei spezifische soziale Mechanismen und Techniken der Fallkonstruktion beobachten, an deren Beginn die Identifizierung solcher Hilfsbedürftigkeit steht, die charakteristische Anschlussprobleme an bestehende Hilfsstrukturen aufweist oder umgekehrt von diesen nicht erreicht wird. Darauf folgt das Entdecken bzw. Schaffen von Begegnungsräumen und -gelegenheiten und die Beobachtung der Zielgruppe auf Möglichkeiten hin, die sich für ein grundsätzliches 'Ins-Gespräch-Kommen' eignen. In der Fallkonstruktion wird also zunächst die *soziale Bindungswirkung*

---

109 Dieser Befund trifft grundsätzlich auch auf die oben skizzierten Sonderformen niederschwelliger Hilfsmaßnahmen zu, die den KlientInnen-Status dauerhaft latent halten. Sie gehen eben nur anderes mit der unsicheren KlientInnen-Adressierung um (vgl. auch Kap. 7.1).

direkter Kommunikation unter Anwesenden – meist auf einer *persönlichen Ebene* – genutzt. Niederschwellige Soziale Arbeit bedient sich dabei teilweise Kommunikationsmuster, die vor allem Kommunikation in Intimbeziehungen wie Familie, Freundschaften etc. auszeichnen und durch einen geringen Spezifizierungsgrad der Kommunikation eine Vielfalt kommunikativer Anschlussoptionen eröffnen. Zugleich handelt es sich aber nicht um 'wirkliche' familiäre bzw. freundschaftliche Kommunikaton, denn die SozialarbeiterInnen bzw. MitarbeiterInnen niederschwelliger Einrichtungen nehmen in einer beruflichen Rolle an der Kommunikation teil und verfolgen sozialarbeiterische Ziele. Die Situation des Kontaktaufbaus weist somit ein *hohes Ausmaß an Uneindeutigkeit* auf, das einerseits Chancen des Anschlusses eröffnet, andererseits aber auch beachtliche Risiken mit sich führt und unter anderem auf Seiten der Berufstätigen *Fragen der Rollenambiguität und Grenzziehung* zwischen privater Person und beruflicher Rolle virulent werden lässt. Weiters ist zu berücksichtigen, dass auf Seiten der KlientInnen bzw. AdressatInnen die sozialarbeiterische Rollenambiguität teilweise nicht bewusst sein dürfte, wodurch potenziell die Gefahr der Täuschung im Raum steht.

Für das Voranschreiten der Fallkonstruktion zeigt sich die Initiierung eines *Prozesses des Vertrauensaufbaus* als bedeutsam, weiters oder vielmehr eng damit verbunden stellen eine sogenannte akzeptierende Haltung und der Grundsatz vorbehaltloser persönlicher Wertschätzung zentrale Elemente dar. Die vorrangigen Bedeutungen von Akzeptanz nichtkonformen Verhaltens bzw. ebensolcher Einstellungen liegen hierbei in der damit herstellbaren weitgehenden Erwartungsfreiheit gegenüber den AdressatInnen und im Angebot einer positiven Zuwendung. Einer wertschätzenden Kommunikation kommt neben ihrer spezifischen Bindungswirkung auch die Funktion eines Katalysators zu, der Veränderungen wahrscheinlicher machen soll, indem Irritationen erzeugt werden, welche die KlientInnen in Distanz zu bisherigen, häufig negativ bzw. defizitär besetzten Fremd- und Selbstbeschreibungen bringen sollen. *Wertschätzung* stellt folglich eine *Form der Basisintervention* (nicht nur) in der niederschwelligen Sozialen Arbeit dar.

Der *Übergang* von alltäglicher *zu fall- bzw. rollenspezifischer Interaktion* löst die anfängliche Uneindeutigkeit der Kommunikation auf und bildet deshalb ein *besonderes Risiko für die Fortsetzung der Kommunikation*. Information und (Erst-)Beratung stehen oft am Beginn rollenspezifischer Interaktionen und führen auf einer zunächst noch relativ voraussetzungsniedrigen Ebene (den KlientInnen wird hier noch wenig Kooperation bzw. Veränderungsarbeit abverlangt) eine charakteristische Rollendifferenz ein. Die häufig zu beobachtende Integrati-

on weiterführender, höherschwelliger Hilfsleistungen in das Angebot nieder-
schwelliger Einrichtungen schafft insofern günstige Voraussetzungen für einen
Übergang zu einem höherschwelligen Beziehungssetting, als die Schwelle des
Übergangs durch personelle Konstanz verringert wird und auf das aufgebaute
Vertrauen auf persönlicher Ebene als Ressource zurückgegriffen werden kann.
Das Schwellenmanagement innerhalb der Einrichtungen wird in der Regel so
gehandhabt, dass höherschwellige Hilfsangebote unverbindlich offeriert werden
und keine Notwendigkeit für die KlientInnen besteht, sie in Anspruch zu nehmen. Dennoch führt jedes Angebot zugleich die Erwartung seiner Annahme mit
sich und jede Ablehnung in der Kommunikation ist potenziell krisenhaft für die
Weiterführung der Kommunikation, sodass das proaktive Zugehen mit sozialarbeiterischen Unterstützungsangeboten einen Rückzug auf Seiten der AdressatInnen auslösen kann.

Theoretisch liegt bei Berücksichtigung des Grundsatzes der Freiwilligkeit
die Entscheidung über einen Übergang zu rollenspezifischer Hilfskommunikation bei den AdressatInnen der Hilfsangebote, die den SozialarbeiterInnen einen
sogenannten Auftrag zur Hilfe erteilen müssen. In der Praxis stellt es häufig eine
Interpretationsleistung der SozialarbeiterInnen dar, inwieweit solch ein Auftrag
vorliegt oder nicht. Mitunter wird eine Nicht-Annahme von Hilfe durch die AdressatInnen als ein Nicht-Können und damit als Ausdruck von Hilfsbedürftigkeit
interpretiert, sodass sich weitere Hilfsangebote an diese AdressatInnen rechtfertigen lassen. Zu beachten ist der große sozialarbeiterische Anteil an der Entscheidung darüber, ob ein Hilfsauftrag vorliegt oder nicht, und im Speziellen
darüber, inwieweit die AdressatInnen zu einer expliziten Auftragsvergabe nicht
in der Lage sind, aber trotzdem der Hilfe bedürfen, oder inwieweit sie keine
sozialarbeiterische Hilfeleistung wünschen.

Einen weiteren prekären Schwellenbereich bildet der Übergang zu anderen,
den KlientInnen teilweise noch unvertrauten Hilfseinrichtungen. Das meist per-
sonengebundene Vertrauen kann hier nur begrenzt genutzt werden, allerdings
lassen sich verschiedene *Strategien* beobachten, *um die Problematik des Übergangs zu höherschwelligen Einrichtungen*, die meist auch bereits höhere Vorleistungen und Strukturanpassungen von den KlientInnen verlangen, *abzuschwächen*. So können die Vermittlung persönlicher AnsprechpartnerInnen in der unvertrauten Einrichtung oder die Begleitung beim ersten Termin durch eine/n
vertraute/n EinrichtungsmitarbeiterIn den Übergang erleichtern. Weiters ist eine
Vorbereitung auf das neue Setting und die dort erwartbaren Anforderungen hilfreich, ergänzt durch eine Sichtweise auf diese Anforderungen, die sie nicht als
persönliche Schikane, sondern als systembedingt erscheinen lässt. Ebenso kann

das Vermeiden bzw. Entschärfen von 'Bewerbungsritualen' in der neuen Einrichtung Übergangsschwellen senken.

Die Selbstbeobachtungen der Praxis niederschwelliger Sozialer Arbeit (vor allem im engeren Begriffssinn) deuten darauf hin, dass ein *nachhaltiger Übergang zu höher- bis hochschwelligen sozialarbeiterischen Interventionen* oder auch zu weiterführenden, höherschwelligen Hilfsangeboten anderer Einrichtungen *eher die Ausnahme als die Regel* darstellt. Feldinterner Selbstanspruch und Realität dürften somit häufig beachtlich auseinander klaffen. Niederschwellige Maßnahmen und Angebote bringen zwar mehr Personen ins Hilfssystem, diese potenziellen Fälle für sozialarbeiterische Hilfsinterventionen können aber vom System teilweise nicht 'weiterverarbeitet' werden. Die Ursachen dafür lassen sich unterschiedlichen Stellen zurechnen, wobei häufig Zuschreibungen an zwei verschiedene Umwelten stattfinden: Werden die NutzerInnen niederschwelliger Angebote als (noch) nicht in der Lage zur Übernahme der KlientInnenrolle im umfassenderen Sinn beobachtet, dann steht weiter die Stabilisierung und der Erhalt der basalen Adressierbarkeit für das Hilfssystem im Zentrum, in der Hoffnung, dass in der Zukunft der Übergang zu höherschwelligen sozialarbeiterischen Interventionen möglich werden könnte. Durch diese Zuschreibung kommen also das Hilfssystem allgemein und die niederschwellige Soziale Arbeit im Speziellen nicht 'ins Stocken', es ist im Gegenteil weiter für Arbeit gesorgt.

Größere Irritationen löst die Beobachtung aus, dass von (meist der politischen Umwelt zugehörigen) Fördergeberseite nicht ausreichend Ressourcen für den Übergang zu höherschwelligen Hilfsangeboten bzw. -maßnahmen zur Verfügung gestellt werden und derartige Angebote deshalb zu wenig vorhanden sind. Das seltene Glücken von Übergängen zu höherschwelligen sozialarbeiterischen Hilfsangeboten wird somit als eine Folge dieser *Umweltlimitationen* gesehen. Eine dritte, feldintern weniger reflektierte Variante der Ursachenzurechnung wäre die niederschwellige Soziale Arbeit selbst und ihr struktureller Aufbau bzw. ihre eingesetzten Interventionsformen und Methoden. Wo auch immer die Ursachen verortet werden: Faktisch dürfte eine zentrale gesellschaftliche Bedeutung niederschwelliger sozialarbeiterischer Hilfsangebote und -maßnahmen mehr in der *Aufrechterhaltung der Fiktion* liegen, *dass gesellschaftliche Inklusion potenziell allen Personen offen gehalten wird*, und weniger im tatsächlichen Ausmaß der Realisierung umfassenderer (Re-)Inklusionsprozesse.

6 Die Organisation niederschwelliger Sozialer Arbeit

Niederschwellige Soziale Arbeit ist organisationsförmig gestaltet und wird durch und in Organisationen erbracht. Organisationen stellen spezifische Sozialsysteme dar, deren Eigenlogiken und -dynamiken den Möglichkeitsrahmen für niederschwelliges sozialarbeiterisches Tun mitgestalten – kurzum: *Organization matters!* Daraus erklärt sich die Wichtigkeit eines sozialwissenschaftlichen Blickes darauf, wie niederschwellige Soziale Arbeit in der Praxis organisiert ist. Entsprechend bildete die Generierung von Wissen über Organisationen in der Sozialen Arbeit, im Speziellen über niederschwellig arbeitende Organisationen und Projekte, eine zentrale Zielsetzung der vorliegenden empirischen Studie. Sie soll einen Beitrag zum Verständnis organisierter Sozialer Arbeit leisten.

Die vorne beschriebene Abänderung des Forschungsdesigns weg von ausgewählten organisationalen Fallstudien hin zu einem breiteren Fokus auf das Praxisfeld der niederschwelligen Sozialen Arbeit (vgl. Kap. 4.3) hat zur Folge, dass die empirischen Ergebnisse zur Organisation keine detaillierten organisationalen Fallrekonstruktionen bereitstellen können, sondern einen allgemeineren und notwendigerweise manchmal auch weniger in die Tiefe gehenden Blickwinkel auf organisierte niederschwellige Soziale Arbeit erschließen. Es wäre wünschenswert, dass fallrekonstruierende Folgestudien das in dieser Studie gewonnene Wissen vertiefen, erweitern und unter Umständen in Teilbereichen auch präzisieren und korrigieren. Dennoch bieten die vorliegenden empirischen Ergebnisse umfangreiche Einsichten in die organisationalen Seiten niederschwelligen Arbeitens und tragen zur Erweiterung des Wissens über die Eigenlogiken und -dynamiken dieser Organisationen bei.

Da die *Studie nicht auf einen Vergleich zwischen nieder- und hochschwellig arbeitenden Organisationen in der Sozialen Arbeit angelegt* war – solch eine komparative Untersuchung hätte das in dieser Arbeit Leistbare überschritten, konnten Unterschiede zwischen der Organisiertheit dieser beiden Tätigkeitsfelder nur in begrenztem Umfang herausgearbeitet werden. Ein derartiger Vergleich dürfte zudem generell schwierig sein, da die Unterschiede zwischen den einzelnen Handlungsfeldern der Sozialen Arbeit und zwischen den Organisationstypen innerhalb des hochschwelligen Bereichs ebenfalls beachtlich sind und sich die

Grenzen zwischen den Feldern nicht scharf ziehen lassen. Die vorliegenden Forschungsergebnisse bescheiden sich dahingehend, vorrangig zum Verständnis der Organisation niederschwelliger Sozialer Arbeit beizutragen, wiewohl einige Charakteristika auch auf Organisationen im höher- bzw. hochschwellig arbeiten- den Sozialbereich zutreffen dürften.

Zur *inhaltlichen Gliederung* der gewonnenen empirischen Ergebnisse: Nach einer ersten, vorläufigen Annäherung an mögliche Strukturmerkmale der nieder- schwelligen Organisationslandschaft werden unterschiedliche Formen der In- tegration von Niederschwelligkeit in Organisationen der Sozialen Arbeit skiz- ziert. Daran anschließend bildet die Auseinandersetzung mit der organisationsin- ternen Strukturiertheit und der Entscheidungs- bzw. Handlungspraxis in den Organisationen den Schwerpunkt der Ergebnisdarstellung. Der letzte Teil der organisationsbezogenen Studienergebnisse beschäftigt sich mit besonders rele- vanten organisationalen Umweltbezügen zu erstens den HilfsadressatInnen und zweitens den FördergeberInnen, über die materielle Ressourcen für das organisa- tionale (Weiter-)Bestehen erschlossen werden müssen. Drittens wird danach gefragt, inwieweit in niederschwelligen Organisationen der Sozialen Arbeit eine Orientierung an organisationsexternen professionellen Standards wirksam wer- den kann und in der Praxis beobachtbar ist. Die abschließende Zusammenfas- sung zeichnet die wesentlichen Konturen der Organisation niederschwelliger Sozialer Arbeit nach.

6.1 Erste Annäherungen an die Organisationslandschaft im niederschwelligen Sozialbereich

Eine systematische Erhebung und Deskription der Organisationslandschaft bzw. Angebotsstrukturen in der niederschwelligen Sozialen Arbeit in Wien oder auch in ganz Österreich steht bislang aus. Insofern kann die gesamte organisationale Strukturiertheit dieses Bereichs gegenwärtig nur ansatzweise dargestellt werden. Dennoch ließen die Recherchen im Zuge des Samplings und die Felderfahrungen einige übergreifende Strukturmerkmale des niederschwelligen Organisationsfel- des erkennen. Sie sollen eingangs zusammengefasst werden, um so einen ersten Eindruck der Organisation niederschwelliger Sozialer Arbeit zu vermitteln.

Zunächst fällt auf, dass die in die empirische Erhebung eingebundenen bzw. im Zuge des Samplings registrierten niederschwelligen Einrichtungen *sehr kleine bis mittelkleine organisatorische (Sub-)Einheiten* mit häufig zwischen 5 und ca. 25 hauptamtlichen MitarbeiterInnen bilden. Diese sind oft nur teilzeitbeschäftigt (in sehr unterschiedlichem Ausmaß) und werden teilweise durch Honorarkräfte und/oder ehrenamtlich tätige Personen unterstützt. Der Großteil der niederschwelligen Einrichtungen gehört einem größeren Organisationsverbund, d.h. einer sogenannten Trägerorganisation an. Viele von ihnen dürften aber auf Ebene ihrer operationalen Kerntätigkeit ein relativ großes Ausmaß an Autonomie realisieren können (vgl. hierzu auch Kap. 6.3.5). Die geringe (Sub-)Organisationsgröße schafft günstige Voraussetzungen dafür, dass die Organisationen wenig interne Komplexität ausbilden müssen (geringe Arbeitsteilung, kurze und einfache Kommunikationswege etc.) und ein hohes Ausmaß an Umweltkomplexität situativ verarbeiten können.

Niederschwellige Hilfsangebote und -maßnahmen sind weiters in der Regel *keine direkten Organisationen der öffentlichen Sozialverwaltung,* sondern stellen zumeist Nonprofit-Organisationen bzw. Organisationen des sogenannten dritten Sektors dar. Ein größeres Ausmaß an Niederschwelligkeit lässt sich schwer in einem amtsförmigen organisatorischen Umfeld umsetzen. Die geforderte hohe Flexibilität in der Arbeit mit den AdressatInnen der Hilfsangebote und das damit verbundene starke Gewicht der Entscheidungsprämisse Personal (vgl. Kap. 6.3.3) benötigen zumeist flexiblere organisatorische Formen, als dies eine bürokratische Organisation gewährleisten kann. Zugleich sind aber innerhalb des niederschwellig arbeitenden dritten Sektors große Unterschiede zwischen den Organisationen erkennbar, wie in den nachfolgenden Kapiteln näher ausgeführt wird.

Viele niederschwellige Maßnahmen und Angebote werden als *Projekte* bezeichnet. Teilweise bezieht sich diese Bezeichnung auf die gesamte Einrichtung, teilweise auf einzelne Leistungsbereiche einer Einrichtung. Inwieweit das so Bezeichnete tatsächlich Projektcharakter im engeren Sinn hat, d.h. eine temporäre Organisationsform oder -einheit mit einer zeitlichen Limitation darstellt (vgl. Luhmann 2000: 272f), lässt sich aber nicht einheitlich beantworten. Viele sogenannte Projekte in der niederschwelligen Sozialen Arbeit stellen genau genommen *Dauereinrichtungen ohne absehbarem bzw. vorgegebenem zeitlichen Ende und ohne projektförmiger Zielsetzung,* die bei Projektende erreicht sein muss, dar. Häufig weisen die Einrichtungen folgenden Entwicklungsweg auf: Zu Beginn steht oft eine ein- oder auch mehrjährige Pilotphase, in der die Angebotsstrukturen entwickelt und die Bedarfsentsprechung bzw. Nachfrage geprüft werden. Nach dieser ersten Phase erfolgt die Entscheidung über eine Fortsetzung des Hilfsangebotes bzw. der Maßnahme. Wird diese Hürde positiv genommen, tendieren Projekte dazu, zu dauerhaften Organisationen bzw. Organisationsteilen zu werden. Zäsuren und Bestandsgefährdungen können danach häufig entweder

durch den Wegfall wichtiger GeldgeberInnen oder durch eine essenzielle Veränderung auf Seiten der AdressatInnen entstehen.

Die weitverbreitete Selbstbezeichnung als Projekt könnte auch ein *hohes
Ausmaß an organisatorischer Flexibilität im Falle von Umweltveränderungen*
symbolisch zum Ausdruck bringen. So zeigt sich etwa in der Praxis niederschwelliger Sozialer Arbeit (notwendigerweise) eine große Bereitschaft, sich im
Bedarfsfall selbst neu zu erfinden, wenn sich eben z.b. die Zielgruppen des niederschwelligen Angebots verändern.

Viele, aber nicht alle niederschwelligen Angebote entstanden bottom up,
etwa aus studentischen Projekten oder Selbsthilfeinitiativen bzw. wurden von
SozialarbeiterInnen der Berufspraxis ins Leben gerufen, die aus ihren Arbeitser-
fahrungen heraus zusätzlichen, niederschwellige(re)n Hilfebedarf beobachteten.
Die häufige bottom-up-Entstehungsrichtung erklärt sich ein Stückweit auch aus
der besonderen 'Bürokratieferne' niederschwelliger Einrichtungen – und erklärt
zugleich diese Ferne (vgl. oben bzw. Kap. 6.3).

6.2 Varianten der Integration von Niederschwelligkeit in Organisationen

Mit den in Kapitel 5 aufgezeigten unterschiedlichen Typen und Realisierungs-
formen von Niederschwelligkeit geht einher, dass dieser Aspekt in (Sub-)Orga-
nisationen in verschiedenen Varianten integriert werden kann. Folgende Möglichkeiten lassen sich diesbezüglich unterscheiden:

- Das *gesamte Leistungsspektrum* einer Organisation versteht sich als *niederschwellig.* Diese Variante dürfte in ihrer Reinform empirisch allerdings
  nicht besonders häufig vorkommen, da meist zumindest einzelne höherschwellige Hilfsangebote integriert sind.

- *Einige Leistungsangebote bzw.* Projekte einer Organisation sind *niederschwellig, andere weisen höher- bis hochschwellige Strukturen auf* (z. B.
  niederschwelliges Straßencafé, zugleich höherschwellige gemeinnützige
  Beschäftigungsprojekte). Innerhalb einer Organisation kann es also Angebote auf unterschiedlichem Schwellenniveau geben, die teilweise aufeinander aufbauen bzw. miteinander vernetzt sind. Oft kommen die Unterschiede
  im Schwellenniveau auch durch eine räumliche Trennung der Angebote
  zum Ausdruck (Beratung findet z.B. in eigenen Beratungsräumlichkeiten
  statt). Diese Variante zeigte sich in der Empirie relativ oft. Sie scheint sich
  bei vielen Projekten bzw. Einrichtungen im Verlauf ihrer Entwicklungsge-
  schichte herauszubilden, da während oder nach der Pionierphase die Be-

grenzungen der zur Verfügung gestellten Hilfeleistung sichtbar werden und ergänzende, meist weiterführende Hilfsangebote zur Erhöhung der Chancen eines fortschreitenden gesellschaftlichen (Re-)Inklusionsprozesses förderlich erscheinen. Auch die in Kapitel 5.6 aufgezeigten Vorteile einer Integration weiterführender Hilfsleistungen in das Angebotsspektrum für die Weiterentwicklung der KlientInnenkarriere unterstützen derartige organisationale Ausdifferenzierungen.

- *Ein einzelnes Hilfsangebot ist in wenigen, aber nicht allen Aspekten, niederschwellig,* das Angebot bzw. die Maßnahme kombiniert also nieder- und hochschwellige Elemente (z.B. niederschwelliger Zugang, aber bereits höhere Anforderungen an die KlientInnen, um in der Leistung bleiben zu können). Niederschwellige Wohnangebote für wohnungslose Personen weisen etwa häufig solch eine Kombination aus nieder- und höherschwelligen Elementen auf, da ein weniger flüchtiger Aufenthalt in den Organisationsräumlichkeiten in der Regel bereits eine Fülle von Anforderungen bzw. Verhaltensrichtlinien notwendig macht. Generell zeigen niederschwellige Hilfsangebote in einem weiteren Begriffssinn (vgl. Kap. 5.2 und 5.4) häufig solche Kombinationen von nieder- und höherschwelligen Aspekten bzw. Strukturen.

- *Ein Angebot bzw. Projekt ist zunächst, also in der Einstiegs- und Eingewöhnungsphase niederschwellig, erhöht danach aber sukzessive die Teilnahmebedingungen bzw. Leistungserwartungen an die KlientInnen.* Das kann etwa auf ein niederschwelliges Beschäftigungsprojekt zutreffen, das besonders arbeitsmarktferne Personen in langsamen Schritten wieder an die Anforderungen einer Berufstätigkeit heranführen will. Auch bei manchen niederschwelligen Wohnangeboten lässt sich eine allmähliche Steigerung der Anforderungen an die BewohnerInnen beobachten. Muss beispielsweise nach einer kostenfreien Anfangsphase ab einer gewissen Zeit eine Art Miete (Wohnkostenbeitrag bzw. Nutzungsentgelt) für den Wohnplatz bezahlt werden, so bedingt dies meist eine Reihe anderer Notwendigkeiten, etwa die Erfordernis, Sozialhilfe bzw. seit Herbst/Winter 2010 Bedarfsorientierte Mindestsicherung zu beziehen oder alternative Formen regelmäßiger monetärer Ressourcenbeschaffung zu erschließen. In beiden Beispielen wird sichtbar, dass gesellschaftliche (Wieder-)Eingliederung bedeutet, die üblichen sozialen Erwartungen und Regeln (wieder) einhalten zu müssen, also etwa Miete für die Wohnung zu zahlen.

Die folgende Grafik visualisiert die unterschiedlichen Möglichkeiten der Integration von Niederschwelligkeit in Organisationen bzw. Projekten:

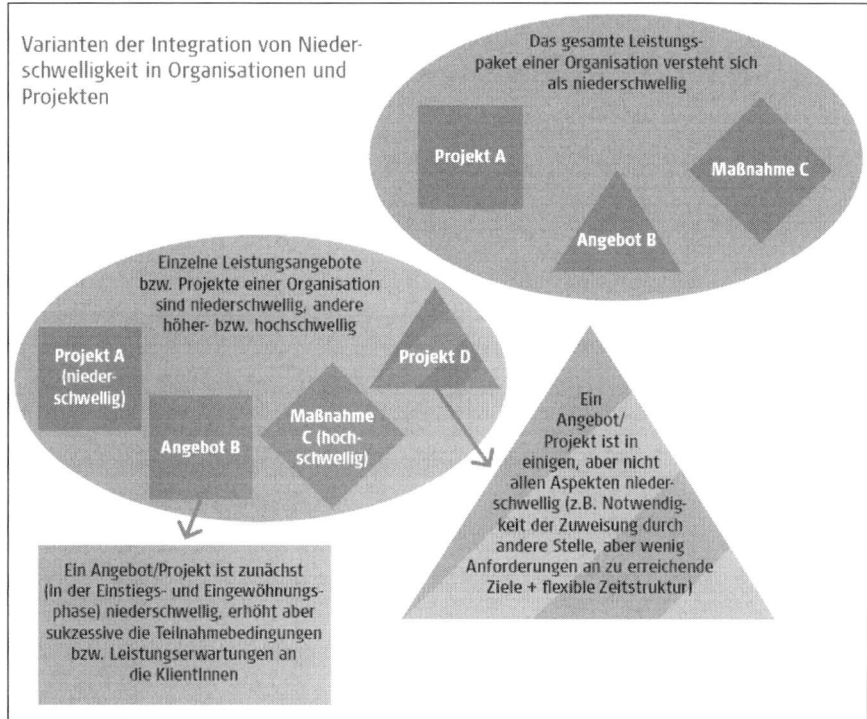

Grafik 3: Varianten der Integration von Niederschwelligkeit in Organisationen und Projekten

Ergänzend muss hinzugefügt werden, dass die *Kombinierbarkeit verschiedenschwelliger Hilfsangebote und -maßnahmen bestimmte Grenzen zeigt*, da zwischen manchen Angeboten *Unvereinbarkeiten* bestehen. So erweist es sich beispielsweise in der Praxis als sinnvoll, zwischen Einrichtungen der Drogenhilfe mit einem niederschwelligen, akzeptierenden Ansatz, die nicht vorrangig auf eine direkte Bearbeitung der Suchtproblematik, sondern auf "harm reduction" fokussieren, und solchen, die Entzug bzw. Therapie anbieten und auf ein drogenfreies Leben abzielen, zu trennen.

6.3 Organisationale Innenansichten

Organisationen kommt die zentrale gesellschaftliche Funktion zu, Komplexität zu reduzieren und so Entscheidungen (und damit auch Handeln) wahrscheinlicher werden zu lassen (vgl. Kap. 3.1). Sie tun dies, indem sie *Entscheidungsprämissen* vorgeben, *durch die die Möglichkeitshorizonte für das tägliche Entscheiden und Handeln in der Organisation eingegrenzt werden*, ohne jedoch die Einzelentscheidungen genau festzulegen und damit bereits vorwegzunehmen.

In den folgenden Kapiteln soll zunächst für die drei zentralen Entscheidungsprämissen einer Organisation, nämlich Entscheidungsprogramme, Kommunikationswege und Personal/MitarbeiterInnen, dargestellt werden, wie sich diese in niederschwelligen Organisationen der Sozialen Arbeit gestalten können. Dabei interessiert nicht nur ihre formale Strukturierung, sondern vor allem auch die organisationale Praxis, d.h. die Frage danach, wie die Entscheidungsstrukturen in der Organisation konkret 'gelebt', also angewandt und eventuell auch umgeformt oder außer Kraft gesetzt werden. Anschließend steht Supervision als eine in Organisationen des Sozialbereichs weitverbreitete Form der Personalberatung und -entwicklung im Fokus der Ergebnisdarstellung. In Überleitung zu den Außengrenzen niederschwelliger Organisationen der Sozialen Arbeit wird in einem letzten Unterkapitel kurz die organisationale Einbindung in sogenannte Trägerorganisationen beleuchtet.

6.3.1 *Situative Flexibilität und ihre Tücken: Zur Gestalt und Handhabung von Entscheidungsprogrammen und -routinen*

Einrichtungen der Sozialen Arbeit gelten als Organisationen, deren Entscheidungsprogramme vor allem in Form von *Zweckprogrammen* gestaltet sind, wiewohl Konditionalprogramme auch vorkommen können (vgl. Bommes/Scherr 2000: 150f; Maas 1996: 60). Wie bereits in Kapitel 3.1.2 ausgeführt, werden in Organisationen, in denen Zweckprogramme überwiegen, *Entscheidungen unter hoher Unsicherheit getroffen* (vgl. Bommes/Scherr 2000: 150). Auch in Organisationen der niederschwelligen Sozialen Arbeit sind vor allem Zweckprogramme vorzufinden – möglicherweise sogar in besonders ausgeprägter Weise, wie weiter unten noch dargestellt werden soll. In Übereinstimmung mit der in Kapitel 5.2 dargestellten Grundfunktion niederschwelliger sozialer Hilfsmaßnahmen und -angebote lässt sich als ein *Hauptzweck* entsprechender Einrichtungen die *Ermöglichung einer grundlegenden Anschlussfähigkeit* an Angebote der Sozialen

Hilfe bzw. die Herstellung von Adressierbarkeit potenzieller, aber schwer erreichbarer KlientInnen für das Hilfssystem benennen.

Die jeweiligen Einrichtungs- oder Projektziele weisen auf Programmebene unterschiedliche Akzentuierungen bzw. Schwerpunktsetzungen (z.B. bezüglich der zu erreichenden AdressatInnengruppen etc.) auf. Beispiele für solche Organisationsziele, die zugleich eben Entscheidungsprogramme darstellen, sind etwa: Kontakt- und Beziehungsaufbau zu schwer erreichbaren AdressatInnen Sozialer Arbeit, Schadensminimierung ("harm reduction") auf sozialer, psychischer und somatischer Ebene, Schaffung eines hilfssystemkompatiblen Problembewusstseins als Basis für weiterführende Hilfsinterventionen, Verbesserung der Lebenssituation von sozial benachteiligten Kindern oder Jugendlichen, psychisch kranken Menschen, Flüchtlingen bzw. Personen mit Migrationshintergrund oder anderen als hilfsbedürftig beobachteten Personen und Förderung ihrer gesellschaftlichen Teilhabemöglichkeiten, Vermittlung an weiterführende Hilfseinrichtungen, Erhöhung der objektiven Sicherheit und des subjektiven Sicherheitsgefühls im öffentlichen Raum, Erschließen basaler Zugänge zu Angeboten materieller Grundsicherung bzw. der Wohnungslosenhilfe,[110] Verbesserung der Lebensqualität der BewohnerInnen eines Gemeinwesens bzw. einer bestimmten Region, eines Stadtteils etc., Förderung des sozialen Friedens u.v.m.

Um die Ziele bzw. Zwecke zu erreichen, kommen in den Organisationen unterschiedliche *Mittel* zum Einsatz. Von zentraler Bedeutung im niederschwellig arbeitenden Bereich ist die *Strategie, Anforderungen an AdressatInnen (zumindest anfangs) niedrig zu halten*, um Zugang zu finden und an der Herstellung bzw. Stabilisierung der Adressierbarkeit arbeiten zu können (zum Prozess der Fallkonstruktion vgl. Kap. 5.5). Die Einrichtungen und ihre MitarbeiterInnen müssen mit der Herausforderung zurechtkommen, nur mit wenigen Anforderungen bzw. Regeln, welche meist arbeitserleichternd wirken, an die KlientInnen herantreten zu können. Eine Erhöhung von Anforderungen bzw. Voraussetzungen, die von KlientInnen-Seite zu erfüllen sind, wird organisationsintern zumeist als begründungsbedürftig behandelt und auf ihre Zweckmäßigkeit und Notwendigkeit hin reflektiert. Als legitim behandelte Begründungen verweisen häufig auf das KlientInnenwohl (z.B. Vermeidung von Gefährdungen derselben), während sich mit dem Hinweis darauf, dass aus dem Geringhalten der Voraussetzungen und Regeln für die AdressatInnen bzw. KlientInnen oft höhere Be- und manchmal auch Überlastungen für die MitarbeiterInnen resultieren, im Vergleich

---

110   Bei dieser Zielsetzung wäre allerdings eingehender zu diskutieren, ob es sich dabei um einen Zweck oder nicht vielmehr um ein Mittel handelt.

dazu weniger leicht Anforderungserhöhungen an AdressatInnen durchsetzen lassen.[111] Die skizzierte Strategie impliziert die *Berücksichtigung der individuellen Charakteristika des Falles* und das Eingehen auf diese Individualität, d.h. auf die Idiosynkrasien der einzelnen AdressatInnen, da damit die Chancen der Erreichbarkeit erhöht werden können. Hierin liegt eine *grundsätzliche Begrenzung für allgemeinverbindliche Regelungen* in Bezug auf die operativen Kerntätigkeiten niederschwelliger Organisationen in der Sozialen Arbeit – in anderen Worten: Hier zeigt sich ihre *weitgehende Nicht-Standardisierbarkeit* und damit zugleich ein wesentlicher Grund für das Geringhalten von Konditionalprogrammen in diesen Organisationen zugunsten relativ abstrakter Zweckprogramme. Die Orientierung an diesen Zweckprogrammen ist alles andere als eine einfache Regelanwendung in eindeutigen Situationen, vielmehr braucht es für deren Umsetzung ein großes Ausmaß an Interpretation. Zugleich – und in Übereinstimmung mit den Hypothesen von Albert Scherr (2001: 229) – wird eine *hohe Flexibilität in Bezug auf organisatorische Grenzen und Regelungen* organisationsintern als genuines Merkmal von Niederschwelligkeit angesehen. Gerade dadurch, dass man versucht, möglichst wenige Anforderungen an die KlientInnen zu stellen und nahe an deren unmittelbaren Bedürfnissen zu arbeiten, muss in hohem Ausmaß situativ flexibel reagiert werden und lässt sich wenig auf Entscheidungsroutinen aufbauen. Die MitarbeiterInnen erleben in niederschwelligen Arbeitsbereichen eine permanente Konfrontation mit neuen Situationen, für die es noch keine elaborierten Lösungswege gibt. Ihnen stehen kaum Entscheidungs- und Handlungsentlastungen durch eindeutige und konkrete Entscheidungsprogramme zur Verfügung, die das Entscheiden erleichtern würden. Solche Programme bzw. Regeln als hilfreiche Komplexitätsreduktionen im Arbeitsalltag werden in der niederschwelligen Sozialen Arbeit generell niedrig gehalten. *Die Organisation trägt somit auf Ebene der Entscheidungsprogramme wenig zur Unsicherheitsabsorption in der Entscheidungssituation bei.*

Nun könnten die reduzierten Entscheidungsprogramme auf Organisationsebene grundsätzlich eine besondere Gelegenheit bieten und eventuell auch die Funktion haben, *professionsspezifische Wissensbestände und Entscheidungskriterien* für 'richtiges' sozialarbeiterisches Handeln zur Geltung zu bringen. Denn gerade für die Bearbeitung nicht-standardisierbarer Arbeitsaufgaben bedarf es üblicherweise eines spezifischen professionellen Wissens und Könnens, das zur eigenständigen, situativen Handlungsentscheidung befähigen soll. Solch ein Rückgriff auf professionelle Standards mag zwar möglicherweise zum Teil in

---

111 Allerdings existieren hier beachtliche Unterschiede zwischen einzelnen Einrichtungen.

der Handlungspraxis durchaus stattfinden (hierzu kann die vorliegende Studie keine Ergebnisse liefern), er *zeigt sich allerdings kaum in der Selbstrepräsentation* und fehlt vermutlich auch ein großes Stück weit in der Selbstbeobachtung. Stattdessen werden häufig individuelle Erfahrungen, Gefühle (man 'spürt', was die richtige Entscheidung ist) und Moralvorstellungen bzw. persönliche Ansichten vom 'richtigen' Helfen als Entscheidungskriterien ausgewiesen. SozialarbeiterInnen bzw. in diesem Berufsfeld sozialarbeiterisch tätigen Personen mangelt es entweder an der Kompetenz zur professionellen Selbstinszenierung oder die üblichen Formen professioneller Selbstdarstellungen stehen potenziell im Widerspruch zum diffus-persönlichen Beziehungsaufbau in der niederschwelligen Sozialen Arbeit, wo die AdressatInnen noch nicht sicher als KlientInnen angesprochen werden können. *Das Zurücknehmen der Fachexpertise im Berufsalltag zugunsten alltagsweltlicher Begegnungsweisen könnte den allgemeinen beruflichen Habitus von SozialarbeiterInnen in niederschwelligen Arbeitszusammenhängen* – und möglicherweise nicht nur dort, sondern tendenziell in der Sozialen Arbeit insgesamt – *maßgeblich prägen.* Es bleibt aber hinzuzufügen, dass sich die ausreichende Verfügbarkeit professioneller Bezugspunkte im Entscheiden nicht klar erkennen lässt (vgl. hierzu auch Kap. 6.4.3). Allerdings kommen teilweise auf Ebene der Kommunikationswege professionell-kollegiale Rückversicherungsstrategien zum Einsatz, und zwar bevorzugt in schwierigen Entscheidungssituationen (vgl. nachfolgendes Kapitel).

In gewissem Ausmaß müssen niederschwellige Einrichtungen *Kriterien* für die Gewährung von Hilfe, die *von Fördergeberseite* an sie herangetragen werden, in ihren Organisationsprogrammen als Entscheidungsprämissen verankern. Das betrifft insbesondere Kriterien für die Anspruchsberechtigung der AdressatInnen, da viele sogenannte Fördertöpfe entsprechende Zielgruppenbeschränkungen aufweisen. Vor allem wenn es um personenbezogene Förderstrukturen (Subjektförderung) geht, sind solche Anspruchskriterien in Form von Konditionalprogrammen gestaltet. Wenn also auf eine Person diese und jene Kriterien zutreffen, dann darf sie die Hilfsangebote einer Einrichtung nutzen bzw. dann darf Hilfe (welcher Art auch immer) an ihr erbracht werden. Die Gestaltung der strukturellen Kopplungen und Grenzziehungen zu den FördergeberInnen wird in Kapitel 6.4.2 näher behandelt. Hier soll allerdings kurz darauf verwiesen werden, dass die von außen an die Einrichtung und ihre MitarbeiterInnen herangetragenen Anspruchskriterien bzw. -regeln unterschiedliche Möglichkeiten des organisationsinternen Umgangs zulassen und manche Organisationen bzw. ihre MitarbeiterInnen es verstehen, beachtliche Freiräume zu schaffen. Zugleich zeigen sich Entwicklungstendenzen in den Organisationsumwelten, die durch stärkere

Forderungen in Richtung exakter Leistungsbeschreibung, Standardisierung der Leistungserbringung und -erfassung etc. den Organisationen engere Grenzen setzen und sie teilweise beachtlich unter Druck bringen.

Bei Organisationen, deren Niederschwelligkeit einem weiteren Begriffsverständnis entspricht, die also die Bearbeitung konkreter Problemlagen ihrer AdressatInnen anstreben bei gleichzeitigem Niedrighalten von Erwartungen und Anforderungen an diese (vgl. Kap. 5.4), kann es zu *Widersprüchlichkeiten in den Entscheidungsprogrammen* kommen, *wenn keine eindeutige Priorität bezüglich der Hauptorientierung* (Adressierbarkeit herstellen bzw. stabilisieren versus Problemlagen bearbeiten) *festgelegt ist.* Solche Widersprüche respektive unklaren Hauptorientierungen kommen etwa in der Frage zum Ausdruck, wie sehr ein Übergang zu höherschwelligen und damit voraussetzungsreicheren Hilfsangeboten und sozialarbeiterischen Interventionen forciert werden soll bzw. wie legitim es ist, mit der Zeit höhere Erwartungen in verbindlicherer Form an die NutzerInnen niederschwelliger Angebote zu adressieren. Und sie manifestieren sich in der Folge meist auch in der Frage danach, welche Konsequenzen bei Nicht-Erfüllen dieser Erwartungen angemessen sein könnten. Insbesondere in der Entscheidung darüber, ob bei ausbleibenden oder sehr geringen Entwicklungsschritten die Hilfeleistung eingestellt bzw. die Teilnahme des/der KlientIn an einem Hilfsprogramm etc. beendet werden soll oder nicht, muss eine Priorität gewählt werden.

In der Entscheidungspraxis der Einrichtungen werden *in der Vergangenheit getroffene Entscheidungen* zu *Entscheidungsprämissen für nachfolgende Entscheidungen*, auch wenn sie nicht immer auf der Ebene von Entscheidungsprogrammen verankert sind. Dies lässt sich etwa am Beispiel eines niederschwelligen Angebotes der Wohnungslosenhilfe beobachten, wo für die Auswahl neu aufzunehmender wohnungsloser Personen die Passung des künftigen Bewohners bzw. der künftigen Bewohnerin zu den bereits wohnenden Personen ein wichtiges Auswahlkriterium darstellt. Durch neu hinzu kommende Personen soll die (teils labile) Wohnsituation der bereits erreichten AdressatInnen bzw. BewohnerInnen nicht zusätzlich gefährdet werden. Solch eine Rücksichtsnahme wird insbesondere dann bedeutsam, wenn es gewisse 'Unverträglichkeiten' zwischen den AdressatInnen eines Hilfsangebotes gibt oder eventuell auch eine besondere Häufung von Personen mit bestimmten psychischen Erkrankungen zur Überlastung des MitarbeiterInnen-Teams führen könnte. Die in der Vergangenheit getroffenen Aufnahmeentscheidungen einer Einrichtung beeinflussen somit die gegenwärtigen bzw. künftigen Entscheidungen.

Das angestrebte hohe Ausmaß an organisatorischer Flexibilität wird durch verschiedene Vorkehrungen und Mechanismen erreicht bzw. gesichert:

- Allgemein tragen – wie bereits dargestellt – *wenige und abstrakte Entscheidungsprogramme bzw. -regeln* in der Gestalt von Zweckprogrammen (teilweise auch in Form abstrakter Werte wie Gerechtigkeit) zu einer hohen Unbestimmtheit und Ambiguität von Entscheidungskriterien und -situationen bei. Die damit verbundenen großen Interpretationsspielräume begünstigen und belasten zugleich die Entscheidungsprämisse "Personal", d.h. der/die einzelne MitarbeiterIn oder eventuell auch das Team bzw. eine Teilmenge desselben entscheidet nach eigenem Ermessen und teilweise auch nach individuellen Kriterien. Weiters lässt sich in manchen Organisationen die Tendenz zur genauen Festlegung von Kommunikationswegen beobachten, es wird also bestimmt, welche Stellen bzw. Organisationsebenen für welche Entscheidungen sachlich zuständig sind und wer worüber informiert und in die Entscheidungsfindung einbezogen werden muss. Hier zeigen sich allerdings beachtliche Differenzen zwischen den einzelnen Einrichtungen, die auf zwei unterschiedliche Typen von Organisationen hinweisen könnten (vgl. nachfolgendes Kapitel).

- Die Möglichkeit, *Ausnahmen von der strikten Anwendung vorhandener Entscheidungsregeln* zu machen, d.h. diese zeit- und fallweise außer Kraft zu setzen, erhöht ebenfalls die Flexibilität in Entscheidungssituationen. Ein lockeres Auslegen oder gelegentliches Abweichen von gültigen Regeln kann Schwellen des Zugangs bzw. der Inanspruchnahme senken. Auf diese Weise lassen sich insbesondere Kriterien, die von Seiten der AdressatInnen für eine Nutzung der jeweiligen Hilfeleistung zu erfüllen sind, aufweichen. So können etwa Altersgrenzen bei Freizeitangeboten für Jugendliche oder zeitliche Limitierungen für den Zutritt zu Notschlafstellen nicht immer streng eingehalten bzw. der alkoholisierte Zustand von NutzerInnen eines Tageszentrum mitunter ignoriert werden. Organisationsintern lässt sich also ein situatives Entscheiden über die Handhabung bzw. Anwendung von grundsätzlich gesetzten Begrenzungen beobachten. Allerdings *zeigen sich bezüglich der flexiblen Handhabung von Regeln Grenzen, da mit der Abweichung die Regel potenziell in Frage gestellt wird.* Für Abweichungen scheint es einen Toleranzbereich zu geben, innerhalb dessen die Gültigkeit der Regel an sich noch nicht grundsätzlich dekonstruiert wird. Wird aber dieser Toleranzbereich zu sehr ausgeweitet, ist die Regel generell gefährdet bzw. wird ad absurdum geführt. Solchen Regelgefährdungen kann jedoch wieder dadurch entgegengewirkt werden, dass für die Abweichung selbst Regeln erstellt werden, indem also geregelt wird, wann eine Ausnahme von der Regel zulässig ist und wann nicht. Damit Ausnahmeregelungen ihre regelerhaltende Wirkung entfalten können, muss die *Regelung der Abweichung* transparent sein und insbesondere ist jede entsprechende Abweichung als regelkonforme Abweichung zu kommunizieren. Ein Beispiel für solch eine Ausnahmeregelung wäre: Ein/e KlientIn darf sich zu Beginn des Kontaktes einmal eine Regelabweichung leisten, danach werden aber keine Ausnahmen mehr geduldet. Durch die einmalige individuelle Handhabung kann in manchen Fällen ein erster Zugang realisiert bzw. ein eben erst hergestellter Kontakt gefestigt werden. Das Beispiel macht aber auch sichtbar, dass mit dem Arbeiten mit Ausnahmen bzw. Abweichungen ein *hohes Komplexitätsmanagement* einher geht, denn die Organisation muss sich Regelabweichungen merken, damit eine erneute Abweichung auch tatsächlich als erneute Abweichung erkennbar wird und entsprechend geahndet werden kann. Ansonsten liefe die Organisation Gefahr, sukzessive in einen Zustand organisationaler Anarchie zu verfallen. *Das Gewähren von Ausnahmen impliziert permanente Grenzziehungsproblematiken* und Ausnahmeentscheidungen einzelner MitarbeiterInnen haben Folgewirkungen für künftige Entscheidungen ihrer KollegInnen, da diese gegebenenfalls die Gültigkeit der Regel rekonstruieren müssen. Und nicht zuletzt: Eine Regelabweichung, die nicht durch Ausnahmen geregelt ist, muss sichtbar sanktioniert werden, damit die Regel weiter als gültig betrachtet wird.

- In manchen Organisationen lassen sich *Entscheidungsprogramme* beobachten, *die beständigere Ordnungsbildung bzw. Routine minimieren* und ein hohes Ausmaß an Irritationen durch Umweltturbulenzen sicherstellen. Gilt etwa in einem Tageszentrum im Kontakt mit den AdressatInnen die Handlungsanleitung, dass dem aktuellen Geschehen prioritäre Aufmerksamkeit zukommen muss, dann bedeutet dies, dass vorgeplante Aktivitäten bzw. Abläufe gegebenenfalls hintan zu stellen sind. Die Turbulenzen, die von außen durch die AdressatInnen in die Einrichtung kommen, müssen von den MitarbeiterInnen situativ bearbeitet werden, die Organisation selbst hingegen bietet dafür kaum Bearbeitungshilfen an. Auch die auf AdressatInnen bezogene Regel "Krisen haben Vorrang" kann zu einem hohen Ausmaß an außenabhängigem Arbeiten führen – und zwar insbesondere deshalb, weil sich die Lebenssituationen vieler AdressatInnen niederschwelliger Sozialer Arbeit als besonders krisenanfällig zeigen. Bei kleinen Organisationseinheiten, wie sie im niederschwelligen Bereich häufig anzutreffen sind, wird durch die Bearbeitung solcher Krisen ein Großteil der Organisationsressourcen absorbiert. Sie können sich im Unterschied zu größeren Organisationen aufgrund einer geringen internen Differenzierung und fehlender Interdependenzunterbrechungen weniger gegen die Störungsmacht solcher Krisen immunisieren, während letztere häufig ein eigenes Aufgabenfeld für die Bearbeitung von Notfällen bzw. Krisen schaffen (z.b. in Form einer Notfallambulanz im Krankenhaus bzw. durch die interne Differenzierung in Ambulanzen und Stationen). Am geschilderten Krisen-Beispiel lässt sich zugleich aber auch erkennen, dass die *Entscheidung darüber, von welchen Umweltturbulenzen sich die Organisation irritieren lässt und von welchen nicht, eine Organisationsentscheidung ist.* Denn nicht die AdressatInnen definieren, was eine Krise ist und was nicht bzw. wann generell Hilfsbedürftigkeit vorliegt, sondern die Hilfsorganisation prüft und übersetzt die von KlientInnen herangetragenen Krisen erst in systemeigene Krisenbeobachtungen. Sie kann – nicht zuletzt aufgrund begrenzter Ressourcen – nicht jede krisenförmige Selbstthematisierung von KlientInnen unhinterfragt als solche behandeln.[112] Würde sie dies tun, würde sie die Entscheidungsmacht darüber, wie sie die mögliche Hilfe einsetzt und unter welchen Kriterien sie helfend tätig wird, potenziell an die KlientInnen abgeben. Die Außenabhängigkeit wird dadurch eingeschränkt bzw. lediglich in organisationsintern kontrollierter Weise zugelassen, indem nur dann, wenn die MitarbeiterInnen der Einrichtung die Situation des Klienten bzw. der Klientin auch als krisenhaft interpretieren, die Krise zur Krise wird.

- In vielen niederschwelligen Organisationen besteht offensichtlich die Tendenz, dass im Arbeitsalltag situativ Regeln generiert werden, die sich (teilweise schleichend) in den Organisationsstrukturen ablagern und sukzessive eine Erhöhung der Anforderungen an die AdressatInnen bewirken können. Dem versuchen einige Einrichtungen durch *kommunikative Routinen* entgegenzuwirken, und zwar insbesondere durch ein regelmäßiges *gemeinsames Reflektieren über eventuell neu eingeführte Regelungen* und deren Zweckentsprechung und Notwendigkeit.

- Allgemein birgt auch die Grundform, in der sozialarbeiterische Dienstleistungen großteils erbracht werden, nämlich in *direkter Interaktion* zwischen KlientInnen und MitarbeiterInnen, beachtliches *Potenzial für Abweichungen von den organisationalen Entscheidungsprogrammen.* Die Interaktionsdynamik zwischen SozialarbeiterIn und KlientIn kann mitunter bewirken, dass von Organisationsseite vorgegebene Handlungsregeln in den Hintergrund rücken und partiell oder ganz außer Kraft gesetzt werden. Verstärkt wird

---

112 Es ist zu vermuten, dass die Regel potenziell krisenhafte Selbstthematisierungen auf Seiten der Hilfesuchenden fördert, denn wenn ein Hilfebedarf als Krise markiert wird, wird er von der Einrichtung bevorzugt behandelt.

dieses Potenzial durch die begrenzten Möglichkeiten der Kontrolle der eigenen MitarbeiterInnen in vielen (nicht nur niederschwelligen) sozialarbeiterischen Arbeitszusammenhängen, da solch eine Kontrolle sich z.b. abträglich auf den für die Hilfsbeziehung essenziellen Vertrauensaufbau zwischen
SozialarbeiterIn und KlientIn/AdressatIn auswirken könnte.[113] Einige Indizien sprechen allerdings dafür, dass in manchen niederschwelligen Bereichen solche eigensinnigen Interaktionsdynamiken etwas eingeschränkt sind,
da die Interaktionen häufig in räumlich offenen Settings stattfinden (und
wesentlich seltener z.b. in einem Einzelberatungszimmer) und von den KollegInnen und/oder anderen KlientInnen/AdressatInnen beobachtet werden
können (s.u.). Abgeschwächt wiederum kann die Kontrollmöglichkeit in
aufsuchenden sozialarbeiterischen Settings sein. Generell lässt sich vermuten, dass der in der sozialarbeiterischen Berufspraxis häufig beobachtbare
Widerstand gegen die von Organisationen ausgehenden Formalisierungs-
tendenzen nicht unwesentlich durch das Operieren mit diffus-intimen Beziehungen in der alltäglichen KlientInnenarbeit mitbedingt ist. Und dies
dürfte in besonderem Ausmaß auf die niederschwellig arbeitenden Bereiche
dieses Berufsfeldes zutreffen.

Die bisherigen Ausführungen weisen bereits mehrfach darauf hin, dass auch in
niederschwellig arbeitenden Organisationen der Sozialen Arbeit die *Flexibilität
der Regelanwendung spezifische Grenzen aufweist* und die Organisation auf
gewisse Einheitlichkeiten und Verbindlichkeiten bei der Anwendung der organisationseigenen Entscheidungsprogramme durch die MitarbeiterInnen zu achten
hat – denn genau dadurch wird sie zu einem selbstreferenziellen sozialen System
mit einer Grenzziehung zur sozialen Umwelt. Nachfolgend sollen einige Faktoren skizziert werden, die speziell in der niederschwelligen Sozialen Arbeit Regelungen erforderlich machen bzw. die das Ausmaß dessen, was an flexibler Regelanwendung zugelassen werden kann, einschränken:

- Die Vermeidung von Anforderungen und Erwartungen an die KlientInnen
  bzw. NutzerInnen bestimmter Angebote und Maßnahmen hat ihre unhinter-
  gehbare Grenze dort, wo aus der Regellosigkeit ein nennenswertes *Selbst-
  und/oder Fremdgefährdungspotenzial* entstehen kann bzw. wo der *Betrieb*

---

113 Darauf verweist auch Klatetzki (2010: 16): "Interaktionen sind aufgrund ihres prozesshaften
     und damit prinzipiell offenen Charakters zum einen aber schwer zu programmieren, sodass
     sich eine Kontrolle durch die Einführung von verbindlichen Handlungsregeln für das Personal
     nicht zuverlässig bewerkstelligen lässt. Zum anderen verfälschen direkte Kontrollen der Inau-
     genscheinnahme das Interaktionsgeschehen, unterminieren Vertrauen und Vertraulichkeit und
     sind daher unter moralischen und rechtlichen Gesichtspunkten problematisch."

der Einrichtung dadurch maßgeblich gefährdet oder verunmöglicht wird. Die NutzerInnen müssen sich etwa in Tageszentren in einer sozial verträglichen Weise verhalten, andernfalls laufen sie Gefahr, zumindest zeitlich begrenzt ein sogenanntes Hausverbot zu erhalten. Auch bezüglich des Konsums von bewusstseinsverändernden Substanzen existieren meist konsumeindämmende Regelungen, und zwar nicht in jedem Fall aus rechtlichen Gründen (s.u. bzw. Kap. 5.3.2), sondern eben auch teilweise aufgrund der damit einhergehenden belastenden Verhaltensweisen (z.B. Steigerung des Aggressionspotenzials durch hochprozentige Alkoholika). Weiters sind die NutzerInnen im Zustand völliger Betrunkenheit etc. für sozialarbeiterische (oder auch alltägliche) Kommunikation nicht erreichbar, sodass manche Einrichtungen auch aus diesem Grund auf eine Konsumeinschränkung achten. In Notschlafstellen mit den dort üblichen Mehrbettzimmern ist beispielsweise für ein ausreichendes Maß an Nachtruhe zu sorgen, damit diejenigen, die schlafen wollen, dies auch können. Damit gehen meist zeitliche Begrenzungen des Zutritts zur Notschlafstelle einher, aber auch Verhaltensregeln für den Aufenthalt in derselben. Wesentlich weniger notwendig sind Verhaltensanforderungen an die AdressatInnen in der aufsuchenden Sozialen Arbeit. Hier können von Seiten der Organisation vielmehr meist gar keine derartigen Regelungen aufgestellt werden, es kann maximal auf im öffentlichen Raum gültige Verhaltensregeln verwiesen werden. Allerdings zeigen sich auch in diesem Kontext gewisse Anforderungen an NutzerInnen, wie sich beispielhaft an öffentlicher Parkbetreuung für Kinder und Jugendliche aufzeigen lässt: Wer die gemeinsame Tätigkeit (Spiel, Sport etc.) stört, andere TeilnehmerInnen beschimpft bzw. bedroht etc., dem/der droht der Ausschluss aus dem gemeinsamen Spiel.

- Eine bedeutsame Einschränkung für die Möglichkeiten, bestehende Regeln bzw. Entscheidungsprogramme flexibel anzuwenden und gegebenenfalls von ihrer Anwendung abzusehen, ergibt sich aus der *Sichtbarkeit der Regelanwendung nach außen*. Insbesondere in offenen niederschwelligen Settings, wo verschiedene NutzerInnen, aber auch KollegInnen sich in einem Raum aufhalten und die Art und Weise der Regelanwendung beobachten können, müssen solche Abweichungen oder individuellen Interpretationen vor BeobachterInnen rechtfertigbar sein. Die KlientInnen bzw. NutzerInnen der jeweiligen Einrichtung beobachten die aktuelle Entscheidungspraxis und schließen daraus auf die künftige Praxis. Wer etwa wahrnimmt, dass einzelne Personen auch nach der offiziellen Anmeldefrist noch in einer Notschlafstelle aufgenommen werden, wird daraus möglicherweise schließen, dass diese kulante Regelanwendung gegebenenfalls auch ihm/ihr gewährt werden würde – und könnte eventuell eine Enttäuschung erleben. Solch einer *flexiblen Regelhandhabung haftet tendenziell der Verdacht der Willkür im Entscheiden und in der Behandlung der NutzerInnen an*, sie kann zu *Desorientierung durch mangelnde Erwartungssicherheit* führen und den essenziellen Vertrauensaufbau gefährden. Grundsätzlich sind unterschiedliche Reaktionen auf solch eine erlebte Ungleichbehandlung möglich: Manche AdressatInnen könnten versuchen, argumentativ wieder eine Regelaufweichung bzw. -nichtanwendung zu erreichen, d.h. mit den MitarbeiterInnen über die Gültigkeit der Regel zu verhandeln. Durch den Verweis auf die praktizierte 'Ungerechtigkeit' können letztere beachtlich unter Druck gesetzt und zu Aushandlungsprozessen gezwungen werden. Wenn die Organisation die jeweilige Regel rigide durchzieht, riskiert sie unter Umständen, dass einzelne AdressatInnen das Angebot bzw. die Leistung nicht mehr in Anspruch nehmen – und genau das will niederschwellige Soziale Arbeit vermeiden. In der beschriebenen Problematik wird eine *grundlegende Paradoxie niederschwelligen Arbeitens* erkennbar: Einerseits versucht man möglichst individuell auf die als hilfsbedürftig, aber für Hilfsangebote schwer erreichbaren AdressatInnen zuzugehen, um ihnen die Hilfsannahme leicht zu machen. Je individueller dabei vorgegangen werden kann, desto größer sind die Erfolgschancen für ein erstmaliges 'Andocken'. Andererseits werden genau dadurch die anderen potenziellen KlientInnen außer Acht gelassen, d.h. nicht in die individuelle Handhabung mit einbezogen. Dieses Vorgehen kann in der Folge kontaktgefährdend werden, wenn irritierende Differenzen in der Behandlung einzelner NutzerInnen sichtbar werden. Organisationen handeln sich – resümierend gesprochen – *beachtliche Folgeprobleme durch eine flexible Regelauslegung* ein. Durch diese Erfahrungen kann die Tendenz zu Standardisierungen bzw. klaren Regeln gefördert werden, da diese für die OrganisationsmitarbeiterInnen UND die AdressatInnen wichtige Orientierungsfunktionen haben. Denn Regeln haben sowohl ermöglichende und Sicherheit gebende als auch einschränkende Wirkungen zugleich.[114] In vielen niederschwelligen Organisationen dürften sich Phasen

---

114 Große Herausforderungen für die Regelgestaltung können in manchen Einrichtungen weiters dadurch entstehen, dass die AdressatInnengruppen unterschiedliche und zum Teil widersprüchliche Anforderungen stellen bzw. Bedürfnisse haben. So zeigen sich etwa in der Arbeit mit Personen, die eine Borderline-Persönlichkeitsstörung aufweisen, klare Regeln, die möglichst wenig Interpretationsspielraum zulassen, als essenzielle Voraussetzung. Für das Erreichen der restlichen AdressatInnen können solche starren Regeln hingegen hinderlich sein. D.h. die glei-

der sukzessiven Regelzunahme mit solchen, in denen diese wieder teilweise oder ganz zurück genommen werden, wellenförmig abwechseln.

▪ Das Heranführen der AdressatInnen niederschwelliger Sozialer Arbeit an die KlientInnenrolle und an gesellschaftliche Teilhabe allgemein impliziert, sie zu befähigen, den Anforderungen gewachsen zu sein, die dafür zu erfüllen sind. *An KlientInnen gerichtete Regeln haben* folglich u.a. *die wichtige Funktion, diese an gesellschaftliche Strukturen (wieder) heranzuführen*, sie daran zu gewöhnen, bestimmte Erwartungen bzw. Vereinbarungen einzuhalten, Verbindlichkeit zu trainieren etc. Die sukzessive Erhöhung von verbindlichen Anforderungen an KlientInnen nach erfolgreicher Kontaktstabilisierung stellt demnach einen unvermeidlichen Bestandteil eines aufsteigenden Prozesses der gesellschaftlichen (Re-)Inklusion dar. Die Organisationen bilden entsprechend darauf bezogene Entscheidungsprogramme aus, die komplementär zur bzw. untrennbar verknüpft mit der sozialinkludierenden Wirkung auch eine sozial-disziplinierende Wirkung entfalten. Eine anhaltend lasche Anwendung der Anforderungen, die von KlientInnenseite zu erfüllen sind, unterminiert potenziell diese Wirkung und kann exklusionsverfestigend sein.

▪ In manchen Einrichtungen führt eine *übergroße Nachfrage, verbunden mit einer Knappheit an Ressourcen* zur Notwendigkeit, Entscheidungskriterien für die Aufnahme von KlientInnen bzw. die Gewährung der Hilfeleistung, die Nutzung der Maßnahme etc. aufzustellen – und damit gehen in der Regel höhere Schwellen einher. Wenn beispielsweise in einer niederschwelligen Übergangswohneinrichtung weniger Wohnplätze angeboten als nachgefragt werden und sich die Diskrepanz zwischen Angebot und Nachfrage nicht durch eine Erhöhung des Angebotes ausgleichen lässt, müssen organisationsintern auf die Nachfragenden bezogene Auswahkriterien erstellt werden. Eine Möglichkeit besteht darin, die Entscheidung über den Einzug ausschließlich zeitlich zu regeln: Wer am längsten angemeldet bzw. auf der Warteliste ist, darf bei Freiwerden eines Platzes einziehen (= Konditionalprogramm). Damit handelt sich die Einrichtung aber eine spezifische zeitliche Höherschwelligkeit als Folgeproblem ein, denn die BewerberInnen müssen mehr oder weniger lange Wartezeiten überbrücken und durchhalten (vgl. Kap. 5.3.1). Im konkreten Beispiel wird diese Hürde teilweise dadurch durchbrochen, dass man nicht immer in der Reihenfolge der Warteliste vor-

---

chen Regeln wirken für die einen inkludierend bzw. ermöglichen erst, sie aufzunehmen, während sie auf andere einen exkludierenden Effekt ausüben können.

geht, sondern manchmal BewerberInnen vorzieht, bei denen ein einmalig günstiger Moment für einen Überstieg in eine dauerhaftere Wohnform gegeben scheint, der vermutlich bei Einhalten der Wartezeit nicht mehr bestehen würde. Damit soll zeitliche Niederschwelligkeit punktuell aufrechterhalten werden (im Sinne vereinzelter Ausnahmen von der Höherschwelligkeit, die durch die Warteliste entsteht). Ausgewählte Einzelfälle werden bevorzugt, weil sich ihnen dadurch eine Chance eröffnet, die sie wahrscheinlich verlören, würden sie normal auf die Warteliste gesetzt. Die Ambivalenz dieses Lösungsversuchs liegt auf der Hand: Die durch die Angebot-Nachfrage-Diskrepanz verursachte Höherschwelligkeit wird nur in Ausnahmefällen aufgehoben und benachteiligt zugleich diejenigen, die schon länger auf der Warteliste stehen und regulär warten müssen. Würden jedoch alle 'gleich' behandelt und streng nach Warteliste berücksichtigt, wären jene im Nachteil, die weniger Durchhaltevermögen mobilisieren können. Hier stellt auch die *Orientierung an einem so abstrakten Entscheidungsprogramm wie dem Wert der Gerechtigkeit kein hilfreiches Entscheidungskriterium* dar, nämlich vor allem dann nicht, *wenn die Individualität der BewerberInnen bei der Umsetzung des Gerechtigkeitsanspruchs in konkrete Auswahlentscheidungen mit berücksichtigt werden soll und muss.* In jedem Fall sind relativ komplexe Entscheidungsprozesse zu vermuten, die trotz allen Bemühens um korrekte Auslegung permanent dem Verdacht der Willkür ausgesetzt sind.

- Organisationen der niederschwelligen Sozialen Arbeit sind selbstverständlich auch Teil der Gesellschaft und müssen *in ihrem gesellschaftlichen Umfeld geltende Normen* beachten. Sie tragen Verantwortung für das Einhalten gesetzlicher Regeln in ihrem organisationalen Zuständigkeitsbereich und können etwa in den Organisationsräumen keine illegalen Handlungen zulassen, müssen Jugendschutzbestimmungen einhalten u.v.m. Dadurch kann eine Reihe von Entscheidungsprogrammen bedingt sein, die nicht selten die Form konkreter Verhaltensanforderungen an die NutzerInnen der Einrichtung annehmen und häufig eine Konditionalform (s.o.) aufweisen. Jedoch versuchen niederschwellige Organisationen auch hier teilweise Freiräume zu erschließen, da sie in manchen Handlungsfeldern (Sucht/Drogen, tw. Jugendliche, tw. Obdachlosigkeit) häufig mit AdressatInnen zu tun haben, die solche Verhaltensanforderungen kaum einhalten können oder wollen. Man sieht z.B. bei manchen *Normüberschreitungen* weg, wenn davon kein größeres Störungspotenzial ausgeht, d.h. man *lässt sie in der Latenz* und muss sie dadurch nicht ahnden. Oder man erklärt die Zimmer der BewohnerInnen in einem niederschwelligen Übergangswohnheim zu deren Privatraum, für den sie auch Miete resp. Nutzungsentgelt zahlen, sodass die Verantwortung für die Einhaltung gesetzlicher Bestimmungen nicht mehr bei der Organisation liegt. Nach einem ähnlichen Prinzip funktioniert die aufsuchende Soziale Arbeit, da dort die Verantwortungszurechnung ebenfalls stärker individuen- und weniger organisationsbezogen abläuft. Die Einrichtungen vollziehen in Bezug auf den Umgang mit Gesetzesüberschreitungen ihrer NutzerInnen allerdings generell schwierige Gratwanderungen. Sie wollen einerseits nicht als Ordnungsmacht auftreten und sind an einem Kontakt- und Vertrauensaufbau interessiert, zu dem ein offensives Ausüben einer Kontrollfunktion in Widerspruch steht.[115] Teilweise nehmen sie beispielsweise eine explizit suchtakzeptierende Haltung ihren AdressatInnen gegenüber ein (vgl. Kap. 5.5). Zum anderen müssen sie zur Erhaltung ihrer öffentlichen und politischen Akzeptanz darum bemüht sein, gesetzlich illegale Handlungen nicht zu fördern, da sie damit das Hilfsangebot bzw. die Hilfsmaßnahme insgesamt gefährden könnten. Es liegt nahe, dass die Gratwanderungen in der Praxis mitunter beachtliche Spannungen und Belastungen mit sich führen.

Organisationen der niederschwelligen Sozialen Arbeit zeigen sich in der vorliegenden empirischen Studie als soziale Gebilde, die *auf Ebene der Entscheidungsprogramme viel Komplexität und Unbestimmtheit* zulassen. Dadurch bieten sie in Entscheidungssituationen nur *sehr begrenzte Möglichkeiten der Unsicherheitsabsorption*, sodass noch nicht Vorentschiedenes ständig neu entschieden werden muss, und zwar unter Berücksichtigung und Abwägung verschiedenster Rahmenbedingungen und Aspekte bei gleichzeitig äußerst ungewissen Ursache-Wirkungs-Zusammenhängen. Dieses situativ komplexe Entscheiden zeigt sich einerseits funktional oder zumindest typisch für wenig standardisierbare Arbeitszusammenhänge, wie sie die Soziale Arbeit generell auszeichnen. Andererseits lässt sich aus den Studienergebnissen aber auch erkennen, dass durch die in mancher Hinsicht zweckentsprechende Organisationspraxis, Entscheidungsprogramme abstrakt und gering zu halten und ihre Umsetzung flexibel zu handhaben, eine *generelle Strukturschwäche der Organisation auf Programmebene* bedingt werden kann. So zeigen sich in manchen Organisationen auch in Bereichen, in denen eine allgemein verbindliche Regelung von Entscheidungskriterien sehr wohl inhaltlich sinnvoll, arbeits- und kooperationserleichternd sein könnte,

---

115 Eine Ausnahme bilden allerdings bestimmte Formen mobiler Sozialer Arbeit im öffentlichen Raum mit allparteilichem Ansatz, die explizite Ordnungsfunktionen haben können (z.B. SAM – vgl. www.vws.or.at).

beachtliche Schwierigkeiten, eine entsprechende Regelverbindlichkeit gegenüber den MitarbeiterInnen, aber auch teilweise gegenüber den KlientInnen durchzusetzen und fest in der Organisation zu verankern. Die Unbestimmtheit und Flexibilität wird gewissermaßen zur Organisationskultur und färbt auch auf an sich verbindliche Regelungen bzw. Entscheidungsprogramme ab.

Zum Abschluss des Kapitels bleibt darauf hinzuweisen, dass in Organisationen der Sozialen Arbeit *Vorstellungen über 'wirkliche' Hilfsbedürftigkeit*, über ihre Ursachen (gottgewollt, gesellschaftsstrukturell bedingt, individuell verantwortet etc.), über legitime Hilfsanlässe und 'richtiges' Helfen wirksam sind, die als *unsichtbare Entscheidungsprogramme* die Entscheidungsfindung mitbestimmen. Unsichtbar meint dabei vor allem nicht auf Organisationsebene formal definiert und reflektiert, sondern den Zweckprogrammen und den eingesetzten Mitteln latent innewohnend bzw. in Form individueller Einstellungen und Haltungen der MitarbeiterInnen in die Entscheidungen einfließend. Das meist implizit entscheidungswirksame Hilfsverständnis kann aber etwa in Konfliktfällen sichtbar werden. Am Umgang mit der scheinbar belanglosen Frage, ob bzw. in welchen Fällen KlientInnen Fahrkarten für öffentliche Verkehrsmittel ersetzt werden sollen oder nicht, lässt sich dies illustrieren: Differenzen in den Entscheidungen der Teammitglieder deuten auf unterschiedliche Konzepte bzw. Grundhaltungen des Helfens hin. Während die einen auf die Mittellosigkeit und große Hilfsbedürftigkeit der KlientInnen verweisen und deshalb für die bedingungslose Bezahlung der Fahrscheine argumentieren, möchten andere deren Selbstverantwortung fördern und sie zu eigenständiger Lösungsfindung motivieren. Dabei bleibt noch offen, ob diese Motivation mehr als Förderung ("Empowerment") oder Forderung mit pädagogischem Impetus ausgeformt werden soll.

Insgesamt lassen sich auf Basis des vorliegenden empirischen Materials mindestens vier *verschiedene Konzepte von Hilfsbedürftigkeit und Helfen* vermuten, für deren vertiefende Erfassung und Darstellung es jedoch weiterer Studien bedarf – sie sollen hier nur grob und vorläufig skizziert werden: Mit dem *Mildtätigkeitskonzept* (den Bedürftigen materielle Hilfe zum Überleben aus dem eigenen Überfluss gewähren) wird vorrangig auf die Symptome reagiert und keine Veränderung der Ursachen angestrebt – vermutlich werden diese häufig auch als nicht veränderbar betrachtet. Eine zweite Haltung, die hier *sozialpädagogisches Konzept* genannt werden soll, verortet das Veränderungspotenzial (und damit auch die Abweichung) auf individueller Ebene und arbeitet auf Normalisierung hin. Eine dritte könnte plakativ als *sozialrevolutionäres Konzept* bezeichnet werden und zielt auf die Änderung des gesellschaftlichen Umfeldes ab, in dem auch die Ursachen für die Bedürftigkeit der KlientInnen verortet werden. Und viertens lässt sich ein Konzept erkennen, das die Stärkung und Erweiterung der den Hilfsbedürftigen individuell zur Verfügung stehenden Ressourcen (welcher Art auch immer) anstrebt und damit einer bestimmten Ausprägung des *Empowerment-Ansatzes* entspricht. Es setzt zwar am Individuum an, bezieht aber auch Umweltfaktoren mit ein und verfolgt teilweise deren Veränderung.

Das letztgenannte Hilfskonzept findet sich am häufigsten explizit in den Entscheidungsprogrammen von Organisationen, wobei die konkrete Ausgestaltung nicht immer dem hier skizzierten Ansatz entsprechen muss. Meist sind unterschiedliche Konzepte in einer Organisation parallel wirksam – und zwar dürfte dies dann besonders stark ausgeprägt sein, wenn die Organisation auf die Unterstützung durch ehrenamtliche MitarbeiterInnen zurückgreift. Dann können vereinzelt auch die Grenzen zwischen individueller und organisierter Hilfe verschwimmen bzw. letztere zugunsten ersterer in den Hintergrund treten,[116] auch wenn die Organisationen meist darum bemüht sind, die individuellen Hilfsinitiativen (nicht nur) ihrer ehrenamtlichen MitarbeiterInnen zu kontrollieren und organisationskonform zu strukturieren.

6.3.2   Kommunikationswege: Omnipräsentes Team und oszillierende Hierarchie

Bleibt man auf der Ebene der einzelnen Einrichtungen, dann fällt zunächst auf, dass die organisationsinterne Strukturierung von Kommunikationswegen und Zuständigkeiten allein aufgrund der *meist begrenzten Größe* dieser Organisationseinheiten (vgl. Kap. 6.1) wenig interne Komplexität ausbilden muss. Die *Einschränkung der vorhandenen Stellen,* die es miteinander zu vernetzen gilt, *leistet folglich einen zentralen Beitrag zur Komplexitätsreduktion* in diesen ansonsten viel Komplexität zulassenden Organisationen. Wesentlich vielschichtiger allerdings wird "die Organisation der Organisation" (Luhmann 2000: 302), wenn die Einrichtung einem größeren Organisationsverbund angehört bzw. einer sogenannten Trägerorganisation unterstellt ist – und dies trifft auf einen Großteil der Einrichtungen im niederschwelligen Bereich der Sozialen Arbeit zu. Jedoch

---

116 In einzelnen Fällen geht die individuelle Hilfe so weit, dass MitarbeiterInnen den Bedürftigen aus eigener Tasche materielle Ressourcen zur Verfügung stellen oder solche in Eigeninitiative in ihrem sozialen Netzwerk mobilisieren. Hierbei werden folglich keine Organisationsmittel für die Hilfeleistung verwendet. Die Organisation dient vielmehr als eine Zugangsmöglichkeit zu Hilfsbedürftigen, kann sich aber nicht sicher sein, dass ihre MitarbeiterInnen den Organisationszielen und -interessen entsprechend agieren. Solche 'Eigenmächtigkeiten' dürften häufiger, aber nicht nur auf ehrenamtlicher Basis vorkommen.

findet die Organisation des 'Tagesgeschäfts' bzw. der operativen Kerntätigkeiten zumeist relativ autonom innerhalb der jeweiligen Einrichtung statt, sodass in diesem Kapitel der Fokus auf diesen Organisationseinheiten bleiben soll. Mögliche Formen der strukturellen Einbindung in die jeweilige Trägerorganisation werden in Kapitel 6.3.5 skizziert.

Die *formalen Strukturen auf Einrichtungsebene* weisen – je nach Größe und teilweise auch entsprechend der inhaltlichen Schwerpunktsetzung – unterschiedliche Differenzierungen auf: Die *Leitungsebene* besteht im Minimalfall lediglich aus dem/der EinrichtungsleiterIn, umfasst zumeist aber auch eine Stellvertretung, die jedoch zugleich überwiegend in der direkten KlientInnenarbeit tätig ist. Bei etwas größeren Einrichtungen können auch noch Teamleitungen ausdifferenziert sein, teilweise fällt beides (Einrichtung- und Teamleitung) jedoch zusammen. Neben den nach innen gerichteten Leitungsaufgaben besteht eine zentrale Aufgabe in der Wahrnehmung der Kontakte und Kooperationsbeziehungen zum einen zu relevanten Umwelten wie GeldgeberInnen, aber auch öffentlichen Medien, der Politik allgemein etc. Zum anderen ist die Einrichtungsleitung für die Schnittstellen zu den trägerorganisationsinternen Umwelten – wenn vorhanden – zuständig.

Die Kontakte zu den KlientInnen bzw. AdressatInnen obliegen den *MitarbeiterInnen des organisationalen Kerngeschäfts* (Erbringung der klientInnenbezogenen Hilfeleistungen). Diese bestehen in manchen Einrichtungen (fast) ausschließlich aus SozialarbeiterInnen bzw. SozialpädagogInnen (letztere vor allem in auf Kinder und/oder Jugendliche bezogenen Arbeitsfeldern). Häufig, aber nicht immer werden sie ergänzt durch SozialbetreuerInnen, d.h. durch fachspezifisch qualifizierte MitarbeiterInnen, die sich in der Ausbildungshierarchie eine Ausbildungsstufe weiter unten befinden. Zwischen diesen beiden Belegschaftsgruppen gibt es zumeist eine klare Rangreihe bezüglich der Entscheidungskompetenz. In vielen Einrichtungen sind aber auch MitarbeiterInnen mit anderen (teilweise fachspezifischen, teilweise fachfremden) Qualifikationshintergründen bzw. mit auf den Sozialbereich bezogenen Zusatzausbildungen (z.B. SeniorenberaterInnen) im sozialarbeiterischen Kernbereich tätig. Manchmal werden auch Personen ohne fachspezifische Ausbildung angelernt. Relativ häufig setzen die Einrichtungen für unterstützende Tätigkeiten bzw. zum Ausgleich geringer Personalressourcen auf SozialarbeiterInnen-Ebene geringfügig beschäftigte Personen (darunter oft Studierende der Sozialen Arbeit) ein. Manche Einrichtungen greifen hierfür auch auf ehrenamtlich tätige Personen zurück, die z.B. im Nachtstreetwork als Zweitperson mitgehen oder KlientInnen bei Behördengängen unterstützen, manche lehnen solch eine Integration ehrenamtlicher MitarbeiterInnen dezidiert ab. In einigen Einrichtungen verrichten Ehrenamtliche vorrangig Hilfsdienste, die keinen direkten KlientInnenkontakt erfordern (z.b. Lebensmittelpakete zusammenstellen). In spezifischen Arbeitsfeldern werden der jeweiligen Zielgruppe zugehörige Personen als MitarbeiterInnen aufgenommen (z.b. Sexarbeiterinnen als Begleitung und 'Türöffnerinnen' im auf diese Zielgruppe bezogenen Nachtstreetwork). Weiters sind in manchen sozialarbeiterischen Handlungsfeldern multiprofessionelle Teams üblich, etwa in Einrichtungen der Drogenhilfe, wo zum sozialarbeiterischen noch medizinisches Personal hinzukommen kann. Resümierend lässt sich festhalten, dass *im operationalen Kernbereich häufig MitarbeiterInnen mit heterogenen Qualifikationshintergründen eingesetzt* werden und dieser Bereich nur in manchen Einrichtungen ausschließlich SozialarbeiterInnen mit entsprechender Ausbildung an Akademien für Sozialarbeit oder (aktuell) an Fachhochschulen vorbehalten bleibt.

Zu diesen beiden organisationalen Teilbereichen (Leitung und operationales Kerngeschäft) kommt im unterschiedlichen Ausmaß ein *Hilfsstab* hinzu. Er kann MitarbeiterInnen mit administrativen Aufgaben, solche, die für die Instandhaltung der Infrastruktur zuständig sind, Reinigungspersonal, ev. Küchenpersonal, in manchen Bereichen DolmetscherInnen (häufig allerdings auf Honorarbasis) etc. umfassen. Teilweise werden im Hilfsstab auch ehrenamtliche MitarbeiterInnen eingesetzt – oder Zivildiener. Letztere befinden sich nur in einem Teil der in die Erhebung einbezogenen Einrichtungen im Einsatz. Ihr Tätigkeitsfeld wurde in der vorliegenden empirischen Studie am wenigsten greifbar, hier bräuchte es – ebenso wie zur organisationalen Einbindung und zum Einsatzbereich ehrenamtlicher MitarbeiterInnen – zusätzliche empirische Studien. Auffällig war in den Erhebungsgesprächen, dass sowohl Zivildiener als auch Ehrenamtliche zumeist nur auf Nachfrage hin thematisiert wurden.

Insgesamt weisen die organisationalen Kommunikationswege relativ *heterogene Umsetzungen* auf, sodass sich die einzelnen niederschwelligen Organisationen, die in die empirische Studie einbezogen wurden, teilweise beachtlich voneinander unterscheiden. In der unterschiedlichen und unterschiedlich starken Nutzung von Kommunikationswegen als Strukturierungsmöglichkeiten von organisationsbezogenen Entscheidungen deuten sich *zwei Typen von Organisationen* an. Sie unterscheiden sich in der favorisierten Form, in der sie die schwach ausgebildeten Entscheidungsprogramme zu kompensieren versuchen:

- Der *erste Typus* versucht durch möglichst *eindeutige und verbindliche Kommunikationswege und Entscheidungszuständigkeiten* die große Unsicherheit auf Programmebene aufzufangen und zugleich die Dominanz und das Irritationspotenzial der Entscheidungsprämisse Personal einzudämmen.

Er arbeitet also bevorzugt mit einer Formalisierung der Kommunikations- und Entscheidungswege. Unterschiedliche Inhalte werden dabei unterschiedlichen Entscheidungszuständigkeiten bzw. -strukturen und -verfahren zugewiesen: Manches kann alleine entschieden werden, anderes mit KollegInnen, anders im gesamten Team und wieder anderes wird in der Hierarchie (Leitung) entschieden. MitarbeiterInnen müssen wissen, was sie wo bzw. mit/von wem entscheiden oder entscheiden lassen, und sie müssen dieses Wissen auch in der Entscheidungssituation anwenden können.

- Der *zweite Typus* lässt *auf Ebene der Kommunikationswege ebenfalls viel Unbestimmtheit* zu oder schafft es unter Umständen nur in begrenztem Ausmaß, die eigenen MitarbeiterInnen auf die Einhaltung dieser Kommunikationswege zu verpflichten. *Hier setzt die Einrichtung vor allem auf die Entscheidungsprämisse Personal*, d.h. sie überlässt die Entscheidungsfindung in der Entscheidungssituation vorrangig den einzelnen MitarbeiterInnen. Die Entscheidungsprämisse Personal spielt jedoch generell in allen niederschwelligen Organisationen der Sozialen Arbeit eine herausragende Rolle, wie weiter unten näher ausgeführt werden soll (vgl. Kap. 6.3.3).

Eine stärkere Formalisierung der Kommunikationswege und Entscheidungszuständigkeiten steht allerdings in der niederschwelligen Sozialen Arbeit allgemein schnell im Verdacht, eine hinsichtlich der Hilfsziele dysfunktionale Bürokratisierung zu bewirken.

Die *Wege der Informationsweitergabe* innerhalb der Einrichtungen zeigen eine *große Bedeutung mündlicher Kommunikation*: Verschiedene Formen von (in der Regel zeitlich formalisierten) Teambesprechungen, die in meist relativ kurzen Abständen stattfinden, werden in vielen Einrichtungen ergänzt durch mündliche Dienstübergaben. In besonders schwierigen bzw. unsicheren Entscheidungssituationen wird oft zusätzlich anlassbezogen kollegiale Intervision gesucht. *Eine zentrale Ursache für die hohe Notwendigkeit zur kommunikativen Nachbearbeitung des operationalen Kerngeschäfts liegt häufig in der niedrigen Plan- und Gestaltbarkeit dieser Tätigkeiten.* Zugleich findet in manchen niederschwelligen Einrichtungen bzw. in Teilen ihres Angebots keine oder nur eine *reduzierte personenbezogene Aktenführung* statt. Die Interaktionsgeschichten mit den AdressatInnen sind in diesen Fällen vorrangig im individuellen Bewusstsein der einzelnen MitarbeiterInnen verankert und werden teilweise nur mündlich weitergegeben. Wenn die KlientInnenkontakte auch in zeitlicher Hinsicht wenig eingeschränkt sind, lässt sich die Zuständigkeit einzelner MitarbeiterInnen für bestimmte KlientInnen nur begrenzt realisieren. Damit wird die *Frage* virulent, *wie Kontinuität und Einheitlichkeit in der Interaktion mit den KlientInnen herge-*

stellt werden kann, wenn kein organisationales Gedächtnis in Form von perso-nenbezogener Aktenführung zur Verfügung steht, das bisher generierte (und zu-gleich immer auch konstruierte) Informationen und getroffene Entscheidungen festhält. Eine gewisse Kompensation leisten in solchen Arbeitskontexten (etwa in niederschwelligen Tageszentren, in denen sich die AdressatInnen bzw. Klien-tInnen aufhalten können) wenig formalisierte Nachrichtenhefte bzw. Dienstbü-cher, in denen z.B. als wichtig eingestufte Vorfälle im Laufe der jeweiligen Dienstzeit eingetragen werden. Zugleich aber zeigt sich, dass eine personenbe-zogene Aktenführung in den Einrichtungen sehr schnell zur Notwendigkeit wird, wenn mehr als nur ein warmer Aufenthaltsraum, eine Waschgelegenheit und/oder günstiges Essen zur Verfügung gestellt werden sollen.

Bei der Analyse der Kommunikationswege in niederschwelligen Einrich-tungen der Sozialen Arbeit wird erkennbar, dass eine eingeschränkte Formalisie-rung bzw. das *Zulassen gewisser Intransparenzen zwischen den Organisations-ebenen* durchaus förderlich für das störungsfreie Funktionieren dieser Organisa-tionen sein kann. Die kommunikativen Filter bzw. Grenzen innerhalb der Orga-nisation, die Informationen zwischen MitarbeiterInnen an der Basis (d.h. in der direkten KlientInnenarbeit) und der Leitungsebene nur selektiv durchlassen, können als *strukturelle Vorkehrungen* betrachtet werden, *die potenziellen Kon-flikten aufgrund von Zieldivergenzen zwischen den verschiedenen organisations-internen und -externen Stakeholdern entgegenwirken*. So lassen sich Autonomie-spielräume eröffnen und nutzen, zugleich ist teilweise eine relativ hohe Toleranz von Seiten der Leitung gegenüber Regelabweichungen auf MitarbeiterInnen-Ebene beobachtbar. Die nützliche Wirkung von partieller Intransparenz erklärt vermutlich auch zum Teil die häufig beobachtbaren Widerstände von Seiten der BasismitarbeiterInnen gegenüber stärkeren Formalisierungen, etwa durch die Einführung oder den Ausbau verpflichtender Dokumentationssysteme bezüglich der erbrachten Leistungen, denn diese haben das Potenzial, die Unterschiede in den Zielsetzungen sichtbar zu machen bzw. Freiräume einzuengen.

Die in die Erhebung einbezogenen niederschwelligen Einrichtungen weisen zwar alle intern eine vertikale Differenzierung, also *hierarchische Strukturen*, auf, allerdings zeigt sich häufig eine bemerkenswerte Zurückhaltung der Lei-tungsebene, ihre Entscheidungskompetenz qua Hierarchie auszuspielen. Und umgekehrt lässt sich auf MitarbeiterInnen-Ebene (bezogen auf den operationalen Kernbereich) die Tendenz beobachten, Entscheidungen der Leitungsebene nicht allein deshalb anzuerkennen und umzusetzen, weil sie von der formal entschei-dungsbefugten Stelle kommen, vielmehr wollen Entscheidungen auch als inhalt-lich nachvollziehbar und richtig verstanden werden. Kurzum: *Es gibt eindeutig*

Hierarchie, aber sie funktioniert alles andere als eindeutig. Die Leitung muss ihre Entscheidungen offensichtlich in gewissem Ausmaß gegenüber den MitarbeiterInnen legitimieren – und sie legitimiert sie häufig nicht mit der Entscheidungsmacht, die mit der Leitungsposition verbunden ist, sondern z.B. mit langjähriger fachlicher Erfahrung, mit sachlichen Argumenten oder vereinzelt auch mit einer wesentlich größeren Verantwortung, die sie für die Entscheidungskonsequenzen im Unterschied zu den MitarbeiterInnen zu tragen hat. Sie kann sich nur bedingt darauf verlassen, dass ihre Entscheidungsautorität kraft ihrer Position von den MitarbeiterInnen anerkannt wird.

Im Folgenden sollen einige Faktoren skizziert werden, die formale Hierarchie in Organisationen der Sozialen Arbeit[117] 'irritieren' bzw. in ihrer faktischen Geltungskraft abschwächen können:

▪ *Spannungsfeld Ungleichheit durch formale Hierarchie vs. Norm der Gleichheit bzw. Gleichwertigkeit:* Innerhalb der Berufsgruppe der SozialarbeiterInnen werden normative Grundeinstellungen besonders hochgehalten, die eine größtmögliche Chancengleichheit und Gleichwertigkeit aller Menschen unabhängig von ihrer sozialen Position anstreben. Jede Person soll in ihren spezifischen Bedürfnissen und Lebensentwürfen in gleicher Weise ernst genommen und dabei unterstützt werden, diese zu erfüllen bzw. zu realisieren. Diese normativen Haltungen tauchen auch in der organisationsinternen Zusammenarbeit auf und stellen Hierarchie potenziell in Frage: Auch MitarbeiterInnen – so ließe sich die skizzierte Grundeinstellung übertragen – sind mit ihren Ideen, Gestaltungsvorstellungen, individuellen Bedürfnissen etc. ernst zu nehmen und in die organisationalen Entscheidungsfindungen möglichst gleichrangig einzubeziehen. Allerdings ist diese Haltung in den Organisationen unterschiedlich stark ausgeprägt. Sie lässt sich tendenziell etwas stärker dann beobachten, wenn Personen mit sozialarbeiterischem Qualifikationshintergrund Leitungsfunktionen ausüben (Einrichtungsleitung, Teamleitung oder auch 'nur' Anleitung fachlich weniger qualifizierter KollegInnen). Auf der einen Seite befinden sie sich dann in hierarchisch übergeordneten Positionen, auf der anderen Seite ist Hierarchie normativ nicht positiv besetzt, sodass eine gewisse Scheu davor besteht, die mit der Position verbundene Entscheidungs- und Anleitungskompetenz offen einzusetzen. Stattdessen bevorzugt man mitunter den Rückgriff auf inhaltliche oder Erfahrungskompetenz und hält die Entscheidungskompetenz qua Hierarchie im Hintergrund. Zum Ausdruck kommen die charakterisierten

---

117 Es ist davon auszugehen, dass diese Faktoren nicht nur im niederschwelligen Bereich von Bedeutung sind.

Grundhaltungen auch in einer häufig diskurs- und konsensorientierten Kooperationskultur in niederschwelligen Einrichtungen der Sozialen Arbeit.

- *Besondere Umsetzungsmacht der MitarbeiterInnen durch wenig eindeutige, interpretationsbedürftige Entscheidungsprogramme:* Durch den Umstand, dass sich Entscheidungen von höherer Hierarchieebene häufig nicht als einfache Anweisungen an MitarbeiterInnen weitergeben lassen, sondern deren situativ angepasste Interpretation und Umsetzung notwendig ist, entsteht eine besondere Erfordernis, diese von den getroffenen Entscheidungen inhaltlich zu überzeugen. In Arbeitskontexten, in denen keine standardisierte Umsetzung der Organisationsziele und -strategien realisiert werden kann, ist eine hohe Autonomie der MitarbeiterInnen in der Ausübung ihrer Tätigkeit systemimmanent.

- *Reduzierte Kontrollmöglichkeiten der Hierarchie aufgrund der Interaktionsbasiertheit des Kerngeschäfts:* Die bereits im vorhergehenden Kapitel thematisierte Grundform sozialarbeiterischer Leistungserbringung, die direkte Interaktion zwischen SozialarbeiterIn/MitarbeiterIn und KlientIn, hält nicht nur Potenzial für Abweichungen von den organisationalen Entscheidungsprogrammen bereit, sondern auch von Vorgaben bzw. Anweisungen durch die übergeordnete Stelle. Aufgrund der hohen Interaktions-Basiertheit lassen sich die Tätigkeiten der MitarbeiterInnen nur begrenzt kontrollieren, dadurch entstehen gewisse Freiräume für das berufliche Handeln im direkten KlientInnenkontakt. Wie intensiv diese in der Praxis tatsächlich genutzt werden, lässt sich allerdings auf Basis der vorliegenden Studie nicht näher bestimmen.

- *Arbeit mit Mission:* Wie im Folgekapitel näher ausgeführt wird, besteht ein spezifisches Merkmal von Mitgliedschaft in Organisationen der Sozialen Arbeit darin, dass für die MitarbeiterInnen immaterielle Zielsetzungen manchmal gleich wichtig oder sogar wichtiger sind als Verdiensterwartungen. Die starke Identifikation der Organisationsmitglieder mit ihren Arbeitsinhalten impliziert eine laufende Prüfung dieser Inhalte auf Übereinstimmung mit den persönlichen Wertvorstellungen. Die Relevanz dieser Wertorientierungen kann in einer latent prekären Loyalität der MitarbeiterInnen gegenüber der beschäftigenden Organisation zum Ausdruck kommen (vgl. Mayrhofer/Raab-Steiner 2007: 41; Mayrhofer 2009: 5).

- *Paradoxe organisationsinterne Kooperationsbeziehungen durch Einbindung von ehrenamtlichen MitarbeiterInnen:* Wird in einer Einrichtung auch auf die Unterstützung durch ehrenamtlich tätige Personen zurückgegriffen und ist deren Mitarbeit nicht ausschließlich auf klar abgegrenzte, nicht die direkte KlientInnenarbeit betreffende Hilfsdienste beschränkt, dann werden die Grenzziehungen zwischen professionalisierter sozialarbeiterischer Hilfeleistung und alltäglichem, laienhaftem Helfen erschwert, verbunden mit einer latenten Entwertung verberuflichter Sozialer Arbeit. SozialarbeiterInnen mit Anleitungskompetenzen ihren ehrenamtlichen KollegInnen gegenüber müssen mit der paradoxen Situation umgehen, dass diese einerseits zumeist[118] die wesentlich weniger fachspezifisch qualifizierten MitarbeiterInnen sind, andererseits aber nicht ausreichend durch Entlohnung entschädigt werden. Stattdessen erhalten sie durch Anerkennung und 'Ehre' im Sinne von Ehrerbietung für den moralisch hoch bewerteten Einsatz einen wichtigen Benefit, wobei Anerkennung und Ehrerbietung unter anderem von ihren Vorgesetzten bzw. hauptamtlichen KollegInnen zu erbringen sind. Zugleich aber müssen diese permanent die durch Qualifikationsunterschiede legitimierte Hierarchie wahren und markieren. Sie sind laufend damit beschäftigt sicherzustellen, selbst von den Untergebenen als Anweisungsbefugte und Kompetentere anerkannt zu werden. Generell zeigen sich in diesem Aspekt neuralgische Fragen des Durchgriffsvermögens einer Organisation (repräsentiert durch ihre Leitungshierarchie) auf ehrenamtlich tätige MitarbeiterInnen, denn die Unterordnung der persönlichen Interessen zugunsten der Organisationsinteressen kann nicht durch eine entsprechende Entlohnung gesichert und abgegolten werden.

▪ *MitarbeiterInnen mit heterogenen Quellberufen:* Irritationen für die einrichtungsinterne und insbesondere für die teambezogene Hierarchie können generell aus der großen Vielfalt an Ausbildungshintergründen und Quellberufen resultieren. Wenn etwa eine Mitarbeiterin mit Migrationshintergrund, die in ihrem ursprünglichen Heimatland als Juristin einen sozial hoch bewerteten Quellberuf ausübte, in Österreich nach einer Umschulung als Seniorenbetreuerin in einem Team arbeitet, in dem die Anleitungskompetenz formal bei den SozialarbeiterInnen liegt, dann können im Arbeitsalltag unterschiedliche hierarchische Deutungsmuster miteinander konkurrieren. Diese können u.a. im 'Nachwirken' des bisherigen beruflichen Habitus als Juristin die Interaktionen im Team verunsichern. Verstärkt wird das Störpotenzial allerdings auch durch die oben beschriebene häufige Zurückhaltung

---

118 Allerdings ist eine beachtliche Zahl an SozialarbeiterInnen ebenfalls zugleich ehrenamtlich tätig, was die Verstrickungen zwischen verberuflichter, professioneller Sozialer Arbeit und ehrenamtlichem Helfen nicht weniger paradox macht (vgl. Mayrhofer/Raab-Steiner 2007: 91).

von Seiten der SozialarbeiterInnen, auf ihre Entscheidungsautorität kraft ihrer Position zu verweisen.

Die angeführten Verunsicherungsquellen für formale Hierarchie führen in manchen Einrichtungen dazu, dass permanent *parallel laufende Prozesse der De- und Rekonstruktion der Hierarchie* stattfinden. Vor allem in Organisationen mit heterogen zusammengesetzten Teams kann von diesen Prozessen viel Arbeitszeit und Energie absorbiert und laufend Teamentwicklung notwendig werden. Wie sich die hierarchieverhandelnden Mikropolitiken in den Organisationen und Teams im Detail gestalten, könnte eine lohnende Forschungsfrage für vertiefende organisationale Mikrostudien bilden.

Dem *Team* kommt insgesamt eine *große Bedeutung für die Strukturierung der Kommunikation und die Gestaltung der Entscheidungsprozesse* in niederschwelligen Einrichtungen der Sozialen Arbeit zu. Teams können als Entscheidungsstrukturen in Organisationen betrachtet werden, die zur Entscheidungsfindung bevorzugt horizontale Kommunikation nutzen (vgl. Baecker 1999: 185; siehe auch Kap. 3.1.2 in dieser Studie). Allerdings bilden Teams in der Sozialen Arbeit – und vermutlich auch in vielen anderen Arbeitskontexten – zumeist auch eine gewisse vertikale interne Strukturierung aus.[119] So konnten in der vorliegenden empirischen Studie ausschließlich Teams beobachtet werden, die eine Teamleitung ausdifferenziert haben. Diese Position ist sowohl Teil des Teams als auch in spezieller Weise für die Schnittstellenkommunikation zu den organisationsinternen Umwelten, im Besonderen den hierarchisch übergeordneten Stellen, zuständig. Aber auch darüber hinaus können teilweise hierarchisch strukturierte Arbeitsteilungen im Team vorkommen, wie etwa im Falle der Zusammenarbeit von SozialarbeiterInnen und SozialbetreuerInnen innerhalb eines Teams zu beobachten ist.

Die *Zusammensetzung der Teams variiert stark* zwischen den Einrichtungen: Teilweise bilden sie sich relativ homogen aus SozialarbeiterInnen oder aus gleichwertig fachspezifisch qualifizierten MitarbeiterInnen, teilweise zeigen sie – wie bereits erwähnt – viel Heterogenität. Die Differenzen weisen dabei vielfältige Gestalten auf: Die Teammitglieder können sich hinsichtlich ihres Ausbildungshintergrundes und Qualifikationsniveaus beachtlich unterscheiden (fachspezifisch höher, niedriger oder nicht Qualifizierte, MitarbeiterInnen mit fachfremden Quellberufen oder auch unterschiedlichsten Bildungsabschlüssen innerhalb des großen Spektrums psychosozialer Bildungsangebote). Teilweise üben

---

119 In diesem Punkt sind Dirk Baeckers theoretische Überlegungen zur horizontalen Entscheidungsstruktur Team, in denen vertikale Kommunikationsstrukturen innerhalb von Teams kaum in den Blick genommen werden, ergänzungsbedürftig (vgl. Baecker 1999: 185 ff).

solche gemischten Teams die gleichen Kerntätigkeiten aus, teilweise handelt es sich um multiprofessionelle Teams mit verschiedenen inhaltlichen Aufgabenfeldern (z.B. um sozialarbeiterisches und medizinisches Personal in einer Einrichtung der Drogenhilfe). Die Teammitglieder kommen zum Teil aus verschiedenen Herkunftsländern, da viele niederschwelligen Angebote und Maßnahmen auch von Flüchtlingen bzw. von Personen mit Migrationshintergrund, die nicht Deutsch oder Englisch sprechen, beansprucht werden. Sie bringen teilweise sehr unterschiedliche und unterschiedlich umfangreiche Berufserfahrungen mit – ein Aspekt, der in einem Berufsfeld, in dem Erfahrungskompetenz eine große Bedeutung zugesprochen wird, durchaus kooperationsrelevante Differenzen setzen kann. Hinzu kommen allgemeine Unterschiede bezüglich Lebenserfahrung und der eigenen biographischen Geschichte. Letztere Aspekte gewinnen im Arbeitsfeld der Sozialen Arbeit, wo die MitarbeiterInnen in einem beachtlichen Ausmaß ihre Person und Persönlichkeit als Mittel in der KlientInnenarbeit einsetzen, einen besonderen Einfluss.

Die beschriebene Heterogenität stellt zum einen eine *zentrale Ressource* dar, denn die unterschiedlichen beruflichen und persönlichen Kompetenzen und Eigenschaften bieten eine wichtige *Grundlage für vielfältige Kontaktchancen* zu den AdressatInnen. Sie bedeutet aber zum anderen auch *Arbeit* und kann *Konfliktpotenzial für das Team* mit sich führen, wie bereits weiter oben beispielhaft ausgeführt wurde.

Generell gehen mit der *niederschwelligen Arbeitsweise besondere Herausforderungen für das Team* einher, denn *die nach außen gesenkten Schwellen werden teilweise nach innen ins Team verlagert*. Damit die Zielgruppen möglichst wenig räumliche, zeitliche, inhaltliche und soziale (inklusive sprachlicher) Zugangshürden zu bewältigen haben, werden diese Schwellen partiell vom Team absorbiert und müssen dort abgefangen und bewältigt werden. Dort muss dann etwa mit gewissen sprachlichen Verständigungsschwierigkeiten (da verschiedene Muttersprachen) oder mit kulturellen und sonstigen Differenzen aufgrund verschiedener Herkunftsländer, Quellberufe etc. umgegangen werden. Dort entsteht ein besonderer Kommunikations- und Arbeitsaufwand durch vielfältige und wenig geregelte Schnittstellen zu den KlientInnen, wenig Möglichkeit zur zeitlichen Vorstrukturierung und inhaltlichen Vorplanung der KlientInnenkontakte und durch reduzierte schriftliche Aufzeichnungen, um Anonymität wahren zu können. Das Senken der Schwellen bedeutet kurzum spezifische Arbeit für die niederschwelligen Einrichtungen, die in der Praxis vorrangig *auf der Ebene der Teams* anfällt; dort *muss ein hohes Ausmaß an Strukturlosigkeit und Unplanbarkeit ausgehalten und situativ gelöst werden*.

Die Entscheidungsfindungen in den Teams weisen uneinheitliche und manchmal tendenziell widersprüchliche Strukturen und Merkmale auf. Zunächst wird die *Norm des konsensualen Entscheidens* relativ hoch gehalten: Informationsaustausch und Konsenssuche im Team haben große Bedeutung, ein Commitment der Teammitglieder zu Entscheidungen wird angestrebt. Allerdings *bleiben im Arbeitsalltag viele Entscheidungen der persönlichen Entscheidungskompetenz der MitarbeiterInnen überlassen*, da ansonsten situatives Handeln in nur sehr begrenzt vorweg planbaren KlientInnenkontakten kaum verwirklichbar wäre. Beim Treffen dieser Einzelentscheidungen bildet aber das Team eine zentrale Orientierungsgröße: Die individuellen Entscheidungen müssen ständig auf ihre Akzeptanz durch das Team geprüft werden. Denn spätestens bei der nächsten Teambesprechung, der kommenden Fallsupervision etc. kann die getroffene Entscheidung zum Gegenstand der Peer-Reflexion werden.

Diese permanente *Notwendigkeit der einzelnen Teammitglieder, unter Bedingungen großer Entscheidungsunsicherheit* (Zweckprogramme etc.) *selbst zu entscheiden und in der Entscheidung zugleich die virtuelle Konsensualentscheidung des Teams zu antizipieren*, stellt sowohl für die einzelnen MitarbeiterInnen als auch für die Einheit des Teams eine große Herausforderung dar. Denn tatsächlich stehen die getroffenen Entscheidungen nicht immer im Einklang miteinander. Abweichungen bei den Entscheidungsmustern der einzelnen Teammitglieder können, so die Abweichungen beobachtbar sind und auch beobachtet und nicht etwa latent gehalten werden, zu Irritationen im Team führen – und darüber hinaus auch bei den KlientInnen bzw. AdressatInnen, wie im vorherigen Kapitel dargestellt wurde. Sie sind begründungsbedürftig und müssen in der Organisation bearbeitet werden, wenn diese Entscheidungen der Organisation und nicht den SozialarbeiterInnen als Personen zugerechnet werden sollen. Große Bedeutung kommt diesbezüglich Kommunikationsforen wie Teammeetings, Team-Intervision oder Team-Supervision zu (s.u. bzw. Kap. 6.3.4).

In manchen Teamkooperationen scheinen *familienähnliche Kooperationsmuster* wirksam zu sein. Die Beziehungen zwischen Teamleitung und TeammitarbeiterInnen weisen mitunter Ähnlichkeiten mit solch familiären Beziehungsstrukturen auf, wobei manchmal mehr ein demokratisches Modell des 'familiären Zusammenlebens' vorherrschen dürfte, vereinzelt aber auch ein traditional-patriarchales durchschimmert. Allerdings bestehen hinsichtlich dieses Aspektes große Unterschiede zwischen den Einrichtungen und Teams. Einige distanzieren sich in ihrer Selbstbeschreibung klar von familiären Analogien und lassen organisationsintern wenig familienähnliche Kooperationsmuster erkennen, wiewohl auch sie häufig im KlientInnenkontakt diesbezügliche Assoziationen von AdressatInnenseite zulassen und mit ihnen arbeiten (vgl. Kap. 5.5).

Eine *zentrale Kommunikationsstruktur* in allen Einrichtungen bilden regelmäßige (häufig wöchentliche oder 14-tägige) *Teambesprechungen.* Sie erfüllen sehr unterschiedliche Aufgaben, die sowohl fachliche als auch organisatorische Belange betreffen können: In den gemeinsamen Meetings lassen sich nicht dauerhaft standardisierbare Handlungs- und Entscheidungsbereiche diskursiv bearbeiten, um so auf einen Angleichungsprozess im fachlichen Vorgehen hinzuwirken. Durch Nachbesprechungen der im zurückliegenden Arbeitsalltag getroffenen Entscheidungen der einzelnen Teammitglieder werden Einzelentscheidungen im Nachhinein (zumindest ein Stück weit) zu Teamentscheidungen – oder eventuell auch abgelehnt, sodass künftig eine vergleichbare Entscheidung unter vergleichbaren Umständen kaum mehr legitimierbar wäre. Teambesprechungen dienen oft dazu, den Teammitgliedern Organisationsentscheidungen zu vermitteln und mit ihnen so weit auszuhandeln, dass ein grundsätzliches Commitment gewährleistet ist. Oder es werden von den MitarbeiterInnen umgekehrt bestimmte Entscheidungen eingefordert, die zu veränderten Arbeitsbedingungen o.ä. führen sollen. Nicht selten scheinen die Besprechungen auch der kollektiven, aber praktisch folgenlosen Psychohygiene zu dienen ('Dampf ablassen'), indem gemeinsam z.B. über anderen Einrichtungen, die sich als schwierige Kooperationspartnerinnen zeigen, oder über 'schwierige' KlientInnen geklagt, manchmal vielleicht auch gelästert wird. Zum Schimpfen über die eigene Einrichtung hingegen dient eher die (Team-)Supervision (vgl. Kap. 6.3.4).

Diese Beobachtungen weisen darauf hin, dass Teambesprechungen eine wichtige *Entlastungsfunktion* zukommt, und zwar nicht nur im Sinne einer Psychohygiene. Sie dienen vor allem der *diskursiven Absicherung,* da in der Entscheidungssituation oft wenige Möglichkeiten der Unsicherheitsabsorption zur Verfügung stehen. Die Absicherung kann teilweise im Nachhinein stattfinden, in Krisensituationen kommt aber in manchen Einrichtungen auch kurzfristig eine anlassbezogene *professionell-kollegiale Rückversicherungsstrategie* zum Einsatz. Wenn Handlungsroutinen nicht greifen, stellt die kollegiale Beratung (peer-counseling) und Absicherung ein funktionales Äquivalent dazu dar. Durch den kollegialen Konsens in einer Situation großer Entscheidungs- und Handlungsunsicherheit kann fiktiv Sicherheit hergestellt werden, die Entscheiden und Handeln wieder möglich macht. Zugleich wird Verantwortung geteilt, sodass das Entscheiden für den Einzelnen bzw. die Einzelne weniger riskant erscheint.

In einigen Teams werden *fachliche (Fallbesprechungen) und organisatorische Inhalte* in einem gemeinsamen Kommunikationsforum abgehandelt, je nachdem, welche Themen aktuell anfallen. In anderen differenzierten sich nach einer Phase der gemeinsamen Abhandlung verschiedene Gesprächsforen für fachliche und organisatorische Belange aus. Diesem Ausdifferenzierungsprozess ging meist die Erfahrung voraus, dass bei thematisch gemischten Besprechungs-settings häufig organisatorische Themen überwiegen, während der fachliche Austausch zu kurz kommt. In einigen Einrichtungen findet weiters eine *Differen-zierung der teambezogenen Kommunikationsstrukturen nach Position und Quali-fikationshintergrund* statt – über die Ausformung der Besprechungen lässt sich Hierarchie nicht nur abbilden, sondern auch (re-)konstruieren. Häufig nehmen ehrenamtlich tätige MitarbeiterInnen nicht an den Teambesprechungen der 'Hauptamtlichen' teil, sondern werden zu einem gesonderten Gesprächsforum gebeten. Auch Zivildiener dürften teilweise nicht in die Besprechungen inkludi-ert sein. Weiters kann es zur Unterscheidung der Besprechungen und Teilnehme-rInnen nach fachlich verschiedenen Aufgaben und Zuständigkeiten kommen. Die Organisationen weisen also bezüglich der teambezogenen Kommunikationsforen beachtliche Unterschiede in der Ausdifferenzierung auf, die unter anderem mit der Teamgröße, mit der Kürze oder Länge des Bestehens eines Teams, mit unter-schiedlichen Arbeitsinhalten oder auch mit dem Ausmaß an Professionalisierung der teaminternen Kommunikation zusammenhängen.

Durch die zentrale Rolle, die der Kommunikationsstruktur Team in nieder-schwelligen Organisationen der Sozialen Arbeit zukommt, können *Konflikte im Team* ein folgenreiches Störpotenzial für die gesamte Einrichtung bilden und zur großen Belastung für die Kooperation der Organisationsmitglieder werden. Auf-grund der oben beschriebenen eingeschränkten Entscheidungsautorität qua Hie-rarchie können Organisationen der niederschwelligen Sozialen Arbeit[120] aller-dings nur sehr begrenzt auf Strategien zurückgreifen, die zur Lösung des Kon-flikts die Entscheidungskompetenz der Hierarchie nutzen, also die nächsthöhere hierarchische Stelle zur Konfliktentscheidung einbeziehen (vgl. hierzu Baecker 1999: 209ff, Simon 2007: 72).[121] Hieraus erklärt sich die *Vielzahl an formal verankerten Kommunikationsforen* (vom Teammeeting bis zu unterschiedlichen

---

120 Es ist anzunehmen, dass dies auch für viele höherschwellige Organisationen der Sozialen Arbeit gilt, allerdings vermutlich nicht für alle, da manche auch bürokratienahe bzw. bürokrati-sche Strukturen aufweisen (z.B. wenn sozialarbeiterische Leistungen im Kontext wohlfahrts-staatlicher Leistungsverwaltung erbracht werden)

121 Allerdings sind in diesem Aspekt gewisse Unterschiede zwischen den beiden weiter oben skizzierten Typen von Organisationen anzunehmen, die sich danach unterscheiden, wie sehr und explizit sie Kommunikationswege als Entscheidungsprämissen nutzen. Der erstere Typus mit möglichst eindeutigen und verbindlichen Kommunikationswegen versucht stärker, auf eine hierarchische Struktur im Entscheiden – und damit auch im Entscheiden von Entscheidungs-konflikten – zurückzugreifen.

Formen der Supervision), in denen Konflikte kommunikativ isoliert, diskursiv ausgehandelt und eventuell abgeschwächt (z.b. dadurch, dass an einer größeren Toleranz für verschiedene Sicht- und Handlungsweisen im Team gearbeitet wird) oder gar gelöst werden können.

Die organisationsinternen Kommunikationswege in niederschwelligen Einrichtungen der Sozialen Arbeit weisen insgesamt viel *Ambiguität* auf: Das Team zeigt sich als omnipräsente Bezugsebene im alltäglichen Entscheiden und Handeln und lässt die MitarbeiterInnen in der konkreten Entscheidungssituation doch oft allein. Hierarchie ist vorhanden, zugleich aber ambivalent besetzt, potenziell gefährdet und teilweise in ihrer faktischen Geltungskraft abgeschwächt. Durch die große Bedeutung mündlicher Kommunikation bei teilweise reduzierter personenbezogener Aktenführung bleibt das organisationale Gedächtnis ein häufig flüchtiges und ist in hohem Ausmaß auf das Erinnern der MitarbeiterInnen angewiesen, also personell gebunden. Die eingeschränkte Formalisierung und teilweise Intransparenz auf Ebene der Kommunikationswege kann einerseits in den Organisationen beachtliche Ungewissheit im Entscheiden verursachen. Sie eröffnet allerdings andererseits auch Möglichkeiten, um die vielfältigen und teilweise widersprüchlichen Zielsetzungen, die von unterschiedlichen Stakeholdern an die Organisation herangetragen werden, latent zu halten. Manche Einrichtungen beobachten derzeit jedoch einen großen Umweltdruck zur höheren Formalisierung ihrer Kommunikationswege (insbesondere in Form steigender Dokumentationsanforderungen). Inwieweit dadurch die Spannungsfelder zwischen unterschiedlichen Zielen, die in den Einrichtungen permanent ausbalanciert bzw. latent gehalten werden, stärker hervortreten und aufeinander prallen könnten, muss die Empirie zeigen. Dafür ist auch bedeutsam, welche organisationsinternen Umgangsformen die Einrichtungen mit den neuen Umweltanforderungen entwickeln.

6.3.3 Die MitarbeiterInnen der Organisation: Starke Referenz auf die ganze Person – mit Folgekosten

Das Personal stellt eine dritte Art von Entscheidungsprämissen in Organisationen dar (vgl. Kap. 3.1.2). Personalentscheidungen, also Entscheidungen darüber, welche Personen zu Organisationsmitgliedern werden und welche nicht, sind damit zugleich Entscheidungen über Entscheidungsstrukturen, d.h. über organisationale Strukturen. Die bisherigen Ausführungen weisen bereits an mehreren Stellen darauf hin, dass in niederschwelligen Organisationen der Sozialen Arbeit eine Fülle von Entscheidungen auf Ebene der einzelnen MitarbeiterInnen in der

direkten KlientInnenarbeit tagtäglich getroffen wird und getroffen werden muss.
Denn Entscheidungsprogramme erweisen sich häufig als schwach ausgeprägt
bzw. uneindeutig (Zweckprogramme) und Kommunikationswege sind teilweise
wenig formalisiert, können sich nur in eingeschränktem Ausmaß auf hierar-
chieförmige Entscheidungsstrukturen verlassen und legen ein starkes Gewicht
auf horizontale Entscheidungskommunikation in teamförmigen Kooperations-
einheiten. Der Entscheidungsprämisse Personal kommt folglich in der organisationalen Entscheidungspraxis ein besonderes Gewicht zu. Damit wird zugleich
die Entscheidung über Organisationsmitgliedschaft, d.h. die Personalauswahl
und -einstellung, zu einer Schlüsselentscheidung für künftiges Entscheiden und
Handeln in Organisationen der niederschwelligen Sozialen Arbeit.[122]

Nachstehend sollen zentrale Aspekte, die die Strukturebene Personal betreffen und ihre Arbeitsweise und Arbeitsbedingungen kennzeichnen, in zusammengefasster Form dargestellt werden. Dabei werden einige Gesichtspunkte, die
aufgrund ihrer Multidimensionalität bereits in den bisherigen Ausführungen
thematisiert worden waren, unter leicht veränderter Perspektive nochmals aufgegriffen, andere kommen neu hinzu. Der Fokus der Betrachtung liegt auf den
MitarbeiterInnen, die für die organisationale Kerntätigkeit (= 'Helfen' in verschiedensten Formen und mit unterschiedlichsten Methoden und Mitteln) direkt
zuständig sind, während der sogenannte Hilfsstab in dieser empirischen Arbeit
nur am Rande berücksichtigt werden kann. Das Personal mit Leitungsaufgaben
wird ebenfalls in diesem Kapitel nicht mehr eigens thematisiert, da erstens viele
Leitungsaspekte inhaltlich zu Kapitel 6.3.2 gehören und zweitens in der vorliegenden empirischen Studie der Themenbereich Leitung keinen Schwerpunkt
bildete.

▪ Das Personal weist auf Ebene der MitarbeiterInnen in der organisationalen
   Kerntätigkeit häufig eine *heterogene Zusammensetzung hinsichtlich des*
   Ausbildungshintergrundes und Qualifikationsniveaus auf – mit einigen
   Ausnahmen, in denen Teams (fast) ausschließlich aus SozialarbeiterInnen
   oder SozialpädagogInnen mit facheinschlägiger Ausbildung bestehen. Jene
   Einrichtungen, die Personal mit verschiedenen Ausbildungshintergründen
   und unterschiedlichen Graden an Professionalisierung in der direkten KlientInnenarbeit einsetzen, müssen häufig mit einer größeren Unberechenbarkeit
   in der Entscheidungs- und Handlungspraxis ihrer MitarbeiterInnen umgehen

---

122 Tendenziell dürfte dies auf Organisationen der Sozialen Arbeit allgemein zutreffen, allerdings
     sind die Organisationstypen, in denen Soziale Arbeit erbracht wird, äußerst heterogen und teil-
     weise auch bürokratienahe, sodass eine Pauschalthese für die Soziale Arbeit insgesamt kaum
     sinnvoll erscheint.

und mitunter nicht organisationskompatible Entscheidungen entsprechend nachbearbeiten. Insbesondere wenn auch ehrenamtlich tätige Personen eingesetzt werden, kann die Organisation die Loyalität ihrer MitarbeiterInnen nicht im vollen Umfang 'kaufen', sodass komplexere Tauschmechanismen erforderlich bzw. wichtig werden. Zugleich besteht in solchen Einrichtungen eine größere Wahrscheinlichkeit, dass es zur Verwischung der Grenze zu moralisch motivierter Laienhilfe kommt.

- Neben dem Ausbildungshintergrund zeigen sich weitere personalbezogene Differenzen als bedeutsam: Da die Persönlichkeit der MitarbeiterInnen als wichtige Ressource im KlientInnenkontakt eingesetzt wird, sind niederschwellige Einrichtungen oft bemüht, diese Ressource umfangreich bzw. vielfältig zu gestalten. In manchen niederschwelligen Arbeitsfeldern wird deshalb auf eine *heterogene Zusammensetzung des Teams hinsichtlich des Geschlechts, der kulturellen Herkunft, der persönlichen Fähigkeiten und Interessen* etc. geachtet. Die Heterogenität in der personellen Zusammensetzung kann Herausforderungen mit sich führen, und zwar insbesondere dann, wenn der individuellen Ebene der MitarbeiterInnen ein starkes Gewicht eingeräumt wird. Komplexität kommt nicht nur durch die äußeren Organisationsumwelten herein, *Komplexität wird auch durch die Heterogenität der MitarbeiterInnen geschaffen*, d.h. durch sogenannte innere Organisationsumwelten in Gestalt der Persönlichkeiten der MitarbeiterInnen.

- In einem Großteil der niederschwelligen Einrichtungen findet innerhalb der sozialarbeiterischen Kerntätigkeiten *wenig Spezialisierung* statt. Durch die *schwach ausgeprägte inhaltliche Arbeitsteilung* und die häufig beobachtbare Integration verschiedener Angebote mit unterschiedlichen Schwellenniveaus in einer Einrichtung kann für die AdressatInnen personelle Konstanz beim Übergang zu höherschwelligen Angeboten bzw. Interaktionsformen gewährleistet werden (vgl. Kap 5.6). Mehr inhaltliche Arbeitsteilung hingegen verursacht tendenziell zusätzliche Schwellen, da die AdressatInnen bzw. (potenziellen) KlientInnen häufiger von einer Person zur anderen weitergeleitet werden müssen. Mit einer großen Vielfalt an Arbeitsinhalten und -methoden gehen aber auch höhere Anforderungen an die MitarbeiterInnen einher. Sie müssen die Breite des Angebotsspektrums und der Interventionsformen beherrschen und zugleich rasch zwischen ihnen wechseln (können). Sie bewegen sich in unterschiedlichen Rollensegmenten, die jeweils andere und manchmal auch widersprüchliche Anforderungen mit sich führen: vom interventionslosen Aushändigen von Sachleistungen wie Einwegspritzen oder Nahrung über Beratung und Betreuung bis hin zu Konflikt- bzw. Krisenintervention, um nur ein paar Facetten zu nennen. Verstärkt wird die Rollenvielfalt durch eine *Vielfalt an persönlichen Beziehungen* in der Arbeit mit den AdressatInnen bzw. KlientInnen, denn um Zugang zu für Hilfe schwer erreichbaren Personen zu finden, bedarf es im besonderen Ausmaß eines individuellen Eingehens auf jede Person. Dadurch kann die sozialarbeiterische Berufsrolle sehr viele unterschiedliche Ausgestaltungen annehmen, die von einer Person zu händeln sind. MitarbeiterInnen in der niederschwelligen Sozialen Arbeit brauchen deshalb ein stark generalistisch ausgerichtetes Kompetenzprofil und *hohe Virtuosität im Switchen zwischen unterschiedlichen Rollen und Anforderungen bzw. Anspruchsniveaus* in der KlientInnenarbeit. Sie müssen ihre Entscheidungen und ihr Handeln laufend reflektieren, d.h. sich ständig selbst beobachten und zwischen Beobachtung erster und zweiter Ordnung wechseln. Daraus erklärt sich unter anderem die hohe Bedeutung, die unterschiedlichen Reflexionsforen wie Fallbesprechungen im Team bzw. diversen Supervisionsformen zukommt, tragen sie doch zur Schulung und Förderung dieser Beobachtungskompetenzen bei.

• Wie bereits mehrfach aufgezeigt wurde, arbeiten die MitarbeiterInnen, die mit der Erbringung der organisationalen Kernoperationen betraut sind, in der Interaktion mit den AdressatInnen bzw. KlientInnen häufig mit Kommunikationsmustern, die jenen in familiären oder freundschaftlichen Beziehungen ähneln. Sie setzen die *eigene Person als Ressource und Instrument in der beruflichen Arbeit* ein, um Zugang zu den AdressatInnen zu erhalten und ihre Adressierbarkeit für das Hilfssystem zu stabilisieren (vgl. insbes. Kap. 5.5). In der beruflichen Kommunikation kann also häufig nur bedingt oder auch gar nicht auf spezialisierte und standardisierte berufliche Rollen referiert werden, vielmehr müssen sich die MitarbeiterInnen stark als ganze Person einbringen. Die Komplexität der eigenen Rolle erhöht sich weiters dadurch, dass teilweise mit *uneindeutigen Beziehungskonstellationen und Rollenambiguität* gearbeitet wird (vgl. ebd.). Die MitarbeiterInnen sind in der Interaktion mit den AdressatInnen ihrer Hilfsangebote bzw. -maßnahmen zwar in beruflichen Rollen, treten aber nicht bzw. nur dezent in diesen auf und setzen eben persönlich-private Kommunikation für den Beziehungsaufbau ein. Damit geht ein *herausforderndes Grenzmanagement zwischen beruflicher Rolle und privater Person* einher, das unter anderem in der Frage nach ausreichender persönlicher Abgrenzung im beruflichen Engagement virulent wird. Die große persönliche Involviertheit der MitarbeiterInnen schafft ein hohes individuelles Verletzungsrisiko, das sich etwa in einer erheblichen Burn-out-Gefährdung äußert. Die Organisationen erschließen durch diese spezielle MitarbeiterInnen-Referenz zum einen die Ressource Personal in besonders umfassender Weise. Zum anderen können sie sich wesentlich weniger als beispielsweise Wirtschaftsorganisationen auf die Trennung von beruflicher Rolle und privater Person berufen, sondern müssen der persönlichen Ebene in der organisationalen Kommunikation und Kooperation entsprechend Rechnung tragen und sie durch spezifische Mechanismen und Strukturen wie Supervision in ihrem 'Störpotenzial' eindämmen (vgl. Kap. 6.3.4).

▪ Die *Entscheidungskompetenz* bezüglich der laufend notwendigen Handlungsentscheidungen in der Erbringung der Hilfeleistung ist im 'Normalbetrieb', d.h. wenn keine außergewöhnlichen Vorfälle eintreten oder ein unüblicher Mitteleinsatz als notwendig erachtet wird, *in einem großen Ausmaß auf der Ebene der einzelnen MitarbeiterInnen angesiedelt*. Dies erklärt sich aus verschiedenen Faktoren wie uneindeutigen Entscheidungsprogrammen und hoher Ergebnisunsicherheit ("Technologiedefizit"), der Notwendigkeit, oft kurzfristig und situativ entscheiden zu müssen, einer großen Interaktionsbasiertheit der Leistungserbringung etc. Der letztgenannte Aspekt, also der Umstand, dass die *sozialarbeiterische Leistungserbringung vorrangig in der Interaktion zwischen MitarbeiterIn und KlientIn bzw. AdressatIn des Hilfsangebotes stattfindet*, macht die Leistung zu einer Co-Produktion zwischen diesen beiden AkteurInnen. Die HilfsadressatInnen sind allerdings weder Organisationsmitglieder noch kann ihre Kooperation maßgeblich durch einen Zwangskontext sichergestellt werden. Sie müssen vielmehr in der Interaktion dafür gewonnen werden, ihren Beitrag zur Erbringung der Hilfeleistung beizusteuern, sie müssen grundsätzlich Hilfe annehmen und zumeist auch veränderungswillig und -fähig sein. *SozialarbeiterInnen arbeiten somit an organisationalen Außengrenzen*, sie sind "Grenzstellenarbeiter" (Kühl 2008: 29). Für das Glücken solch eines co-produzierten Hilfsprozesses zeigt sich auf Seiten der MitarbeiterInnen ein hohes Ausmaß an Flexibilität in der Erbringung der Kerntätigkeit als essentiell. Und eben diese Flexibilität kann durch die starke Betonung der Entscheidungsprämisse Personal ermöglicht werden. Dadurch ließen sich prinzipiell auch professionsbezogene Entscheidungs- und Handlungskriterien in besonderem Ausmaß berücksichtigen. Derartige professionelle Entscheidungsbezüge konnten allerdings in den erhobenen Daten wenig beobachtet werden (vgl. Kap. 6.3.1 bzw. 6.4.3).[123]

- Der individuelle Handlungs- und Entscheidungsspielraum der MitarbeiterInnen wird – wie im vorangegangenen Unterkapitel dargestellt – durch den Anspruch eingeschränkt, dass die *Einzelentscheidungen vor dem eigenen Team verantwortbar* sein sollen. Am Beispiel des flexiblen Umgangs mit Ausnahmen von Entscheidungsprogrammen bzw. Regeln den KlientInnen gegenüber lässt sich erkennen, dass die individuell getroffenen Entscheidungen erhebliche Auswirkungen für die TeamkollegInnen haben können, da diese unter Umständen die Gültigkeit der Regel, von der abgewichen wurde, rekonstituieren müssen. Durch die *Doppelstruktur in der Entscheidungskompetenz* kommt dem Zusammenwirken der MitarbeiterInnen im Team große Bedeutung zu – daraus erklärt sich u.a. auch die häufige Einbindung des Teams in Personalentscheidungen. Die Teamkooperation gewinnt zusätzlich dadurch an Komplexität, als auf die persönlichen Ansichten und Erfahrungen der einzelnen Teammitglieder viel Rücksicht genommen wird.

- Zugleich werden *Ursachen für Konflikte im Team oft auf einer persönlichen Ebene verortet.* Die Bearbeitung und Lösung von Konflikten findet ebenfalls bevorzugt auf einer persönlichen Ebene statt. Hierarchie steht dafür – wie weiter oben gezeigt – nur eingeschränkt zur Verfügung, alternativ gewinnen diskursive Aushandlungsformen auf horizontaler Ebene an Bedeutung. Teilweise wird aber auch viel Energie für das 'Sich-aneinander-reiben' aufgewandt und manche Konflikte im Team lösen sich erst mit dem Weggang eines Organisationsmitglieds (oft auch nur vorläufig) auf. Ein hohes Konfliktpotenzial lässt sich in solchen Teams beobachten, in denen unterschiedliche individuelle Vorstellungen von legitimen Hilfsanlässen und 'richtigem' Helfen das Entscheiden und Handeln der Teammitglieder maßgeblich mitbestimmen und von Organisationsseite wenig dazu beigetragen wird, diese individuellen Hilfskonzepte zu vereinheitlichen bzw. durch die Festlegung von darauf bezogenen Entscheidungsprogrammen und Kommunikationswegen einzuschränken.

---

123 Inwieweit dies jedoch einer diesbezüglich unterentwickelten Selbstdarstellungskompetenz von SozialarbeiterInnen oder einer mangelnd ausgebildeten professionellen Wissensbasis geschuldet ist, kann auf Basis der vorliegenden empirischen Ergebnisse nicht beantwortet werden (vgl. ebd.).

- Der geschilderte Einfluss individueller Hilfskonzepte auf die Entscheidungen der MitarbeiterInnen weist auf ein allgemeines Spezifikum des Sozialbereichs (und nicht nur des niederschwellig arbeitenden Teils) hin: Die Organisationen dieses Sektors operieren in einem normativ stark aufgeladenen
  Gesellschaftsbereich – und dies ist auch auf Personalebene spürbar. *Organisationale Entscheidungsprämissen und Entscheidungen* werden von den
  Organisationsmitgliedern tendenziell daraufhin überprüft, ob sie *mit ihren
  eigenen normativen Überzeugungen und persönlichen Wertvorstellungen
  übereinstimmen ('Arbeit mit Mission')*. Für die MitarbeiterInnen sind eigene
  immaterielle Zielsetzungen des Helfens manchmal gleich wichtig oder sogar wichtiger als eine hohe Entlohnung bzw. Verdiensterwartungen generell
  und sie identifizieren sich häufig stark mit den Arbeitsinhalten. Damit weichen Organisationen der Sozialen Arbeit allgemein und solche des Nonprofit-Bereichs im Besonderen partiell von dem seit Weber (2006[1922]) als
  wesentlich für die Einbindung von Organisationsmitgliedern betrachteten
  Merkmal formaler Organisationen ab: Sie können *nur in begrenztem Ausmaß eine rein rollenspezifische und auf die Organisationsziele hin orientierte Einbindung ihres Personals* realisieren, bei der die persönlichen Interessen, Bedürfnisse und Einstellungen der MitarbeiterInnen als irrelevant
  für die Organisation gelten. Die Relevanz der individuellen Wertorientierungen der Organisationsmitglieder kann unter anderem in einer latent prekären Loyalität der MitarbeiterInnen gegenüber den Organisationsinteressen
  zum Ausdruck kommen (vgl. Mayrhofer/Raab-Steiner 2007: 41). Umgekehrt lässt sich auf Organisationsseite die besondere Motivationsstruktur
  des Personals, die eine *Bereitschaft zu hohem Arbeitseinsatz* bis hin zur
  'Selbstausbeutung' bewirken kann, für die Erreichung der Organisationsziele
  nutzen. Die organisationalen Umgangsformen mit der hohen persönlichen
  Einsatzbereitschaft der Organisationsmitglieder sind von Einrichtung zu
  Einrichtung allerdings sehr verschieden.

- Durch die *niederschwellige Arbeitsweise* entstehen nicht nur besondere
  Herausforderungen für die Zusammenarbeit im Team, damit gehen auch *für
  die einzelnen MitarbeiterInnen spezifische Belastungen* einher. Die Organisationen lassen sich in hohem Ausmaß von Umweltturbulenzen irritieren
  (insbesondere in Gestalt der KlientInnen bzw. AdressatInnen), die von den
  MitarbeiterInnen situativ bearbeitet werden müssen. Dadurch, dass die Kontakte zu den relevanten Zielgruppen häufig wenig vorausgeplant und vorstrukturiert werden können, müssen viele Arbeitsanforderungen ad hoc gelöst werden. Die niedrigen Erwartungen an die AdressatInnen bedingen so-

mit oft höhere Anforderungen an die MitarbeiterInnen. Sie müssen mit großen Unsicherheiten bezüglich ihrer täglichen Arbeitsabläufe zurechtkommen und laufend zu hoher Flexibilität bereit sein. Häufig arbeiten sie in offenen räumlichen Settings (von frei zugänglichen Organisationsräumen bis hin zur Arbeit auf der 'offenen Straße'), sodass auch in räumlicher Hinsicht wenig Möglichkeit zur Abgrenzung gegenüber den AdressatInnen bzw. NutzerInnen besteht.

- In manchen Einrichtungen der niederschwelligen Sozialen Arbeit tragen *knappe organisationale Ressourcen* bei gleichzeitig großer Nachfrage von NutzerInnen-Seite zu *prekären Arbeitsbedingungen* bei. Einrichtungen, die kirchlichen Wohlfahrtsträgern zuzuordnen sind, scheinen dabei stärker von einer Kombination aus mangelnden Ressourcen und (über-)großen Hilfsaufträgen betroffen zu sein als solche, die eine besondere Nähe zur öffentlichen Hand aufweisen – mit Ausnahmen. Ganz allgemein *strahlt die häufig prekäre Lage der KlientInnen bzw. AdressatInnen auf die Arbeitsbedingungen der MitarbeiterInnen ab*: Deren Mangelsituation lässt eine gute, ressourcenintensivere Arbeitsplatzgestaltung und Entlohnung auf MitarbeiterInnen-Seite potenziell rechtfertigungswürdig erscheinen. Forderungen der MitarbeiterInnen nach besseren Arbeitsbedingungen oder auch höherer Bezahlung geraten leicht in den Verdacht, angesichts der Notlage der KlientInnen anmaßend zu sein. Der Inhalt und die Zielgruppen der operationalen Kerntätigkeit eröffnen somit der Einrichtung bzw. eventuell auch der übergeordneten Trägerorganisation spezifische Möglichkeiten, ihren MitarbeiterInnen prekäre Arbeitsbedingungen und niedrige Bezahlung zumuten zu können. Die hohe normative Orientierung der im Sozialbereich Beschäftigten ("Arbeit mit Mission") unterstützt diese Möglichkeiten.

- Die in Kap. 5.6 und 5.7 thematisierte Selbstbeobachtung des Tätigkeitsfeldes, dass nachhaltige Prozesse der (Re-)Inklusion bei NutzerInnen von niederschwelligen Hilfsangeboten bzw. -maßnahmen (v.a. im engeren Begriffsverständnis) selten gelingen, impliziert für die MitarbeiterInnen sehr *ungewisse bzw. wenige 'große' Erfolgserlebnisse* in ihrer Arbeit. Sie leisten stattdessen viel Sisyphusarbeit und sind mitunter auch mit ambivalenten Wirkungen ihres Tuns konfrontiert, z.B. dann, wenn sie junge drogenkranke Personen in Pensionsbezüge bringen, damit aber zugleich deren exkludierten Status verfestigen helfen. Diese große Ergebnisunsicherheit bedeutet, dass MitarbeiterInnen in der niederschwelligen Sozialen Arbeit aus beruflichen Erfolgserlebnissen nur begrenzt Anerkennung und Bestätigung für ihren Arbeitseinsatz gewinnen können und selten evidente Ergebnisse des sozialarbeiterischen Tuns die persönliche Motivationslage zu stärken vermögen.

Die dargestellten Aspekte lassen mehrfach erkennen, dass die Arbeitsweise und Arbeitsbedingungen in der niederschwelligen Sozialen Arbeit *strukturell* zu einer *hohen Belastung der MitarbeiterInnen* beitragen und deren Burnout-Gefahr steigern. Hohe Anforderungen an die MitarbeiterInnen durch geringe Erwartungen an KlientInnen bzw. AdressatInnen, großes persönliches Engagement bei reduzierten Möglichkeiten, die eigene Person zurückzunehmen und zu schützen, da die persönliche Ebene als Arbeitsmittel eingesetzt wird, vielfältige Problemlagen und ihre äußerst ungewisse erfolgreiche Bearbeitung und andere Faktoren fordern das Personal niederschwellig arbeitender Organisationen in spezifischer Weise.

Von Organisationsseite wird zum Teil wenig Schutz vor diesen Belastungen bereitgestellt, solche organisationalen Schutz- bzw. Entlastungsmaßnahmen sind auch aus den oben beschriebenen organisations- und arbeitsstrukturellen Merkmalen nur begrenzt realisierbar. Daneben zeigt sich manchmal eine gewisse Zurückhaltung bei der Einführung von Regeln, die für die MitarbeiterInnen leichtere Arbeitsbedingungen schaffen könnten. Zum einen kann dies durch das Bemühen um größtmögliche Niederschwelligkeit motiviert sein, denn die Zielsetzungen "gute Arbeitsverhältnisse und sichere Rahmenbedingungen für die MitarbeiterInnen" vs. "besonders niederschwellige Hilfsangebote" für die AdressatInnen stehen bisweilen in einem Spannungsverhältnis zueinander. Zum anderen kann aber die Belastung des Personals oder zumindest die Inkaufnahme solch einer Belastung durch die Organisation mitunter auch eine Strategie sein, um dem häufigen Auseinanderklaffen von meist großen und vielfältigen Hilfszielen und immer begrenzten Mitteln, die für die Erreichung dieser Ziele zur Verfügung stehen, entgegen zu arbeiten. Das *Problem eines unzulänglichen Ziel-Mittel-Verhältnisses* wird – zugespitzt formuliert – über die *Mobilisierung und Nutzung der oft vorhandenen Selbstausbeutungsdisposition der MitarbeiterInnen* gelöst bzw. zumindest abgeschwächt.[124] Solche Strategien können in manchen Organisationen zu einer hohen Personalfluktuation beitragen, nicht immer scheint ein häufiger Personalwechsel aber tatsächlich folgenreich für die Organisation zu sein. Manche Organisationen realisieren trotz oftmaligem Weggang von MitarbeiterInnen ein hohes Ausmaß an organisationaler Beständigkeit. Insofern be-

---

124 Diese Strategie lässt sich allerdings nur dann einsetzen, wenn sie latent gehalten werden kann. Sobald sie sichtbar, d.h. kommuniziert wird, könnte sie sich gegen die Organisation wenden, da sie zentralen Normen des Tätigkeitsbereichs widerspricht.

steht für sie aus Organisationsinteressen heraus wenig Notwendigkeit, den MitarbeiterInnen bessere Arbeitsbedingungen zu bieten.

Umgekehrt riskieren aber Organisationen, die bei drohender Überbelastung ihres Personals mit einer Erhöhung der Anforderungen an die AdressatInnen reagieren, den Vorwurf von Seiten ihrer MitarbeiterInnen, dem Ideal der Niederschwelligkeit untreu zu werden. *Stärkere Limitationen und Strukturvorgaben durch die Organisation werden von den Beschäftigten nicht immer als hilfreich und arbeitserleichternd wahrgenommen.* Organisationen der niederschwelligen Sozialen Arbeit bewegen sich auf einer schwierigen Gratwanderung zwischen zu wenigen Einschränkungen und zu vielen Regeln.

Derzeit zielen die *Maßnahmen, die den MitarbeiterInnen bei der Bewältigung der hohen Belastungen helfen sollen*, vorrangig auf die *Ebene der persönlichen Reflexion* (allein oder im Team) ab, teilweise verbunden mit Angeboten der persönlichen Unterstützung (psychosoziale Betreuung für burnout-gefährdete MitarbeiterInnen). Eine wichtige Entlastungsfunktion dürfte auch dem regelmäßigen Absolvieren von Weiterbildungen durch die MitarbeiterInnen zukommen. Sie bieten zunächst unmittelbare Erholung vom Arbeitsalltag, weiters können sie auch als Versuch verstanden werden, die Unwägbarkeiten des Berufsalltags durch Kompetenzerweiterung bzw. -vertiefung besser in den Griff zu bekommen. Organisationales Lernen findet damit vorrangig auf Ebene der MitarbeiterInnen in Form von Personalentwicklung – gegebenenfalls ergänzt durch Teamentwicklung – statt.

Der *organisationale Bezug zum eigenen Personal* weist insgesamt *widersprüchliche Züge* auf: Einerseits wird dem Personal viel zugemutet, andererseits muss auf die persönliche Ebene der MitarbeiterInnen in besonderer Weise Rücksicht genommen werden. MitarbeiterInnen werden kaum gekündigt, allerdings nehmen manche Einrichtungen ein hohes Maß an Personalfluktuation in Kauf, ohne dass daraus gravierende Bestandsprobleme resultieren dürften. Die zentrale Bedeutung der Entscheidungsprämisse Personal ermöglicht den Organisationen ein großes Ausmaß an Flexibilität im Entscheiden und damit die Bearbeitung von viel Umweltkomplexität. Zugleich schränkt sie die Möglichkeiten der Komplexitätsreduktion durch Strukturbildung in Form von Standardisierung in der Organisation selbst ein und versorgt diese mit beachtlicher Unberechenbarkeit im Entscheiden und mit bedeutsamen organisationsinternen Umwelten, nämlich mit eigensinnigen Individuen, die ihre persönlichen Ansichten und Erfahrungen häufig für organisationsrelevant halten. Dies wird in besonderer Weise durch eine unklare Grenzziehung zwischen der berufsrollenspezifischen Einbindung in die Organisation und der Privatperson der MitarbeiterInnen ermöglicht und gefördert. Letztere erhöht zugleich die Vulnerabilität auf Seiten des Personals, die weiters durch die besondere Motivationslage der MitarbeiterInnen, durch teilweise prekäre Arbeitsbedingungen und niedrige Ressourcenausstattung und durch eine geringe Wahrscheinlichkeit von eindeutigen beruflichen Erfolgserlebnissen gesteigert wird. Wer in der niederschwelligen Sozialen Arbeit tätig ist, sollte – so lassen die Ergebnisse empfehlen – in mehrfacher Hinsicht genügsam sein, um den persönlichen Gefährdungen entgegenzuarbeiten. Erstaunlich geringe Beachtung findet der manchmal wenig sorgsame Umgang der Organisationen mit ihren MitarbeiterInnen, d.h. die organisationsstrukturell verursachte bzw. erhöhte Vulnerabilität.

6.3.4 Supervision: Entlastung und Joker der Organisation – oder doch ein Bumerang?

Den Selbstbeobachtungen der Sozialen Arbeit zufolge zielt Supervision vorrangig auf die Professionsebene ab. Sie soll "ein Mehr an Professionalität durch gezielte und methodisch geförderte, systematische (Selbst-)Reflexion beruflichen Handelns" (Galuske 2007: 316) ermöglichen und garantieren. Auch die vorliegende empirische Studie verweist auf solche Wirkungsmöglichkeiten von supervisorischen Beratungsprozessen, etwa wenn in Kap. 6.3.3 thematisiert wird, dass diese zur Schulung und Förderung sozialarbeiterischer Beobachtungskompetenzen beitragen. Allerdings zeigt sich in der Praxis eine frappante *Dominanz solcher Themen in den Supervisionen, die auf die organisatorischen Rahmenbedingungen der eigenen Arbeit bzw. auf die Zusammenarbeit in der Organisation oder im Team bezogen sind.* Fallsupervision hingegen, also die Thematisierung und Analyse klientInnenbezogener Interaktionen und Interventionen rückt oft in den Hintergrund, wenn die Supervision nicht dezidiert für Fallbesprechungen reserviert ist. Aus dieser empirischen Beobachtung heraus und in Übereinstimmung mit dem besonderen Forschungsinteresse der vorliegenden Studie für die Organisationsebene soll im Folgenden der Fokus auf den Bedeutungen und Wirkungen von Supervision in Bezug auf die Organisation liegen.

Supervisionsmöglichkeiten waren in allen in die Erhebung einbezogenen Einrichtungen vorhanden, und zwar überwiegend als regelmäßiges Angebot an die MitarbeiterInnen in der operationalen Kerntätigkeit. Meist findet Supervision im Team unter Einbezug eines/einer externen SupervisorIn im Abstand von durchschnittlich drei bis vier Wochen statt. Häufig nehmen die Vorgesetzten (Team- und/oder EinrichtungsleiterInnen) nicht an der Teamsupervision teil, vereinzelt erfolgt diese allerdings auch unter Beteiligung der Teamleitung. Die thematischen Schwerpunkte der Zusammenkünfte ergeben sich meist aus Inhalten bzw. Problemen, die von den SupervisandInnen jeweils eingebracht werden. In einzelnen Einrichtungen fand jedoch – parallel zu bzw. in Verbindung mit Ausdifferenzierungsprozessen bei den Teambesprechungen – eine Trennung zwischen Fallsupervision und auf organisatorische bzw. die Teamzusammenarbeit bezogene Inhalte statt, um den fallbezogenen Besprechungen ausreichend Raum zu geben. Solch eine formale Differenzierung lässt sich allerdings nur in wenigen Einrichtungen beobachten, meist besteht prinzipielle Themenoffenheit in der Supervision.

In den Supervisionserfahrungen der interviewten EinrichtungsmitarbeiterInnen werden *unterschiedliche theoretische und methodische Ansätze erkennbar, auf die sich die SupervisorInnen jeweils beziehen.* Vor allem folgende zwei Zugangsweisen zeigen sich als bedeutsam für die eingesetzten supervisorischen Verfahrensweisen und damit für die Art und Weise der Reflexionsarbeit, die in der Supervision stattfindet: Zum einen lassen sich *vorrangig psychotherapeutisch ausgerichtete Ansätze* erkennen, zum anderen werden zunehmend *Verfahrensweisen* eingesetzt, *die sich stark an Ansätzen der Organisationsentwicklung orientieren.* Erstere unterstützen in besonderer Weise eine Personalisierung und Individualisierung der Beobachtung und Bearbeitung beruflicher Alltagsprobleme, während letztere den SupervisandInnen dadurch persönliches Entlastungspotenzial anbieten können, indem sie die organisationsstrukturellen Rahmenbedingungen des beruflichen Handelns in die Analyse dezidiert mit einbeziehen. Der Beobachtungsfokus verlagert sich tendenziell weg von der eigenen Person hin zur Rolle als OrganisationsmitarbeiterIn und zu organisationsbezogenen Problemstellungen.

Nichtsdestotrotz findet auch in letzterem Supervisionsansatz die *Auseinandersetzung mit der beschäftigenden Organisation nicht direkt auf Organisationsebene* statt, sondern in eigenen Kommunikationsräumen, die *von der organisationalen Alltagskommunikation abgegrenzt* sind. Üblicherweise besteht z.B. über die in der Supervision besprochenen Inhalte Vertraulichkeit, weiters nehmen meist keine Vorgesetzten daran teil. Und selbst wenn sie dies tun, lässt sich eine klare *Trennung des Austausches in der Supervision vom Organisationsalltag* beobachten. Supervision findet somit zwar in der Regel im Auftrag der Organisation statt und sie beschäftigt sich teilweise auch ausdrücklich mit der Organisation als bedeutsamer Rahmenbedingung des beruflichen Handelns der SupervisandInnen. Sie ist aber *nicht direkt Organisationskommunikation*, sondern bildet eine organisationsinterne Umwelt zur personenbezogenen Bearbeitung von arbeits- und organisationsstrukturell bedingten Problemen und Herausforderungen der MitarbeiterInnen unter Einbezug externer BeraterInnen/SupervisorInnen aus.[125]

Welches Interesse kann nun die Organisation daran haben bzw. welchen Nutzen kann sie daraus ziehen, ihren MitarbeiterInnen derartige organisationsexterne Reflexionsforen anzubieten? Ein zentraler Grund dürfte in Bezug auf Organisationen der niederschwelligen Sozialen Arbeit (und eventuell der Sozialen Arbeit insgesamt) darin liegen, dass – wie bereits ausführlich dargestellt – in der beruflichen Tätigkeit in hohem Ausmaß die ganze Person der MitarbeiterInnen relevant ist und in der organisationalen Zusammenarbeit auch in besonderer Weise eingebracht wird. Die Organisationen sind damit durch die Personen, die in ihnen tätig sind, potenziell leicht irritierbar. *Supervision kann als eine Möglichkeit betrachtet werden, dieses von den MitarbeiterInnen ausgehende Irritationspotenzial für die Organisation einzugrenzen bzw. abzuschwächen.* Und nachdem der Entscheidungsprämisse Personal in der organisationalen Entscheidungspraxis ein großes Gewicht zukommt, nämlich insbesondere an den Grenzstellen der Organisation zu den AdressatInnen/KlientInnen, an denen das Entscheiden kaum technologisierbar bzw. standardisierbar ist, lässt sich die Bearbeitung der dabei auftauchenden Probleme auch nur begrenzt auf organisationsstruktureller Ebene leisten, sondern bedarf zugleich personenbezogener Reflexion und Lernprozesse. Daraus entsteht weiters ein spezieller Bedarf daran, zwischen den Einzelentscheidungen der MitarbeiterInnen vereinheitlichend zu wirken und diskursiv Orientierungspunkte für das individuelle Handeln in supervisorischen Fallbesprechungen (aber natürlich auch in intervisorischen Teammeetings) herzustellen.

Tatsächlich stehen aber häufig keine professionellen Fallreflexionen im Zentrum der Supervisionen, sondern organisationsbezogene Aspekte der eigenen Arbeit oder die Herausforderungen der Teamzusammenarbeit. *Supervision scheint faktisch vorrangig die Funktion zu haben, die Ebene der Organisation zu unterstützen, indem Störungen, die in der organisationsinternen Kooperation auftreten, in abgegrenzten Kommunikationsforen isoliert und (vor-)bearbeitet werden.* Zunächst können sich die MitarbeiterInnen in der Supervision folgenlos über die beschäftigende Organisation beklagen – nämlich folgenlos für beide Seiten, da sich auch die Organisation (in der Regel repräsentiert durch die Vorgesetzten) nicht um die ihr gegenüber in der Supervision artikulierte Kritik

---

125 Teilweise findet die Supervision auch nicht in den Organisationsräumen statt, sondern die SupervisandInnen suchen eine Supervisionspraxis auf. Die Gepflogenheiten variieren hier allerdings von Einrichtung zu Einrichtung und hängen teilweise auch mit der spezifischen Form der Supervision zusammen (Einzel- oder Teamsupervision, Fallsupervisionen etc.).

kümmern muss, solange sie in diesem abgegrenzten Forum bleibt. Die Kommunikation in der Supervision kann somit als Ventil für aufgestauten Ärger gegenüber der Organisation dienen, zugleich lässt sich durch Externalisieren von Problemen auf die organisationsstrukturelle Ebene, die eben meist nicht direkt in der Supervision verändert werden kann, die Zusammenarbeit im Team entlasten. Weiters werden Spannungen und Konflikte in der Teamzusammenarbeit häufig direkt in der Supervision bearbeitet, denn hier kann die Organisationshierarchie nur begrenzt Lösungspotenzial anbieten (vgl. Kap. 6.3.2). Durch Supervision sichert sich die Organisation eine 'Abkühlung' und Isolierung von Konflikten, die ansonsten ungefiltert an sie herangetragen würden.[126]

Allerdings bleibt die *Frage* offen, *inwieweit der Organisation nicht mittelfristig und mittelbar Ärger erwächst, wenn in der Supervision organisationsstrukturelle Ursachen von Problemen des täglichen Handelns in den Blick rücken.* Kritik und Konflikte werden zwar weniger direkt an die Organisation herangetragen, insbesondere aber wenn die supervisorischen Verfahren von Ansätzen der Organisationsentwicklung beeinflusst sind, können in der gemeinsamen Reflexion die organisationalen und institutionellen Rahmenbedingungen als relevante Einflussfaktoren für problematische Arbeitsbedingungen sichtbar werden. So *entfaltet Supervision mitunter eine mobilisierende Wirkung auf die MitarbeiterInnen, die in Richtung Organisation zielt* und an diese in der Folge auch direkt in Form von Forderungen, Veränderungsvorschlägen etc. kommuniziert werden kann. Dann muss sich die Organisationsleitung auch mit den Problematiken, die zunächst in der Supervision kommunikativ isoliert waren, dort aber wieder an die Organisation 'rückadressiert' wurden, auseinandersetzen.

Die *Frage, welcher supervisorische Zugang eine größere systemstabilisierende Wirkung zeitigen kann*, lässt sich auf Basis der vorliegenden Daten nicht beantworten. Hier müssen vertiefende empirische (Fall-)Studien zeigen, ob die Organisationen die supervisorisch unterstützte Rückkopplung von organisationsstrukturell (mit-)bedingten Problemen und Konflikten im Arbeitsalltag der MitarbeiterInnen mehr als lästige Störung oder als nützliche Irritationen interpretieren, die hilfreiche Impulse für notwendige Korrekturen zu geben vermögen und organisationales Lernen ermöglichen. Und auch der auf den ersten Blick systemstabilisierende Zugang, die Probleme auf einer persönlichen Ebene zu verankern und die organisationsstrukturelle Ebene tendenziell auszublenden, kann potenziell systemgefährdend werden, wenn etwa die MitarbeiterInnen burnout-bedingt ausfallen oder die Organisation aufgrund von Überlastung und/oder Desillusio-

---

126 Die in der vorliegenden Studie gewonnenen Ergebnisse stimmen in diesem Aspekt mit den Thesen von Stefan Kühl (2006; 2008) überein.

nierung verlassen. Die ungebrochen hohe Bedeutung und der fortdauernde Einsatz von Supervision in Organisationen der Sozialen Arbeit allgemein lässt vermuten, dass Supervision auch trotz der jüngeren Entwicklungen in der Supervisionsmethodik in Richtung eines vermehrten Einbezugs der organisationalen Rahmenbedingungen in die Reflexion als nützlich im Sinne der Organisation beobachtet wird. Eventuell können sich Organisationen genau dadurch, dass organisationsstrukturell bedingte Probleme und Konflikte zunächst in abgegrenzten Kommunikationsforen abgekühlt und gefiltert werden, bevor sie in 'vorbearbeiteter' Form wieder zur Organisation zurück kommen, neues Lernpotenzial erschließen. Inwieweit dieses Lernpotenzial von der Organisation aber tatsächlich aufgegriffen und genutzt wird, bleibt empirisch zu prüfen.

6.3.5 Zwischen innen und außen: Die Trägerorganisation

Ein Großteil der Einrichtungen in der Sozialen Arbeit, die dem sogenannten dritten Sektor zuzurechnen sind, gehört einer Trägerorganisation an. Der niederschwellige Bereich unterscheidet sich in diesem Aspekt nicht, auch hier sind *häufig mittlere bis große Organisationsverbünde* zu beobachten. Diese Verbünde umfassen Hilfsangebote und -maßnahmen mit unterschiedlichem Schwellenniveau, weiters sind nicht all ihre Angebote immer der Sozialen Arbeit zuzurechnen, sondern können z.B. auch Pflegedienstleistungen o.ä. umfassen. Von den 15 in die empirische Studie einbezogenen Einrichtungen waren 13 zum Zeitpunkt der Erhebung in Trägerorganisationen eingegliedert, die zwischen knapp 200 und mehreren tausend hauptamtlichen MitarbeiterInnen umfassen. Lediglich zwei Einrichtungen bildeten formal eigenständige Organisationen auf Vereinsbasis. Bemerkenswert ist, dass etliche Einrichtungen zunächst als eigenständige Projekte gegründet wurden und sich nach einigen Jahren des Bestehens eine Trägerorganisation suchten bzw. suchen mussten. Diese bieten offensichtlich häufig bessere Bedingungen für die Sicherung des Fortbestehens und insbesondere zur ausreichenden Erschließung der dafür notwendigen finanziellen Ressourcen.

Es lassen sich in den erhobenen Daten einige Hinweise dafür finden, dass die zunehmende Tendenz zu großen Organisationsgebilden hin eng mit *veränderten und komplexer werdenden Finanzierungsstrukturen* zusammenhängen, die vermehrt Spezialwissen und darauf spezialisierte Stellen bzw. MitarbeiterInnen notwendig werden lassen. Solches Knowhow kann durch die Einbindung in Trägerorganisationen leichter erschlossen werden. Allerdings stand dieser Aspekt nicht im Zentrum der vorliegenden Forschung, sodass hier auf andere Studien verwiesen werden muss (vgl. hierzu Kap. 3.3.3). Allgemein lässt sich je-doch festhalten, dass *Trägerorganisationen als mächtige Akteurinnen wahrge-nommen* werden, die mit den häufig öffentlichen AuftraggeberInnen auf einer symmetrischeren Ebene verhandeln können als die einzelne Einrichtung.[127] Ins-besondere wenn einem großen Träger auch alternative Finanzierungsquellen zur öffentlichen Hand zur Verfügung stehen oder er solche zu erschließen vermag (z.B. Spenden oder Stiftungsgelder), können durch ihn Projekte bzw. Maßnah-men, die zunächst keine öffentlichen FördergeberInnen finden oder nicht den aktuellen Förderstrukturen entsprechen, anfangs vorfinanziert werden, um so ihre Notwendigkeit und ihren Erfolg (meist im Sinne einer entsprechenden Nachfrage von Seiten der Zielgruppen) unter Beweis zu stellen. Dadurch erhöht sich die Wahrscheinlichkeit, dass das Angebot bzw. die Maßnahme auch für öffentliche Fördergeber attraktiv wird oder zumindest nicht mehr als nicht benötigt zurück-gewiesen werden kann. Auf diesem Weg lässt sich ein gewisses Gegengewicht zur politischen Gestaltungsmacht im Sozialbereich realisieren.

Neben dem für die finanzielle Ressourcensicherung hilfreichen Spezialwis-sen und der meist höheren Verhandlungsmacht der Trägerorganisationen können diese auch eine bedeutsame *Puffer- bzw. Filterfunktion zwischen den Einrich-tungen auf operationaler Ebene mit ihren MitarbeiterInnen in der direkten Kli-entInnenarbeit und den öffentlichen FördergeberInnen* oder anderen relevanten Umwelten (öffentliche Medien, der politischen Opposition etc.) erfüllen. Durch selektive Kommunikation zwischen innen und außen bzw. ein kommunikatives Stufensystem über mehrere Hierarchieebenen (Trägerorganisationsleitung, ev. Zwischenebenen, Einrichtungsleitung, ev. Teamleitung) können Widersprüche in den Zielsetzungen unterschiedlicher Stakeholder entschärft bzw. latent gehalten werden. Die Trägerorganisation kann so die Einrichtungsleitungen dabei unter-stützen, das operationale Geschäft der Einrichtung von beispielsweise politischen Interessen zu entlasten. Den einzelnen Einrichtungen wird bei der Durchführung ihrer Kerntätigkeiten häufig relativ viel Autonomie gewährt (wenn auch mit beachtlichen Unterschieden zwischen den verschiedenen Trägern!), sodass sich umgekehrt auch die Trägerorganisation nicht mit allen eventuellen Unvereinbar-keiten beschäftigen muss. Diese *Differenzierungen in viele teilautonome Subein-heiten stellen den Organisationen Möglichkeiten bereit, mit dem hohen Komple-*

---

127 Zugleich muss eingeschränkt werden, dass hier beachtenswerte Unterschiede zwischen poli-tisch stärker gekoppelten Trägern wie Fonds oder Vereinen der Stadt Wien und politisch unab-hängigeren Trägern wie konfessionellen Hilfsorganisationen (Caritas, Diakonie) bestehen (s.u.).

xitätsniveau des Tätigkeitsbereichs und der potenziellen Widersprüchlichkeit der Zielsetzungen umzugehen.

Trägerorganisation ist nicht gleich Trägerorganisation, vielmehr unterscheiden sich die einzelnen Träger in der Art und Weise der Einbindung ihrer Einrichtungen als Suborganisationen, in den damit verbundenen Autonomiegraden für diese, aber auch hinsichtlich der von Seiten des Trägers geleisteten Unterstützungen. Eine *Einflussgröße* für die konkrete Ausgestaltung der Kooperation innerhalb des Organisationsverbunds stellt die jeweilige *Kopplung an relevante Umwelten* dar – und insbesondere die *Stärke der maßgeblichen Kopplung*. Trägerorganisationen, die relativ eng mit der politischen Verwaltung und damit zugleich mit den jeweiligen politischen EntscheidungsträgerInnen verknüpft sind (z.B. Fonds oder Vereine der Stadt Wien), müssen deren Interessen bzw. Vorgaben in der Regel direkter an ihre Einrichtungen weitergeben als politisch autonomere Träger. Grenzziehungen sowohl zwischen Einrichtung und Trägerorganisation als auch zur Politik bzw. Verwaltung sind teilweise nur eingeschränkt realisierbar. Politisch autonomer können sich beispielsweise die großen konfessionellen Wohlfahrtsverbände Caritas und Diakonie positionieren. Sie weisen dafür eine mal mehr, mal weniger enge Kopplung zu den entsprechenden Religionsgemeinschaften auf.

Die *weltanschauliche Fundierung der jeweils besonders relevanten Umwelt* hat einen gewissen Einfluss darauf, was in den Einrichtungen an inhaltlichen Schwerpunktsetzungen möglich ist. Sie bestimmt die nach außen ausweisbaren Zielsetzungen respektive Entscheidungsprogramme der Einrichtungen mit bzw. müssen letztere mit den Leitbildern der Trägerorganisationen kompatibel sein. Neue Projektinitiativen oder bereits bestehende Einrichtungen suchen sich solche Träger bzw. versuchen diese für ihre Idee oder ihr Angebot zu gewinnen, deren Leitbild den eigenen Zielsetzungen entspricht. Umgekehrt prüft der Träger die weltanschauliche Kompatibilität neuer Angebote bzw. Maßnahmen vor deren Realisierung.

Die *normative Fundierung der Trägerorganisation* kann aber auch *in umfassenderer Weise für die Organisationseinheiten auf Einrichtungsebene wirksam* werden. Ein konfessioneller Träger, der in seinem Leitbild verankert hat, überall dort zu helfen, wo sonst niemand hilft, versteht sich als Gegenmodell bzw. Korrektiv zum sozialrechtlichen Anspruchssystem. In solch einem Umfeld lassen sich besonders schwer Stoppregeln für Hilfe legitimieren – mit Ausnahme der Regel, dass dort nicht geholfen werden muss, wo öffentliche Hilfsangebote ausreichend bereitstehen. Damit sind Einschränkungen der Hilfskriterien auf Einrichtungsebene und eine Erhöhung der Zugangsschwellen schwieriger zu realisieren. Einerseits kann dadurch ein großes Ausmaß an Niederschwelligkeit gewährleistet werden, andererseits besteht auch eine besondere *Gefahr der Überbelastung der Organisationseinheiten in der Basisarbeit* – konkret der einzelnen Einrichtungen und ihrer MitarbeiterInnen. Verstärkt wird diese Gefahr, wenn eine große Autonomie in der Umsetzung der niederschwelligen Hilfsmaßnahmen und -angebote (nicht aber in der Begrenzung der Hilfe) und ein gleichzeitiger Mangel an finanziellen Ressourcen bestehen. Die Kombination aus abstrakten Entscheidungsprogrammen, die tendenziell einer Begrenzung der Hilfe zuwiderlaufen, relativ viel Eigenständigkeit und damit zugleich Eigenverantwortung in der Umsetzung dieser Programme und knappen finanziellen Ressourcen können die unteren Ebenen solcher Organisationsverbünde beträchtlich unter Druck bringen. Zumeist sind es die MitarbeiterInnen der Einrichtungen, die durch großen persönlichen Einsatz versuchen, unzureichende Ziel-Mittel-Verhältnisse auszugleichen (vgl. Kap. 6.3.3)[128] – und sie haben es in einem Umfeld, welches Limitationen für Hilfe tendenziell ablehnend gegenüber steht und in dem privates Engagement in Form von ehrenamtlicher Arbeit ein zentrales Strukturmerkmal darstellt, auch schwer, den Zumutungen des Berufsalltags Grenzen zu setzen. Solch eine Trägerorganisation wiederum plagt sich besonders damit, der Gefahr der Überbelastung ihrer MitarbeiterInnen wirkungsvoll zu begegnen, wird diese Gefahr doch von ihr miterzeugt.

Das Zusammenwirken zwischen den Trägerorganisationen in der Sozialen Arbeit und ihren Einrichtungen und der Einfluss, den der jeweilige Träger und seine Umwelteinbindung als spezifische Rahmenbedingung auf die einzelne Einrichtung als Suborganisation entfalten kann, sind bislang kaum untersucht. Gleiches gilt für die Frage danach, welche Bedeutung die konkrete Kombination von Einrichtungen innerhalb einer Trägerorganisation bzw. innerhalb ihrer Teilbereiche für die Entwicklung der einzelnen Einrichtung hat. Auch die vorliegen-

---

128 Grundsätzlich sind zumindest drei verschiedene Strategien des Umgangs vorstellbar, wenn eine große Hilfsnachfrage zu geringen Ressourcen gegenübersteht und letztere nicht erhöht werden können: 1.) Das Angebot bzw. die Leistung wird in Richtung Höherschwelligkeit weiterentwickelt, dadurch lässt sich die Zielgruppe reduzieren, da davon auszugehen ist, dass ein Teil der Nachfragenden diese Schwelle nicht schafft. 2.) Das Angebot bzw. die Leistung wird abgeschlankt (z.B. kaum mehr Betreuung/Beratung, da dafür kein Personal vorhanden ist, ev. auch Ausbau der ehrenamtlichen Arbeit, d.h. Deprofessionalisierung). Das führt tendenziell zu noch größerer Niederschwelligkeit bis hin zur reinen physischen Überlebenshilfe, die keine Soziale Arbeit im engeren Sinn mehr beinhaltet. 3.) Von Organisationsseite her erfolgt keine Veränderung der Situation bzw. Rahmenbedingungen, der Druck, der auf den MitarbeiterInnen lastet, wird ignoriert. Das dadurch erhöhte Risiko, dass die MitarbeiterInnen ausbrennen und in der Folge eine hohe Personalfluktuation entsteht, lässt sich für die Organisation bis zu einem bestimmten Grad dadurch lösen, dass sie regelmäßig neue MitarbeiterInnen einstellt (vgl. hierzu auch Kap. 6.3.3).

de Arbeit kann dazu nur Ergebnisse von begrenztem Umfang und geringer Tiefe liefern und muss hier auf weiteren Forschungsbedarf verweisen.

6.4 Organisationsgrenzen und Umweltbeziehungen

Organisationen der niederschwelligen Sozialen Arbeit zeigen sich in mehrfacher Hinsicht als besonders umweltsensible Systeme: Sie beobachten die AdressatInnen ihrer Hilfsangebote und -maßnahmen laufend auf Anschlussmöglichkeiten bzw. sind um niedrige Zugangsmöglichkeiten zu ihren Leistungen bemüht. Um ihre operationale Kerntätigkeit verrichten zu können, müssen sie ein hohes Ausmaß an Irritation durch die HilfsadressatInnen aufnehmen und organisationsintern verarbeiten können. Ihnen wird eine große Abhängigkeit von politischen Entscheidungen attestiert, und zwar sowohl auf der Programmebene (die eigenen Organisationsziele müssen kompatibel mit den sozialpolitischen Programmen und Zielsetzungen sein) als auch – und eng mit ersterem Aspekt verbunden – auf der Ebene finanzieller Ressourcen. In manchen Bereichen wie etwa der Sucht- und Drogenhilfe stehen niederschwellige Einrichtungen auch unter besonderer Beobachtung der Öffentlichkeit. Solche Organisationen weisen oft rigide kontrollierte Kommunikationsgrenzen nach außen auf.[129]

Auf den *verschiedenen Organisationsebenen* gewinnen in der Regel *unterschiedliche Außenbezüge* an Relevanz: Die MitarbeiterInnen in der organisationalen Kerntätigkeit wurden bereits in Kap. 6.3.3 als typische GrenzstellenarbeiterInnen charakterisiert. Sie erbringen ihre Leistung im Wesentlichen in enger Interaktion mit den AdressatInnen bzw. KlientInnen. Weiters bilden SozialarbeiterInnen in anderen Einrichtungen einen wichtigen organisationsexternen Bezugspunkt, da zwischen den einzelnen Hilfsangeboten im Sozialbereich meist eine enge Vernetzung besteht. Über die Leitungsebene läuft die Kommunikation zur Trägerorganisation, wenn solch eine vorhanden ist. Und sie ist insbesondere für die Kommunikation mit den FördergeberInnen (mit-)verantwortlich, weiters für die (sozial-)politische Umwelt, die mediale Öffentlichkeit, die Kommunikation mit anderen Einrichtungsleitungen, mit einem eventuellen Vereinsvorstand

---

129 Vor allem die Schnittstellen zu den Organisationsumwelten Medien und Politik sind in solchen Einrichtungen besonders normiert und kontrolliert, MitarbeiterInnen dürfen mit diesen Außengrenzen häufig nicht 'unbetreut' (d.h. ohne PressesprecherIn, Einrichtungsleitung etc.) kommunizieren. Allerdings wird diese spezifische Form des Umweltbezugs weniger vom Aspekt der Niederschwelligkeit bestimmt, sondern vorrangig durch die Tätigkeit in einem gesellschaftlich umstrittenen Themenfeld verursacht.

etc. Je nach ausgebildeten Hierarchiestufen können auch arbeitsteilige Umwelt-bezüge zwischen unterschiedlichen Leitungsebenen bestehen.

Die Erhebungen im Rahmen der vorliegenden empirischen Studie fokussier-ten auf die Ebene der Organisation und deren Mitglieder. Während die Ebene der Trägerorganisation noch exemplarisch direkt mit einbezogen wurde, fanden hingegen keine Interviews oder andere Erhebungen mit relevanten Umwelten der Organisationen in der niederschwelligen Sozialen Arbeit statt. Insofern handeln die nachfolgenden Unterkapitel von den *organisationsinternen Repräsentationen der Organisationsumwelten*, vom Umgang der jeweiligen Organisation mit Um-welterwartungen und -einflüssen und den organisationale Grenzziehungsmecha-nismen zur Umwelt. Exemplarisch werden drei zentrale Umweltbezüge näher behandelt: die Beziehung und Grenzziehung zu den HilfsadressatInnen, das Re-ferenzsystem der FördergeberInnen und die Professionsebene als ein potenziell wichtiger Bezugspunkt des beruflichen Handelns in komplexen, nicht routini-sierbaren Handlungsfeldern.

6.4.1 *HilfsadressatInnen als Organisationsumwelt: Grenzziehung mittels Am-biguität*

Die AdressatInnen niederschwelliger Hilfsangebote stellen nicht nur aus sozial-arbeiterischer, sondern auch aus organisationaler Perspektive eine besonders relevante Umwelt dar – und zugleich eine besonders ambivalente: Sie sind so-wohl AbnehmerInnen der zu erbringenden Hilfeleistung als auch Co-Produzen-tInnen derselben. Es bedarf ihres zentralen Mittuns, damit eine nachhaltige An-schlussfähigkeit an das Hilfssystem hergestellt und eine stabile Adressierungs-möglichkeit als KlientInnen realisiert werden kann bzw. damit in Angeboten, die einem weiteren Niederschwelligkeitsbegriff entsprechen, Problembearbeitungen möglich werden. Und eben dieses Mittun ist in der niederschwelligen Sozialen Arbeit äußerst ungewiss, richten sich solche Angebote und Maßnahmen doch an Zielgruppen, die teilweise nicht an diesen Leistungsangeboten interessiert, teil-weise nicht dazu in der Lage sind, die Leistungen anzunehmen bzw. ihren Teil der Leistungserbringung zu gewährleisten. *Die AdressatInnen der Hilfsangebote stellen aber auch keine Organisationsmitglieder dar,*[130] *sodass die Organisation*

---

130 Transitarbeitskräfte in Sozialökonomischen Betrieben bzw. gemeinnützigen Beschäftigungs-projekten nehmen hier einen Sonderstatus ein. Sie haben zwar auch nicht den Status vollwerti-ger Organisationsmitglieder, arbeiten aber im Betrieb als Arbeitskräfte mit und sind nicht nur Co-ProduzentInnen der sozialen Hilfeleistung, sondern stellen auch die wirtschaftliche Organi-sationsleistung mit her. An diesem Beispiel lassen sich jedoch zugleich die Folgeprobleme er-

ihre Kooperation nicht einfordern bzw. kooperationsunwillige Personen nicht austauschen kann – zumindest nicht, wenn den Einrichtungen keine anderweitigen Sanktionsmittel zur Verfügung stehen, die Kooperation erzwingen könnten.[131]

Die bisherigen Ausführungen demonstrierten bereits in vielfacher Weise, dass niederschwellige Einrichtungen sich besonders darum bemühen, ihre Grenzen gegenüber den (potenziellen) KlientInnen bzw. AdressatInnen möglichst durchlässig und wenig wahrnehmbar zu gestalten. Aus organisationssoziologischer Perspektive erscheint deshalb insbesondere die *Frage* interessant, *wie es die Organisationen dennoch bewerkstelligen, ihre Grenzen gegenüber dieser Umwelt aufrecht zu erhalten bzw. immer wieder neu herzustellen und sie zugleich wenig spürbar werden zu lassen.* Während die Frage, wie von organisationaler Seite gegenüber den Hilfszielgruppen möglichst wenige Regeln aufgestellt bzw. die Grenzen wenig wahrnehmbar gezogen werden können, in den vorangegangenen Kapiteln bereits aus verschiedenen Perspektiven behandelt wurde, sollen im Folgenden die daraus resultierenden Folgeprobleme für Organisationen und die Möglichkeiten des organisationalen Umgangs damit bzw. die Strategien niederschwelliger Grenzziehungen diskutiert werden.

Die Charakteristika und Arbeitsweisen niederschwelliger Sozialer Arbeit machen es erforderlich, dass die Organisationen laufend eine nicht endgültig auflösbare Paradoxie zu bearbeiten haben: Sie müssen einerseits zulassen, dass SozialarbeiterInnen in enge, oft nicht eindeutig rollenspezifische Interaktionen mit den KlientInnen treten, die häufig auch persönliche Beziehungsmuster nutzen und auf den Aufbau einer längerfristigen Interaktionsgeschichte mit entsprechender Bindungskraft abzielen. Genau hierin besteht eine wesentliche Kernaufgabe der Organisationen niederschwelliger Sozialer Arbeit. Andererseits müssen sie daran arbeiten, dass die *Rollendifferenz zwischen SozialarbeiterIn und KlientIn/AdressatIn aufrecht bleibt und eine Grenze, nämlich die Organisationsgrenze, zwischen ihnen verläuft und zumindest auf MitarbeiterInnen-Seite präsent bleibt.* SozialarbeiterInnen im niederschwelligen Bereich sind spezifische Grenz-

---

kennen, mit denen Organisationen zu kämpfen haben, die ihre wirtschaftliche Leistung mit MitarbeiterInnen in einer Doppelrolle erbringen (müssen). Denn Transitarbeitskräfte sind teils MitarbeiterInnen, teils KlientInnen; bei ihnen ist ungewiss, inwieweit die Organisation sich darauf verlassen kann, dass sie die MitarbeiterInnen-Rolle im erforderlichen Ausmaß erfüllen und die notwendige Leistung erbringen. Besonders virulent wird das Spannungsverhältnis zwischen wirtschaftlichen und sozialen Zielen der Organisation dann, wenn über die wirtschaftliche Leistung ein nennenswerter Teil der finanziellen Ressourcen der Organisation gesichert werden muss.

131 Dann würde es sich allerdings auch nicht mehr um niederschwellige Soziale Arbeit handeln, wie in Kapitel 5.1 ausgeführt wurde.

stellenarbeiterInnen[132]: Sie arbeiten an der Organisationsgrenze zu den AdressatInnen bzw. KlientInnen und halten die Grenze zugleich im Kontakt mit dieser Umwelt tendenziell latent, um die Schwellen der Annahme von Hilfe zu senken. Diese Umweltinteraktionen zwischen SozialarbeiterInnen und AdressatInnen/KlienInnen stellen eigenständige Systembildungen[133] dar, die von der Organisation schwer gesteuert und kontrolliert werden und nicht vorhersehbare Eigendynamiken entwickeln können. *Grenzstellen-MitarbeiterInnen gehören somit verschiedenen Systemen gleichzeitig an: dem Organisationssystem und dem jeweiligen Interaktionssystem.* Sie geraten insbesondere dann leicht in Rollenverflechtungen[134] mit Spannungspotenzial, wenn sie ihre Organisationsrolle nach außen 'unsauber' ausweisen und mit uneindeutigen Beziehungskonstellationen bzw. mit *Rollenambiguität* arbeiten – und das tun sie in der niederschwelligen Sozialen Arbeit sehr häufig (vgl. Kap. 5.5).

Das skizzierte strukturimmanente Spannungsfeld nährt potenziell den Verdacht von Seiten der Organisation gegenüber ihren MitarbeiterInnen, diese könnten die Organisationsgrenze in Richtung AdressatInnen/KlientInnen nicht ausreichend wahren und reproduzieren. *Grenzverschiebungen* zeigen sich dabei grundsätzlich *in zwei verschiedene Richtungen möglich*: SozialarbeiterInnen könnten sich erstens nicht vorrangig als Teil der Organisation betrachten, deren Mitglied sie formal sind und von der sie für ihre Tätigkeit entlohnt werden, sondern vor allem als 'AnwältInnen' der AdressatInnen. Hierin ließe sich grundsätzlich auch eine klassische professionsspezifische Rollendefinition der sozialarbeiterischen Stellen sehen. Allerdings bleibt in einem Tätigkeitsfeld, dessen Professionalisierungsgrad umstritten ist und in dem sich der Bezug auf eine gemeinsame professionelle Wissensbasis und Professionsethik in der sozialarbeiterischen Handlungspraxis nur begrenzt beobachten lässt, ungewiss, inwieweit die Koordinationsfunktionen der Organisation durch professionelle Selbstkoordination ausreichend ersetzt wird (vgl. hierzu auch Kap. 6.4.3). Zweitens könnten die OrganisationsmitarbeiterInnen versuchen, die AdressatInnen ihrer Hilfsangebote wie gleichgestellte Organisationsmitglieder zu behandeln und damit in das Organisationsinnere zu holen.

---

132 Zu Grenzstellenarbeit in Organisationen vgl. allgemein Luhmann 1999[1964]: 220ff; ders. 2000: 210ff; Kühl 2008: 29ff.

133 Folgt man der soziologischen Systemtheorie Luhmannscher Ausprägung, dann stellen soziale Interaktionen einen eigenen Systemtypus dar, der sich durch die wechselseitige Wahrnehmung und Kommunikation unter Anwesenden bildet und somit Grenzziehung über Anwesenheit vollzieht. Anwesende genießen bevorzugte Beachtung, während die Berücksichtigung Nicht-Anwesender im Vergleich dazu zurücktritt (vgl. Luhmann 2005[1975]: 10f).

134 Zum Problem der Rollenverflechtungen an organisationalen Grenzstellen allgemein vgl. Luhmann 1999[1964]: 226ff.

Solche Grenzverschiebungen können als *Versuche* von Seiten der GrenzarbeiterInnen verstanden werden, *das Spannungsverhältnis zwischen den beiden Systemmitgliedschaften einseitig aufzulösen*, anstatt es in Balance zu halten und als Bindeglied zwischen Organisation und Umwelt zu fungieren. Diese Versuche beinhalten ein beachtliches Irritationspotenzial für die Organisation: Im ersteren Fall sind die eigenen MitarbeiterInnen für die Organisation nicht oder nur mehr begrenzt erreichbar. Im zweiten Fall droht die Organisation mit Umweltkomplexität überfrachtet zu werden, die sie nicht mehr durch Grenzziehung eindämmen und auf ein bearbeitbares Maß reduzieren kann.

Beide Grenzverschiebungen scheinen in der Praxis immer wieder vorzukommen, ohne dass hier Aussagen über die Häufigkeit ihres Auftretens möglich sind. Sie dürften in der Organisation teilweise auch latent gehalten werden bzw. ist ihre Feststellbarkeit durch abstrakte, unpräzise Entscheidungsprogramme und eine große Autonomie der Grenzstellen-MitarbeiterInnen in der konkreten Ausgestaltung ihrer AdressatInnenkontakte reduziert. Die manchmal beachtliche *Indifferenz der Organisation unklaren Grenzziehungen der Umwelt AdressatInnen/KlientInnen gegenüber* kann zugleich durchaus funktional sein, sofern dadurch die Organisationsgrenzen nicht grundsätzlich aufgelöst werden bzw. die ins System eingeführte Komplexität dieses nicht entscheidungs- und handlungsunfähig macht. Zum einen muss sich die Organisation dadurch nicht mit Abweichungen von den offiziellen Organisationszielen bzw. auch von durch FördergeberInnen vorgegebenen Zielsetzungen beschäftigen – und solche Abweichungen können zur Erzeugung von Anschlussfähigkeit für die AdressatInnen nützlich bzw. sogar notwendig sein. Zum anderen arbeitet niederschwellige Soziale Arbeit in besonderem Ausmaß mit der Bindungswirkung persönlicher Beziehungen. Insofern zeigen sich eine *gewisse Nachlässigkeit und Flexibilität beim Umgang mit den Organisationsgrenzen zwischen MitarbeiterIn und AdressatIn als zweckentsprechend.*

Jedoch bedarf es auch in niederschwellig arbeitenden Organisationen der Sozialen Arbeit eines bestimmten, wenn vielleicht auch geringen Ausmaßes an Grenzziehung gegenüber den AdressatInnen der Hilfsangebote und -maßnahmen. Zunächst lassen sich eine Reihe von *zeitlichen und räumlichen Abgrenzungen* beobachten: In den unterschiedlichen Einrichtungen gibt es sogenannte klientInnenfreie Zonen, d.h. Räume, die ausschließlich den Organisationsmitgliedern zur Verfügung stehen und zu denen KlientInnen bzw. AdressatInnen keinen Zugang erhalten. Weiters sind bestimmte Zeiten in den Einrichtungen der Teamkommunikation vorbehalten. Die darüber hinausgehenden zeitlichen Begrenzungen des

Kontakts gegenüber der Umwelt der KlientInnen/AdressatInnen werden von den verschiedenen Einrichtungen sehr unterschiedlich gezogen.

Zeitliche und räumliche Abgrenzungen deuten bereits die zentrale Grenzziehung an und unterstützen diese, nämlich die *Etablierung von kommunikativen Grenzen der Organisation gegenüber der Umwelt*. Auch wenn ein großer Teil der Kommunikation an den Außengrenzen zu den KlientInnen bzw. AdressatInnen erfolgt, existiert in allen Einrichtungen Kommunikation innerhalb der Organisation, zu denen die Organisationsumwelten nicht zugelassen sind. Vor allem Teambesprechungen der verschiedensten Art kommt in den in die Erhebung einbezogenen Einrichtungen eine essenzielle Bedeutung für die Reproduktion des Organisationssystems zu (vgl. hierzu Kap. 6.3.2).

Die Grenzziehung zur Umwelt der AdressatInnen bzw. KlientInnen vollzieht sich allerdings im Kern erst dadurch, dass *bei den Organisationsmitgliedern die Beobachtung einer Differenz etabliert wird. Die Wahrnehmungen, Selbst- und Fremddeutungen der AdressatInnen gelten als nicht eins zu eins den Beobachtungen und Deutungen der Organisationsmitglieder gleichsetzbar.* An folgenden zwei Beispielen lässt sich dieser Grenzziehungsmechanismus verdeutlichen: In Kapitel 6.3.1 wurde der organisationsinterne Umgang mit krisenhaften Lebenssituationen bei KlientInnen dargestellt. Die Organisation übersetzt dabei die von KlientInnen als krisenhaft thematisierten Lebenslagen in systemeigene Krisendeutungen oder lehnt unter Umständen das Deutungsangebot der Umwelt ab. Es ist damit Organisationsdeutung und -entscheidung, von welchen Umweltturbulenzen sie sich irritieren lässt und von welchen nicht. Das zweite Beispiel bezieht sich auf die Nutzung familien- bzw. freundschaftsähnlicher Kommunikation im Kontext niederschwelliger Sozialer Arbeit (vgl. Kap. 5.5). OrganisationsmitarbeiterInnen bedienen sich zwar derartiger Kommunikationsmuster zum Aufbau und zur Stabilisierung des Kontakts zu AdressatInnen, sie sind aber weder Eltern noch Geschwister noch FreundInnen, sondern befinden sich in einer beruflichen Rolle in der Interaktion, die von Einrichtungsseite über Stellendefinition vorstrukturiert ist. Und auch wenn manche Einrichtungen nicht systematisch mit familienähnlicher Kommunikation arbeiten, lassen sie derartige Assoziationen auf AdressatInnen-Seite doch zu, wenn dadurch sozialarbeiterische Anschlussmöglichkeiten eröffnet werden.

Je klarer diese Differenz von den EinrichtungsmitarbeiterInnen wahrgenommen wird, desto eindeutiger gelingt die Grenzziehung der Organisation zur Umwelt der AdressatInnen bzw. KlientInnen. In der Praxis scheinen die Organisationen immer wieder daran arbeiten zu müssen, dass ihre MitarbeiterInnen die spezifische Unterscheidung auch treffen und in ihrem beruflichen Handeln berücksichtigen. Gefördert werden *Grenzverwischungen* dadurch, dass die MitarbeiterInnen die eigene Person als Ressource und Instrument in der beruflichen Arbeit einsetzen und teilweise mit uneindeutigen Beziehungskonstellationen und Rollenambiguität arbeiten. Entsprechend *essenzielle Bedeutung gewinnen Reflexionsforen für die Grenzziehung der Organisation, in denen die Differenz zwischen den OrganisationsmitarbeiterInnen und AdressatInnen laufend (re-)konstruiert wird* – das sind im Wesentlichen Teambesprechungen, Team-Intervision bzw. verschiedene Formen der Supervision. Weiters stärken fundierte sozialarbeiterische Ausbildungen der MitarbeiterInnen die Kompetenz zur entsprechenden Rollendifferenzierung in der Interaktion mit den HilfsadressatInnen. Hier *fördern fachliche bzw. professionelle Bezugspunkte eine spezifische Form der Umweltabgrenzung bzw. Rollendifferenz.* Bei geringer bis fehlender facheinschlägiger Ausbildung hingegen scheint die Wahrscheinlichkeit höher zu sein, dass Abgrenzungsproblematiken auftreten.

Folgt man den bisherigen Beobachtungen, dann lassen Organisationen der niederschwelligen Sozialen Arbeit nach außen hin zu ihren AdressatInnen-Umwelten viel Unbestimmtheit und Mehrdeutigkeit zu, versuchen aber gleichzeitig auf der Innenseite des Systems spezifische Beobachtungs- und Rollendifferenzen zu etablieren. Genau darin scheint ein *spezieller Grenzziehungsmechanismus niederschwellig arbeitender Einrichtungen* zu liegen, durch den einerseits ein hohes Maß an Anschlussfähigkeit der Umwelt bzw. an die Umwelt ermöglicht wird und andererseits die Organisationsgrenzen gewahrt bleiben. *Sie halten ihre Systemgrenzen mittels Ambiguität aufrecht,* die sie organisationsintern kontrollieren und reflektieren und die ihnen zugleich eine spezifische Form von Intransparenz gegenüber der Umwelt ermöglicht.

Die *Umweltbeziehung zu den AdressatInnen* ist eine *asymmetrische*: Diese sollen zumindest zeitlich begrenzt an das Hilfssystem gebunden werden, die MitarbeiterInnen aber professionelle Distanz zu den KlientInnen wahren, auch wenn Distanz und Asymmetrie in der Interaktion zugleich wenig wahrnehmbar bleiben sollen. Mitunter kann die Asymmetrie allerdings kippen bzw. von den NutzerInnen der Hilfsangebote unterlaufen werden. *Vereinzelt verstehen KlientInnen es, sich der Deutungslogiken und Relevanzkriterien des Hilfssystems zu bedienen, um Ressourcen für eigene Ziele zu lukrieren.* Sie lernen im Laufe ihrer oft langen Interaktionsgeschichte mit Hilfseinrichtungen, wie sie sich diesen gegenüber verhalten und präsentieren müssen, um bestimmte Wirkungen zu erreichen – und nutzen ihre Kompetenz möglicherweise manchmal auch für eigene Zielsetzungen, die nur bedingt anschlussfähig an diejenigen des Hilfssystems sind.

Von Seiten der Einrichtungen und ihrer MitarbeiterInnen werden diese 'eigenwilligen' Nutzungsformen, so sie nicht ohnehin unbemerkt bleiben, unterschiedlich beobachtet: Manche deuten sie als unzulässigen Missbrauch, den es zu unterbinden gilt, manche als positives Zeichen von Eigenständigkeit und Kreativität. Problematisierende Beobachtungsschemata tauchen vermehrt dann auf, wenn in der Organisation Deutungsmuster dominieren, die mit legitimer Hilfsbedürftigkeit Demut und Fügsamkeit der Hilfe Beanspruchenden verknüpfen. Allerdings *fördert die niederschwellige Arbeitsweise eher Umweltbezüge, die den Idiosynkrasien der HilfsadressatInnen viel Toleranz entgegen bringen* – Hauptsache Anschlussfähigkeit wird hergestellt und stabilisiert!

6.4.2 *Referenzsystem FördergeberInnen: Zwischen Umweltanpassung und Erschließung von Freiräumen*

Sozialpolitische Förderstrukturen und allgemeine Rahmenbedingungen der finanziellen Ressourcenbeschaffung stellen einen einflussreichen Organisationskontext dar. Die strukturelle Einbettung von Organisationen der niederschwelligen Sozialen Arbeit in die Förder- und Finanzierungslandschaft des Sektors der Sozialen Hilfe wirkt auf die Strukturen und Prozesse innerhalb der Organisation ein und bildet ein bedeutendes Referenzsystem bei der Ausgestaltung derselben. Eine bestimmte Anpassung an die Relevanzkriterien der FördergeberInnen ist unvermeidbar, die eigenen Organisationsstrukturen müssen teilweise (zumindest auf formaler Ebene) mit den Vorgaben und Erwartungen zentraler FördergeberInnen kompatibel sein. Zugleich stellen die organisationalen Strategien des Umgangs mit externen Anforderungen organisations-*interne* Strategien dar, d.h. diese externen Vorgaben und Erwartungen wirken in der Regel nicht ungefiltert auf die Organisation ein, sondern lassen verschiedene Möglichkeiten der organisationsinternen Interpretation und 'Verarbeitung' zu (vgl. Hasse/Krücken 2005: 139ff).

Für die *Ressourcensicherung* stehen im Sozialbereich grundsätzlich *verschiedene Möglichkeiten* offen: Von größter Bedeutung insgesamt sind FördergeberInnen der öffentlichen Hand (auf kommunaler, Landes-, Bundes- und EU-Ebene). Von Belang können aber auch private Spenden, Stiftungen, Sponsoring durch Unternehmen, Mitgliedsbeiträge der Trägerorganisationen, kirchliche Ressourcen o.ä. sein. Finanzielle Beiträge der HilfsadressatInnen selbst hingegen spielen insbesondere bei Hilfsangeboten, die im engeren Begriffssinn als niederschwellig zu bezeichnen sind, aufgrund fehlender Eigenressourcen bzw. prekärer Compliance keine bedeutsame Rolle.[135]

In Kapitel 5.2 wurde dargestellt, dass niederschwellige Soziale Arbeit unterschiedliche Funktionen erfüllen kann. Manche dieser Funktionen, und zwar insbesondere Kontroll-, Ordnungssicherungs- und Befriedungsfunktionen, werden innerhalb des Hilfssystems ambivalent beobachtet oder latent gehalten, gewinnen aber mitunter in der Außenrepräsentation zu den FördergeberInnen aus der Sozialpolitik an Bedeutung und können nach feldinterner Wahrnehmung die Chancen der Ressourcensicherung erhöhen. *Die Einrichtungen orientieren sich an den externen Sinnbezügen, um mit den eigenen Vorhaben ausreichend anschlussfähig an diese Organisationsumwelten zu sein,* sie ergänzen oder adaptieren die eigenen Relevanzkriterien in der Außendarstellung entsprechend. Damit müssen allerdings *nicht zwangsläufig Auswirkungen auf die Kernaktivitäten der Organisationen* verbunden sein, denn die feldintern als wesentlich betrachtete Funktion, Adressierbarkeit für das Hilfssystem herzustellen, hat oft faktisch zugleich gewisse Kontroll- bzw. befriedende Wirkungen und ist in der Regel auch eine auf FördergeberInnen-Seite anerkannte und gewünschte Funktion.

Schwieriger wird die Ressourcenbeschaffung dann, wenn die Verknüpfung von internen und externen Relevanzkriterien bzw. Erwartungen weniger gut gelingt. Dies kann etwa bei Hilfsangeboten der Fall sein, die relativ kostenintensiv sind und zugleich wenig oder zumindest kaum schnelle Wirkung garantieren

---

135 In Einrichtungen, die in einem weiteren Begriffsverständnis niederschwellig arbeiten, kann die Notwendigkeit von finanziellen Eigenleistungen durch die KlientInnen teilweise zu beachtlichen Problemen führen, beispielsweise dann, wenn in einem niederschwelligen Übergangswohnhaus ab einer gewissen Nutzungszeit ein Wohnkostenbeitrag entrichtet werden soll, der/die BewohnerIn sich allerdings nicht in der Lage oder Willens zeigt, die dafür nötige Einkommensgrundlage durch Ansuchen um Sozialhilfe bzw. Bedarfsorientierte Mindestsicherung zu sichern. Die Niederschwelligkeit der Einrichtung stößt in diesem Aspekt dann auf Grenzen, wenn der Eigenbeitrag der KlientInnen fixer Bestandteil der Finanzierungsstrukturen in der Wohnungslosenhilfe ist und nicht auf Dauer durch alternative Finanzierungsquellen kompensiert werden kann. Mitunter wird dann zu Strategien gegriffen, durch die die Grenze niederschwelligen Arbeitens zu Zwangskontexten verschwimmt, nämlich dann, wenn für einzelne BewohnerInnen Sachwalterschaft beantragt wird, durch die anschließend eine Beantragung von Sozialhilfe bzw. Bedarfsorientierter Mindestsicherung oder anderer finanzieller Ansprüche auch ohne direktes Mitwirken der besachwalteten Person möglich wird. Als sozialarbeiterisches Helfen lässt sich diese Intervention insofern interpretieren, als anwaltschaftlich für den Klienten bzw. die Klientin ein ihm/ihr zustehender Anspruch durchgesetzt wird, der für ihn/sie Ressourcen erschließt, zu deren eigenständiger Erschließung diese Person aufgrund ihrer psychischen und sozialen (Not-)Lage nicht imstande ist. Zugleich zieht dieser Schritt gravierende Konsequenzen auf Seiten des Klienten bzw. der Klientin nach sich, nämlich die Entziehung von Rechten und Erzeugung bzw. Verfestigung eines Zwangskontextes durch Besachwalterung.

können. Insbesondere bei der *Finanzierung niederschwelliger Hilfsangebote im weiteren Begriffssinn* beobachtet das Praxisfeld zum Teil *Finanzierungsschwierigkeiten* und sieht sich mit Umweltlimitationen konfrontiert, die sich auf die Möglichkeiten der Organisationsentwicklung und -ausgestaltung entsprechend auswirken können. Auch niederschwellige Angebote bzw. Maßnahmen, die wenig 'auffällige', d.h. öffentlich kaum wahrgenommene und wahrnehmbare Problemlagen überhaupt erst gesellschaftlich sichtbar machen (würden), lassen sich den Selbstbeobachtungen des Praxisfeldes zufolge weniger leicht mithilfe öffentlicher Mittel realisieren. Hier erweisen sich zu Projektbeginn alternative Finanzierungsquellen zur öffentlichen Hand als hilfreich, über die der Bedarf zunächst sichtbar gemacht werden kann, um anschließend unter Umständen auch die Unterstützung öffentlicher FördergeberInnen gewinnen zu können (vgl. hierzu auch Kap. 6.3.5). Weiters gestaltet sich die *Finanzierung von solchen Angeboten, die politisch nicht opportun sind bzw. in der Öffentlichkeit sehr ambivalent diskutiert werden, als schwierig*. Am Beispiel der in Österreich nach wie vor ungewissen und umstrittenen Realisierung sogenannter Konsumräume, d.h. von Lokalitäten, in denen "Drogen unter Einhaltung bestimmter Regeln unter hygienischen Bedingungen eingenommen werden können" (vgl. Springer 2003: 6), lassen sich diese Umsetzungsschwierigkeiten gut illustrieren.

Die *Förderstrukturen der öffentlichen Hand* weisen häufig *Zielgruppeneingrenzungen bzw. thematische Schwerpunkte* auf. Dadurch entstehen für Hilfsangebote, die Niederschwelligkeit durch eine weitgehende Zielgruppenoffenheit anstreben, deren inhaltliche Orientierung quer zu den abgegrenzten Förderkriterien liegt bzw. die keine Einschränkungen bezüglich der als relevant anzusehenden Hilfsbedarfe realisieren wollen (keine inhaltliche Spezialisierung), spezifische Limitationen bzw. Herausforderungen der Ressourcensicherung. Sie geraten in Gefahr, zwischen den verschiedenen und jeweils nur partiell zuständigen Förderstellen hin und her verwiesen zu werden. Vereinzelt gelingt es Einrichtungen aber, gerade daraus neue Handlungsoptionen zu gewinnen, indem sie mehrere 'Fördertöpfe' erschließen und durch die Mischfinanzierung die Limitationen der einzelnen Förderstellen ausgleichen können. Indem jeweils unterschiedliche Förderkriterien geltend gemacht werden können, lässt sich mitunter in Summe ein breiteres Angebot für die HilfsadressatInnen mit weniger Einschränkungen für die Inanspruchnahme realisieren.

Die von außen an die Einrichtungen und ihre MitarbeiterInnen herangetragenen *Anspruchskriterien bzw. -regeln* können einerseits klare und nicht umgehbare *Limitationen* in die Organisation einführen. Andererseits lassen sie teilweise aber auch *unterschiedliche Möglichkeiten des organisationsinternen Umgangs* bzw. des Umgangs des/der einzelnen MitarbeiterIn zu. Dabei scheint nicht vorrangig aktiver Widerstand bzw. sichtbare Verweigerung betrieben zu werden, vielmehr werden *passive, versteckte und dadurch sozial annehmbare Formen des Umgehens oder Abschwächens von Anspruchslimitationen* genutzt: Man kann beispielsweise nur die unvermeidbaren Informationen von den NutzerInnen der Hilfsangebote erheben, die Anspruchskriterien als uneindeutig bzw. nicht verständlich interpretieren, manchen Anspruchsklärungsprozess nicht aktiv weiterverfolgen, auf Verständigungsschwierigkeiten mit den AdressatInnen verweisen, die es nicht ermöglichen, die Anspruchsberechtigung zu prüfen etc. Es wird also weniger kommuniziert, dass Kriterien nicht eingehalten werden wollen, sondern dass es bei bestem Willen nicht immer gelingt, sie ausreichend zu prüfen bzw. zu berücksichtigen. Und dies bildet manchmal die Realität der Berufspraxis ab, kann mitunter aber auch als Strategie zur Abschwächung von Umwelteinschränkungen eingesetzt werden.

Auch *alternative Finanzierungsquellen* wie Spenden bzw. Sponsoring konfrontieren die Einrichtungen mit spezifischen Anforderungen und Einschränkungen. Sie lassen sich vorrangig für solche Hilfsangebote erschließen, die gesellschaftlichen und/oder individuellen Vorstellungen über 'würdige' bzw. berechtigte Anlässe von Hilfsbedürftigkeit und Helfen entsprechen.[136] Bei gesellschaftlich kontrovers diskutierten Thematiken hingegen, wo etwa die Konformität der HilfsadressatInnen mit geltenden sozialen Normen brüchig ist (z.B. bei Drogenkonsum oder Prostitution bzw. Sexarbeit), gestaltet sich die Akquise von Spendenmitteln für Hilfsangebote schwerer – und sie ist nahezu unmöglich bei einem sogenannten akzeptierenden Ansatz der Hilfsangebote (vgl. Kap. 5.5). Zugleich wird feldintern beobachtet, dass die Steuerungsbedürfnisse auf SpenderInnen oder SponsorInnenseite steigen, d.h. vermehrt projektspezifisch bzw. widmungsgebunden gespendet wird. Dadurch verringern sich die Gestaltungsspielräume der auf Spendengelder angewiesenen Hilfsorganisationen.

Generell können *Mischfinanzierungen* (nicht nur) niederschwelligen Organisationen Gestaltungsspielräume eröffnen, indem die Abhängigkeit von einer Finanzierungsquelle reduziert wird. So lassen sich etwa durch die Kombination von FördergeberInnen der öffentlichen Hand und privaten Spenden Freiräume für Leistungsbereiche schaffen, deren Erfolg bzw. Wirkung kaum nachweisbar ist, die politisch schwer 'vermarktbar' sind etc. Auch die oben beschriebene

---

136 Häufig dürften dies solche Formen von Hilfsbedürftigkeit sein, bei denen die Verantwortung für die Notlage nicht den betroffenen Personen oder Gruppen zugerechnet wird, die also 'unschuldig' zum Hilfsfall wurden, wie etwa hilfsbedürftige Kinder, durch Schicksalsschläge in Not geratene Menschen, teilweise Personen mit Behinderung etc.

Kombination öffentlicher Förderstellen kann, wenn sie gelingt, d.h. wenn die FördergeberInnen sich darauf einlassen, dass das geförderte Projekt nur zu einem Teil der eigenen Förderlogik entspricht, die Gestaltungsoptionen der Einrichtungen erweitern.

Als *wenig verträglich mit bestimmten Formen von Niederschwelligkeit* zeigen sich *personenbezogene Finanzierungsstrukturen* (Subjektförderung). Insbesondere wenn die Personen, an denen die niederschwellige Hilfeleistung erbracht wird, quantitativ und qualitativ nicht eindeutig eingrenzbar sind und/oder sich personenbezogene Angaben (Adressierung über Sozialversicherungsnummer, Wohnadresse etc.) zugleich teilweise nicht näher erfassen lassen oder auch zur Wahrung der Anonymität nicht erfasst werden sollen, ist Objekt- bzw. Projektförderung notwendig. Feldintern wird eine Tendenz weg von der Objekt-/Projektförderung hin zur Subjektförderung in Verbindung mit Leistungsverträgen mit den leistungserbringenden Organisationen beobachtet.[137] Niederschwellige Einrichtungen sehen sich dadurch unter einem vermehrten Druck, der Tendenzen zur Erhöhung des Schwellenniveaus der Hilfsangebote mit sich führt. Die in Kapitel 5.7 dargestellten empirischen Ergebnisse lassen vermuten, dass diese Entwicklungen vor allem solche Hilfsangebote und -maßnahmen treffen könnten, deren Form von Niederschwelligkeit einem weiteren Begriffsverständnis zuzurechnen ist. Bei im engeren Begriffssinn niederschwelligen Einrichtungen, die vorrangig an einer grundsätzlichen Erreichbarkeit von HilfsadressatInnen für das Hilfssystem arbeiten, ist Subjektfinanzierung ohnehin kaum realisierbar.

Die *Finanzierungshorizonte* der einzelnen Einrichtungen zeigen sich häufig als *beständig und prekär zugleich*. Zum einen weisen viele Einrichtungen formal relativ kurzfristige finanzielle Planungsperspektiven auf und müssen beispielsweise jedes Jahr neu beim öffentlichen Fördergeber um die zentrale Finanzierung ansuchen. Zum anderen bestehen faktisch oft langfristige Förderbeziehungen und bereits etablierte Einrichtungen werden meist weiterfinanziert.

In Kapitel 6.3.5 wurde bereits der mit den Finanzierungsstrukturen in Zusammenhang stehende Trend zur *Eingliederung der einzelnen Einrichtungen in größere Organisationskonglomerate*, konkret die Einbindung in Trägerorganisationen geschildert. Die Förderstrukturen begünstigen die Entwicklung solcher Organisationsverbünde und fördern damit einen Prozess der Strukturangleichung in diesem Organisationsfeld. Die Einbindung in eine Trägerorganisation setzt ebenfalls spezifische Rahmenbedingungen für die einzelnen Einrichtungen, die deren Organisationskulturen, Strukturen, Entscheidungsprozesse und Handlungs-

---

137 Diese Feldbeobachtung konnte im Rahmen der vorliegenden empirischen Studie nicht systematisch geprüft werden.

routinen, ihre Umgangsformen mit Umweltanforderungen in der alltäglichen Praxis etc. beeinflussen. Die Autonomiegrade, die den Einrichtungen als Suborganisationen möglich sind und die sie sich jeweils zu schaffen verstehen, können sich dabei recht unterschiedlich gestalten. Bei der Realisierung der Kerntätigkeit besteht aber häufig eine hohe Eigenständigkeit auf Einrichtungsebene. Zugleich können die mal engeren, mal loseren Kopplungen der Träger mit politischen oder religiösen Organisationen bzw. Institutionen die Möglichkeiten der Einrichtungen mitbestimmen (vgl. Kap. 6.3.5).[138]

Die bereits thematisierte Puffer- bzw. Filterwirkung von Trägerorganisationen FördergeberInnen bzw. auch anderen gesellschaftlichen Umwelten (Politik, Medien etc.) gegenüber erleichtert es, *Unvereinbarkeiten oder Widersprüche zwischen organisationsinternen und -externen Relevanzkriterien bzw. Erwartungen durch Intransparenz zu entschärfen* und so in der Latenz zu halten. Zwischen den von FördergeberInnen-Seite herangetragenen Zielsetzungen und Anforderungen und den Zielorientierungen der MitarbeiterInnen in ihrem Arbeitsalltag in der Einrichtung findet mitunter wenig direkte Konfrontation statt. Es scheint sich oft eher um zwei voneinander getrennte Bereiche zu handeln, zwischen denen die Leitung eine Brokerstellung einnimmt bzw. zum Teil auch verschiedene Leitungsebenen als Filter stehen. Die vielfältigen Ziele werden gewissermaßen in verschiedenen 'Sphären' bearbeitet. Die erbrachte Leistung scheint in der Außendarstellung in eine kompatible Form transformiert zu werden. Teilweise wissen auch die FördergeberInnen über solch partielle Divergenzen zwischen formalen Strukturen bzw. Zielsetzungen und faktischer Umsetzung in der Organisation Bescheid. Und sie dürften die Abweichungen oft zulassen, diese werden nur in der offiziellen, formalen Kommunikation ausgeklammert, sodass in der Praxis alle Seiten so weitertun können wie bisher, ohne in ihrem Tun von den Divergenzen maßgeblich irritiert oder gar blockiert zu werden. *Durch diese teilweise Entkopplung der formalen Strukturen von den tatsächlich durchgeführten Aktivitäten wird die Handlungsfähigkeit der unterschiedlichen Systeme erhalten.* Zugleich zeigen sich allerdings formale Organisationsstruktu-

---

138 Politisch unabhängige (Träger-)Organisationen, die sich als substituierende Ergänzung zu von staatlicher Seite angebotener und finanzierter Sozialer Hilfe verstehen, müssen mitunter gegen die Tendenz ankämpfen, sukzessive Funktionen des Sozialstaates zu übernehmen bzw. dessen Rückzug auszugleichen, sodass es zu einer Verschiebung zwischen sozialstaatlich garantierter und zivilgesellschaftlich ermöglichter Hilfe zu Lasten letzterer kommen kann. Die zivilgesellschaftlichen Hilfseinrichtungen würden so den staatlichen Rückzug ungewollt unterstützen. Dadurch stehen sie vor der Notwendigkeit, nicht zu schnell selbst zu helfen, sondern fehlende Hilfe zunächst lediglich öffentlichkeitswirksam anzuprangern. Wer es weniger leicht 'aushält', nicht zu helfen, ist allerdings tendenziell in der nachteiligen Position bei dieser Form des Aushandelns von Zuständigkeiten.

ren im niederschwelligen Bereich generell gering und abstrakt gestaltet, sodass sie die Aktivitätsebene ohnehin wenig determinieren.

Anhand der beschriebenen Umgangsformen mit differierenden Relevanzkriterien zwischen Einrichtung und Förderumwelt lässt sich bereits vermuten, dass *Leistungsnachweise bzw. Erfolgsdarstellungen gegenüber den FördergeberInnen zahlreiche Ambivalenzen mit sich führen.* Die Außendarstellung der eigenen Leistung stößt zunächst in der Sozialen Arbeit generell an die Grenzen der Leistungs- und vor allem Wirkungserfassung mit herkömmlichen Mitteln der Wirkungsmessung. Die Wirkungen der eigenen Leistungen sind komplex und häufig langfristig, die Ziele (z.B. Erhaltung des sozialen Friedens, Ermöglichung gesellschaftlicher Teilhabe etc.) oft sehr abstrakt und damit nicht direkt messbar, kausale Ursache-Wirkungs-Zusammenhänge lassen sich selten nachweisen.

Leistungs- bzw. Erfolgsdarstellung nach außen erfolgt in der Praxis meist mittelbar in Berichtsform (Tätigkeits-, Jahresberichte) über die Nennung der eingesetzten personellen Ressourcen, über die Anzahl und teilweise soziodemographische Beschreibung der erreichten Personen und über die Deskription des Umfangs und der Art und Weise der gesetzten Aktivitäten bzw. sozialarbeiterischen Interventionen. Großteils findet somit eine *deskriptive Beschreibung und quantitative Darstellung des Inputs* statt. Outputbezogen sind vor allem Daten über erreichte Weitervermittlung innerhalb des Hilfssystems (z.B. in ein höherschwelliges Angebot), solche Daten liegen aber nur teilweise vor. Zusätzlich behilft man sich in der Erfolgsdarstellung mit beispielhaften Fallverläufen. *Vereinzelte Erfolgsstories von KlientInnen dienen zur Vergewisserung der Sinnhaftigkeit des eigenen Tuns nach innen und außen.* Dass das Glücken einzelner Prozesse der gesellschaftlichen (Re-)Inklusion ermöglicht werden konnte, rechtfertigt die niederschwelligen Angebote und Maßnahmen insgesamt. Erfolgskriterium ist hier weniger, wie viele erfolgreiche (Wieder-)Heranführungen an gesellschaftliche Teilhabe und autonome Lebensführung tatsächlich realisiert werden konnten, sondern dass diese Maßnahmen die Möglichkeit zu solchen (Re-)Inklusionen grundsätzlich offen halten.

Die Problematik der Leistungs- und Wirkungserfassung liegt nicht nur in einer manchmal funktionalen Intransparenz der eigenen Tätigkeiten und Ziele gegenüber den FördergeberInnen oder in generellen Grenzen der Wirkungsmessung sozialarbeiterischer Interventionen begründet. *Das Praxisfeld der niederschwelligen Sozialen Arbeit tut sich schwer, für sich selbst klare Erfolgskriterien zu benennen und zu konkretisieren. Und es tut sich zweitens schwer, solche Erfolgskriterien nach außen zu vermitteln.* Der derzeit gängige Erfolgsindikator besteht vor allem aus Zahlen über Zielguppen-Kontakte. Doch diese Zahlen sind

ambivalent: Eine Steigerung der Kontakte könnte auch als Ausdruck von Er-
folgslosigkeit bzw. von unzureichendem Erfolg gewertet werden, nämlich als
Indiz dafür, dass die Anzahl der 'Problemfälle' laufend zu- und nicht etwa ab-
nimmt. Und eine Leistungserfassung in Zahlen gilt feldintern als inadäquater
oder zumindest unzureichender Ausdruck der eigenen Leistung. Die Erfassung
kann auch sehr beliebig gestaltet werden: Wenn beispielsweise mit einem Klienten bzw. einer KlientIn in einem niederschwelligen Tageszentrum mehrmals am
Tag gesprochen wird, kann das als ein Kontakt oder auch als mehrere Kontakte
erfasst werden. Je nach individuellen oder Einrichtungsgepflogenheiten lassen
sich die erbrachten Leistungen beliebig verändern, d.h. die Formen der Leistungserfassung geben nicht immer verlässliche Auskunft über die tatsächlich
erbrachte Leistung.

Die gegenwärtig weitverbreitete Praxis der Leistungsdarstellung entspricht
der partiellen Entkopplung von formaler Struktur und Aktivitätsebene. Sie erfüllt
die Legitimierungserfordernisse gegenüber den FördergeberInnen weitgehend,
ist in der Regel wenig aufwendig, bewahrt den Einrichtungen ihre Handlungs-
spielräume in ihren Kerntätigkeiten und belässt den prekären Output bzw. die
hohe Wirkungsungewissheit in der Latenz. Dem Praxisfeld gelingt damit allerdings nur eine *unzureichende Vermittlung dessen, was entsprechend der feldinternen Relevanzkriterien wirklich geleistet wird oder werden soll.* Dies schränkt
die Möglichkeiten ein, den eigenen Kriterien nach außen hin soziale Anerkennung und Geltung zu verschaffen. Und bei einer *steigenden Notwendigkeit zur
Leistungs- und Erfolgstransparenz nach außen*, wie sie gegenwärtig im Zusammenhang mit der Einführung markt- und wettbewerbsorientierter Steuerungsmodelle im Sozialbereich beobachtet wird, geraten die 'erschwindelten' Freiräume
generell unter Druck und ist die bislang praktizierte *Entkopplung von formaler
Struktur und Aktivitätsebene potenziell gefährdet.*

6.4.3 Profession als organisationsexternes Referenzsystem? Zur Ungewissheit professioneller Wissensbestände und Repräsentation

Organisationen der niederschwelligen Sozialen Arbeit weisen einige *zentrale
Merkmale* auf, *die grundsätzlich auf den Strukturtypus einer professionellen
Organisation hindeuten*: Ihre Kerntätigkeit ist auf Organisationsebene nicht bzw.
nur begrenzt standardisierbar und muss stark interaktionsbasiert und flexibel
erbracht werden. Dies wird durch eine Betonung der Entscheidungsprämisse
Personal gewährleistet, d.h. Entscheidungskompetenz und Handlungsinitiative
liegen im Arbeitsalltag in großem Ausmaß bei den einzelnen MitarbeiterInnen.

Die organisationalen Entscheidungsprogramme sind entsprechend abstrakt und bieten wenig konkrete Orientierung für das berufliche Handeln. Weiters kommt dem Team eine besondere Bedeutung in der Strukturierung der Kommunikation und der Gestaltung der Entscheidungsprozesse zu, während hierarchische Strukturen innerhalb der einzelnen Einrichtungen meist relativ flach verlaufen bzw. faktisch oft wenig schlagend werden. Auf Organisationsebene wären somit in vielen Einrichtungen der niederschwelligen Sozialen Arbeit relativ günstige Voraussetzungen gegeben, um professionelles Handeln zu realisieren.

Tatsächlich lassen sich aber in den erhobenen und analysierten Daten der vorliegenden empirischen Studie kaum professionelle Entscheidungsbezüge beobachten bzw. wird die Orientierung an professionellen Standards im beruflichen Handeln nur partiell erkennbar. *Die Professionsebene nutzt gewissermaßen das von Organisationsseite gebotene Gestaltungspotenzial kaum oder versäumt zumindest die symbolische Inszenierung des beruflichen Handelns als professionelles Handeln.* Feldintern wird die geringe Präsenz der Professionsebene häufig auf die Dominanz spezifischer Organisationsumwelten zurückgeführt. Insbesondere Politik und Wirtschaft stehen im Verdacht, ihre Relevanzkriterien in Organisationen der Sozialen Arbeit zu Lasten professioneller bzw. fachlicher Bezugspunkte durchzusetzen. Solche Einflussfaktoren lassen sich zwar teilweise erkennen (vgl. u.a. Kap. 6.4.2), erklären aber nur unzureichend die geringe Sichtbarkeit professioneller Handlungsorientierungen.

Im wissenschaftlichen Diskurs ist umstritten, inwieweit Soziale Arbeit eine Profession darstellt bzw. auf dem Weg zu solch einer ist. Ohne hier die vielschichtige Auseinandersetzung über die Professionalisierbarkeit dieses Tätigkeitsbereichs und den erreichten Professionalisierungsgrad in der notwendigen Tiefe fortsetzen zu können[139], bleibt zumindest festzuhalten, dass die Orientierung an den professionellen Standards von sich selbst verwaltenden Berufsverbänden außerhalb der Organisation, die von Mintzberg (1993[1983]: 191f) als wesentliche Standardisierungsquelle des beruflichen Handelns in professionellen Bürokratien genannt wird, in der Sozialen Arbeit bestenfalls teilweise ausgebildet ist – zumindest was Österreich betrifft. Und: *SozialarbeiterInnen und SozialpädagogInnen können in der Regel keine exklusive Zuständigkeit für die Bearbeitung eines zentralen gesellschaftlichen Problems beanspruchen.* Die alleinige Zuständigkeit für soziale Probleme wird vielmehr einerseits durch andere Professionen bzw. Berufsgruppen und andererseits durch von Laien geleistetes nichtprofessionelles Helfen laufend in Frage gestellt, während beispielsweise die

---

139 Grob skizziert wurde sie in Kapitel 3.3.2 der vorliegenden Studie.

Medizin für gesundheitliche Probleme bzw. Krankheit ein weitgehendes Zuständigkeitsmonopol beanspruchen kann (vgl. Klatetzki 2005: 263).[140]

Das fehlende Berufsmonopol zeigt sich im Feld der niederschwelligen Sozialen Arbeit etwa daran, dass sich die Teams teilweise aus MitarbeiterInnen mit heterogenem Ausbildungshintergrund zusammensetzen, in manchen Einrichtungen wird zusätzlich auf ehrenamtliche Unterstützung zurückgegriffen. Nicht alle MitarbeiterInnen konnten sich durch eine umfassendere professionsbezogene Ausbildung (d.h. ein fachspezifisches Studium) einen professionellen Habitus und eine ebensolche Wissensbasis aneignen. Und nicht immer geht mit eventuellen Ausbildungsunterschieden auch eine Differenz der inhaltlichen Zuständigkeiten und Entscheidungsbefugnisse einher. Die Durchsetzung solcher Differenzen bleibt vielmehr den Organisationen bzw. Trägerorganisationen überlassen und ist somit *auf organisationaler und nicht auf gesellschaftlicher Ebene geregelt* – und dies kann nicht nur als Stärke der Organisationsebene, sondern auch als Schwäche der Professionsebene gedeutet werden.

Doch selbst bei MitarbeiterInnen mit facheinschlägiger Ausbildung (Akademie für Sozialarbeit, Fachhochschule für Soziale Arbeit, spezifische sozialpädagogische Ausbildungen etc.) werden die *Kompetenzen zur professionellen Selbstdarstellung und zur Kommunikation der fachlichen Standards als zentralem Bezugspunkt des eigenen professionellen Handelns häufig wenig sichtbar.* Erkennen lässt sich dies unter anderem auch in den kollegialen Kommunikationsforen wie Teambesprechungen oder Supervision, in denen sich oft eine Dominanz organisatorischer Themen zu Lasten fachlicher Fallbesprechungen zeigt. Ob die geringe Wahrnehmbarkeit eines professionellen Referenzsystems auch darin (mit-)begründet sein könnte, dass in diesem Berufsfeld eine professionelle, d.h. eigenständige wissenschaftliche Wissensbasis generell bislang unzureichend ausgebildet wurde, kann auf der vorliegenden empirischer Basis nicht beantwortet werden. Die Disziplinbildung einer Sozialarbeitswissenschaft ist allerdings vermutlich bestenfalls im Entstehen und weist beachtliche Unwägbarkeiten auf (vgl. z.B. Merten 2008; Sommerfeld 2010). Hinzu kommt eine in der Sozialarbeitspraxis nach wie vor weitverbreitete Skepsis gegenüber der Praxisnützlichkeit von wissenschaftlich generiertem Wissen (vgl. Mayrhofer/Raab-Steiner 2007: 107ff).

In der niederschwelligen Sozialen Arbeit zeigt sich zugleich aber ein anderes Professionalisierungshindernis als in besonderem Ausmaß wirksam: *Die Tätigkeiten und die dafür notwendigen Kompetenzen weisen eine spezielle All-*

---

140   Der innerhalb der klinischen Sozialen Arbeit geführte Diskurs über die soziale Definition von Gesundheit kann an dieser Stelle nicht aufgenommen werden.

tagsnähe auf, durch die es schwer fällt, die fachspezifische Expertise für Außenstehende wahrnehmbar zu machen. Gerade die für niederschwellige Soziale Arbeit im engeren Begriffssinn typische Nutzung von persönlich-privaten Kommunikationsmustern für den Beziehungsaufbau und das Arbeiten mit Rollenambiguität, da die Etablierung einer professionellen Rollenbeziehung in der Interaktion mit den AdressatInnen (zumindest zunächst) häufig ungewiss ist, unterminieren die Möglichkeiten professioneller Inszenierungen. Professionsspezifische Kommunikation wird oft vermieden bzw. gering gehalten, dadurch handelt sich niederschwellige Soziale Arbeit mitunter den Verdacht der Unprofessionalität bzw. mangelnden Abgrenzbarkeit zu alltäglicher Kommunikation und zu nicht-professionellen Beziehungsarrangements ein – und zwar teilweise offensichtlich auch innerhalb des Praxisfeldes der Sozialen Arbeit, d.h. von Seiten höher- bzw. hochschwelliger Sozialer Arbeit. Wenn sozialarbeiterische Intervention bzw. Veränderungsarbeit nicht im Vordergrund steht, sondern der Hauptfokus auf der Herstellung einer grundsätzlichen Adressierbarkeit für das Hilfssystem liegt und zugleich der Erfolg der eigenen Arbeit schwer erfassbar ist, fällt es besonders schwer, das eigene berufliche Handeln als professionell-problemlösungs-kompetent zu vermitteln.

Damit ist abschließend die *Frage* aufgeworfen, *inwieweit zwischen niederschwelligem Arbeiten und professionalisierter Sozialer Arbeit ein generelles Spannungsverhältnis bestehen könnte*, da in diesem Tätigkeitsfeld die eigene professionelle Rolle oft zurückgenommen bzw. latent gehalten werden muss. Vor allem wenn in erster Linie Unterstützung bei der Lebensführung in der weitgehenden sozialen Exklusion geleistet werden kann und sich kaum aufsteigende Prozesse der gesellschaftlichen Teilhabe realisieren lassen, sind den professionellen Handlungsmöglichkeiten enge Grenzen gesteckt. Der Wunsch nach erfahrbaren Wirkungen bzw. nachhaltigem Erfolg auf Seiten der SozialarbeiterInnen/MitarbeiterInnen kann eine Tendenz zur Höherschwelligkeit implizieren, denn bei KlientInnen, an die höhere Erwartungen gerichtet werden können, besteht in der Regel auch eine höhere Wahrscheinlichkeit von nachhaltigeren Veränderungen der Problemlagen. In jedem Fall braucht es in diesen Bereichen ein besonderes Ausmaß an "professioneller Bescheidenheit"[141] sowohl bezüglich der erzielbaren Erfolge als auch hinsichtlich der Möglichkeiten zur professionellen Selbstinszenierung und Positionierung.

---

141   Vgl. hierzu die in Kap. 3.3.2 dargestellte Bezeichnung von Sozialer Arbeit als bescheidene – mitunter auch zu bescheidene – Profession (vgl. Schütze 1999[1996]: 196 bzw. Nadai et al. 2005: 189).

6.5 Zusammenfassung: Ein erster Beschreibungsentwurf der Organisation niederschwelliger Sozialer Arbeit

Nicht nur Organisationen, auch Zusammenfassungen kommt die zentrale Funktion zu, Komplexität zu reduzieren. Die in den vorangegangenen Kapiteln eröffnete Vielfalt und Differenziertheit bei der Betrachtung niederschwelliger Organisationsformen in der Sozialen Arbeit soll abschließend auf ihre wesentlichen Ergebnisse reduziert werden, um so die Konturen der Organisation niederschwelliger Sozialer Arbeit zu akzentuieren. Dabei bleibt nochmals die Ergänzungs- bzw. Vertiefungsbedürftigkeit der gewonnenen empirischen Ergebnisse zu betonen, die erste Einsichten und Erkenntnisse als Basis für weitere wissenschaftliche Auseinandersetzungen anbieten.

Eine anfängliche Betrachtung der Organisationslandschaft im niederschwellig arbeitenden Sozialbereich zeigt vor allem *sehr kleine bis mittelkleine Organisationseinheiten* (feldintern meist "Einrichtungen" genannt), die über eine relativ große Autonomie in der Verrichtung ihrer Kerntätigkeit verfügen. Einer eher geringen Vorstrukturierung auf Ebene der formalen Organisationsstrukturen steht oft ein hohes Ausmaß an Umweltkomplexität gegenüber, das in die Organisation hineingelassen und dort verarbeitet wird. Entsprechend handelt es sich in der Regel nicht um bürokratische Organisationen der öffentlichen Sozialverwaltung, sondern fast ausschließlich um Nonprofit-Organisationen des sogenannten dritten Sektors. Sie stellen trotz der verbreiteten Bezeichnung als Projekte oft Dauereinrichtungen ohne absehbarem bzw. vorgegebenem zeitlichen Ende und ohne projektförmiger Zielsetzung dar.

Die überwiegende Zahl der niederschwelligen Einrichtungen in der Sozialen Arbeit gehört einer *Trägerorganisation* an, obwohl manche von ihnen zunächst als eigenständiges Projekt gegründet wurden. Ein wichtiger Grund für die zunehmende Tendenz zu großen Organisationsgebilden dürfte in den veränderten und komplexer werdenden Finanzierungsstrukturen liegen, die vermehrt Spezialwissen und darauf spezialisierte Stellen notwendig machen. Generell werden Trägerorganisationen im untersuchten Feld als mächtige(re) AkteurInnen wahrgenommen, die insbesondere mit öffentlichen FördergeberInnen auf einer symmetrischeren Ebene zu verhandeln vermögen als die einzelne Einrichtung. Zugleich können Trägerorganisationen eine *wichtige Puffer- bzw. Filterfunktion zwischen den Einrichtungen in der direkten KlientInnenarbeit und den öffentlichen FördergeberInnen* bzw. auch anderen relevanten Umwelten wie Medien, der politischen Opposition etc. erfüllen. Während sie sich in die Kommunikation mit diesen Organisationsumwelten üblicherweise stark einbringen und die Freiheitsgrade der Einrichtungen beschneiden, wird letzteren bei der Durchführung ihrer Kerntätigkeiten oft viel Autonomie gewährt. Bei der konkreten Ausgestaltung der Kooperation innerhalb des Organisationsverbundes existieren allerdings beachtliche Unterschiede zwischen den einzelnen Trägerorganisationen, die unter anderem von deren jeweiliger Kopplung an relevante Umwelten (politische Verwaltung oder Partei, Religionsgemeinschaften etc.) beeinflusst werden.

Niederschwelligkeit kann in einer Organisation in verschiedener Weise integriert sein: Selten versteht sich das gesamte Leistungsspektrum einer Organisation als niederschwellig im umfassenderen Sinn, zumeist werden unterschiedliche Schwellenniveaus miteinander kombiniert. Dabei können sowohl verschiedene Leistungsangebote mit differierenden Schwellenniveaus in einer Einrichtung gebündelt sein als auch ein einzelnes Angebot bzw. eine Maßnahme in sich nieder- und höherschwellige Elemente kombinieren. Weiters erhöhen manche Hilfsangebote die Leistungserwartungen bzw. Teilnahmebedingungen an die KlientInnen im Laufe der Inanspruchnahme des Angebots sukzessive, d.h. sie heben das Schwellenniveau schrittweise an.

Anhand der formalen Ausgestaltung und praktischen Handhabung der drei zentralen Entscheidungsprämissen von Organisationen (Entscheidungsprogramme, Kommunikationswege und Personal bzw. MitarbeiterInnen) lassen sich die internen Organisationsstrukturen und -dynamiken analysieren. Um die Anforderungen an die AdressatInnen niedrig halten zu können, zeigt sich generell eine *hohe Flexibilität in Bezug auf organisatorische Strukturen und Regelungen* bedeutsam. Auf Ebene der Entscheidungsprogramme überwiegen – wie in der organisierten Sozialen Arbeit generell – sogenannte *Zweckprogramme*, wobei ein wichtiger Zweck der niederschwellig arbeitenden Organisation die Ermöglichung einer grundlegenden Anschlussfähigkeit an Angebote der Sozialen Hilfe bzw. die Herstellung von Adressierbarkeit potenzieller, aber schwer erreichbarer KlientInnen für das Hilfssystem darstellt. Wie, d.h. mit welchen Mitteln die Organisationszwecke erreicht werden können, bleibt hochgradig unbestimmt und muss von den MitarbeiterInnen ständig aufs Neue situativ gelöst werden. *Die Organisation trägt auf Ebene der Entscheidungsprogramme wenig zur Unsicherheitsabsorption in der Entscheidungssituation bei.*

Um auf Programmebene eine *hohe Flexibilität sicherzustellen,* wenden die Einrichtungen *unterschiedliche Vorkehrungen bzw. Mechanismen* an: Zunächst tragen die abstrakten Entscheidungsprogramme allgemein zu einer hohen Unbestimmtheit und Ambiguität der Entscheidungskriterien und -situationen bei. Weiters wird die Flexibilität im Entscheiden und Handeln erhöht, indem viele Möglichkeiten bestehen, Ausnahmen von der strikten Anwendung vorhandener Entscheidungsregeln zu machen. Zugleich zeigen sich jedoch bezüglich der flexiblen Handhabung von Regeln Grenzen, da mit der Abweichung die Regel potenziell in Frage gestellt wird. Eingedämmt kann diese regelzersetzende Wirkung des Abweichens durch eine transparente Regelung der zulässigen Abweichung werden, d.h. es wird bestimmt, unter welchen Umständen eine Ausnahme von der Regel legitim ist. Dieses Arbeiten mit Ausnahmen bzw. Abweichungen von den geltenden Regeln verlangt ein hohes Komplexitätsmanagement und führt permanente Grenzziehungsprobleme insbesondere gegenüber den AdressatInnen bzw. KlientInnen mit sich.

Manche Einrichtungen weisen Entscheidungsprogramme auf, die eine beständige Ordnungsbildung bzw. Routine minimieren und ein großes Ausmaß an Umweltturbulenzen in die Organisation hereinlassen, indem etwa die Handlungsanleitung gilt, dass aktuellen Impulsen von Seiten der AdressatInnen prioritäre Aufmerksamkeit eingeräumt werden muss. Zugleich versuchen einige Einrichtungen der Tendenz, im Arbeitsalltag situativ Regeln zu generieren, die sich schleichend verfestigen, durch routiniertes Prüfen dieser neuen Regeln entgegenzuwirken. Und nicht zuletzt garantiert die starke Interaktionsbasiertheit der Leistungserbringung an den KlientInnen ein beachtliches Potenzial für Abweichungen von organisationalen Entscheidungsprogrammen.

Das Niedrighalten von Anforderungen an die AdressatInnen und die Flexibilität in der Regelanwendung lassen zugleich *spezifische Grenzen* erkennen, wie bereits an der Problematik des Arbeitens mit Ausnahmen bzw. gelegentlichen Abweichungen erkennbar wurde. Ganz grundlegende Grenzziehungen werden dort notwendig, wo aus Regellosigkeit ein nennenswertes Selbst- und/oder Fremdgefährdungspotenzial entsteht. Weiters macht die Sichtbarkeit der Regelanwendung innerhalb der Organisation bzw. gegenüber den AdressatInnen eine flexible Regelhandhabung schwierig, da dadurch der Eindruck der Willkür im Entscheiden und der ungleichen und eventuell ungerechten Behandlung der unterschiedlichen NutzerInnen entstehen kann. Desorientierung und mangelnde Erwartungssicherheit wären mögliche negative Konsequenzen. Regeln haben zugleich die wichtige Funktion, die AdressatInnen wieder an die mit gesellschaftlicher Teilhabe verbundenen Anforderungen heranzuführen, das dauerhafte Niedrighalten der Anforderungen kann somit exklusionsverfestigende Wirkung haben. Darüber hinaus müssen Organisationen der niederschwelligen Sozialen Arbeit auch selbst in ihrem gesellschaftlichen Umfeld geltende Normen erfüllen. Sie tragen u.a. die Verantwortung für das Einhalten gesetzlicher Regelungen in ihrem organisationalen Zuständigkeitsbereich und können etwa keine illegalen Handlungen dort dulden. In der Praxis zeigen sich aber mitunter Strategien, solche Normüberschreitungen im organisationalen Verantwortungsbereich in der Latenz zu halten.

Die *organisationalen Kommunikationswege* weisen – abgesehen von ihrer aufgrund der geringen Einrichtungsgrößen überwiegend begrenzten Anzahl an vorhandenen und miteinander zu vernetzenden Stellen – relativ *heterogene Umsetzungen* auf. Analytisch lassen sich *zwei verschiedene Typen an Organisationen* rekonstruieren, die sich dahingehend unterscheiden, in welchem Ausmaß sie die schwach ausgebildeten Entscheidungsprogramme durch die Festlegung von Kommunikationswegen zu kompensieren versuchen: Der erste Typus setzt stark auf eindeutige und verbindliche Kommunikationswege, um die Entscheidungsunsicherheit auf Programmebene auszugleichen und die Dominanz der Entscheidungprämisse Personal abzuschwächen. Der zweite Organisationstypus belässt die Ebene der Kommunikationswege ebenfalls relativ schwach strukturiert und beschränkt sich großteils auf die Nutzung der Entscheidungsprämisse Personal im organisationalen Entscheiden.

Ein großer Teil der Informationsweitergabe innerhalb der niederschwelligen Einrichtungen findet in Form von *mündlicher Kommunikation* statt. Gleichzeitig steht vor allem jenen Organisationen, die Niederschwelligkeit im engeren Begriffssinn realisieren, oft nur eine reduzierte personenbezogene Aktenführung als organisationales Gedächtnis zur Verfügung. Eine eingeschränkte schriftliche Fixierung der Kommunikation ermöglicht ein hohes Ausmaß an Intransparenz zwischen den unterschiedlichen Stellen und Ebenen in der Organisation. Dies lässt sich unter anderem als *strukturelle Vorkehrung* verstehen, in einem organisationalen Handlungsfeld, das von unterschiedlichen und mehrdeutigen Zielen geprägt ist, *potenzielle Zielkonflikte latent zu halten*.

Obwohl horizontaler Kommunikation allgemein ein besonderes Gewicht zukommt, weisen die niederschwelligen Einrichtungen auch *hierarchische Strukturen* auf. Hierarchie funktioniert allerdings alles andere als eindeutig, vielmehr zeigen sich charakteristische *Faktoren, welche die faktische Geltungskraft formaler Hierarchie in der Organisation abschwächen* können: Diese Organisationen operieren zunächst in einem hierarchiekritischen normativen Umfeld, in dem die einzelnen MitarbeiterInnen zugleich eine besondere Umsetzungsmacht und Autonomie durch wenig eindeutige, interpretationsbedürftige Entscheidungsprogramme innehaben und sich Entscheidungen von höherer Hierarchieebene häufig nicht als einfache Handlungsanweisungen an MitarbeiterInnen weitergeben lassen. Eng damit verbunden bestehen aufgrund der Interaktionsbasiertheit der Kerntätigkeit und in manchen Organisationen auch infolge der dezentralen Leistungserbringung (Stichwort: aufsuchende Soziale Arbeit) für die Hierarchie reduzierte Kontrollmöglichkeiten. Weiters führt die große Relevanz persönlicher Wertorientierungen im beruflichen Handeln von SozialarbeiterInnen eine latent prekäre Loyalität mit der beschäftigenden Organisation mit sich. Zusätzlich sind jene Einrichtungen, die auch ehrenamtliche Arbeit integrieren, mit abgeschwächten Durchgriffsmöglichkeiten auf das ehrenamtlich tätige Personal konfrontiert, denn die Unterordnung der persönlichen (Hilfs-)Interessen zugunsten der Organisationsinteressen kann nicht durch finanzielle Entlohnung gesichert und abgegolten werden. Diese und weitere Verunsicherungsfaktoren für formale Hierarchie begünstigen und verstärken *laufende Prozesse der De- und Rekonstruktion von Hierarchie* in den Einrichtungen.

Dem hohen Stellenwert von horizontaler Kommunikation entsprechend zeigt sich das *Team von großer Bedeutung für die Strukturierung der Kommunikation und die Gestaltung von Entscheidungsprozessen* in niederschwelligen Einrichtungen der Sozialen Arbeit – mit tendenziell paradoxen Zügen: Einerseits wird die Norm konsensualen Entscheidens relativ hoch gehalten. Andererseits müssen im Arbeitsalltag viele Entscheidungen von den MitarbeiterInnen allein getroffen werden. Die einzelnen Teammitglieder stehen permanent vor der Notwendigkeit, unter Bedingungen großer Entscheidungsunsicherheit selbst zu entscheiden und in der Entschcidung gleichzeitig die virtuelle Teamentscheidung zu antizipieren. Abweichungen zwischen den Entscheidungsmustern der unterschiedlichen Teammitglieder können sowohl innerhalb des Teams als auch an der Schnittstelle zu den HilfsadressatInnen für Störpotenzial sorgen.

Auch aus der niederschwelligen Arbeitsweise erwachsen besondere Herausforderungen für die Zusammenarbeit im Team, da *die nach außen gegenüber den AdressatInnen gesenkten Schwellen teilweise nach innen ins Team verlagert und dort absorbiert werden müssen*. Auf Ebene des Teams muss ein hohes Ausmaß an Strukturlosigkeit, Unplanbarkeit und Vielfältigkeit der täglichen Arbeit ausgehalten und verarbeitet werden. Führt die herausfordernde Zusammenarbeit zu *Konflikten im Team*, stehen zur Konfliktlösung nur begrenzt Strategien zur Verfügung, die auf die Entscheidungskompetenz der Hierarchie (also der übergeordneten Leitungsstelle) zurückgreifen. Dies erklärt unter anderem die Vielzahl an formal verankerten Kommunikationsforen (v.a. Teammeetings und verschiedene Formen von Supervision), in denen Konflikte bearbeitet werden können. *Teambesprechungen* kommt darüber hinaus eine wichtige Entlastungsfunktion auch insofern zu, als sie der diskursiven Absicherung von zunächst einzeln gefällten Entscheidungen dienen. Teilweise kommen professionell-kollegiale Rückversicherungsstrategien in besonders unsicheren Entscheidungssituationen zum Einsatz, etwa als anlassbezogene Peerberatung vor Entscheidungen in Krisensituationen.

Die *Strukturebene Personal* gewinnt in organisationalen Entscheidungskontexten, in denen ein großes Ausmaß an Flexibilität erforderlich ist und viel Umweltkomplexität bearbeitet werden soll, eine besondere Bedeutung. SozialarbeiterInnen arbeiten an den organisationalen Außengrenzen und erbringen ihre sozialarbeiterische Leistung vorrangig in der Interaktion mit den AdressatInnen, an die sie ihre Hilfsangebote richten. Mit der Betonung der Entscheidungsprämisse Personal gewährleistet die Organisation die dafür notwendige Flexibilität im Entscheiden und Handeln. Sie versorgt sich allerdings auch mit beachtlicher Unberechenbarkeit im Entscheiden – und über die in der Organisation beschäftigten Individuen mit einflussreichen organisationsinternen Umwelten, die ihre persönlichen Orientierungen und Erwartungen mitunter in besonderem Ausmaß für organisationsrelevant halten.

Zunächst ist festzuhalten, dass die Verrichtung der organisationalen Kerntätigkeit nicht organisationsübergreifend verbindlich eine spezifische Ausbildung verlangt. Solche Aspekte werden vielmehr auf Organisationsebene geregelt und in der Praxis unterschiedlich gehandhabt. In manchen Arbeitskontexten wird zusätzlich auf Heterogenität hinsichtlich des Geschlechts, der kulturellen Herkunft, der persönlichen Fähigkeiten und Interessen etc. geachtet, da in der niederschwelligen Arbeit die Persönlichkeit der MitarbeiterInnen als wichtige Ressource im KlientInnenkontakt eingesetzt wird und diese Ressource im Team vielfältig gestaltet sein soll. Die Unterschiede kommen somit vor allem durch die Personen in die Organisation herein, während organisationsintern zumeist nur eine *schwach ausgeprägte inhaltliche Arbeitsteilung* zu beobachten ist und die MitarbeiterInnen in ihrer Arbeitspraxis häufig mit einer Vielzahl unterschiedlicher Anforderungen konfrontiert sind.

Mit dem in Kapitel 5 beschriebenen Arbeiten mit privaten Kommunikationsmustern, uneindeutigen Beziehungskonstellationen bzw. Rollenambiguität geht ein *herausforderndes Grenzmanagement zwischen beruflicher Rolle und privater Person* einher. Die große persönliche Involviertheit der MitarbeiterInnen bewirkt eine *hohe individuelle Vulnerabilität*. Diese wird verstärkt durch ungewisse berufliche Erfolgserlebnisse und eine häufig beträchtliche intrinsische Motivation, mit der eine überdurchschnittliche Bereitschaft zu großem Arbeitseinsatz bis hin zur Selbstausbeutung einhergeht. Die Organisationsleitung kann diese besondere Motivationslage vieler ihrer MitarbeiterInnen einerseits für das Erreichen ihrer Organisationsziele nutzen. Andererseits lässt sich durch eine starke Orientierung der MitarbeiterInnen an ihren individuellen Wertvorstellungen im beruflichen Handeln ("Arbeit mit Mission") nur in begrenztem Ausmaß eine rein organisationsrollenspezifische und auf die Organisationsziele hin orientierte Einbindung des Personals realisieren.

Einrichtungen der niederschwelligen Sozialen Arbeit verstehen es oft sehr gut, die personalen Ressourcen zu mobilisieren, bieten aber zugleich selbst kaum Strukturen an, um MitarbeiterInnen vor eventueller Überforderung zu entlasten und im Arbeitsalltag hilfreiche Limitationen setzen zu können. Maßnahmen, die MitarbeiterInnen bei der Bewältigung der hohen Belastungen helfen sollen, zielen überwiegend wieder auf die persönliche Ebene ab. Die strukturellen Merkmale des Arbeitsfeldes (großer Einsatz persönlicher Ressourcen, unklare und vielfältige berufliche Rollen, geringe individuelle Abgrenzungsmöglichkeiten, teilweise knappe materielle Ressourcen etc.) begünstigen *organisationale Arbeitsbedingungen, die der persönlichen Einsatzbereitschaft der MitarbeiterInnen wenig entgegensetzen können* – oder manchmal auch wenig entgegensetzen wollen. Dies wird tendenziell dadurch begünstigt, dass stärkere Limitationen und Strukturvorgaben durch die Einrichtungsleitung von den Beschäftigten nicht immer als hilfreich und arbeitserleichternd wahrgenommen werden.

Ein im Sozialbereich weitverbreitetes Unterstützungsangebot für die MitarbeiterInnen in der organisationalen Kerntätigkeit stellt *Supervision* dar. Supervision wird in der Regel von der Organisation beauftragt und bezahlt, ist allerdings von organisationaler Kommunikation abgegrenzt und bildet gewissermaßen *organisationsinterne Umwelten zur personenbezogenen Bearbeitung von arbeits- und organisationsstrukturell bedingten Problemen und Herausforderungen der MitarbeiterInnen* aus. Den Selbstbeobachtungen der Sozialen Arbeit zufolge zielt Supervision vorrangig auf die Professionsebene ab. In der Praxis dominieren aber häufig organisationsbezogene Aspekte in der Supervision, während professionelle Fallreflexionen oft zu kurz kommen, wenn die Supervision nicht speziell für Fallbesprechungen reserviert ist. Supervision kann aus Organisationsperspektive als eine Möglichkeit gesehen werden, das durch die starke Betonung der Entscheidungsprämisse Personal erwachsende Irritationspotenzial für die Organisation abzuschwächen. In abgegrenzten Kommunikationsforen werden Störungen, die in der organisationsinternen Kooperation auftreten, isoliert und (vor-)bearbeitet.

Die empirischen Daten deuten darauf hin, dass nach einer vorrangig psychotherapeutisch ausgerichteten Supervisionstradition gegenwärtig vermehrt supervisorische Verfahrensweisen zum Einsatz kommen, die sich an Ansätzen der Organisationsentwicklung orientieren. Damit *geraten in der Supervision verstärkt organisationsstrukturelle Ursachen von Problemen des täglichen be-*

ruflichen Handelns in den Blick. Supervision kann in der Folge mitunter eine mobilisierende Wirkung auf die MitarbeiterInnen zeitigen, die in Richtung Organisation zielt. Die Organisationsleitung muss sich in diesem Fall vermehrt mit Problematiken auseinandersetzen, die in der Supervision zwar zunächst isoliert bearbeitet, dann aber wieder in 'vorbearbeiteter' Form an die Organisation 'rückadressiert' werden – eventuell dadurch aber in organisational anschlussfähigerer Gestalt. Inwieweit die Organisationen daraus unter Umständen neues Lernpotenzial erschließen können, muss die Empirie zeigen.

Die *Umweltbezüge* niederschwellig arbeitender Organisationen im Sozialbereich sind vielfältiger Gestalt, wobei die Organisationsumwelten "HilfsadressatInnen" und "Förder- bzw. GeldgeberInnen" sich als die zentralsten Bezugssysteme darstellen. Erstere, die *AdressatInnen niederschwelliger Hilfsangebote* und -maßnahmen, sind *sowohl AbnehmerInnen der Hilfeleistung als auch Co-ProduzentInnen derselben*, wobei sich ihre erforderliche Mitwirkung gerade in der niederschwelligen Sozialen Arbeit als äußerst ungewiss zeigt. Um sie zu erreichen und ihr Mittun wahrscheinlicher werden zu lassen, bemühen sich niederschwellige Einrichtungen, ihre Organisationsgrenzen gegenüber den HilfsadressatInnen möglichst durchlässig und wenig wahrnehmbar zu gestalten. Damit erscheint aus organisationssoziologischer Perspektive vor allem die Frage danach interessant, wie sie dennoch Grenzziehungen gegenüber dieser Umwelt vollziehen und die Grenzen aufrechterhalten.

Zunächst gilt es festzuhalten, dass eine *gewisse Nachlässigkeit und Flexibilität beim Umgang mit den Organisationsgrenzen zwischen MitarbeiterIn und AdressatIn zweckentsprechend* sein kann. Das erklärt auch die manchmal beachtliche Indifferenz der Organisationsleitung unklaren Grenzziehungen dieser Umwelt gegenüber. Dennoch etablieren und rekonstruieren niederschwellige Organisationen laufend kommunikative Grenzen den AdressatInnen gegenüber, die unter anderem durch zeitliche und räumliche Abgrenzungen der Organisationskommunikation realisiert werden. Die eigentliche Grenzziehung vollzieht sich dadurch, dass bei den Organisationsmitgliedern die *Beobachtung einer Differenz zwischen den Selbst- und Fremddeutungen der AdressatInnen* (v.a. auf deren Lebenssituation und soziale Umwelteinbindungen) *und den Deutungen der Organisationsmitglieder* etabliert wird. Essenzielle Bedeutung hierfür haben organisationsspezifische Reflexionsforen wie Teambesprechungen, Team-Intervision oder Supervision, in denen die Differenz zwischen den OrganisationsmitarbeiterInnen und AdressatInnen laufend (re-)konstruiert wird. Weiters fördern fachspezifische Ausbildungen eine spezielle Form der Umweltabgrenzung bzw. Rollendifferenz, nämlich die zwischen Professionellen und KlientInnen, die auch für die Grenzziehung auf Organisationsebene genutzt werden kann.

Während niederschwellige Einrichtungen also auf der Innenseite des Organisationssystems permanent spezifische Beobachtungs- und Rollendifferenzen (re-)konstruieren, halten sie die Grenzen nach außen hin gegenüber den AdressatInnen tendenziell im Verborgenen und arbeiten mit einem hohen Ausmaß an Unbestimmtheit und Mehrdeutigkeit in dieser Umweltbeziehung. Genau darin dürfte ein *speziell niederschwelliger Grenzziehungsmechanismus* dieser Organisationen liegen: *Sie ziehen ihre Systemgrenzen mittels Ambiguität, die ihnen eine spezifische Form von Intransparenz gegenüber der Umwelt gewährleistet, die sie zugleich aber organisationsintern reflektieren und durch die Interpretation als förderliches Hilfsmittel in der Herstellung von Adressierbarkeit in Eindeutigkeit transformieren.*

Auch an der *Außengrenze zu den FördergeberInnen* wird teilweise mit Intransparenz gearbeitet, denn damit lassen sich Unvereinbarkeiten oder Widersprüche zwischen organisationsinternen und externen Relevanzkriterien bzw. Erwartungen entschärfen. Durch eine *partielle Entkopplung der formalen Strukturen von den tatsächlich durchgeführten Aktivitäten* können eventuelle Zieldivergenzen latent gehalten werden. Hilfreich hierfür zeigen sich in der Praxis organisationale Zwischenebenen, die vor allem durch die Eingliederung der einzelnen Einrichtungen in Organisationsverbünde respektive Trägerorganisationen realisierbar sind. Wie oben bereits thematisiert, begünstigen die aktuellen Förderstrukturen die Entwicklung solcher Organisationskonglomerate und fördern somit einen *Prozess der Strukturangleichung* im Sozialbereich allgemein.

Dennoch werden die mit den öffentlichen, aber auch mit privaten Finanzierungsquellen einhergehenden spezifischen Anforderungen und Einschränkungen in manchmal größerem, manchmal geringerem Ausmaß auch auf Einrichtungsebene wirksam. Reduzieren lassen sie sich bisweilen durch Mischfinanzierungen, d.h. durch die Kombination unterschiedlicher Förderquellen, die manchen Einrichtungen Gestaltungsspielräume eröffnen können. Spezielle Finanzierungsschwierigkeiten können niederschwelligen Organisationen aus personenbezogenen Finanzierungsstrukturen (Subjektförderung) erwachsen. Darüber hinaus beobachtet das Praxisfeld zum Teil Finanzierungsprobleme für niederschwellige Hilfsangebote im weiteren Begriffssinn, bei thematisch quer zur inhaltlichen Logik der Förderstrukturen liegenden Hilfsangeboten, für gesellschaftlich wenig sichtbare Problemlagen (z.B. versteckte und damit unauffällige Formen von Wohnungslosigkeit) oder auch in manchen öffentlich bzw. politisch sehr ambivalent diskutierten Bereichen.

Die partielle Entkopplung von formaler und Aktivitätsebene wird auch in der *Leistungsdarstellung* nach außen sichtbar: Diese konzentriert sich häufig auf eine deskriptive Beschreibung und quantitative Darstellung des Inputs (eingesetzte personelle Ressourcen, Anzahl und Art der Kontakte etc.), deren Wirkungen teilweise durch exemplarische Erfolgsgeschichten einzelner KlientInnen illustriert werden. Damit können die Legitimierungserfordernisse gegenüber den (häufig öffentlichen) GeldgeberInnen erfüllt und wichtige Handlungsfreiräume gesichert werden. Allerdings gelingt zugleich nur eine unzureichende Vermittlung dessen, was nach feldinternen Relevanzkriterien wirklich geleistet wird oder werden soll. Neben den generellen Grenzen der Wirkungserfassung sozialarbeiterischer Interventionen aufgrund komplexer Wirkungszusammenhänge scheint es auch daran zu mangeln, Erfolgskriterien feldintern zu konkretisieren und nach außen zu vermitteln. Dies wird insbesondere bei einer *steigenden Notwendigkeit zur Leistungstransparenz gegenüber den FördergeberInnen* problematisch, durch welche die bislang praktizierten Formen der partiellen Entkopplung von formaler Struktur und Aktivitätsebene unter Druck geraten.

In kaum standardisierbaren beruflichen Handlungsfeldern versorgen häufig *Professionen* mit ihrer jeweiligen wissenschaftlichen Wissensbasis und den professionsspezifischen Handlungsstandards die OrganisationsmitarbeiterInnen mit externen Handlungsorientierungen. Doch obwohl *Einrichtungen der niederschwelligen Sozialen Arbeit einige zentrale Merkmale einer professionellen Organisation aufweisen* würden, lassen sich *nur in begrenztem Ausmaß professionelle Handlungsbezüge* erkennen. Zum einen ist ungewiss, inwieweit diese professionellen Bezüge generell zur Verfügung stehen, sei dies durch grundsätzliche Professionalisierungsdefizite in der Sozialen Arbeit oder durch eine unzureichende professionsspezifische Ausbildung eines Teils der MitarbeiterInnen in niederschwelligen Einrichtungen. Zum anderen unterminiert die große Nähe niederschwelligen Arbeitens zu alltäglichen, nicht-professionellen Kommunikationsmustern und Rollenbeziehungen die Möglichkeiten, das berufliche Handeln als professionelles Handeln symbolisch zu inszenieren. Und in jenen Arbeitszusammenhängen, in denen kaum aufsteigende Prozesse der gesellschaftlichen (Re-)Inklusion realisiert werden können, bleiben den professionellen Handlungsmöglichkeiten generell enge Grenzen gesteckt. In jedem Fall hält eine gering wahrnehmbare Professionsebene den Einwirkungen anderer Umwelten wie Politik oder Wirtschaft auf die Organisation wenig entgegen.

Der vorliegende Beschreibungsentwurf der Organisation niederschwelliger Sozialer Arbeit lässt einige Aspekte offen. So wurden etwa Fragen des organisationalen Wandels zwar an mehreren Stellen angeschnitten, konnten aber nicht vertiefend behandelt werden. Auch die Kooperation mit anderen Hilfsorganisationen als wichtigen Organisationsumwelten bleibt großteils unbeleuchtet – abgesehen von Aspekten der Fallübergabe, die in Kapitel 5.7 ausgeführt wurden. Fragen von Leitung in niederschwelligen Organisationen konnten ebenfalls nur am Rande behandelt werden. Damit sind nur drei von vielen offenen Fragen exemplarisch genannt, die weitere Forschung in diesem Themenfeld anregen könnten. Insbesondere wären ergänzende organisationale Fallstudien wünschenswert, um das Wissen über diese Organisationen zu vertiefen.

Teil C:

Theorie und Empirie im Gespräch

7 Wechselseitige Konsultationen der theoretischen und empirischen Befunde

Die empirisch generierten Erkenntnisse über niederschwellige Soziale Arbeit verweisen inhaltlich in vielfacher Hinsicht auf unterschiedliche soziologische Theorieangebote und lassen einen Theorie-Empirie-Dialog lohnenswert erscheinen. Jene theoretischen Bezugspunkte, die nach Abschluss der empirischen Forschung besondere Relevanz erkennen ließen, wurden in Teil A (Kap. 2 und 3) zunächst für sich allein stehend dargestellt. In den nachfolgenden Ausführungen werden ausgewählte inhaltliche Aspekte der empirischen Studie nochmals aufgegriffen und unter Einbezug der in Teil A skizzierten theoretischen und empirischen Befunde diskutiert.

Es ist allerdings davon auszugehen, dass die empirischen Ergebnisse und theoretischen Rahmungen über die nachfolgenden Überlegungen hinaus Potenzial für ertragreiche wechselseitige Impulse beinhalten. Dieses gegebenenfalls zu erschließen, bleibt weiterführenden Arbeiten überlassen.

7.1 Inklusions- und Exklusionsarbeit in niederschwelliger Sozialer Arbeit

Wer von niederschwelliger Sozialer Arbeit erreicht werden soll, weist in der Regel (noch) *keine sichere Adressierbarkeit als KlientIn* auf, sei dies aus mangelnder Bereitschaft, sich als hilfsbedürftig adressieren zu lassen, sei es aus einem Unvermögen heraus, die mit der Annahme der KlientInnenrolle verbundenen Anforderungen und Erwartungen erfüllen zu können. Die Inklusion ins Hilfssystem gestaltet sich prekär und es geht zunächst darum, die Zielgruppen niederschwelliger Hilfsangebote und -maßnahmen mit sozialer Adressierbarkeit für das Hilfssystem selbst auszustatten und diese soziale Adresse ausreichend zu stabilisieren, um sozialarbeiterische Hilfeleistungen welcher Art auch immer erbringen zu können. Die in der empirischen Studie gewonnenen Befunde bekräftigen damit und präzisieren zugleich Ronny Lindners (2008) Hypothese, dass sich niederschwellige Soziale Arbeit oft nicht als sozialarbeiterische Hilfskommunikation ausweist. In einer ersten Phase und manchmal auch dauerhaft wird

häufig eine andere Adressierungsmöglichkeit als die KlientInnen-förmige gewählt: Vorrangig weicht man auf eine *unspezifische Adressierung auf persönlicher Ebene* aus – teilweise unter Nutzung von vorgelagerten Angeboten, die auf
unterschiedliche menschliche Grundbedürfnisse referieren – und nimmt dabei
Anleihen bei familiären oder freundschaftlichen Kommunikationsmustern, die
sich durch eine Höchstrelevanz der ganzen Person auszeichnen.[142] Bei einem
gemeinwesenorientierten oder auch sozialraumbezogenen Herangehen werden
die BewohnerInnen bzw. NutzerInnen bestimmter Orte oder Regionen angesprochen, und zwar ebenfalls in einem niedrigeren Spezifizierungsgrad als es eine
klientInnenbezogene Adressierung im engeren Sinn implizieren würde.

Eine *rollenspezifische Adressierung* findet zwar im Kontext von niederschwelligen Hilfsangeboten im weiteren Begriffssinn in gewissem Ausmaß (bereits) statt, allerdings *in einer 'Light-Version'*. Die Rollenbildung und die damit
verbundenen Erwartungsadressierungen erweisen sich als unsicher, der zur Erbringung der Hilfeleistung notwendige Eigenbeitrag der KlientInnen bleibt ungewiss. Eine ganz andere Form der KlientInnenrolle 'light' realisieren die in der
vorliegenden Studie nicht näher untersuchten IKT-vermittelten Formen von
Niederschwelligkeit. Hier erfolgt durch die charakteristische Reduktion der
Kommunikation in der Sozialdimension keine oder nur eine flüchtige 'Vertäu-
ung' der klientInnenspezifischen Adressierung an der Person, sodass der KlientInnenstatus weniger leicht an den so Adressierten haften bleibt. Dies setzt NutzerInnen voraus, die über ein kompatibles Problembewusstsein, die Kompetenz
zur partiellen und aktiven Aufnahme der KlientInnenrolle und deren selbstbe-
stimmter Beendigung und bei onlinebasierten Kommunikationsformen auch über
einen Zugang zu diesen und das Knowhow zu deren Nutzung verfügen. Es ist zu
vermuten, dass die NutzerInnen solcher Angebote häufig im 'fitteren' Randbe-
reich des Hilfssystems anzusiedeln sind (vgl. hierzu auch die Befunde von Alexandra Klein 2007 und 2009) und nicht in den Bereichen, die als besonders weit
am Rande der Gesellschaft umschrieben werden können.

Zieht man die theoretischen Überlegungen aus Kapitel 2 hinzu, dann ist zunächst davon auszugehen, dass die Zielgruppen jener Hilfsmaßnahmen und

---

142 Manchmal wird auch im alltäglichen Wortsinn Adressierbarkeit hergestellt, nämlich durch das
Wiedererlangen einer Post- oder Meldeadresse bei obdachlosen Personen, d.h. durch eine (oft
auch dem Hilfssystem zuzurechnende) zumindest lose oder befristete räumliche Anbindung,
indem etwa niederschwellige Aufenthaltsangebote o.ä. als Postadressen dienen oder indem –
zumeist zeitlich begrenzt – Wohnmöglichkeiten im jeweiligen System der Wohnungslosenhilfe
genutzt werden können. Solche Adressen lassen sich aber mitunter ebenfalls als beschädigte
soziale Adressen identifizieren, sodass es sich beispielsweise als schwierig erweisen kann, bei
der Angabe spezifischer Meldeadressen, die als Heimadressen der Wohnungslosenhilfe bekannt sind, als KonsumentIn am Versandhandel teilzunehmen.

-angebote, die Niederschwelligkeit im engeren Begriffssinn oder doch zumindest in mehreren Dimensionen zu realisieren trachten, in der Regel *stark reduzierte Inklusionsprofile und/oder sogenannte dichte Adressen* aufweisen. Sie werden von vielen gesellschaftlichen Teilsystemen bzw. deren Organisationen als nicht (ausreichend) adressabel behandelt oder primär in einer speziellen Art und Weise adressiert, nämlich als abweichend, unangemessen, nicht selbstreferenz- und partizipationsfähig. Die Adressierungen weisen vor allem bei den Zielgruppen niederschwelliger Hilfsangebote im engeren Begriffssinn tendenziell totalisierende Charakteristika auf, d.h. sie beziehen sich häufig auf die gesamte Person und bleiben nicht auf ein gesellschaftliches Inklusions- oder Adressfragment beschränkt.

Die totalisierenden Tendenzen, die Adressverdichtungen begünstigen, können einerseits durch die in Kapitel 2.1.5 thematisierten kumulativen Verkettungen im individuellen Lebenslauf über die Filterinstitutionen Familie und Bildung bzw. durch das Zusammenwirken konvertierbarer Ressourcen über Funktionssystemgrenzen hinweg bewirkt werden. Sie lassen sich andererseits dadurch erklären, dass die mit der Adressierung verknüpften Erwartungsstrukturen nicht nur kognitiver, sondern häufig auch normativer Gestalt sind. Die mit normativen Erwartungen verbundene Differenz von konformem und abweichendem Verhalten liegt wiederum im unmittelbaren Nahbereich moralischer Kommunikation, die über Achtung bzw. Missachtung von Personen diese in einer generalisierenden Weise ein- oder ausschließt (vgl. Luhmann 1999[1997]: 397; Fuchs 2004: 20ff).[143]

An der Inklusionsarbeit niederschwelliger Sozialer Arbeit zeigen sich m.E. aus theoretischer Sicht zweierlei Aspekte als besonders beachtenswert: Erstens erfolgt die Herstellung einer ersten, basalen Adressierbarkeit für das Hilfssystem häufig durch einen Rückgriff auf Kommunikationsmuster, die üblicherweise familiäre oder freundschaftliche Beziehungen auszeichnen. Im niederschwelligen Arbeiten nützt man somit kommunikative Adressierungsformen, in der die gesamte Person mit all ihren Interessen, Themen und Problemen relevant werden kann, d.h. eine Inklusion der ganzen Person erfolgt. Zweitens zeigen sich eine akzeptierende Haltung und der Grundsatz vorbehaltloser persönlicher Wertschätzung als zentrale Elemente der Fallkonstruktion im niederschwelligen Kontext.

---

143 Insofern verdient Cornelia Bohns (2008) Vorschlag eines devianztheoretisch informierten differenzierungstheoretischen Konzepts von Inklusion und Exklusion besonderes Augenmerk. Zu diskutieren und auch empirisch zu prüfen wäre etwa, inwieweit und in welchen Fällen Missachtung zu sozialer Exklusion führen kann, denn eine einfache Gleichsetzung von Achtung mit Inklusion und Missachtung mit Exklusion wäre m.E. jedenfalls eine unzulässige Vereinfachung.

Es wird also mit moralischer Kommunikation gearbeitet, und zwar nicht mit Missachtung, die gegenüber den AdressatInnen ansonsten überwiegen dürfte, sondern mit Achtung. Auch diese Kommunikationsweise zielt auf die gesamte Person und deren Pauschalinklusion ab.

Beide kommunikative Muster eröffnen – vor allem auch in ihrer Kombination – besonders günstige Bedingungen, um irgendwie mit der Kommunikation anzufangen, also "local action" anlaufen zu lassen, um es in Lindners Begriffen zu reformulieren, denn rollen- oder code-spezifisch (vgl. Kap. 2.2.3) ist Kommunikation ja häufig nicht oder nur begrenzt möglich. In Anlehnung an die zentralen Funktionen familiärer Systeme ließe sich schlussfolgern, dass insbesondere in manchen niederschwelligen Hilfseinrichtungen im engeren Sinn über die grundlegende Sozialisation in die KlientInnenrolle zugleich generell an der Herstellung einer sozial inklusionsfähigen Persönlichkeit gearbeitet wird, die eine gewisse Nähe zur frühkindlichen Sozialisation und ersten Adressbildung in der Familie aufweist, keinesfalls aber mit ihr gleichzusetzen ist. Beide Kommunikationsformen entfalten zugleich eine hohe Bindungswirkung auf persönlicher Ebene, die sich für die Fortsetzung der Kommunikation als nützlich erweist, auch oder gerade dann, wenn die Erwartungen und Anforderungen steigen und die Kommunikation sukzessive ihren Charakter in Richtung fallspezifischer Adressierung verändert. Damit wären wichtige funktional förderliche Seiten benannt.

Der Umstand, dass sowohl in der familienähnlichen Kommunikation als auch über das Arbeiten mit dem Moralschema jeweils Inklusionsweisen genutzt werden, die auf die *Inklusion der Gesamtperson* abzielen, muss jedoch auch auf mögliche zwiespältige oder abträgliche Wirkungen hin befragt werden. Solche Inklusionen *erzeugen ebenfalls tendenziell (zumindest zunächst) dichte Adressen*, die dann etwa im Falle der Familie im Heranwachsen sukzessive aufgelöst bzw. diversifiziert werden müssen. Der Rückgriff auf solche in der Tendenz totalisierenden Inklusionsformen könnte den schwierigen Übergang zu rollenspezifischer Kommunikation mit verstärken, sodass sorgfältig geprüft werden sollte, wann ihr Einsatz zweckentsprechend (d.h. im Sinne der Herstellung von Adressierbarkeit für das Hilfssystem notwendig) sein könnte und wann er sich als abträglich erweist, da zu unspezifisch bindend und den Übergang zur Rollendiversifizierung blockierend. Kurzum: Die beiden Kommunikationsmuster erweisen sich bei genauem Hinsehen als zweischneidige Hilfsmittel, weshalb das Arbeiten mit ihnen begleitend eine kritische Reflexion verlangt, um sich nicht in ihren paradoxen Wirkungen zu verfangen. Denn ansonsten könnten exklusionsverfestigen-

de Effekte resultieren, konkret Verfestigungen in niederschwelligen Hilfsangeboten und -maßnahmen im Sinne einer exkludierenden Inklusion.

Solch einer Reflexion auf Seiten der Einrichtungen und ihrer MitarbeiterInnen käme zugleich die Aufgabe zu, die Unterschiede zwischen tatsächlich familiärer oder auch freundschaftlicher bzw. ganz allgemein privater Kommunikation
und den familien- bzw. freundschaft*ähnlichen* Beziehungsanleihen im Bereich
der niederschwelligen Sozialen Arbeit, d.h. in einem *beruflichen* Kontext, laufend bewusst zu halten und auf die daraus erwachsenden Gefährdungen zu achten (vgl. Kap. 5.5).

Exklusionsverfestigende Wirkungen können zudem aus einem *dauerhaften
Niedrighalten von Erwartungen und Anforderungen* gegenüber den AdressatInnen resultieren. Um es normativ zu reformulieren: Niederschwelligkeit in der
Sozialen Arbeit ist nicht per se gut bzw. erstrebenswert, da sie nicht den 'normalen' Bedingungen gesellschaftlicher Teilhabe entspricht, sondern ganz im Gegenteil von diesen gravierend abweicht. Die Art und Weise, in der Individuen in der
funktional differenzierten Gesellschaft Berücksichtigung finden, nämlich über
multiple Partialinklusion in unterschiedliche gesellschaftliche Teilbereiche bei
grundsätzlicher sozialer Ortlosigkeit der Person (vgl. Kap. 2.1), zeigt sich als
hoch anspruchsvoll für die Individuen. An diesen Ansprüchen selbst kann auch
die Soziale Arbeit nichts ändern, sie kann höchstens in begrenztem Ausmaß
erwartungsniedrige Parallel- oder Ersatzwelten anbieten.[144] Eine anhaltend an-
forderungsniedrige Inklusion ins Hilfssystem ohne wiederholte Versuche, die
Anforderungen bzw. Erwartungen an die auf diese Weise Inkludierten zu erhöhen, fördert nicht oder zumindest nicht ausreichend soziale Inklusionsfähigkeit.
Dann findet in Form der stellvertretenden Inklusion ins Hilfssystem lediglich
Exklusionsverwaltung statt.

Es dürfte durchaus häufig vorkommen, dass niederschwellig erreichte und
ins Hilfssystem eingebundene Personen dauerhaft nicht in der Lage oder eventuell auch nicht willens sind, in einen sich diversifizierenden gesellschaftlichen
(Re-)Inklusionsprozess einzusteigen und ausreichend eigene Ressourcen und
Kompetenzen für eine autonome individuelle Lebensführung zu erlangen. Insofern zeigt sich die *Unterstützung von Lebensführungen unter Exklusionsbedin-*

---

144 Sollte das Praxisfeld der Sozialen Arbeit den Anspruch erheben, die gesellschaftlichen Verhältnisse verändern zu wollen, die Inklusionsprobleme bzw. gravierende Schwierigkeiten der
Lebensführung (mit-)produzieren – und das tun zahlreiche VertreterInnen der sozialarbeiterischen Berufspraxis, dann braucht es eine enge Anbindung an die Sozialpolitik bzw. an andere
Funktionsbereiche der Gesellschaft und eben keine funktionale Unabhängigkeit. Mitunter entsteht der Eindruck, dass sich die Soziale Arbeit selbst gar nicht von der Politik lösen will, auch
wenn zugleich deren Einflussnahmen auf die sozialarbeiterische Praxis moniert wird.

gungen in der Praxis sehr wohl als eine Aufgabe des Hilfssystems. Entscheidend ist allerdings, ob niederschwellige Einrichtungen quasi unbeabsichtigt faktisch Exklusionsverwaltung leisten, obwohl sie sich eigentlich die Förderung umfänglicherer gesellschaftlicher Teilhabe auf die Fahnen geschrieben hätten, oder ob solch ein anhaltend niederschwelliges Hilfsangebot Resultat einer reflektierten Praxiserfahrung ist, in der dennoch nicht aus dem Blick gerät, dass durch stellvertretende Inklusion die eigentlichen Inklusions- und Lebensführungsprobleme nicht gelöst, sondern nur in den eigenen Zuständigkeitsbereich umgeschichtet werden.

7.2 Theoretische (Neu-)Verortungen niederschwelliger Sozialer Arbeit im Hilfssystem und in der Gesellschaft

Die Frage nach den Funktionen niederschwelliger Sozialer Arbeit führte in der Empirie zu wesentlich vielschichtigeren Ergebnissen als in Lindners Theorieskizze angelegt – und manche Funktionen stehen zueinander potenziell in einem spannungsgeladenen Verhältnis. Einerseits zeigt sich zwar auch die *Ermöglichung sozialarbeiterischer Adressierbarkeit bei unsicher erreichbaren Adressen als die zentrale Funktion in Bezug auf das gesamte Hilfssystem.* Andererseits gehen aber insbesondere niederschwellige Hilfsangebote im weiteren Begriffssinn und gemeinwesenorientierte Niederschwelligkeit über reine Kopplungsfunktionen an das Hilfssystem hinaus. Erstere dienen dazu, die Wahrscheinlichkeit der Fortsetzung rollenspezifischer(er) Kommunikation zu erhöhen, wenn solch eine Fortsetzung hochgradig unsicher erscheint. Es geht also um längerfristige Stabilisierung der bereits angelaufenen sozialarbeiterischen Kommunikation und nicht mehr vorrangig um "lokal action". Zweitere will eine klientInnenförmige Adressierung generell umgehen, zumindest in einer personenbezogenen Variante. Stattdessen wird gewissermaßen ein Gemeinwesen oder auch ein (meist zugleich territorial eingegrenzter) Sozialraum zum sozialarbeiterischen Fall erklärt. So werden – jedenfalls vordergründig – lediglich indirekte Adressierungen von Personen hergestellt.

Unthematisiert bleiben bei Lindner die *auf die Gesamtgesellschaft bezogenen Funktionen niederschwelliger Sozialer Arbeit*, die nicht mit denen in Bezug auf das Hilfssystem gleichgesetzt werden können.[145] Zumindest muss davon

---

145 In diesem Aspekt sind Lindners theoretische Bestimmungsversuche von Niederschwelligkeit doch den Selbstbeschreibungen des Praxisfeldes der Sozialen Arbeit verhaftet, obwohl sie sich eigentlich durch eine gesellschaftstheoretische Verortung dezidiert von jenen lösen wollten (vgl. Kap. 2.2.4 in dieser Studie).

ausgegangen werden, dass die zentrale Funktion des Zugang-Eröffnens zum Hilfssystem zwei Ausprägungen annehmen kann: Erstens die des Eröffnens von Anschlussmöglichkeiten an weiterführende, höherschwellige Hilfsangebote, d.h. an sozialarbeiterische Fallbearbeitung, zweitens die der Exklusionsverwaltung ohne nennenswerte Chancen auf Hilfestellungen zur umfassenderen Problembearbeitung. Letztere verweist auf *innerhalb der Sozialen Arbeit ambivalent diskutierte oder auch latent gehaltene Funktionen niederschwelligen Arbeitens*, nämlich auf spezifische Ausprägungen der *Kontrollfunktion* (Stichwort 'Szenebeobachtung'), auf *Befriedung in der Exklusion* bzw. auf *Sicherung öffentlicher Ordnung*, indem beispielsweise für als störend wahrgenommene Personen (obdachlose oder drogensüchtige Menschen, auffällige Jugendliche etc.) Aufenthaltsmöglichkeiten geschaffen werden, die sie von der Straße wegbringen.

Wären die beiden genannten Funktionsvarianten immer kompatibel, bräuchte die Doppelgestalt nicht weiter zu beunruhigen. Die Empirie deutet aber an, dass teilweise nach erfolgreichem Anschluss an das Hilfssystem nur unzureichend weiterführende, höherschwellige Hilfsangebote zur Verfügung stehen, da deren Finanzierung schwierig zu realisieren ist. Ein *Spannungsfeld zwischen den beiden beschriebenen Funktionsvarianten* tut sich unter anderem dadurch auf, dass Kontroll-, Befriedungs- und Ordnungssicherungsfunktionen häufig früher erreicht sind als die Realisierung weiterführender (Re-)Inklusionsprozesse mittels höherschwelliger Hilfsangebote und -maßnahmen. Hier zeigt sich mit aller Deutlichkeit die von Baecker (1994) dargelegte Paradoxie, nämlich dass sich Soziale Arbeit durch stellvertretende Inklusion systemfremder Probleme annimmt, damit aber ein Ersatzproblem erzeugt, dass nun in der Folge ihr eigenes Problem ist und um das sich die übrige Gesellschaft nicht mehr kümmern muss (vgl. Kap. 2.2.3). Zugleich kann aber die Soziale Arbeit das Problem nicht selbst im eigentlichen Sinn lösen, weil sie eben nur stellvertretend und nicht 'wirklich' inkludiert.

Faktisch dürfte somit eine wichtige *gesamtgesellschaftliche Funktion* niederschwelliger Sozialer Arbeit auch darin liegen, die *Möglichkeit gesellschaftlicher Teilhabe hypothetisch dort aufrecht zu erhalten, wo die praktische Realisierung dieser Teilhabe äußerst unwahrscheinlich ist*. Die niederschwellig in das Hilfssystem eingebundenen Personen können in der Folge als die Gesellschaft allgemein und die Politik im Besonderen nicht mehr nennenswert irritierende Fälle behandelt werden, solange sie nicht übermäßig öffentliche Ressourcen verschlingen und es nicht gelingt, ihre Situation als mit zentralen gesellschaftlichen Normen und Werten unvereinbar zu skandalisieren. Letzteres erweist sich insbesondere in normativ ambivalent und kontrovers diskutierten Handlungsfeldern der Sozialen Arbeit als schwierig und riskant.

Die *systemtheoretische Diskussion über den Funktionssystemstatus* der Sozialen Arbeit lässt sich anhand der Studienergebnisse zur niederschwelligen Sozialen Arbeit nur begrenzt weiterführen. Bemerkenswert ist allerdings zunächst, dass die mit Blick auf die Gesamtgesellschaft identifizierten Funktionen dieses Teilbereichs der Sozialen Arbeit sozialarbeitsintern umstritten sind, teilweise abgelehnt oder latent gehalten werden. Zugleich beobachtet man feldintern hinsichtlich der überwiegend anerkannten Funktion des Zugang-Eröffnens zum Hilfssystem beachtliche Anschlussprobleme zum höherschwelligen Bereich. Die Ursachen hierfür werden vorrangig der Umwelt zugerechnet, nämlich einerseits den unzureichend adressierbaren KlientInnen und andererseits den auf Programmebene intervenierenden und ressourcenlimitierenden FördergeberInnen. Der niederschwellige Bereich kann also seinen Selbstbeobachtungen zufolge zur allgemeinen Funktion eines möglichen Funktionssystems der Sozialen Arbeit, die sich beispielsweise nach Peter Fuchs als "Inszenierung von Chancen der Re-Inklusion für beschädigte soziale Adressen" (2000: 161) spezifizieren ließe, nur äußerst unzureichend beitragen. Stattdessen erfüllt er mitunter Funktionen, die systemintern nicht als zentral gelten oder gar abgelehnt werden.

Auf *Programmebene* lässt sich einerseits eine weitgehende Programmierung niederschwelliger Sozialer Arbeit über ihre Organisationen beobachten, während ein nennenswerter Einfluss professioneller Bezugspunkte bei der Ausgestaltung der Programme wenig erkennbar ist – jedenfalls wären solche Bezugspunkte gegebenenfalls nicht eindeutig als professionelle Kommunikation wahrnehmbar. Andererseits stärken die empirischen Beobachtungen tendenziell Peter Fuchs' Hypothese, dass die jeweiligen Kopplungsfavoriten auf die Programmierung beachtlichen Einfluss nehmen können, und zwar vor allem die Politik und bei konfessionellen Trägern auch die damit verknüpften Religionsgemeinschaften. Generell zeigen sich weiters rechtliche Vorgaben (z.B. Jugendschutz- oder Sozialhilfegesetze, Chancengleichheitsgesetze für behinderte Menschen etc.) als bedeutsam für die Ausformulierung der Hilfsprogramme, die wiederum oft eng mit der Politik gekoppelt sind. Das Einsickern wirtschaftlicher Logiken in sozialarbeiterische Hilfsprogramme scheint vorrangig vermittelt über die FördergeberInnen stattzufinden, wobei zur genaueren Analyse dieses Aspekts weiterführende empirische Studien unter Einbezug der Ebene der FördergeberInnen notwendig wären. Vermutlich macht sich auch in der Sozialen Arbeit allgemein eine zunehmende gesellschaftliche Dominanz wirtschaftlicher Kommunikation bemerkbar, die über Prozesse der Isomorphie (vgl. Kap. 3.2) wirksam werden – doch auch dieser Aspekt kann mit den vorliegenden empirischen Ergebnissen nur unzureichend ergründet werden.

Zusätzlich *programmieren unterschiedliche kognitive oder auch normative Vorstellungen von Hilfsbedürftigkeit und 'richtigem' Helfen* häufig implizit und manchmal in sehr diffuser Weise die sozialarbeiterischen Tätigkeiten mit. Von den vier identifizierten Hilfskonzepten (Mildtätigkeitskonzept, sozialpädagogisches Konzept, 'sozialrevolutionäres' Konzept und Empowerment-Konzept) verweisen nur der sozialpädagogische und der Empowerment-Ansatz auf mögliche professionelle Bezugspunkte, über die funktionssystem-eigene Programmierungen erkennbar sein könnten. Beim sozialpädagogischen Konzept bleibt aber die Frage der Abgrenzung von pädagogischer Kommunikation allgemein virulent, sodass letztendlich in erster Linie der Empowerment-Ansatz Hinweise auf funktionssystemspezifische Programmierung geben könnte. Resümierend lässt sich festhalten, dass auf Programmebene nur wenige Indizien für eine Funktionssystembildung zu finden sind, während sich mehrfach andeutet, dass die Programme der niederschwelligen Sozialen Arbeit von verschiedenen Umwelten wesentlich beeinflusst werden.

Nochmals aufgenommen werden soll die Frage danach, wie niederschwellige Soziale Arbeit die *Wahrscheinlichkeit der Annahme von Kommunikation* erhöht, denn dieser Teilbereich der Sozialen Arbeit ist im Kern damit beschäftigt, nicht oder unsicher gelingende Anschlüsse an das Hilfssystem bzw. des Hilfssystems an potenzielle KlientInnen zu bearbeiten. Bei den niederschwellig zu bearbeitenden AdressatInnen von Hilfskommunikation ist die Fallkonstruktion von KlientInnen alles andere als selbstverständlich, die dafür notwendige Kopplungsbereitschaft beim adressierten Gegenüber zeigt sich vielmehr als äußerst ungewiss. Bereits weiter oben (Kap. 7.1) wurde dargelegt, dass sich niederschwellige Soziale Arbeit Kommunikationsmuster ihrer gesellschaftlichen Umwelt ausleiht, um so die Annahmechancen für die Hilfskommunikation zu erhöhen. *Fürsorge* findet – in Übereinstimmung mit Baecker (1994) – als symbolisch generalisiertes Kommunikationsmedium Verwendung, aber es ist keine sozialarbeiterische Variante von Fürsorge, sondern vielmehr eine, die dem familiären System oder auch anderen Intimbeziehungen, etwa Freundschaft, direkt (und nicht nur historisch) entlehnt ist und sich folglich von deren Kommunikation auch nicht klar unterscheiden lässt. Sie ist und bleibt zugleich mehrdeutig, da sie eben keine familiäre oder freundschaftliche Kommunikation darstellt.

Weiters dient – wie bei Fuchs (2004) diskutiert – *Moral als funktionales Äquivalent*, nämlich durch eine besondere *Hervorhebung der Einschlussseite* in Form von persönlicher Akzeptanz und Wertschätzung. Die Risiken, die solch einer in der Tendenz totalisierenden Inklusionsweise innewohnen, wurden bereits weiter oben diskutierte. An dieser Stelle soll die Frage aufgeworfen werden, welche Alternativen denn für Adressierungen bleiben, wenn die Möglichkeit rollenspezifischer Inklusion bzw. Adressierung (noch) nicht zur Verfügung steht. Der Ausweg wäre Nicht-Adressierung, also eine Alternative, die auf den Reflexionswert des binäre Codes "helfen/nichthelfen" (oder "Fall/Nichtfall") zielt. Für die Auswahl der *Alternative "nichthelfen"* stünde in der niederschwelligen Sozialen Arbeit ein feldintern hoch gehaltenes *Prüfkriterium* zur Verfügung: die *Freiwilligkeit und Zustimmung auf Seiten des/der Adressierten*. Doch gerade an diesem Reflexionskriterium zeigt sich, wie schwer die Akzeptanz von Stoppregeln für Hilfe fällt. Denn eine Nichtannahme der Hilfskommunikation lässt sich auch als Ausdruck von Hilfsbedürftigkeit und als ein Nicht-Annehmen-Können umdeuten, sodass eben zunächst auf nicht-rollenspezifische Interaktion ausgewichen wird, um trotz fehlender Annahme der KlientInnenrolle ins Gespräch zu kommen. Die *Balance zwischen notwendigem Helfen und unfreiwilliger, manipulativer Inklusion ins Hilfssystem* dürfte in der Praxis eine *prekäre und ständig neu auszulotende* sein, für die essenziell ist, ob der Aspekt der Freiwilligkeit im sozialarbeiterischen Agieren tatsächlich als Reflexionswert permanent mitläuft oder eher als Freiwilligkeitsrhetorik die niederschwelligem Arbeiten immanenten Zwangs- und Manipulationsmomente überdecken hilft.

7.3 Organisations- und professionssoziologische Perspektiven auf die niederschwellige Bearbeitung von Hilfsbedürftigkeit

Greift man Luhmanns Überlegungen zum Verhältnis von Redundanz und Varietät in Organisationen auf, dann lassen sich Organisationen der niederschwelligen Sozialen Arbeit als *Virtuosen der Varietät und der dynamischen Stabilität* charakterisieren. Sie realisieren auf Programmebene und teilweise auch auf Ebene der Kommunikationswege nur wenige strukturelle Einschränkungen der Entscheidungszusammenhänge und verlassen sich in hohem Ausmaß auf die Entscheidungsprämisse Personal, um eine große Aufnahme- und Verarbeitungskapazität für Umweltirritationen zu gewährleisten. Insbesondere abstrakte Zweckprogramme und das Arbeiten mit Ausnahmen von gültigen Regeln gewährleisten auf Ebene der Entscheidungsprogramme eine hohe Entscheidungs- und Handlungsflexibilität und tragen damit zugleich wenig zur Unsicherheitsabsorption in der Entscheidungssituation bei.

Die potenziell regelzersetzende Wirkung der Regelabweichung und das mit Ausnahmeregelungen verbundene hohe Komplexitätsmanagement zeigen die

Grenzen einer flexiblen Handhabung organisationaler Regeln auf. Ein basales Set verbindlicher und transparenter Organisationsregeln ist zumeist auch für die AdressatInnen niederschwelliger Hilfsangebote und -maßnahmen wichtig, um ihnen ausreichend Erwartungssicherheit und Orientierung bieten zu können. Zusätzlich zeichnen sich manche niederschwelligen Einrichtungen durch eine hohe Sichtbarkeit der Regelanwendung innerhalb der Organisation aus, da häufig in relativ offenen räumlichen Settings gearbeitet wird. Abweichungen werden so leichter beobachtbar, sodass in den Interaktionen zwischen SozialarbeiterIn und KlientIn in niederschwellig arbeitenden Organisationen vermutlich weniger Freiräume für eigen-sinnige Ziele und Regelabweichungen realisierbar sind.[146] In diesem Aspekt weichen die untersuchten Organisationen etwas von den Charakteristika sozialer personenbezogener Dienstleistungsorganisationen ab bzw. wären die bei Klatetzki (2010) ausgeführten Überlegungen hinsichtlich der geringen Sichtbarkeit der Interaktionen zu differenzieren.

Sowohl der *Teamarbeit* als auch *Communio-Konzepten* kommt in Einrichtungen der niederschwelligen Sozialen Arbeit eine *große Bedeutung* zu, in denen zugleich Hierarchie häufig durch verschiedene Faktoren in ihrer Geltungskraft abgeschwächt wird. Teamkooperation erschließt dabei nicht nur komplexe, umweltsensible Kommunikationsweisen (vgl. Baecker 1999), sondern vermag gleichzeitig potenziell Gemeinschafts- und Solidaritätsorientierungen bei Teammitgliedern zu mobilisieren, sodass über diese Form der Arbeitsgestaltung ebenfalls mit Communio-Konzepten gearbeitet wird. Letztere wirken nach Peter Fuchs (2009) als funktionale Äquivalente zur Hierarchie und erhöhen die Erwartbarkeit von formal nicht einklagbaren Leistungen auf Seite der MitarbeiterInnen. Bemerkenswert an niederschwelliger Sozialer Arbeit (und vermutlich tendenziell an Sozialer Arbeit allgemein) erscheint allerdings, dass sich die *Organisationen in diesem Feld gar nicht nennenswert um den Import derartiger Communio-Konzepte bemühen müssen, sondern diesbezüglich auf feldinterne Charakteristika zurückgreifen können*, nämlich z.B. auf den Einsatz von familien- und freundschaftsähnlicher Kommunikation in der Interaktion mit den HilfsadressatInnen oder auf eine starke Orientierung der MitarbeiterInnen an eigenen Werten, verbunden mit einer hohen intrinsischen Motivationslage. Manche Einrichtungen zeigen sich sogar eher darum bemüht, solche Orientierungen bei ihren MitarbeiterInnen zurückzudrängen. Einerseits können sie dadurch etwas mehr von deren persönlicher Motivationsstruktur absehen, d.h. die Orientierung an den Organisationszielen stärken. Andererseits soll damit das Risiko

---

146 Im Falle aufsuchender Sozialer Arbeit hängt dies selbstverständlich sehr davon ab, ob die AdressatInnen alleine angetroffen werden oder in Gesellschaft.

verringert werden, dass die Belastungen auf personeller Ebene negativ auf MitarbeiterIn und Organisation zurückwirken (Stichwort: Burnout-Gefahr). Die gewonnenen empirischen Erkenntnisse zu niederschwelligen Einrichtungen des Sozialbereichs ermöglichen Einblicke zu geben, welche Folgen und Folgeprobleme aus dem Import von Communio-Konzepten in Organisationen sowohl für die Organisation selbst als auch für die in ihr beschäftigten MitarbeiterInnen erwachsen können.

Der herausragende Stellenwert der Teamkommunikation in Organisationen der niederschwelligen Sozialen Arbeit gewinnt unter Einbezug von Karl Weicks Überlegungen zu Sensemaking-Prozessen in Organisationen (vgl. Kap. 3.1.3 in dieser Studie) eine spezielle Bedeutung. Die unterschiedlichen formal verankerten *Kommunikationsforen* (v.a. Teammeetings) zeigen sich als *konstitutiv für die Herstellung von Organisation*, indem sie organisationale Sinngenerierungsprozesse ermöglichen und notwendig machen. Gerade die äußerst wenig vorstrukturierten, vorausplanbaren und mehrdeutigen Entscheidungssituationen im niederschwelligen Arbeitsbereich machen eine retrospektive Nachbearbeitung der von den MitarbeiterInnen getroffenen Entscheidungen im Team erforderlich. Die Einzelentscheidungen werden durch kollektive Bedeutungsgenerierungen zu Organisationsentscheidung transformiert oder gegebenenfalls als nicht organisationskonform beobachtet und so auf einer individuellen Ebene belassen.

Die empirischen Befunde unterstreichen auch die wichtige Funktion der Sensemaking-Prozesse in organisationalen Meetings für die *Grenzziehung zur Umwelt*: Die von den Organisationen ausdifferenzierten Reflexionsforen wie Teambesprechungen, Team-Intervision oder -Supervision haben essenzielle Bedeutung für die laufende (Re-)Konstruktion der potenziell leicht verschwimmenden Differenz zwischen OrganisationsmitarbeiterInnen und AdressatInnen niederschwelliger Hilfsangebote. Und sie ermöglichen weiters die *spezielle Form der niederschwelligen Grenzziehung mittels Ambiguität* (vgl. Kap. 6.4.1), in der nach außen hin gegenüber den AdressatInnen mit Unbestimmtheit und Mehrdeutigkeit gearbeitet wird, während sich organisationsintern *über Reflexionsprozesse Eindeutigkeit herstellen* lässt.

Erleichtert werden die teilweise prekären Grenzziehungen im niederschwelligen Bereich durch *sozialarbeiterisch bzw. psychosozial qualifiziertes Personal*, das durch seine fachspezifische bzw. professionelle Ausbildung die *Rollendifferenz zu den HilfsadressatInnen stärker internalisiert* hat. Allerdings ist ein entsprechender Ausbildungshintergrund des Personals nur in einem Teil der niederschwelligen Einrichtungen einheitlich zu beobachten. Abgrenzungserschwerend zur AdressatInnen-Umwelt erweist sich in manchen Organisationen der Einsatz

ehrenamtlicher MitarbeiterInnen. Ein nach Mintzberg zentrales Merkmal professioneller Organisationen, nämlich die Koordination der Organisationstätigkeiten
über spezifische Ausbildung und dort erworbene professionelle Sozialisation der
MitarbeiterInnen, ist in der niederschwelligen Sozialen Arbeit nur partiell erkennbar.

Dabei lässt sich das berufliche Tätigkeitsfeld nach Oevermann insofern als
professionalisierungsbedürftig beschreiben, als es *in hohem Ausmaß nicht-
standardisierbar* ist. Ob aber auch schon die stellvertretende Krisen*bewältigung*
für KlientInnen Ziel der Tätigkeit ist, kann nicht für alle niederschwelligen Bereiche einheitlich beantwortet werden. Denn gerade in den niederschwelligen
Zugängen im engeren Begriffssinn sind professionellen Handlungsmöglichkeiten
oft enge Grenzen gesteckt. Sie würden für sich allein ein wenig attraktives Betä-
tigungsfeld für professionelle HelferInnen bieten. Allerdings eröffnet die häufig
zu beobachtende Kombination unterschiedlicher Schwellenniveaus in der Arbeit
wiederum besondere professionelle Herausforderungen.

Zieht man das nach Oevermann zentrale Arbeitsbündnis zwischen Professionellen und KlientInnen als Gradmesser für Professionalität bzw. Professionalisierbarkeit heran, dann erweist sich in Bezug auf niederschwellige Soziale Arbeit
der *Aspekt der Freiwilligkeit* als ein *neuralgischer Punkt*. Bemerkenswert ist,
dass die manchmal prekäre Freiwilligkeit nicht etwa durch bürokratische Einbettung ausgelöst wird – diese zeigt sich vielmehr als besonders schwach ausgebildet, sondern durch die spezifische niederschwellige Arbeitsweise (s.o.). Sie verlangt in besonderem Ausmaß professionelle Reflexion, um grundsätzlich in ein
professionelles Arbeitsbündnis münden zu können. Es obliegt also einerseits der
Organisation, adäquat qualifiziertes Personal einzustellen, es bleibt aber andererseits Aufgabe der Professionsebene, erstens auf ausreichend wissenschaftlich
basiertes Wissen über die Fallstricke niederschwelligen Arbeitens zurückgreifen
zu können und zweitens professionelle Reflexionskompetenzen und -methoden
für die adäquate situative Bearbeitung solcher Spannungsfelder professionellen
Handelns zu schulen.

MitarbeiterInnen in der niederschwelligen Sozialen Arbeit müssen in hohem
Ausmaß die von Uwe Schimank beschriebene *Kunst des sub-inkrementellen
Entscheidens* (vgl. Kap. 3.1.3) beherrschen, um überhaupt in nennenswertem
Ausmaß zu Entscheidungen und sozialarbeiterischem Handeln zu kommen. Sie
warten beobachtend ab, um sich eventuell bietende günstige persönliche Verfassungen und Gelegenheiten zu nützen, sie gehen probehalber zu fallspezifi-
scher(er) Kommunikation über, um gegebenenfalls schnell wieder einen Schritt
zurückzutun, wenn die Adressierbarkeit zu unsicher wird, sie improvisieren und

versuchen, kleine Richtungsänderungen durch häufig minimale Interventionen zu erzielen. Auch wenn es nicht immer nur "local action" ist, was im Bereich niederschwelliger Sozialer Arbeit passiert (vgl. Kap. 7.2), lassen sich – in Übereinstimmung mit Burkhard Müllers Befunden (2011) – in manchen Arbeitszusammenhängen nur selten sozialarbeiterische bzw. sozialpädagogische Arbeitsbündnisse realisieren. Die enttäuschungsresistente Hoffnung darauf, dass irgendwann in einer oft nicht näher festlegbaren Zukunft günstigere Bedingungen für sozialarbeiterische Intervention kommen mögen, stellt eine wichtige Voraussetzung dafür dar, mit den erfolgsarmen Arbeitsbedingungen in diesem Tätigkeitsfeld zurechtzukommen. Eng damit verbunden ist die Fähigkeit, sich über 'kleine' Erfolge zu freuen – d.h. sich häufig auch 'umfreuen' zu können.

Auch auf Leitungsebene ist der versierte Umgang mit einem spezifischen Muster sub-inkrementalistischen Entscheidens gefragt, nämlich jener mit *Rationalitätsfassaden*. Allerdings gerät die weitverbreitete Strategie, über Intransparenz Unvereinbarkeiten zwischen organisationsinternem Agieren und externen Erwartungen (der FördergeberInnen, Politik, massenmedial vermittelten Öffentlichkeit etc.) zu entschärfen und latent zu halten, durch die zunehmende Notwendigkeit zu mehr Transparenz nach außen unter Druck. Fassadenmanagement, lose Kopplung und partielle Entkopplung zwischen nach außen repräsentierter Formalstruktur und organisationsinterner Aktivitätsebene sind schwerer realisierbar, nicht auflösbare Widersprüche können weniger latent gehalten werden. Zugleich zeigen sich in jenen Organisationen, die nur teilweise mit einschlägig sozialarbeiterisch bzw. psychosozial qualifiziertem Personal arbeiten, grundsätzlich prekäre Bedingungen für die Logik des Vertrauens und des guten Glaubens, die Meyer/Rowan (1991[1977]) als zweite mögliche Schutzvorrichtung gegen Inkonsistenzen zwischen Formalstruktur und Aktivitätsebene nennen (vgl. Kap. 3.2).

Bei der *Entwicklung hin zu mehr Transparenz nach außen* macht sich abträglich bemerkbar, dass sich niederschwellige Soziale Arbeit (und vermutlich tendenziell Soziale Arbeit insgesamt) bislang teilweise solcher Methoden der Erfolgsdarstellung bedient oder bedienen muss, die nicht oder nur unzureichend die feldinternen Relevanzkriterien für Erfolg wiederzugeben vermögen. Letztere präziser zu benennen und ausreichend verständlich den relevanten gesellschaftlichen Umwelten zu vermitteln, fällt schwer, stellt aber vermutlich ein notwendiges Unterfangen dar, wenn die Forderung dieser Umwelten nach vermehrter Transparenz nicht abgewiesen werden kann und zugleich der Anspruch einer selbstbestimmten Arbeitspraxis erhoben wird. Daraus könnten grundsätzlich neue Impulse für eine Professionalisierung bzw. für eine Erhöhung der Eloquenz professioneller Selbstinszenierungen des Tätigkeitsfeldes erwachsen. Allerdings bleibt dahingestellt, inwieweit solche Impulse aufgegriffen werden können und sich sowohl intern als auch extern gegenüber den Umwelten erfolgreich umsetzen lassen.

Abschließend soll die Frage aufgeworfen und diskutiert werden, welchem *Organisationstypus* Organisationen der niederschwelligen Sozialen Arbeit vorrangig entsprechen könnten. Sie lassen sich zunächst in das sehr heterogene und damit relativ unspezifische Organisationsfeld der Nonprofit-Organisationen einordnen und dort wiederum dem Typus der sozialen personenbezogenen Dienstleistungsorganisation zurechnen. Weiters – und in Übereinstimmung mit der Beschreibung letzteren Typus' – erweisen sie sich in mehrfacher Hinsicht als institutionalisierte Organisationen, wie sie in ˉden Ansätzen des Neo-Institutionalismus skizziert sind. Zieht man die Organisationstypologie nach Henry Mintzberg heran, dann lässt sich beobachten, dass niederschwellige soziale Dienste auf Ebene der einzelnen Einrichtung häufig mit einer organisationalen Einfachstruktur auskommen, wiewohl sie zugleich oft an komplexe Organisationskonglomerate angebunden sind. Im Einklang mit diesem Typus weisen sie zumeist insgesamt einen eher niedrigen Formalisierungsgrad und eine organische Struktur mit geringer interner Differenzierung und Arbeitsteilung auf. Sie verfügen einrichtungsintern überwiegend über eine kleine Führungshierarchie bei gleichzeitig kaum vorhandenem Hilfsstab und Technostruktur (vgl. Mintzberg 1992: 214ff).

Allerdings kombinieren niederschwellige Einrichtungen diese Merkmale der Einfachstruktur oft mit einer stark dezentralen, horizontalen Koordinationsweise, wie sie eher die Adhocratie oder die professionelle Bürokratie auszeichnen. Auf Ebene der Organisationsstrukturen, konkret der Entscheidungsprämissen Programme und Kommunikationswege[147], wären grundsätzlich gute Voraussetzungen geboten, um eine professionalisierte Arbeitsweise in der Organisation umsetzen zu können. Auf Ebene des Personals ist dies allerdings ungewiss, weil erstens nicht immer (nur) fachspezifisch ausgebildetes Personal beschäftigt wird und zweitens die ausreichende Verfügbarkeit professioneller Bezugspunkte bzw. die praktische Anwendung einer professionellen Wissensbasis im niederschwelligen sozialarbeiterischen Handeln generell wenig sichtbar ist. Dabei gibt es gewichtige Gründe, die Professionalisierung dieses Praxisfeldes der Sozialen

---

147 Hier gilt es allerdings beachtliche Unterschiede zwischen den Organisationen zu berücksichtigen, wobei empirisch zu prüfen bleibt, welchen Unterschied dies für die Möglichkeiten der Realisierung professioneller Handlungsweisen in der Einrichtung gegebenenfalls macht – oder auch nicht macht.

Arbeit voranzutreiben, damit die den niederschwelligen Arbeitsweisen innewoh-
nenden Gefährdungspotenziale bzw. die damit verknüpfte hohe Vulnerabilität
auf persönlicher Ebene – nämlich sowohl der MitarbeiterInnen als auch der AdressatInnen – entschärft werden.

Es ist jedoch unter Bezugnahme auf Klatetzki/Tacke (2005), Stichweh
(2000; 2005) und Evetts (2009) davon auszugehen, dass es beim Professionali-
sierungsprojekt der Sozialen Arbeit insgesamt *nicht (mehr) um die Etablierung
einer Profession im klassischen Verständnis* geht, sondern um die fachliche Stärkung einer durch wissenschaftliches Wissen fundierten, evidenzbasierten und
selbstreflexionsfähigen Berufspraxis. Diese professionelle Berufspraxis wird sich
zugleich in neuer Weise mit der tendenziell weiter an Bedeutung gewinnenden
Organisationsebene und deren Umwelteinbettungen auseinandersetzen müssen.
Es bleibt zu hoffen, dass dafür vermehrt andere Formen als Organisationsabwehr
einerseits oder Subordination andererseits realisiert werden können.

8 Schluss und Ausblick

Mit der Metapher der Niederschwelligkeit wird ein hoch komplexer Teilbereich der Sozialen Arbeit bezeichnet, dessen Beschaffenheit und gesellschaftliche Funktionen durch die vorliegende empirische Forschungsarbeit in entsprechend komplexer Weise erschlossen werden konnten. Zentrale Zielsetzung der Studie bildete die Generierung materialer Theorien über die Gesamtbeschaffenheit dieses Praxisfeldes, das sich vorweg als schwer eingrenzbar, heterogen und vieldeutig darstellte. Die empirischen Ergebnisse lassen ebenfalls einen Gesellschaftsbereich mit einem hohen Ausmaß an Heterogenität und Ambiguität erkennen. Sie bieten zugleich wissenschaftlich-empirisch gewonnene Beobachtungsschemata an, durch die sich dessen Charakteristika, Formen und Funktionen systematisch erschließen und in ihren Bedeutungen und Folgewirkungen analysieren lassen.

Das Hauptaugenmerk dieser Arbeit lag – um ebenfalls eine Metapher zu bemühen – auf der Beschaffenheit des gesamten Waldes und nicht auf der Eigenart einzelner Bäume, d.h. Einrichtungen. Diese Schwerpunktsetzung entstand aus den ersten Erfahrungen der explorativen Forschungsphase heraus, die erkennen ließen, dass sowohl das Praxisfeld selbst als auch die zu diesem vorliegende sozialwissenschaftliche Auseinandersetzung vor lauter Bäumen den Wald häufig nicht zu erkennen vermag oder in ihrer Beschäftigung mit Niederschwelligkeit zumeist auf der Ebene einer weitgehend unreflektierten Metaphernverwendung verbleibt. Nachdem nun zentrale Merkmale des Gesamtfeldes identifiziert wurden, wären weiterführende wissenschaftliche Fallstudien zu einzelnen niederschwelligen Einrichtungen oder Teilbereichen wünschenswert, die das gewonnene Wissen spezifizieren helfen, d.h. erkenntnisvertiefende bzw. -erweiternde Einsichten bereitstellen. So ließen sich etwa die identifizierten Typen niederschwelliger Hilfsangebote und -maßnahmen eingehender prüfen und beispielsweise der in diese Studie noch unzureichend analysierte Bereich der niederschwelligen Jugendarbeit profunder erschließen. Weiters bedarf es vertiefender Fallstudien zur organisationalen Beschaffenheit und zu ebensolchen Entwicklungsdynamiken niederschwelliger Sozialer Arbeit, die etwa auf die Frage, wie einzelne Organisationen mit Umweltanforderungen umgehen und inwieweit –

und gegebenenfalls in welcher Weise – sie dabei organisationale Autonomie realisieren können, detailliertere Antworten zu geben vermögen.

Besondere Bedeutung kann auf Grundlage der erzielten Erkenntnisse solchen Studien zugesprochen werden, die sich mit dem Übergang zu rollenspezifischer Interaktion bzw. zu sozialarbeiterischer Interventionsarbeit im eigentlichen Sinn beschäftigen. Hier ist sowohl vermehrt Forschung zur Arbeitsweise niederschwelliger Einrichtungen im weiteren Begriffssinn empfehlenswert als auch eine umfassendere Auseinandersetzung mit dem "organizational field", in das die niederschwelligen Einrichtungen jeweils eingebettet sind, notwendig. Gerade im Bereich der niederschwelligen Sozialen Arbeit zeigt sich eine eingehende Beschäftigung mit den Chancen und Risiken der Weitervermittlung von KlientInnen in höherschwellige Angebote als essenziell. Dabei geht es nicht nur um eine Ausdehnung der Beobachtungsperspektive in Richtung höher- bis hochschwelliger Angebote, sondern auch in Richtung der gesellschaftlichen Umwelten, über die finanzielle Ressourcen erschlossen werden müssen und deren Relevanzkriterien mitunter beachtlichen Einfluss auf die Gestaltung des Zusammenhangs zwischen nieder- und hochschwelliger Sozialer Arbeit haben können.

Und nicht zuletzt bleibt die Übertragbarkeit der Studienergebnisse auf andere Länder oder Regionen zu prüfen bzw. abzuwarten. Auch die Frage, was Niederschwelligkeit im ländlichen Raum bedeuten könnte und wie sie sich dort umsetzen lässt, musste in dieser empirischen Forschung offen bleiben, da der räumliche Fokus auf einer zentraleuropäischen Großstadt lag. Es ist zu vermuten, dass soziale Adressbildung allgemein und niederschwellige sozialarbeiterische Adressierung im Besonderen in ländlichen Lebenswelten etwas anders gestaltet sind als in Großstädten. Zugleich wäre in solchen Untersuchungen auf mögliche Zentrum-Peripherie-Dynamiken zwischen Stadt und Land zu achten.

Wie der Studie einleitend vorangestellt wurde, stellt diese Arbeit eine soziologisch-distanzierte Beobachtung des Praxisfeldes der niederschwelligen Sozialen Arbeit dar. Inwieweit die gewonnenen Einsichten die sozialarbeiterischen Beobachtungsweisen dieses Teilbereichs der Sozialen Arbeit irritieren und inspirieren können und welchen Praxiswert sie zu entfalten vermögen, muss der handlungsorientierten Übersetzungs- und Interpretationsleistung der Sozialen Arbeit selbst überlassen bleiben. Es wäre aber wünschenswert, dass dadurch die feldinterne wissenschaftliche und professionelle Beschäftigung mit Niederschwelligkeit neue Impulse gewinnt, die die Wahrnehmung ihrer Beschaffenheit und der damit einhergehenden Paradoxien und Risiken zu schärfen verhelfen – zumindest für den Fall, dass niederschwellige Soziale Arbeit den Anspruch hat, soziale Inklusion nicht nur stellvertretend und vorrangig hypothetisch offenzuhalten.

Literaturverzeichnis

Aderhold, Jens/Wetzel, Ralf/Rückert-John, Jana, 2009: Das Unbehagen der Organisation – Paranoia, Sozialpathologie oder Umstellung relevanter Funktionen. In: Wetzel, Ralf/Aderhold, Jens/Rückert-John, Jana (Hg.): Die Organisation in unruhigen Zeiten. Über die Folgen von Strukturwandel. Heidelberg, Neckar: Carl-Auer-Verlag, S. 13–52

Backhaus-Maul, Holger/Mutz, Gerd, 2005: Die organisationssoziologische Entgrenzung des Dritten Sektors. Zur Handlungskoordination und -logik gemeinnütziger Organisationen. In: Birkhölzer, Karl/Klein, Ansgar/Priller, Eckhard/Zimmer, Annette (Hg.): Dritter Sektor/Drittes System. Theorie, Funktionswandel und zivilgesellschaftliche Perspektiven. Wiesbaden: VS Verlag für Sozialwissenschaften, S. 93–103

Badelt, Christoph, 2002: Der Nonprofit Sektor in Österreich. In: Badelt, Christoph (Hg.): Handbuch der Nonprofit Organisation. Strukturen und Management. 3., überarb. und erw. Auflage, Stuttgart: Schäffer-Poeschel, S. 63–86

Baecker, Dirk, 1994: Soziale Hilfe als Funktionssystem der Gesellschaft. In: Zeitschrift für Soziologie, Jg. 23, H. 2, S. 93–110

Baecker, Dirk, 1999: Organisation als System. Aufsätze. Frankfurt am Main: Suhrkamp

Baecker, Dirk, 2000: "Stellvertretende" Inklusion durch ein "sekundäres" Funktionssystem: Wie "sozial" ist die soziale Hilfe. In: Merten, Roland (Hg.): Systemtheorie Sozialer Arbeit. Neue Ansätze und veränderte Perspektiven. Opladen: Leske + Budrich, S. 39–46

Baecker, Dirk, 2005: Sozialmanagement. In: Uecker, Horst D. (Hg.): Beobachtungen der Sozialen Arbeit. Theoretische Provokationen. Heidelberg: Carl-Auer-Verlag, S. 31–36

Bango, Jenö, 2001a: Die Sozialarbeit der Gesellschaft – Funktionssystem und Wissenschaft der Hilfe. In: Bango, Jenö/Karácsony, András (Hg.): Luhmanns Funktionssysteme in der Diskussion. Tagungsband der 1. Luhmann-Gedächtnistagung in Budapest, 15.- 16. September 2000. Heidelberg: Carl-Auer Verlag, S. 36–51

Bango, Jenö, 2001b: Sozialarbeitswissenschaft heute. Wissen, Bezugswissenschaften und Grundbegriffe. Stuttgart: Lucius & Lucius

Barnard, Chester I., 1968[1938]: The Functions of the Executive. 18. Auflage, Cambridge, Massachusetts: Harvard University Press

Bauer, Rudolph, 2005: Ist der "Dritte Sektor" theoriefähig. Anmerkungen über Heterogenität und Intermediarität. In: Birkhölzer, Karl/Klein, Ansgar/Priller, Eckhard/Zimmer, Annette (Hg.): Dritter Sektor/Drittes System. Theorie, Funktionswandel und zivilgesellschaftliche Perspektiven. Wiesbaden: VS Verlag für Sozialwissenschaften, S. 105–109

Becker-Lenz, Roland/Busse, Stefan/Ehlert, Gudrun, et al. (Hg.), 2009: Professionalität in der Sozialen Arbeit. Standpunkte, Kontroversen, Perspektiven. Wiesbaden: VS Verlag für Sozialwissenschaften

Becker-Lenz, Roland/Busse, Stefan/Ehlert, Gudrun, et al. (Hg.), 2011: Professionelles Handeln in der Sozialen Arbeit. Materialanalysen und kritische Kommentare. Wiesbaden: VS Verlag für Sozialwissenschaften

Beckmann, Christof/Otto, Hans-Uwe/Richter, Martina/Schrödter, Mark, 2004: Negotiating Qualities – Ist Qualität eine Verhandlungssache. In: Beckmann, Christof/Otto, Hans-Uwe/Richter, Martina/Schrödter, Mark (Hg.): Qualität in der sozialen Arbeit. Zwischen Nutzerinteresse und Kostenkontrolle. Wiesbaden: VS Verlag für Sozialwissenschaften, S. 9–31

Berger, Karl/Gamperl, Thomas/Hagmair, Gisela, 1998: Objektive Hermeneutik. In: Titscher, Stefan/Wodak, Ruth/Meyer, Michael/Vetter, Eva (Hg.): Methoden der Textanalyse. Leitfaden und Überblick. Opladen, Wiesbaden: Westdt. Verlag, S. 247–263

Berger, Peter L./Luckmann, Thomas, 1980: Die gesellschaftliche Konstruktion der Wirklichkeit. Eine Theorie der Wissenssoziologie. Frankfurt am Main: Fischer

Bergknapp, Andreas, 2009: Supervision und Organisation. Zur Logik von Beratungssystemen. Wien: facultas wuv

Bode, Ingo, 2004: Disorganisierter Wohlfahrtskapitalismus. Die Reorganisation des Sozialsektors in Deutschland, Frankreich und Großbritannien. Wiesbaden: VS Verlag für Sozialwissenschaften

Bohn, Cornelia, 2006: Inklusion, Exklusion und die Person. Konstanz: UVK Verlagsgesellschaft

Bohn, Cornelia, 2008: Inklusion/Exklusion: Theorien und Befunde. Von der Ausgrenzung aus der Gemeinschaft zur inkludierenden Exklusion. In: Soziale Systeme, Jg. 14, H. 2, S. 171–190

Bommes, Michael/Scherr, Albert, 1996: Soziale Arbeit als Exklusionsvermeidung, Inklusionsvermittlung und/oder Exklusionsverwaltung. In: Merten, Roland/Sommerfeld, Peter/Koditek, Thomas (Hg.): Sozialarbeitswissenschaft – Kontroversen und Perspektiven. Neuwied, Kriftel, Berlin: Luchterhand, S. 93–119

Bommes, Michael/Scherr, Albert, 2000: Soziologie der Sozialen Arbeit. Eine Einführung in Formen und Funktionen organisierter Hilfe. Weinheim, München: Juventa

Bonazzi, Giuseppe, 2008: Geschichte des organisatorischen Denkens. Herausgegeben von Veronika Tacke. Wiesbaden: VS Verlag für Sozialwissenschaften

Busch-Geertsema, Volker, 2011: "Housing First". Ein vielversprechender Ansatz zur Überwindung von Wohnungslosigkeit. In: Widersprüche, Jg. 31, H. 121, S. 39–54

Bude, Heinz, 1998: Die Überflüssigen als transversale Kategorie. In: Berger, Peter A./Vester, Michael (Hg.): Alte Ungleichheiten, neue Spaltungen. Opladen: Westdt. Verlag, S. 363-382

Bude, Heinz/Willisch, Andreas (Hg.), 2006: Das Problem der Exklusion. Ausgegrenzte, Entbehrliche, Überflüssige. Hamburg: Hamburger Edition

Buestrich, Michael/Burmcster, Monika/Dahme, Heinz-Jürgen/Wohlfahrt, Norbert, 2008: Die Ökonomisierung sozialer Dienste und sozialer Arbeit. Entwicklung, theoretische Grundlagen, Wirkungen. Baltmannsweiler: Schneider Verlag Hohengehren

Burkart, Günter, 2005: Die Familie in der Systemtheorie. In: Runkel, Gunter/Burkart, Günter (Hg.): Funktionssysteme der Gesellschaft. Beiträge zur Systemtheorie von Niklas Luhmann. Wiesbaden: VS Verlag für Sozialwissenschaften, S. 101–128

Burzan, Nicole, 2007: Soziale Ungleichheit. Eine Einführung in die zentralen Theorien. 3., überarb. Auflage, Wiesbaden: VS Verlag für Sozialwissenschaften

Burzan, Nicole/Lökenhoff, Brigitta/Schimank, Uwe/Schöneck, Nadine M., 2008: Das Publikum der Gesellschaft. Inklusionsverhältnisse und Inklusionsprofile in Deutschland. Wiesbaden: VS Verlag für Sozialwissenschaften

Burzan, Nicole/Schimank, Uwe, 2004: Inklusionsprofile – Überlegungen zu einer differenzierungstheoretischen "Sozialstrukturanalyse". In: Schwinn, Thomas (Hg.): Differenzierung und soziale Ungleichheit. Die zwei Soziologien und ihre Verknüpfung. 2. Auflage, Frankfurt am Main: Humanities Online, S. 209–237

Castel, Robert, 2008: Die Fallstricke des Exklusionsbegriffs. In: Bude, Heinz/Willisch, Andreas (Hg.): Exklusion. Die Debatte über die "Überflüssigen". 2. Auflage, Frankfurt am Main: Suhrkamp, S. 69–86

Cohen, Michael D./March, James G./Olsen, Johan P., 1988: A Garbage Can Model of Organizational Coice. In: March, James G. (Hg.): Decisions and Organizations. Oxford, New York: Basil Blackwell, S. 294–334

Combe, Arno/Helsper, Werner, 1999[1996]: Einleitung: Pädagogische Professionalität. Historische Hypotheken und aktuelle Entwicklungstendenzen. In: Combe, Arno/Helsper, Werner (Hg.): Pädagogische Professionalität. Untersuchungen zum Typus pädagogischen Handelns. 3. Auflage, Frankfurt am Main: Suhrkamp, S. 9–48

Cremer-Schäfer, Helga/Steinert, Heinz, 1998: Straflust und Repression. Zur Kritik der populistischen Kriminologie. Münster: Westfälisches Dampfboot

Dahme, Heinz-Jürgen/Kühnlein, Gertrud/Wohlfahrt, Norbert/Burmester, Monika, 2008: Zwischen Wettbewerb und Subsidiarität. Wohlfahrtsverbände unterwegs in die Sozialwirtschaft. 2. Auflage, Berlin: Edition Sigma

DiMaggio, Paul J./Powell, Walter W., 1991: Introduction. In: Powell, Walter W./DiMaggio, Paul J. (Hg.): The New Institutionalism in Organizational Analysis. Chicago: University of Chicago Press, S. 1–38

DiMaggio, Paul J./Powell, Walter W., 1991[1983]: The Iron Cage Revisited: Institutional Isomorphism and Collective Rationality in Organization Fields. In: Powell, Walter W./DiMaggio, Paul J. (Hg.): The New Institutionalism in Organizational Analysis. Chicago: University of Chicago Press, S. 63–82

Dimmel, Nikolaus, 2004: Riskante Informalität. Entwicklung und Rechtsgrundlagen sozialer Dienste in Österreich. In: Kurswechsel, H. 4, S. 44–59. URL: http://www.beigewum.at/wordpress/wp-content/uploads/044_nikolaus_dimmel.pdf [Download vom 11.11.2009]

Dimmel, Nikolaus, 2007: Ökonomisierung und Sozialbedarfsmärkte. Faktoren des Strukturwandels Sozialer Arbeit. In: EntwicklungspartnerInnenschaft Donau – Quality in Inclusion (Hg.): Sozialer Sektor im Wandel. Zur Qualitätsdebatte und Beauftragung von Sozialer Arbeit. Linz: Ed. Pro Mente, S. 17–41

Dimmel, Nikolaus/Riesenfelder, Andreas/Simsa, Ruth, 2004: Sozialwirtschaft ist ... Diskussion mit Nikolaus Dimmel, Andreas Riesenfelder und Ruth Simsa, moderiert von Veronika Litschel und Petra Wetzel. In: Kurswechsel, H. 4, S. 7–16. URL: http://www.beigewum.at/wordpress/wp-content/uploads/007_diskussion_mit_nikolaus_dimmel_andreas_riesenfelder_ruth_simsa.pdf [Download vom 11.11.2009]

Dimmel, Nikolaus/Schmid, Tom, 2009: Soziale Dienste. In: Dimmel, Nikolaus/ Heitzmann, Karin/Schenk, Martin (Hg.): Handbuch Armut in Österreich. Innsbruck: StudienVerlag, S. 579–609

Drepper, Thomas, 2003: Organisationen der Gesellschaft. Gesellschaft und Organisation in der Systemtheorie Niklas Luhmanns. Wiesbaden: Westdt. Verlag

Drepper, Thomas, 2010: Soziale personenbezogene Dienstleistungsorganisationen aus neoinstitutionalistischer Perspektive. In: Klatetzki, Thomas (Hg.): Soziale personenbezogene Dienstleistungsorganisationen. Soziologische Perspektiven. Wiesbaden: VS Verlag für Sozialwissenschaften, S. 129–165

Eder, Christian, 2003: Soziale Arbeit und Polizei. Problematiken und Potenziale in der Beziehung zweier Berufsgruppen im niedrigschwelligen Bereich. Diplomarbeit. München. Katholische Stiftungsfachhochschule München. URL: http://www.socialnet.de/materialien/attach/106.pdf [Download vom 22.11.2011]

Eisenbach-Stangl, Irmgard/Pilgram, Arno/Reidl, Christine, 2008: Wiener Drogenpolitik 1970 bis 2005. Außen- und Innenansichten. Wien: Europäisches Zentrum für Wohlfahrtspolitik und Sozialforschung

Etzioni, Amitai (Hg.), 1969: The Semi-Professions and Their Organization. Teachers, Nurses, Social Workers. New York: Free Press

Evers, Adalbert/Heinze, Rolf G./Olk, Thomas, 2011: Einleitung: Soziale Dienste – Arenen und Impulsgeber sozialen Wandels. In: Evers, Adalbert/Heinze, Rolf G./Olk, Thomas (Hg.): Handbuch Soziale Dienste. Wiesbaden: VS Verlag für Sozialwissenschaften, S. 9–32

Eversman, Michael H., 2010: High and low threshold service provision in drug-free settings: Practitioner views. In: International Journal of Drog Policy, Jg. 21, S. 501–506

Evetts, Julia, 2009: Professionalitätsdiskurs und Management: Ein Paradoxon der Moderne. In: Eurich, Johannes/Brink, Alexander (Hg.): Leadership in sozialen Organisationen. Wiesbaden: VS Verlag für Sozialwissenschaften, S. 159–167

Farzin, Sina, 2006: Inklusion/Exklusion. Entwicklungen und Probleme einer systemtheoretischen Unterscheidung. Bielefeld: Transcript

Farzin, Sina, 2011: Die Rhetorik der Exklusion. Zum Zusammenhang von Exklusionsthematik und Sozialtheorie. Weilerswist: Velbrück

Fernandez, Jeff/McNeill, Campbell/Haskew, Michael/Orr, Terry, 2006: Low threshold: a future model for drug service provision. An evaluation of the model used in South Islington Drug Services. In: Journal of Research in Nursing, Jg. 11, H. 1, S. 42–46

Fischbach, Stefanie, 2011: Auf dem Weg zur Professionalisierung. Die Verbetriebswirtschaftlichung Sozialer Arbeit am Beispiel einer Behinderteneinrichtung. München, Mering: Hampp

Flösser, Gaby, 1994: Soziale Arbeit jenseits der Bürokratie. Über das Management des Sozialen. Neuwied: Luchterhand

Flösser, Gaby, 2000: Vom Ende des Korporatismus zum Wettbewerb ohne Ende. In: Otto, Hans-Uwe/Schnurr, Stefan (Hg.): Privatisierung und Wettbewerb in der Jugendhilfe. Marktorientierte Modernisierungsstrategien in internationaler Perspektive. Neuwied: Luchterhand, S. 291–300

Flösser, Gaby, 2008: Soziale Dienste – Ein Überblick. Institutionelle und organisatorische Herausforderungen professionellen Handelns. In: Bielefelder Arbeitsgruppe 8 (Hg.): Soziale Arbeit in Gesellschaft. Wiesbaden: VS Verlag für Sozialwissenschaften, S. 244–251

Flösser, Gaby/Oechler, Melanie, 2004: Chancen und Risiken von Qualitätsmanagement in der Sozialen Arbeit. In: Beckmann, Christof/Otto, Hans-Uwe/Richter, Martina/Schrödter, Mark (Hg.): Qualität in der sozialen Arbeit. Zwischen Nutzerinteresse und Kostenkontrolle. Wiesbaden: VS Verlag für Sozialwissenschaften, S. 175–183

Flösser, Gaby/Otto, Hans-Uwe, 1991: Schlussfolgerungen für die Organisationsentwicklung in personenbezogenen sozialen Diensten. In: Otto, Hans-Uwe, 1991: Sozialarbeit zwischen Routine und Innovation. Professionelles Handeln in Sozialadministrationen. Unter Mitarbeit von Karin Böllert, Horst Brönstrup und Gaby Flösser et al., Berlin: de Gruyter, S. 179-189

Foerster, Heinz von, 1993: Wissen und Gewissen. Versuch einer Brücke. Frankfurt am Main: Suhrkamp

Froschauer, Ulrike/Lueger, Manfred, 1992: Das qualitative Interview zur Analyse sozialer Systeme. Wien: WUV

Froschauer, Ulrike/Lueger, Manfred, 2003: Das qualitative Interview. Zur Praxis interpretativer Analyse sozialer Systeme. Wien: WUV

Froschauer, Ulrike/Lueger, Manfred, 2005: ExpertInnengespräche in der interpretativen Organisationsforschung. In: Bogner, Alexander/Littig, Beate/Menz, Wolfgang (Hg.): Das Experteninterview. Theorie, Methode, Anwendung. 2., Auflage, Wiesbaden: VS Verlag für Sozialwissenschaften, S. 223–240

Froschauer, Ulrike/Lueger, Manfred, 2006: Qualitative Organisationsdiagnose als Grundlage für Interventionen und als Intervention. In: Frank, Hermann (Hg.): Corporate Entrepreneurship. Wien: WUV-Universitätsverlag, S. 233–287

Froschauer, Ulrike/Lueger, Manfred, 2009: Interpretative Sozialforschung: der Prozess. Wien: Facultas

Fuchs, Peter, 1997a: Adressabilität als Grundbegriff der soziologischen Systemtheorie. In: Soziale Systeme, Jg. 3, H. 1, S. 57–79

Fuchs, Peter, 1997b: Weder Herd noch Heimstatt – Weder Fall noch Nichtfall. Doppelte Differenzierung im Mittelalter und in der Moderne. In: Soziale Systeme, Jg. 3, H. 2, S. 413–437

Fuchs, Peter, 2000: Systemtheorie und Soziale Arbeit. In: Merten, Roland (Hg.): Systemtheorie Sozialer Arbeit. Neue Ansätze und veränderte Perspektiven. Opladen: Leske + Budrich, S. 157–174

Fuchs, Peter, 2001: Von Jaunern und Vaganten. Das Inklusions/Exklusions-Schema der A-Sozialität unter frühneuzeitlichen Bedingungen und im Dritten Reich. In: Soziale Systeme, Jg. 7, H. 2, S. 350–369

Fuchs, Peter, 2003: Der Eigen-Sinn des Bewußtseins. Die Person, die Psyche, die Signatur. Bielefeld: Transcript

Fuchs, Peter, 2004: Die Moral des Systems Sozialer Arbeit – systematisch. In: Merten, Roland/Scherr, Albert (Hg.): Inklusion und Exklusion in der Sozialen Arbeit. Wiesbaden: VS Verlag für Sozialwissenschaften, S. 17–32

Fuchs, Peter, 2005: Soziale Arbeit – System, Funktion, Profession. In: Uecker, Horst D. (Hg.): Beobachtungen der Sozialen Arbeit. Theoretische Provokationen. Heidelberg: Carl-Auer-Verlag, S. 13–18

Fuchs, Peter, 2006: Das Gesundheitssystem ist niemals verschnupft. URL: http://www.fen.ch/texte/gast_fuchs_funktiongesundheit.pdf [Download vom 28.04.2009]

Fuchs, Peter, 2009: Hierarchien unter Druck – ein Blick auf ihre Funktion und ihren Wandel. In: Wetzel, Ralf/Aderhold, Jens/Rückert-John, Jana (Hg.): Die Organisation in unruhigen Zeiten. Über die Folgen von Strukturwandel. Heidelberg, Neckar: Carl-Auer-Verlag, S. 53–72

Fuchs, Peter/Schneider, Dietrich, 1995: Das Hauptmann-von-Köpenick-Syndrom. Überlegungen zur Zukunft funktionaler Differenzierung. In: Soziale Systeme, Jg. 1, H. 2, S. 203–224

Fuhse, Jan, 2002: Kann ich dir vertrauen? Strukturbildung in dyadischen Sozialbeziehungen. In: Österreichische Zeitschrift für Politikwissenschaft, Jg. 31, H. 4, S. 413–426. URL: http://www.oezp.at/pdfs/2002-4-03.pdf [Download vom 23.07.2010]

Galuske, Michael, 2007: Methoden der Sozialen Arbeit. Eine Einführung. 7., überarb. Auflage, Weinheim: Juventa

Gerlach, Ralf, 2005: Zur neueren Geschichte der Substitutionsbehandlung. In: Gerlach, Ralf/Stöver, Heino (Hg.): Vom Tabu zur Normalität. 20 Jahre Substitution in Deutschland. Zwischenbilanz und Aufgaben für die Zukunft. Freiburg im Breisgau: Lambertus, S. 18–28

Giddens, Anthony, 1995[1984]: Die Konstitution der Gesellschaft. Grundzüge einer Theorie der Strukturierung. 3. Auflage, Frankfurt am Main, New York: Campus

Glaser, Barney G./Strauss, Anselm L., 2008: Grounded Theory. Strategien qualitativer Forschung. 1. Nachdruck der 2., korrigierten Auflage, 2005. Bern: Huber

Guttandin, Friedhelm, 1996: Improvisationsgesellschaft. Provinzstadtkultur in Südamerika. Pfaffenweiler: Centaurus

Hasenfeld, Yeheskel, 1983: Human Service Organizations. Upper Saddle River, NJ: Prentice-Hall

Hasenfeld, Yeheskel, 2010: The Attributes of Human Service Organizations. In: Hasenfeld, Yeheskel (Hg.): Human services as complex organizations. 2. Auflage, Los Angeles, London, New Delhi, Singapore, Washington DC: SAGE, S. 9–32

Hasse, Raimund/Krücken, Georg, 2005a: Neo-Institutionalismus. 2., vollst. überarb. Auflage, Bielefeld: Transcript

Hasse, Raimund/Krücken, Georg, 2005b: Organisationsgesellschaft und Weltgesellschaft im soziologischen Neo-Institutionalismus. In: Jäger, Wieland/Schimank, Uwe (Hg.): Organisationsgesellschaft. Facetten und Perspektiven. Wiesbaden: VS Verlag für Sozialwissenschaften, S. 124–147

Heitzmann, Karin, 2004: Sozialwirtschaft in Österreich. Gesundheits- und soziale Dienstleistungen. In: Kurswechsel, H. 4, S. 60–65. URL: http://www.beigewum.at/

wordpress/wp-content/uploads/060_karin_heitzmann.pdf [Download vom 11.11.2009]

Hermann, Christoph/Flecker, Jörg, 2009: Das "Modell Österreich" im Wandel. In: Hermann, Christoph/Atzmüller, Roland (Hg.): Die Dynamik des "österreichischen Modells". Brüche und Kontinuitäten im Beschäftigungs- und Sozialsystem. Berlin: Edition Sigma, S. 17–44

Hillebrandt, Frank, 1999: Exklusionsindividualität. Moderne Gesellschaftsstruktur und die soziale Konstruktion des Menschen. Opladen: Leske + Budrich

Hillebrandt, Frank, 2001: Klasse der Entbehrlichen. Grenzen funktionalistischer Gesellschaftstheorie. In: Rademacher, Claudia/Wiechens, Peter (Hg.): Geschlecht – Ethnizität – Klasse. Zur sozialen Konstruktion von Hierarchie und Differenz. Opladen: Leske + Budrich, S. 201–218

Hinte, Wolfgang/Litges, Gerd/Springer, Werner, 1999: Soziale Dienste: Vom Fall zum Feld. Soziale Räume statt Verwaltungsbezirke. Berlin: Edition Sigma

Hitzler, Ronald/Honer, Anne, 1997: Einleitung: Hermeneutik in der deutschsprachigen Soziologie heute. In: Hitzler, Ronald/Honer, Anne (Hg.): Sozialwissenschaftliche Hermeneutik. Eine Einführung. Opladen: Leske + Budrich, S. 7–27

Jäger, Wieland/Schimank, Uwe, 2005: Einleitung. In: Jäger, Wieland/Schimank, Uwe (Hg.): Organisationsgesellschaft. Facetten und Perspektiven. Wiesbaden: VS Verlag für Sozialwissenschaften, S. 7–15

Junge, Matthias, 2010a: Der soziale Gebrauch der Metapher. In: Junge, Matthias (Hg.): Metaphern in Wissenskulturen. Wiesbaden: VS Verlag für Sozialwissenschaften, S. 265–279

Junge, Matthias, 2010b: Einleitung. In: Junge, Matthias (Hg.): Metaphern in Wissenskulturen. Wiesbaden: VS Verlag für Sozialwissenschaften, S. 7–11

Kalthoff, Herbert, 2008: Einleitung: Zur Dialektik von qualitativer Forschung und soziologischer Theoriebildung. In: Kalthoff, Herbert/Hirschauer, Stefan/Lindemann, Gesa (Hg.): Theoretische Empirie. Zur Relevanz qualitativer Forschung. Frankfurt am Main: Suhrkamp, S. 8–32

Kessl, Fabian/Otto, Hans-Uwe, 2002: Entstaatlicht. Die neue Privatisierung personenbezogener sozialer Dienstleistungen. In: Neue Praxis, Jg. 32, H. 2, S. 122–139

Klatetzki, Thomas, 2005: Professionelle Arbeit und kollegiale Organisation. Eine symbolisch interpretative Perspektive. In: Klatetzki, Thomas/Tacke, Veronika (Hg.): Organisation und Profession. Wiesbaden: VS Verlag für Sozialwissenschaften, S. 253–283

Klatetzki, Thomas, 2006: Der Stellenwert des Begriffs "Kognition" im Neo-Institutionalismus. In: Senge, Konstanze/Hellmann, Kai-Uwe (Hg.): Einführung in den Neo-Institutionalismus. Wiesbaden: VS Verlag für Sozialwissenschaften, S. 48–61

Klatetzki, Thomas, 2010: Zur Einführung: Soziale personenbezogene Dienstleistungsorganisation als Typus. In: Klatetzki, Thomas (Hg.): Soziale personenbezogene Dienstleistungsorganisationen. Soziologische Perspektiven. Wiesbaden: VS Verlag für Sozialwissenschaften, S. 7–24

Klatetzki, Thomas/Tacke, Veronika, 2005: Einleitung. In: Klatetzki, Thomas/Tacke, Veronika (Hg.): Organisation und Profession. Wiesbaden: VS Verlag für Sozialwissenschaften, S. 7–30

Klein, Alexandra, 2007: Soziales Kapital Online – Soziale Unterstützung im Internet. Eine Rekonstruktion virtualisierter Formen sozialer Ungleichheit. URL: http://bieson.ub.uni-bielefeld.de/volltexte/2008/1260/pdf/Klein_Alexandra_ Dissertation.pdf [Download vom 18.08.2010]

Klein, Alexandra, 2009: Niedrigschwelligkeit durch Technik. Chancen und Herausforderungen internetbasierter Beratungsangebote für Jugendliche. In: Sozial Extra – Zeitschrift für Soziale Arbeit, Jg. 33, H. 1/2, S. 14–17

Kleve, Heiko, 2000: Paradigmenwechsel in der Systemtheorie und postmoderne Sozialarbeit. In: Merten, Roland (Hg.): Systemtheorie Sozialer Arbeit. Neue Ansätze und veränderte Perspektiven. Opladen: Leske + Budrich, S. 47–66

Kleve, Heiko, 2007: Ambivalenz, System und Erfolg. Provokationen postmoderner Sozialarbeit. Heidelberg: Carl-Auer-Verlag

Kleve, Heiko, 2007[1999]: Postmoderne Sozialarbeit. Ein systemtheoretisch-konstruktivistischer Beitrag zur Sozialarbeitswissenschaft. 2. Auflage, Wiesbaden: VS Verlag für Sozialwissenschaften

Kompetenzzentrum Informelle Bildung (KIB), 2003: Qualität von Onlineberatung. Eine erste Analyse verschiedener Anbieter. URL: http://www.kib-bielefeld.de/ externelinks2005/nlineberatungVergleich.pdf [Download vom 19.06.2009]

Kronauer, Martin, 2002: Exklusion. Die Gefährdung des Sozialen im hoch entwickelten Kapitalismus. Frankfurt am Main: Campus

Kronauer, Martin, 2006: "Exklusion" als Kategorie einer kritischen Gesellschaftsanalyse. Vorschläge für eine anstehende Debatte. In: Bude, Heinz/Willisch, Andreas (Hg.): Das Problem der Exklusion. Ausgegrenzte, Entbehrliche, Überflüssige. Hamburg: Hamburger Edition, S. 27–45

Kronauer, Martin, 2008: Plädoyer für ein Exklusionsverständnis ohne Fallstricke. In: Bude, Heinz/Willisch, Andreas (Hg.): Exklusion. Die Debatte über die "Überflüssigen". Frankfurt am Main: Suhrkamp, S. 146–153

Kronauer, Martin, 2009: Die Innen-Außen-Spaltung der Gesellschaft. Eine Verteidigung des Exklusionsbegriffs gegen seinen mystifizierenden Gebrauch. In: Solga, Heike/Powell, Justin/Berger, Peter A. (Hg.): Soziale Ungleichheit. Klassische Texte zur Sozialstrukturanalyse. Frankfurt/Main: Campus-Verlag, S. 375–383

Krutter, Simon, 2008: Raum. Ein sozialer Schematismus der Beobachtung. URL: http://www.uni-bielefeld.de/iwt/gk/veranstaltungen/semantiktagung/Krutter.pdf [Download vom 23.06.2010]

Krüger, Helga, 2001: Geschlecht, Territorien, Institutionen. Beitrag zu einer Soziologie der Lebenslauf-Relationalität. In: Born, Claudia/Krüger, Helga (Hg.): Individualisierung und Verflechtung. Geschlecht und Generation im deutschen Lebenslaufregime. Weinheim, München: Juventa, S. 257–299

Kühl, Stefan, 2006: Psychiatrisierung, Personifizierung und Personalisierung. Eine funktionale Analyse personenzentrierter Beratungen in Organisationen. Working Paper 3. URL: http://www.hsu-hh.de/download-1.4.1.php?brick_id=aT5OVQtapB0e6Zrt [Download vom 24.04.2009]

Kühl, Stefan, 2008: Coaching und Supervision. Zur personenorientierten Beratung in Organisationen. Wiesbaden: VS Verlag für Sozialwissenschaften

Kühl, Stefan, 2011: Organisationen. Eine sehr kurze Einführung. Wiesbaden: VS Verlag für Sozialwissenschaften

Kurtz, Thomas, 2002: Berufssoziologie. Bielefeld: Transcript

Lamnek, Siegfried, 2005: Qualitative Sozialforschung. Lehrbuch. 4., vollst. überarb. Auflage, Weinheim, Basel: Beltz PVU

Leifer, Eric, 1991: Actors as Observers. A Theory of Skill in Social Relationships. New York: Garland

Leisering, Lutz, 2004: Desillusionierung des modernen Fortschrittsglaubens. "Soziale Exklusion" als gesellschaftliche Selbstbeschreibung und soziologisches Konzept. In: Schwinn, Thomas (Hg.): Differenzierung und soziale Ungleichheit. Die zwei Soziologien und ihre Verknüpfung. 2. Auflage, Frankfurt am Main: Humanities Online, S. 238–268

Lengfeld, Holger, 2007: Organisierte Ungleichheit. Wie Organisationen Lebenschancen beeinflussen. Wiesbaden: VS Verlag für Sozialwissenschaften

Lindner, Ronny, 2008: Hauptsache Kopplung. Eine Definition niederschwelliger Sozialarbeit. In: Neue Praxis, Jg. 38, H. 6, S. 578–588

Lipsky, Michael, 2010[1980]: Street-Level Bureaucracy. Dilemmas of the Individual in Public Services. New York: Russell Sage Foundation

Lueger, Manfred, 2000: Grundlagen qualitativer Feldforschung. Methodologie – Organisierung – Materialanalyse. Stuttgart: UTB GmbH

Lueger, Manfred, 2010: Interpretative Sozialforschung. Die Methoden. Wien: Facultas.wuv

Lueger, Manfred/Keßler, Alexander, 2006: Organisationales Lernen und Wissen. Eine systemtheoretische Betrachtung im Kontext von Corporate Entrepreneurship. In: Frank, Hermann (Hg.): Corporate Entrepreneurship. Wien: WUV-Universitätsverlag, S. 33–75

Luhmann, Niklas, 1988: Organisation. In: Küpper, Willi/Ortmann, Günther (Hg.): Mikropolitik. Rationalität, Macht und Spiele in Organisationen. Opladen: Westdt. Verlag, S. 165–185

Luhmann, Niklas, 1994[1984]: Soziale Systeme. Grundriss einer allgemeinen Theorie. 5. Auflage, Frankfurt am Main: Suhrkamp

Luhmann, Niklas, 1999[1964]: Funktionen und Folgen formaler Organisation. Mit einem Epilog 1994. 5. Auflage, Berlin: Duncker & Humblot

Luhmann, Niklas, 1999[1988]: Die Wirtschaft der Gesellschaft. 3. Auflage, Frankfurt am Main: Suhrkamp

Luhmann, Niklas, 1999[1997]: Die Gesellschaft der Gesellschaft. 2. Auflage, Frankfurt am Main: Suhrkamp

Luhmann, Niklas, 2000: Organisation und Entscheidung. Opladen: Westdeutscher Verlag

Luhmann, Niklas, 2005: Einführung in die Theorie der Gesellschaft. Heidelberg: Carl-Auer-Systeme

Luhmann, Niklas, 2005[1975]a: Einfache Sozialsysteme. In: Luhmann, Niklas (Hg.): Soziologische Aufklärung 2. Aufsätze zur Theorie der Gesellschaft. 5. Auflage, Wiesbaden: VS Verlag für Sozialwissenschaften, S. 25–47

Luhmann, Niklas, 2005[1975]b: Formen des Helfens im Wandel gesellschaftlicher Bedingungen. In: Luhmann, Niklas (Hg.): Soziologische Aufklärung 2. Aufsätze zur

Theorie der Gesellschaft. 5. Auflage, Wiesbaden: VS Verlag für Sozialwissenschaften, S. 167–186

Luhmann, Niklas, 2005[1975]c: Interaktion, Organisation, Gesellschaft. In: Luhmann, Niklas (Hg.): Soziologische Aufklärung 2. Aufsätze zur Theorie der Gesellschaft. 5. Auflage, Wiesbaden: VS Verlag für Sozialwissenschaften, S. 9–24

Luhmann, Niklas, 2005[1981]: Organisation und Entscheidung. In: Luhmann, Niklas (Hg.): Soziologische Aufklärung 3. Soziales System, Gesellschaft, Organisation. 4. Auflage, Wiesbaden: VS Verlag für Sozialwissenschaften, S. 389–450

Luhmann, Niklas, 2005[1990]a: Haltlose Komplexität. In: Luhmann, Niklas (Hg.): Soziologische Aufklärung 5. Konstruktivistische Perspektiven. 3. Auflage, Wiesbaden: VS Verlag für Sozialwissenschaften, S. 58–74

Luhmann, Niklas, 2005[1990]b: Sozialsystem Familie. In: Luhmann, Niklas (Hg.): Soziologische Aufklärung 5. Konstruktivistische Perspektiven. 3. Auflage, Wiesbaden: VS Verlag für Sozialwissenschaften, S. 189–209

Luhmann, Niklas, 2005[1995]a: Das Kind als Medium der Erziehung. In: Luhmann, Niklas (Hg.): Soziologische Aufklärung 6. Die Soziologie und der Mensch. 2. Auflage, Wiesbaden: VS Verlag für Sozialwissenschaften, S. 194–217

Luhmann, Niklas, 2005[1995]b: Die Form "Person". In: Luhmann, Niklas (Hg.): Soziologische Aufklärung 6. Die Soziologie und der Mensch. 2. Auflage, Wiesbaden: VS Verlag für Sozialwissenschaften, S. 137–148

Luhmann, Niklas, 2005[1995]c: Inklusion und Exklusion. In: Luhmann, Niklas (Hg.): Soziologische Aufklärung 6. Die Soziologie und der Mensch. 2. Auflage, Wiesbaden: VS Verlag für Sozialwissenschaften, S. 226–251

Luhmann, Niklas, 2009[1968]: Vertrauen. Ein Mechanismus der Reduktion sozialer Komplexität. 4. Auflage, Nachdruck. Stuttgart: Lucius & Lucius

Lutz, Tilman, 2012: Verordnete Beteiligung im aktivierenden Staat - Bearbeitungsweisen und Deutungen von Professionellen. In: Widersprüche, Jg. 32, H. 123, S. 41–54

Maas, Udo, 1996: Soziale Arbeit als Verwaltungshandeln. Systematische Grundlegung für Studium und Praxis. 2., neu bearb. und erw. Auflage, Weinheim, München: Juventa

Maaß, Olaf, 2009: Die Soziale Arbeit als Funktionssystem der Gesellschaft. Heidelberg: Carl-Auer-Verlag

Maeder, Christoph/Nadai, Eva, 2003: Professionalität unter den Bedingungen des Sozialamts. Soziale Arbeit in der öffentlichen Sozialhilfe. In: Mieg, Harald/ Pfadenhauer, Michaela (Hg.): Professionelle Leistung – Professional Performance. Positionen der Professionssoziologie. Konstanz: UVK, S. 147–166

Maeder, Christoph/Nadai, Eva, 2004: Organisierte Armut. Sozialhilfe aus wissenssoziologischer Sicht. Konstanz: UVK Verlagsgesellschaft

Maeder, Christoph/Nadai, Eva, 2005: Arbeit am Sozialen. Die Armen im Visier aktivierender Sozialarbeit. In: Imhof, Kurt/Eberle, Thomas S. (Hg.): Triumph und Elend des Neoliberalismus. Zürich: Seismo, S. 184–197

March, James G., 1994: A primer on decision making. How decisions happen. New York: Free Press

March, James G./Olsen, Johan P., 1982: Ambiguity and Choice in Organizations. 2. Auflage, Bergen, Oslo, Tromsø: Universitetsforlaget

Mayrhofer, Hemma, 2009a: Organisationen der Sozialen Arbeit aus soziologischer Perspektive. In: soziales_kapital, H. 4. URL: http://www.soziales-kapital.at/index.php/sozialeskapital/article/view/171/255 [Download vom 03.12.2009]

Mayrhofer, Hemma, 2009b: Soziale Inklusion und Exklusion: Eine (system-)theoretische Unterscheidung als Beobachtungsangebot für die Soziale Arbeit. In: soziales_kapital, H. 2. URL: http://www.soziales-kapital.at/index.php/sozialeskapital/article/viewFile/108/145.pdf [Download vom 02.09.2011]

Mayrhofer, Hemma, 2010: Zwiespältige Verhältnisse: Organisationen der Sozialen Arbeit im disziplinären und professionellen Diskurs. In: Brandstetter, Manuela/Vyslouzil, Monika (Hg.): Soziale Arbeit im Wissenschaftssystem. Von der Fürsorgeschule zum Lehrstuhl. Wiesbaden: VS Verlag für Sozialwissenschaften, S. 44–65

Mayrhofer, Hemma/Raab-Steiner, Elisabeth, 2007: Wissens- und Kompetenzprofile von SozialarbeiterInnen. Berufspraktische Anforderungen, strukturelle Spannungsfelder und künftige Herausforderungen. Wien: FH Campus Wien

McCaskey, Michael B., 1982: The Executive Challenge. Managing Change and Ambiguity. Marshfield/Massachusetts: Pitman

Mead, George Herbert, 1993[1934]: Geist, Identität und Gesellschaft. Aus der Sicht des Sozialbehaviorismus. Nachdruck, Frankfurt am Main: Suhrkamp

Meder, Norbert/Vogel, Peter, 2008: Hilfe oder Dienstleistung. Ein allgemeinpädagogischer Blick auf die Sozialpädagogik. In: Bielefelder Arbeitsgruppe 8 (Hg.): Soziale Arbeit in Gesellschaft. Wiesbaden: VS Verlag für Sozialwissenschaften, S. 78–83

Merten, Roland, 1997: Autonomie der Sozialen Arbeit. Zur Funktionsbestimmung als Disziplin und Profession. Weinheim: Juventa

Merten, Roland, 2000: Soziale Arbeit als autonomes Funktionssystem der modernen Gesellschaft. Argumente für eine konstruktive Perspektive. In: Merten, Roland (Hg.): Systemtheorie sozialer Arbeit. Neue Ansätze und veränderte Perspektiven. Opladen: Leske + Budrich, S. 177–204

Merten, Roland, 2004: Inklusion/Exklusion und Soziale Arbeit. Überlegungen zur aktuellen Theoriedebatte zwischen Bestimmung und Destruktion. In: Merten, Roland/Scherr, Albert (Hg.): Inklusion und Exklusion in der Sozialen Arbeit. Wiesbaden: VS Verlag für Sozialwissenschaften, S. 99–118

Merten, Roland, 2005: Soziale Arbeit aus einer (erweiterten) Perspektive der Systemtheorie Niklas Luhmanns. In: Hollstein-Brinkmann, Heino (Hg.): Systemtheorien im Vergleich. Was leisten Systemtheorien für die Soziale Arbeit? Versuch eines Dialogs. Wiesbaden: VS Verlag für Sozialwissenschaften, S. 35–62

Merten, Roland, 2008: Sozialarbeitswissenschaft – Vom Verschwinden eines Phantoms. In: Bielefelder Arbeitsgruppe 8 (Hg.): Soziale Arbeit in Gesellschaft. Wiesbaden: VS Verlag für Sozialwissenschaften, S. 128–135

Merton, Robert K., 1995: Soziologische Theorie und soziale Struktur. Herausgegeben und eingeleitet von Volker Meja und Nico Stehr. Berlin, New York: de Gruyter

Meyer, John W./Rowan, Brian, 1991[1977]: Institutionalized Organizations: Formal Structure as Myth and Ceremony. In: Powell, Walter W./DiMaggio, Paul J. (Hg.): The New Institutionalism in Organizational Analysis. Chicago: University of Chicago Press, S. 41–62

Mintzberg, Henry, 1992: Die Mintzberg-Struktur. Organisationen effektiver gestalten. Landsberg/Lech: Verlag Moderne Industrie

Mintzberg, Henry, 1993[1983]: Structure in fives. Designing effective organizations. Nachdruck, Englewood Cliffs (N.J.): Prentice-Hall

Mohr, Katrin, 2007: Soziale Exklusion im Wohlfahrtsstaat. Arbeitslosensicherung und Sozialhilfe in Großbritannien und Deutschland. Wiesbaden: VS Verlag für Sozialwissenschaften

Muetzelfeldt, Michael, 2000: Markt, Organisation und Profession – Erfahrungen aus dem australischen "Contract State". In: Otto, Hans-Uwe/Schnurr, Stefan (Hg.): Privatisierung und Wettbewerb in der Jugendhilfe. Marktorientierte Modernisierungsstrategien in internationaler Perspektive. Neuwied: Luchterhand, S. 65–86

Müller, Burkhard, 2011: Professionalität ohne Arbeitsbündnis. Eine Studie zu "niederschwelliger" Sozialer Arbeit. In: Becker-Lenz, Roland/Busse, Stefan/Ehlert, Gudrun/Müller, Silke (Hg.): Professionelles Handeln in der Sozialen Arbeit. Materialanalysen und kritische Kommentare. Wiesbaden: VS Verlag für Sozialwissenschaften, S. 144–159

Müller-Jentsch, Walther, 2008: Der Verein – ein blinder Fleck der Organisationssoziologie. In: Berliner Journal für Soziologie, Jg. 18, H. 3, S. 476–502

Nadai, Eva/Sommerfeld, Peter/Bühlmann, Felix/Krattinger, Barbara, 2005: Fürsorgliche Verstrickung. Soziale Arbeit zwischen Profession und Freiwilligenarbeit. Wiesbaden: VS Verlag für Sozialwissenschaften

Nassehi, Armin, 2006: Die paradoxe Einheit von Inklusion und Exklusion. Ein systemtheoretischer Blick auf die "Phänomene". In: Bude, Heinz/Willisch, Andreas (Hg.): Das Problem der Exklusion. Ausgegrenzte, Entbehrliche, Überflüssige. Hamburg: Hamburger Edition, S. 46–69

Nassehi, Armin, 2008: Exklusion als soziologischer oder sozialpolitischer Begriff. In: Bude, Heinz/Willisch, Andreas (Hg.): Exklusion. Die Debatte über die "Überflüssigen". Frankfurt am Main: Suhrkamp, S. 121–145

Nassehi, Armin, 2011: Gesellschaft der Gegenwarten. Studien zur Theorie der modernen Gesellschaft II. Berlin: Suhrkamp

Nassehi, Armin/Nollmann, Gerd, 1997: Inklusionen. Organisationssoziologische Ergänzungen der Inklusions-/Exklusionstheorie. In: Soziale Systeme, Jg. 3, H. 2, S. 393–411

Oevermann, Ulrich, 1993: Die objektive Hermeneutik als unverzichtbare methodologische Grundlage für die Analyse von Subjektivität. Zugleich eine Kritik der Tiefenhermeneutik. In: Jung, Thomas/Müller-Doohm, Stefan (Hg.): "Wirklichkeit" im Deutungsprozess. Verstehen und Methoden in den Kultur- und Sozialwissenschaften. Frankfurt am Main: Suhrkamp, S. 106–189

Oevermann, Ulrich, 1999[1996]: Theoretische Skizze einer revidierten Theorie professionalisierten Handelns. In: Combe, Arno/Helsper, Werner (Hg.): Pädagogische Professionalität. Untersuchungen zum Typus pädagogischen Handelns. 3. Auflage, Frankfurt am Main: Suhrkamp, S. 49–69

Oevermann, Ulrich, 2000: Dienstleistungen der Sozialbürokratie aus professionalisierungstheoretischer Sicht. In: Harrach, Eva-Marie von/Loer, Thomas/Schmidtke,

Oliver (Hg.): Verwaltung des Sozialen. Formen der subjektiven Bewältigung eines Strukturkonflikts. Konstanz: UVK, S. 57–77

Oevermann, Ulrich, 2002: Klinische Soziologie auf der Basis der Methodologie der objektiven Hermeneutik – Manifest der objektiv hermeneutischen Sozialforschung. URL: http://publikationen.ub.uni-frankfurt.de/volltexte/2005/540/pdf/Manifest Word.pdf [Download vom 19.01.2009]

Oevermann, Ulrich, 2009: Die Problematik der Strukturlogik des Arbeitsbündnisses und der Dynamik von Übertragung und Gegenübertragung in einer professionalisierten Praxis von Sozialarbeit. In: Becker-Lenz, Roland/Busse, Stefan/Ehlert, Gudrun/Müller, Silke (Hg.): Professionalität in der Sozialen Arbeit. Standpunkte, Kontroversen, Perspektiven. Wiesbaden: VS Verlag für Sozialwissenschaften, S. 113–142

Oevermann, Ulrich/Allert, Tilman/Gripp, Helga/Konau, Elisabeth/Krambeck, Jürgen/Schröder-Caesar, Erna/Schütze, Yvonne, 1976: Beobachtungen zur Struktur der sozialisatorischen Interaktion. In: Lepsius, Mario Rainer (Hg.): Zwischenbilanz der Soziologie. Verhandlungen des 17. Deutschen Soziologentages, [Kassel, 31. 10.-2. 11. 1974]. Stuttgart: Enke, S. 274–295

Oevermann, Ulrich/Allert, Tilman/Konau, Elisabeth/Krambeck, Jürgen, 1979: Die Methodologie einer "objektiven Hermeneutik" und ihre allgemeine forschungslogische Bedeutung in den Sozialwissenschaften. In: Soeffner, Hans-Georg (Hg.): Interpretative Verfahren in den Sozial- und Textwissenschaften. Stuttgart: Metzler, S. 352–434

Ortmann, Günther/Sydow, Jörg/Türk, Klaus, 1997: Einführung – Organisation, Strukturation, Gesellschaft. Die Rückkehr der Gesellschaft in die Organisationstheorie. In: Ortmann, Günther/Sydow, Jörg/Türk, Klaus (Hg.): Theorien der Organisation. Die Rückkehr der Gesellschaft. Opladen: Westdt. Verlag, S. 15–34

Otto, Hans-Uwe, 1991: Sozialarbeit zwischen Routine und Innovation. Professionelles Handeln in Sozialadministrationen. Unter Mitarbeit von Karin Böllert, Horst Brönstrup und Gaby Flösser et al., Berlin: de Gruyter

Otto, Hans-Uwe/Schnurr, Stefan, 2000: "Playing the Market Game?". Zur Kritik markt- und wettbewerbsorientierter Strategien einer Modernisierung der Jugendhilfe in internationaler Perspektive. In: Otto, Hans-Uwe/Schnurr, Stefan (Hg.): Privatisierung und Wettbewerb in der Jugendhilfe. Marktorientierte Modernisierungsstrategien in internationaler Perspektive. Neuwied: Luchterhand, S. 3–20

Paetow, Kai, 2004: Organisationsidentität. Eine systemtheoretische Analyse der Konstruktion von Identität in der Organisation und ihrer internen wie externen Kommunikation. Hamburg: Dissertation Universität Hamburg. URL: http://deposit.ddb.de/cgi-bin/dokserv?idn=974451789&dok_var=d1&dok_ext=pdf&filename=974451789.pdf [Download vom 08.12.2011]

Pelikan, Jürgen, 2009: Ausdifferenzierung von spezifischen Funktionssystemen für Krankenbehandlung und Gesundheitsförderung oder: Leben wir in der "Gesundheitsgesellschaft"? In: Österreichische Zeitschrift für Soziologie, Jg. 34, H. 2, S. 28–47

Pinkham, Sophie/Malinowska-Sempruch, Kasia, 2008: Women, Harm Reduction and HIV. In: Reproductive Health Matters, Jg. 16, H. 31, S. 168–181

Popp, Reinhold, 2004: Österreichs Soziale Arbeit in der Theorie-Krise! Krise als Chance. In: Knapp, Gerald (Hg.): Soziale Arbeit und Gesellschaft. Entwicklungen und Perspektiven in Österreich. Klagenfurt, Ljubljana, Wien: Mohorjeva/Hermagoras, S. 169–212

Powell, Michael J./Brock, David M./Hinings, C. R., 1999: The changing professional organization. In: Brock, David M./Powell, Michael J./Hinings, C. R. (Hg.): Restructuring the professional organization. Accounting, health care and law. London, New York: Routledge, S. 1–19

Reichertz, Jo, 1997: Objektive Hermeneutik. In: Hitzler, Ronald/Honer, Anne (Hg.): Sozialwissenschaftliche Hermeneutik. Eine Einführung. Opladen: Leske + Budrich, S. 31–55

Reichertz, Jo, 2004: Objektive Hermeneutik und hermeneutische Wissenssoziologie. In: Flick, Uwe/Kardorff, Ernst von/Steinke, Ines (Hg.): Qualitative Forschung. Ein Handbuch. 3. Auflage, Reinbek bei Hamburg: Rowohlt, S. 223–228

Runkel, Gunter, 2005: Funktionssystem Intimbeziehungen. In: Runkel, Gunter/Burkart, Günter (Hg.): Funktionssysteme der Gesellschaft. Beiträge zur Systemtheorie von Niklas Luhmann. Wiesbaden: VS Verlag für Sozialwissenschaften, S. 129–154

Sachße, Christoph, 1986: Mütterlichkeit als Beruf. Sozialarbeit, Sozialreform und Frauenbewegung 1871-1929. Frankfurt am Main: Suhrkamp

Scherr, Albert, 2001: Soziale Arbeit als organisierte Hilfe in der funktional differenzierten Gesellschaft. In: Tacke, Veronika (Hg.): Organisation und gesellschaftliche Differenzierung. Wiesbaden: Westdt. Verlag, S. 215–235

Scherr, Albert, 2004: Exklusionsindividualität, Lebensführung und Soziale Arbeit. In: Merten, Roland/Scherr, Albert (Hg.): Inklusion und Exklusion in der Sozialen Arbeit. Wiesbaden: VS Verlag für Sozialwissenschaften, S. 55–74

Scherr, Albert, 2005: Funktion und Code Sozialer Arbeit. In: Uecker, Horst D. (Hg.): Beobachtungen der Sozialen Arbeit. Theoretische Provokationen. Heidelberg: Carl-Auer-Verlag, S. 19–24

Schimank, Uwe, 1998: Funktionale Differenzierung und soziale Ungleichheit: die zwei Gesellschaftstheorien und ihre konflikttheoretische Verknüpfung. In: Giegel, Hans-Joachim (Hg.): Konflikt in modernen Gesellschaften. Frankfurt am Main: Suhrkamp, S. 61–88

Schimank, Uwe, 2001: Funktionale Differenzierung, Durchorganisierung und Integration der modernen Gesellschaft. In: Tacke, Veronika (Hg.): Organisation und gesellschaftliche Differenzierung. Wiesbaden: Westdt. Verlag, S. 19–38

Schimank, Uwe, 2005: Die Entscheidungsgesellschaft. Komplexität und Rationalität der Moderne. Wiesbaden: VS Verlag für Sozialwissenschaften

Schimank, Uwe, 2007: Theorien gesellschaftlicher Differenzierung. 3. Auflage, Wiesbaden: VS Verlag für Sozialwissenschaften

Schimank, Uwe, 2009: Wichtigkeit, Komplexität und Rationalität von Entscheidungen. In: Weyer, Johannes (Hg.): Management komplexer Systeme. Konzepte für die Bewältigung von Intransparenz, Unsicherheit und Chaos. München: Oldenbourg, S. 55–71

Schimank, Uwe, 2010: Handeln und Strukturen. Einführung in die akteurtheoretische Soziologie. 4., völlig überarb. Auflage, Weinheim, München: Juventa

Schmid, Josef, 2011: Soziale Dienste und die Zukunft des Wohlfahrtsstaates. In: Evers, Adalbert/Heinze, Rolf G./Olk, Thomas (Hg.): Handbuch Soziale Dienste. Wiesbaden: VS Verlag für Sozialwissenschaften, S. 117–144

Schmidt, Johannes F.K., 2007: Beziehung als systemtheoretischer Begriff. In: Soziale Systeme, Jg. 13, H. 1+2, S. 516–527

Schneider, Wolfgang, 2006: Was ist niedrigschwellige Drogenhilfe? URL: http://www.indro-online.de/nda.htm [Download vom 20.09.2009]

Schneider, Wolfgang Ludwig, 2002: Grundlagen der soziologischen Theorie. Band 2: Garfinkel – RC – Habermas – Luhmann. Wiesbaden: Westdeutscher Verlag

Schneider, Wolfgang Ludwig, 2008: Systemtheorie und sequenzanalytische Forschungsmethoden. In: Kalthoff, Herbert/Hirschauer, Stefan/Lindemann, Gesa (Hg.): Theoretische Empirie. Zur Relevanz qualitativer Forschung. Frankfurt am Main: Suhrkamp, S. 129–162

Schoibl, Heinz/Gödl, Doris, 2004: Jugendliche mit polytoxikomanem Drogengebrauch und Wohnungslosigkeit. Bedarfserhebung. Salzburg: Helix OEG

Schütze, Fritz, 1999[1996]: Organisationszwänge und hoheitsstaatliche Rahmenbedingungen im Sozialwesen: Ihre Auswirkungen auf die Paradoxien des professionellen Handelns. In: Combe, Arno/Helsper, Werner (Hg.): Pädagogische Professionalität. Untersuchungen zum Typus pädagogischen Handelns. 3. Auflage, Frankfurt am Main: Suhrkamp, S. 183–275

Schwinn, Thomas, 2000: Inklusion und soziale Ungleichheit. In: Berliner Journal für Soziologie, Jg. 10, H. 4, S. 471–483

Schwinn, Thomas, 2004: Institutionelle Differenzierung und soziale Ungleichheit. Die zwei Soziologien und ihre Verknüpfung. In: Schwinn, Thomas (Hg.): Differenzierung und soziale Ungleichheit. Die zwei Soziologien und ihre Verknüpfung. 2. Auflage, Frankfurt am Main: Humanities Online, S. 9–68

Schwinn, Thomas, 2007: Soziale Ungleichheit. Bielefeld: Transcript

Schwinn, Thomas, 2011a: Perspektiven der neueren Differenzierungstheorie. In: Schwinn, Thomas/Kroneberg, Clemens/Greve, Jens (Hg.): Soziale Differenzierung. Handlungstheoretische Zugänge in der Diskussion. Wiesbaden: VS Verlag für Sozialwissenschaften, S. 421–432

Schwinn, Thomas, 2011b: Zum Verhältnis von Differenzierungs- und Ungleichheitstheorie auf globaler Ebene. In: Schwinn, Thomas/Kroneberg, Clemens/Greve, Jens (Hg.): Soziale Differenzierung. Handlungstheoretische Zugänge in der Diskussion. Wiesbaden: VS Verlag für Sozialwissenschaften, S. 399–419

Seelmeyer, Udo, 2008: Das Ende der Normalisierung. Soziale Arbeit zwischen Normativität und Normalität. Weinheim: Juventa

Selke, Stefan, 2009a: Tafeln im Spannungsfeld zwischen Pragmatismus und Sozialutopie. Widerspruch zur Kolumne "Auf ein Wort" von Herman Gröhe in chrismon 4/2009. URL: http://www.tafelforum.de/fileadmin/user_upload/pdf/Widerspruch_April09.pdf [Download vom 15.07.2010]

Selke, Stefan, 2009b: Tafeln und Gesellschaft. Soziologische Analyse eines polymorphen Phänomens. In: Selke, Stefan (Hg.): Tafeln in Deutschland. Aspekte einer sozialen Bewegung zwischen Nahrungsmittelumverteilung und Armutsintervention. Wiesbaden: VS Verlag für Sozialwissenschaften, S. 9–38

Senge, Konstanze, 2006: Zum Begriff der Institution im Neo-Institutionalismus. In: Senge, Konstanze/Hellmann, Kai-Uwe (Hg.): Einführung in den Neo-Institutionalismus. Wiesbaden: VS Verlag für Sozialwissenschaften, S. 35–47

Simmel, Georg, 1992[1908]: Soziologie. Untersuchungen über die Formen der Vergesellschaftung. Frankfurt am Main: Suhrkamp

Simon, Fritz B., 2007: Einführung in die systemische Organisationstheorie. Heidelberg: Carl-Auer-Verlag

Simsa, Ruth, 1999: Zwischen Wirtschaften und Werten. Nonprofit-Organisationen als spezifisches Feld für Training und Beratung. In: Gruppendynamik – Zeitschrift für angewandte Sozialpsychologie, H. 4, S. 339–352

Simsa, Ruth, 2001: Gesellschaftliche Funktionen und Einflussformen von Nonprofit-Organisationen. Eine systemtheoretische Analyse. Frankfurt am Main: Lang

Simsa, Ruth, 2002: NPOs und die Gesellschaft: Eine vielschichtige und komplexe Beziehung – Soziologische Perspektiven. In: Badelt, Christoph (Hg.): Handbuch der Nonprofit Organisation. Strukturen und Management. 3., überarb. und erw. Auflage, Stuttgart: Schäffer-Poeschel, S. 129–152

Soeffner, Hans-Georg, 2004: Sozialwissenschaftliche Hermeneutik. In: Flick, Uwe/ Kardorff, Ernst von/Steinke, Ines (Hg.): Qualitative Forschung. Ein Handbuch. 3. Auflage, Reinbek bei Hamburg: Rowohlt, S. 164–175

Sommerfeld, Peter, 2000: Soziale Arbeit als sekundäres Primärsystem und der "very strange loop" sozialarbeiterischer Profis. In: Merten, Roland (Hg.): Systemtheorie Sozialer Arbeit. Neue Ansätze und veränderte Perspektiven. Opladen: Leske + Budrich, S. 115–136

Sommerfeld, Peter, 2010: Entwicklung und Perspektiven der Sozialen Arbeit als Disziplin. In: Gahleitner, Silke Birgitta/Sagebiel, Juliane/Effinger, Herbert/Kraus, Björn/Miethe, Ingrid/Stövesand, Sabine (Hg.): Disziplin und Profession sozialer Arbeit. Entwicklungen und Perspektiven. Leverkusen: Budrich, S. 29–44

Springer, Alfred, 2003: Konsumräume. Expertise im Auftrag des Fonds Soziales Wien. Ludwig-Boltzmann-Institut für Suchtforschung. Wien. URL: http://www.api.or.at/ sp/download/lbidownload/040622_expertise_konsumraeume.pdf [Download vom 11.08.2011]

Staub-Bernasconi, Silvia, 2009: Der Professionalisierungsdiskurs zur Sozialen Arbeit (SA/SP) im deutschsprachigen Kontext im Spiegel internationaler Ausbildungs standards. Soziale Arbeit – eine verspätete Profession. In: Becker-Lenz, Roland/Busse, Stefan/Ehlert, Gudrun/Müller, Silke (Hg.): Professionalität in der Sozialen Arbeit. Standpunkte, Kontroversen, Perspektiven. Wiesbaden: VS Verlag für Sozialwissenschaften, S. 21–45

Stichweh, Rudolf, 1999[1996]: Professionen in einer funktional differenzierten Gesellschaft. In: Combe, Arno/Helsper, Werner (Hg.): Pädagogische Professionalität. Untersuchungen zum Typus pädagogischen Handelns. 3. Auflage, Frankfurt am Main: Suhrkamp, S. 49–69

Stichweh, Rudolf, 2000: Professionen im System der modernen Gesellschaft. In: Merten, Roland (Hg.): Systemtheorie Sozialer Arbeit. Neue Ansätze und veränderte Perspektiven. Opladen: Leske + Budrich, S. 29–38

Stichweh, Rudolf, 2005: Wissen und die Profession in einer Organisationsgesellschaft. In: Klatetzki, Thomas/Tacke, Veronika (Hg.): Organisation und Profession. Wiesbaden: VS Verlag für Sozialwissenschaften, S. 31–44

Stichweh, Rudolf, 2009: Leitgesichtspunkte einer Soziologie der Inklusion und Exklusion. In: Stichweh, Rudolf/Windolf, Paul (Hg.): Inklusion und Exklusion: Analysen zur Sozialstruktur und sozialen Ungleichheit. Wiesbaden: VS Verlag für Sozialwissenschaften, S. 29–42

Tálos, Emmerich, 2003: Sozialstaat Österreich: Probleme und Veränderungen. In: Rosenberger, Sieglinde/Tálos, Emmerich (Hg.): Sozialstaat. Probleme, Herausforderungen, Perspektiven. Wien: Mandelbaum, S. 80–95

Thiersch, Hans, 2004: Sozialpädagogik und Sozialarbeit. Notizen zu Definitionsdiskursen, historisch-sozialen Konstellationen und Funktionen Sozialer Arbeit. In: Knapp, Gerald (Hg.): Soziale Arbeit und Gesellschaft. Entwicklungen und Perspektiven in Österreich. Klagenfurt, Ljubljana, Wien: Mohorjeva/Hermagoras, S. 146–153

Trüg, Erich, 1992: Evaluationsstudie zum niedrigschwelligen Drogenentzug opiatabhängiger Patienten in Hamburg. Eine empirische Studie. Hamburg: Dissertation Universität Hamburg

Vogel, Berthold, 2008: Der Nachmittag des Wohlfahrtsstaats. Zur politischen Ordnung gesellschaftlicher Ungleichheit. In: Bude, Heinz/Willisch, Andreas (Hg.): Exklusion. Die Debatte über die "Überflüssigen". Frankfurt am Main: Suhrkamp, S. 285–308

Wagner, Hans-Josef, 1999: Rekonstruktive Methodologie. George Herbert Mead und die qualitative Sozialforschung. Opladen: Leske + Budrich

Wagner, Thomas, 2006: Inklusion/Exklusion. Darstellung einer systemtheoretischen Differenz und ihre Anwendung auf illegale Migration. Frankfurt am Main, London: IKO – Verlag für Interkulturelle Kommunikation

Weber, Max, 1984: Soziologische Grundbegriffe. 6., erneut durchges. Auflage, Tübingen: Mohr

Weber, Max, 2006[1922]: Wirtschaft und Gesellschaft. Paderborn: Voltmedia

Weber, Georg/Hillebrandt, Frank, 1999: Soziale Hilfe – ein Teilsystem der Gesellschaft. Wissenssoziologische und systemtheoretische Überlegungen. Opladen: Westdt. Verlag

Weick, Karl E., 1995a: Der Prozess des Organisierens. Frankfurt am Main: Suhrkamp

Weick, Karl E., 1995b: Sensemaking in Organizations. Thousand Oaks: Sage Publications

Wernet, Andreas, 2000: Einführung in die Interpretationstechnik der objektiven Hermeneutik. Opladen: Leske + Budrich

Willke, Helmut, 2000: Systemtheorie I: Grundlagen. Eine Einführung in die Grundprobleme der Theorie sozialer Systeme. 6. überarb. Auflage, Stuttgart: UTB

Wolff, Stephan, 1981: Grenzen der helfenden Beziehung. Zur Entmythologisierung des Helfens. In: Kardorff, Ernst von/Koenen, Elmar (Hg.): Psyche in schlechter Gesellschaft. Zur Krise klinisch-psychologischer Tätigkeit. München, Wien, Baltimore: Urban & Schwarzenberg, S. 211–238

Wolff, Stephan, 1983: Die Produktion von Fürsorglichkeit. Bielefeld: AJZ D&V

Wolff, Stephan/Bonß, Wolfgang, 1979: Die Verwaltung sozialer Probleme. Arbeitsbedingungen und Organisationsstrategien der Sozialverwaltung. In: Wolff, Stephan/Lau, Thomas/Kudera, Sabine/Cramer, Manfred/Bonß, Wolfgang (Hg.): Arbeitssituationen in der öffentlichen Verwaltung. Frankfurt am Main, New York: Campus, S. 61–114

Zucker, Lynne G., 1991[1977]: The Role of Institutionalization in Cultural Persistence. In: Powell, Walter W./DiMaggio, Paul J. (Hg.): The New Institutionalism in Organizational Analysis. Chicago: University of Chicago Press, S. 83–107

VS Forschung | VS Research
Neu im Programm Politik

Michaela Allgeier (Hrsg.)
Solidarität, Flexibilität, Selbsthilfe
Zur Modernität der Genossenschaftsidee
2011. 138 S. Br. EUR 39,95
ISBN 978-3-531-17598-0

Susanne von Hehl
Bildung, Betreuung und Erziehung als neue Aufgabe der Politik
Steuerungsaktivitäten in drei Bundesländern
2011. 406 S. (Familie und Familienwissenschaft) Br. EUR 49,95
ISBN 978-3-531-17850-9

Isabel Kneisler
Das italienische Parteiensystem im Wandel
2011. 289 S. Br. EUR 39,95
ISBN 978-3-531-17991-9

Frank Meerkamp
Die Quorenfrage im Volksgesetzgebungsverfahren
Bedeutung und Entwicklung
2011. 596 S. (Bürgergesellschaft und Demokratie Bd. 36) Br. EUR 39,95
ISBN 978-3-531-18064-9

Martin Schröder
Die Macht moralischer Argumente
Produktionsverlagerungen zwischen wirtschaftlichen Interessen und gesellschaftlicher Verantwortung
2011. 237 S. (Bürgergesellschaft und Demokratie Bd. 35) Br. EUR 39,95
ISBN 978-3-531-18058-8   -

Lilian Schwalb
Kreative Governance?
Public Private Partnerships in der lokalpolitischen Steuerung
2011. 301 S. (Bürgergesellschaft und Demokratie Bd. 37) Br. EUR 39,95
ISBN 978-3-531-18151-6

Kurt Beck / Jan Ziekow (Hrsg.)
Mehr Bürgerbeteiligung wagen
Wege zur Vitalisierung der Demokratie
2011. 214 S. Br. EUR 29,95
ISBN 978-3-531-17861-5

Erhältlich im Buchhandel oder beim Verlag.
Änderungen vorbehalten. Stand: Juli 2011.

Springer VS

Einfach bestellen:
SpringerDE-service@springer.com
tel +49 (0)6221 / 3 45 – 4301
springer-vs.de